现代水利

领跑者的思考

与32位水官的对话

果天廓 主编

长江出版社

图书在版编目(CIP)数据

领跑者的思考——与32位水官的对话/果天廓主编.—武汉：长江出版社，2008.1

ISBN 978-7-80708-397-9

Ⅰ.领… Ⅱ.果… Ⅲ.水利建设—领导人员—生平事迹—中国 Ⅳ.K827=7

中国版本图书馆CIP数据核字(2008)第021229号

领跑者的思考——与32位水官的对话　　果天廓 主编

责任编辑：赵冕

装帧设计：刘斯佳

出版发行：长江出版社

地　　址：武汉市解放大道1863号　　**邮　　编：**430010

E-mail:cjpub@vip.sina.com

电　　话：(027)82927763(总编室)

(027)82926806(市场营销部)

经　　销：各地新华书店

印　　刷：通山县九宫印务有限公司

规　　格：787mm×1092mm　1/16　24.75印张　480千字

版　　次：2008年3月第1版　2008年3月第1次印刷

ISBN 978-7-80708-397-9/TV · 78

定　　价：78.00元

主　　编　果天廓

参　　编　（按姓氏笔画排序）

王红育　王辛石　乔　桥　刘艳飞
吕　娜　朱进星　吴　頔　张灯林
李　平　李　真　肖　丹　陈　思
庞亚斌　段连红　赵建平　徐清华
高立洪　谢　群

策　　划　中国水利报社
北京乐水文化传播有限公司
邮箱：leshui@chinawater.com.cn
电话：(010)63205235

编者的话

我们一直在努力

在中国治水不是一件容易的事情。

中国疆域广阔、地形起伏，自然条件、气候因素复杂，江河湖泊众多、形态各异。

有高原，特别是世界少有的黄土高原，有盆地，有山丘，也有平原；地跨温、热两大气候带；降水季节分配不均，年际变化大，年降水量在东南部多达1500毫米以上，西北部少至50毫米以下；河流总长度达42万公里以上，面积在1000平方公里以上的大湖有13个，是当之无愧的河川之国；河流特性显著，有北方多沙河流，“一碗水半碗泥”的黄河堪称世界之最，有悬瀑急流的西南各河，还有东部沿海的受潮河流。

中国治水的历史悠久。从尧舜时代开始，我们祖先们就开展了艰苦卓绝的治水活动。通过兴修水利、治理江河，他们才逐渐在平原地区居住、开发，进一步开拓疆土，繁衍人口，发展经济，推进社会的文明进步。“兴水利，而后有农功；有农功，而后裕国。” 治水与国家的农业生产、经济发展，与国家政治稳定密不可分。“治水者治国”，水运系国运，水运兴，则国运昌。

这就是我们的治水舞台，充满艰辛，却地位显著。治水者就在这里书写下他们的人生篇章。“筚路蓝缕，以启山林”。他们为民族的繁荣振兴建立了不可磨灭的治水勋业，他们铸就了一种不屈不挠、勇往直前的治水精神，他们是中华民族智慧创造力和优秀品质的集中体现。

本书的主人公就是这样一群人，他们是活跃在当今历史舞台上的治水者的代表。他们分布在祖国的大江南北，奋斗在不同的治水战线，引领现代治水事业不断向前发展。

从2005年 8 月开始，他们的身影出现在《中国水利报现代水利周刊》人物版上。我们开始将镜头对准他们：探寻他们的思想，了解他们的实践，挖掘他们的内心世界。在我们这个平台上，这些现代治水实践不同层面的领军人物，用自己的思考诠释着现代水利；用他们置身的实践活动展现着一幅幅当今中国治水的壮丽画卷；用他们的人生经历和心路历程，启迪鼓舞着现代水利人不断前行。

他们是领跑者，把握规律，审时度势，谋划治水路径。

他们是领跑者，心系百姓，关注民生，用水利服务群众。

他们是领跑者，肩负压力，披荆斩棘，为完成使命而不懈努力。

他们是领跑者，机敏睿智，创新改革，引领事业发展的步伐。

他们是领跑者，热爱水利，甘于寂寞，愿意为此奉献一切。

他们积极践行可持续发展治水思路，并用治水实践的新发展，对治水新思路不断丰富、发展和完善。时代需要领跑者，治水事业需要领跑者。领跑者的视野和高度决定着事业的广度和高度。

2005年，我们曾经出版了《前沿对话——关于现代治水理念的共同思考》一书。在那本书中，29位水利专家学者诠释了他们对现代治水理念的思考。时任水利部部长汪恕诚也以专家的身份，发表了“C模式”观点。2008年初，我们将这本《领跑者的思考》奉献给大家，这里面收集的是我们与32位现代水官的对话。如果说前一本书更多从理念层面探讨现代水利，那么，这本书更突出的是实践层面的探索。

在中国治水不是一件容易的事情，在当今的中国，尤其如此。水利事业的发展需要我们不断思考、探索和实践。希望本书能够为大家在求索中提供一些帮助。我们有幸投身于水利事业，为此，我们要一直努力下去。

2008年1月25日

目录

Contents

思考

卢伯生

看现代水利，3年以后来无锡

无锡，北靠长江，南濒太湖，中通运河。水是这方吴越文化的精魂。在他眼里，水是环境的灵魂，水利工程是城市的风景，水文化是历史与现代的交融；用“近水、亲水、清水”的理念治水，打造无锡生态型水利。

档案

卢伯生，江苏省无锡市水利局局长。

1952年8月生，江苏宜兴人，大专学历、高级经济师。1991年1月，任宜兴市水利局党委书记、局长；1998年3月，任无锡市水利局副局长；2003年11月，任无锡市水利局局长、党组书记。

记者手记

自信的展望

卢伯生爱好摄影，在陪同我们采访的日子里，他都背着那架“尼康D70”，领我们看无锡市水利工程时，总是忙着为我们照相，在这些工程前留个影。这个时候，他显得很自豪。

卢伯生告诉我们，等到他从领导岗位上退下来以后最想做的一件事，就是到全国各地走一走，去看一看水利人建设的水利工程，用他的相机，把水的美好和现代水利工程创造的人水和谐的良好生态与环境记录在影像中。

来无锡是一个偶然的机会。2005年5月，我们因为其他事情去江苏采访，采访结束后，与水利厅信息中心主任潘杰商量，希望能再下去看一看，对江苏的现代水利建设加深一些认识。“想看现代水利，那就去无锡吧。”潘杰对此胸有成竹。

卢伯生就是无锡市水利局的局长。这个身材魁伟的中年人，说起话来，底气十足，从他嘴中吐出的“吴音”带了几分北方人的豪爽。与我们聊起无锡的水利工作，他充满自信：“看无锡的水利，你们2007年来会更满意”。

地处苏南的无锡市，是我国民族工业的发祥地之一，也是乡镇工业的发祥地之一。20世纪80年代后，遍地兴起的乡镇工业为国家、为地方、为百姓富裕作出了巨大贡献。1981年，无锡市被列为全国15个经济中心城市之一。1983年，实行市管县体制，无锡经济开始向城乡一体化方向发展。1984年，无锡被列为全国13个较大的市和10个重点旅游城市之一。1985年，无锡市被国务院确定为长江三角洲沿海经济开放区开放城市。

改革开放给无锡带来新的生机和活力，但同时也对城乡水环境造成了严重污染，使水资源一向丰富的无锡变成了水质型缺水城市。太湖蓝藻频发，内河长年恶臭，大自然一次次向人们发出红色信号。1991年和1999年两次特大洪水，使无锡社会经济蒙受了重大损失，又从另一方面印证了载舟覆舟的古训。

解决无锡市的水困扰，回答水利为经济社会可持续发展服务的问题，有15年水利工作经验的卢伯生，与我们交流时，更多的是思考：水利的现代化需要现代的治水理念，现代的水利设施，还需要科学的管理体制与机制。水环境整治后的长期管理和维护如何运行，水利如何进行投资和融资、市场化道路如何走，水利工程的管理机制如何创新，如何实现水的责权利的统一等诸多问题，还都需要深入研讨。

对于未来无锡水利的发展，从卢局长闪亮的眸子里，我们分明看到了他脑海里已经清晰的美丽风景：用“近水、亲水、清水”的理念，打造生态型水利。

学生、知青、生产队长、军人、厂办公室主任、厂长、公司的总经理、乡党委书记……卢伯生的成长历程要比一般人丰富，在37年的工作时间中，前后到过13个工作单位。1991年1月，善于驾驭复杂局面的他被宜兴市（无锡市辖的县级市）人大任命到水利局当局长，从此踏进了水利之门。7年之后，调任无锡市水利局副局长，5年后，也就是2003年，卢伯生接掌局长之位。他希望这是最后一个单位，准备为无锡市现代治水事业付出全部心血和精力。

对话▶▶

无锡依水而建、因水闻名，水是无锡的灵魂

现代水利周刊：记得您说过，水是无锡的灵魂。无锡水的状况怎样？水在无锡经济社会发展中到底发挥着怎样的作用？

卢伯生：无锡南濒太湖，北临长江，水资源量相对比较丰富，全市多年平均降雨量为1100毫米，全市总面积4787平方公里，其中水域面积1341.58平方公里，占总面积的28.03%，应该说水面所占比例很大。境内河网密布，大小河道共有6288条，总长7024公里，是个名副其实的“江南水乡”，是镶嵌在太湖边上的一颗璀璨明珠。

无锡依水而建，因水而发展。密布的河网不仅给江南水乡增添了灵气，也支持了无锡经济社会的可持续发展。有了丰富水资源的支撑，无锡经济发展速度得以连续多年超过全国乃至江苏省水平，2004年，全市GDP达到了2600多亿元，人均GDP在江苏省排在第一位，财政收入达300多亿元，在全国综合性排名中列第九位。目前，无锡人均国内生产总值已接近中等发达国家水平，在中科院统计的中国最具发展竞争力的城市中排名第六位，为世界知名的工业制造基地。可以说，没有水，就没有无锡的美丽，就没有无锡的发展。

现代水利周刊：伴随着无锡经济社会的高速发展，无锡面临的突出的水问题有哪些？

卢伯生：无锡同很多地方一样，也面临着水多、水少、水脏的问题。无锡市境内水网密集，河湖纵横。全市防洪对整个流域范围防洪能力依赖较大，是典型的“洪水走廊”。受地理位置及自然条件影响，历史上洪涝灾害频繁发生。1991年，无锡市遭受百年未遇的特大洪涝灾害，直接经济损失达34亿元。1999年遭受仅次于1991年的洪涝灾害，直接经济损失近9亿元。这两次特大洪水侵袭，印证了水可为利亦可为害的古训。

20世纪80年代以后，无锡遍地兴起的乡镇工业，为国家、为地方、为百姓富裕作出了巨大贡献，但由于主客观诸多因素，也对城乡水环境造成了严重污染。太湖蓝藻频发，内河长年恶臭，“60年代淘米洗菜，70年代引水灌溉，80年代水质变坏，90年代鱼虾绝代。”无锡人越来越强烈地体会着一种水污染带来的心痛。目前无锡市河道大部分水体污染严重，水质总体较差。

由于水资源受到污染，水资源一向丰富的无锡变成了水质型缺水城市。

过去的经济发展很多时候不考虑环境问题，包括水质的问题、大气的问题、交通的问题和人口的压力，等等，长此以往，环境改善不了，那必定会制约经济发展。水是环境的核心，也是环境的灵魂，没有水就谈不上环境，没有良好的水环境也谈不上环境的改善，所以环境对于经济的发展起到很重要的作用。所以说经济的发展给我们水利工作带来了更大的考验，提出了新的课题。

水利对经济社会的带动和辐射作用日益凸显

现代水利周刊：无锡在怎样的背景下提出了构建现代化水利框架？

卢伯生：无锡市是江苏省确定的全省率先奔小康和现代化建设的示范市。加快无锡经济社会发展步伐，争创全省"两个率先"先导区和示范区，省委、省政府对无锡的发展提出了更高的要求。无锡要实现"两个率先"，水的问题非解决不可。为此，我们提出从全局的、战略的高度，以科学发展观为指导，紧紧围绕全市经济和社会发展的总目标，按照"以人为本、尊重规律、人水和谐"的治水新理念，构筑无锡现代化水利框架。

现代水利周刊：按照这一思路，近年无锡水利取得了哪些成就？

卢伯生：近几年来，我们从无锡沿江傍湖、河道纵横、山区与圩区并存的实际出发，从提升防洪设施水平、综合整治太湖水环境入手，多管齐下，启动了现代水利建设，取得了可喜成效。比如治太四项骨干工程、长江堤防达标建设工程等流域性重大水利工程建设任务基本完成；再比如通过综合治理，五里湖水环境大为改观；还有，城市防洪标准达到200年一遇，河道整治成效显著，水资源的保护和管理体系初步形成。

现代水利周刊：我们了解到，这几年高水平的水利建设，使无锡许多相关产业和行业因带动和辐射而发展、壮大起来。

卢伯生：的确如此。一是带动了城乡公路建设和复垦。二是拓展了旅游业空间。无锡现在许多的水利工程已成为旅游景点，犊山水利枢纽、五里湖治理中退渔还湖区、生态修复区、宜兴横山水库等，已成为旅游基地，每年接待国内外游客百万多人次。仅今年"五一"黄金周期间，到五里湖的游客就超过30万人。三是拉动了投资开发。良好的水环境促进了投资开发，五里湖治理后，由于环境改善，湖周围地价由每亩30万元涨到几百万元。2003年，45公顷的蠡湖新城一号地块出让成交价高达16.71亿元。变"靓"后的太湖不仅成为无锡市民休闲游览的新景点，还吸引了海内外大批客商。四是优化了人居条件。从2000年以来，利用现有水利工程调长江水进入锡澄地区河网，增加水体循环自净能力。2003年调动1亿立方米活水入城，2004年增加到2.2亿立方米。同时每天从京杭运河、古运河等水系调动55万立方米的活水引向城区河道，用来改善城区水质，影响范围达45平方公里，使

54万居民生产生活条件得到很大改善。

搞现代水利，首先要有现代的治水理念

现代水利周刊：有人讲，无锡水利的成就，主要是靠钱在支撑，您怎么看？

卢伯生：我不同意这样的说法。我认为首先是要有现代的治水理念。

现代水利周刊：您理解的现代治水理念是什么？

卢伯生：我个人的理解是，现代治水的理念还是要以科学发展观来统领。具体讲就是：挡得住，引得进，能改善，调度自如，充分运用现代化、信息化手段，还要保证工程的美化、亮化，体现休闲功能。

拿无锡来讲，过去是为治水而治水，现在理念变了，我们搞水利，比如搞河道整治，搞灌溉，搞集中排涝，都是为了解决水环境的问题。可以说，所有的水利工程都是为水环境服务的，这个是很重要的一个理念。什么叫水环境？从某种角度说，防洪也叫水环境，解决水多的问题么；解决饮水也是水环境，化解水少的矛盾。治水要强调水的综合治理。

有人说卢伯生拿着政府的钱去讨老百姓的好，我说现在就要讨老百姓的好啊！给他们治好一条河，还给他们提供了休闲场所，老太太跳舞、散步，老头子还有喝茶下棋的地方，这个就是新理念，以前我们在这些方面考虑得不够，需要调整。

现代水利周刊：除了具有现代治水理念，无锡的经验还有哪些？

卢伯生：还有是无锡市委、市政府对构筑现代化水利框架非常重视，响亮地提出"打太湖牌，唱运河歌，建山水城"。每年，市委、市人大、市政府、市政协的领导都会多次视察防汛工作、防洪工程建设、水环境治理和地下水禁采工作。今年，在市政府明确的今后三年城市建设目标中，无锡市委书记杨卫泽提出了九大工作目标，而做好做足水文章列在了九大工程的首位。其次，多方筹集资金非常重要。无锡财政收入大部分都交给国家了，全市地方可用财力很有限，各方面都要用钱，如果说仅靠财政来解决水利建设资金，那肯定是行不通的。要构筑现代化水利框架，需要投入巨资，这对经济发达的无锡来说，也是一个不小的难题。钱从哪里来？除了财政专项投入以外，很重要的一点就是，通过市场化运作来筹集资金，解决建设资金问题。例如在治理水环境方面，无锡走的就是一条"运用环境资产—多渠道筹措资金—

工程整治—环境优化改善—环境资产增值”的良性循环之路。在治理五里湖污染过程中，结合城市规划，通过银行借贷等手段先后投入了6亿多元，对太湖进行综合整治。

请你们2007年再到无锡看水利

现代水利周刊：您还有将无锡的水利枢纽建设成旅游景点的设想？

卢伯生：是的。我们计划将无锡的八大枢纽建成八大景点。现在正在建设的横山水库就将被建成风景水利公园。按照设计，把历史的文化和现代的文化融为一体，将原生态的森林和现代生态结合起来，现代化的生态更注重以人为本，要亲水、近水、还要清水。建成后，又将成为无锡市的一大亮点。

现代水利周刊：作为水利局长，您能展望一下未来无锡水利的图景吗？

卢伯生：通过构筑现代化水利框架，持续不断地科学治水，做到经济社会和水生态与环境的协调发展，实现水多排得出，水少引得进，水脏能改善，人民安居、经济繁荣、生态平衡的可持续发展的新格局。无锡市要按照这个思路来发展，到2007年会有一个大的变化。到时候再请各位来采访无锡的现代水利。

（原载于2005年8月6日中国水利报现代水利周刊
记者　果天廓　高立洪　段连红）

链接文章▶▶

无锡生态水利建设的实践与探索

水利作为国民经济和社会发展的重要基础设施，在我国经济社会发展的不同时期，发挥了重要的作用。时世更迭，沧桑巨变，伴随着历史的脚步，水利的内涵不断丰富，外延不断扩大，从单一的根治水患走向构筑良好的水环境，从一味地取水不竭到珍惜水资源，精心呵护水资源，从过多地注重水利工程到精心筹划水的社会功能，潜心谋取水的长效功能，当今的水利事业肩负起了前无古人的重大使命。新的水利模式，将成为经济社会可持续发展的重要支撑；在新的历史时期，水利工作要同时肩负起水利建设和生态保护两副重担。

无锡水生态恶化的成因及苦果

无锡地处长江三角洲腹地，东邻上海，西望南京，北临长江，南濒太湖，京杭运河穿城而过，水网面积占到全市总面积的28.03%。无锡因水成名，因水成城。水是无锡拥有的得天独厚的自然资源，是无锡城市的灵魂，是无锡城市发展的依托，是提升城市品位的重要因素。

水也曾经给无锡带来了巨大灾害。1991年和1999年两次特大洪水的侵袭，给无锡经济社会造成了重大损失。太湖蓝藻频发，内河长年恶臭，无锡水环境受到严重污染，水生态岌岌可危，大自然一次次向人们发出红色信号，一向以“江南水乡”闻名于世的无锡变成了水质型缺水城市。为了应对无锡日益恶化的水生态问题，从20世纪90年代开始，无锡建设了一大批水环境工程，相继完成了望虞河西控制线工程、太湖环湖大堤工程、武澄锡引排工程、湖西引排工程和长江堤防达标工程，横山水库按照防御100年一遇洪水设计标准进行了除险加固，启动实施了无锡城市防洪及调水工程。但是，水环境恶化的趋势仍然没有得到根本遏制，脆弱的水生态成为无锡经济社会发展的一大障碍。

一是水安全隐患带来的水生态问题。无锡城市防洪标准一直偏低，防洪体系过多地依赖流域和区域性的水利环境，小包围圩区小而分散，防洪岸线长，少数低洼区防汛墙顶部高出地面2米左右，仅能防御20年一遇的洪水。每年主汛期上有客水压境，下有高水位顶托，虽有望虞河、锡澄运河两条排水通道，但远不足以迅速下泄无锡城乡的大量积水。由于经济的快速发展，无锡单位面积承载的资产和产生的经济总量越来越大，每次水灾所造成的损失越来越多，仅1991年和1999年两次大水就使全市经济损失上百亿元。水安全的隐患影响了生产、生活秩序，污水横流及水利设施的遭损，又使本不太好的水生态环境雪上加霜。

二是地表水污染带来的水生态问题。无锡的农村工业化起步早，发展快，但由于主客观的诸多因素，多年来造成的环境污染，主要是水污染也是相当严重的。加之过多地使用化肥、农药造成的农业面源污染，沿河、沿湖的宾馆、饭店及居民的生活污染，使地表水的水质急剧下降。老百姓有四句话，形象地描述了水生态系统的退化：“60年代淘米洗菜，70年代引水灌溉，

80年代水质变坏，90年代鱼虾绝代。”太湖及其湖湾梅梁湖、蠡湖等，水质在2000年全部劣于Ⅴ类，均处于富营养状态，几乎年年夏天藻类大爆发。梅梁湖先后于1990年、1994年、1995年、1998年四次突发“水华”事件。由于水污染，迫使梅园和蠡湖取水口因水质太差而关闭。梅梁湖的每次突发性水污染事件造成直接和间接经济损失都在数十亿元。其中1998年的突发性水污染事件，直接和间接的经济损失达68亿元。河道严重的黑臭大大降低了市民的生活质量，也严重影响了旅游环境、投资环境和生态环境。

三是城市化发展迅速带来的水生态问题。城市化的过速推进，使土地紧缺的矛盾越来越突出，不可避免地与水争地，填湖造地，塞河修路，这就造成了河湖萎缩，水面积率下降，水体流动不畅，环境容量小，稀释能力差，河道水生生物遭到毁灭性破坏，大多数河道鱼虾绝迹，河道已没有自净能力。由于污染物沉淀增多，加上水土流失，河道以年均10～20厘米的速度淤积，削弱了蓄排水能力，造成二次污染。

四是地下水超采带来的水生态问题。冶金、印染、化工等用水大户是无锡市农村工业的主要行业，由于过去未能做到优水优用，使用地下水的成本比自来水低得多，企业为追求高额利润，必然将水源瞄准地下水。过量开采地下水造成了令人怵目的后果，无锡整个地下水漏斗区面积达500多平方公里。深层地下水超采引发地面沉降、地裂缝、房屋开裂、地面塌陷等一系列地质灾害，并导致防洪标准降低、桥梁净空减少，影响通航，破坏道路，加大了防洪压力，同时河水下渗，给地下水带来污染。

保护和修复水生态系统的水利实践

水生态系统是地球上许多生态系统中的重要内容。保护和修复水生态系统，就是要在开发、利用、改造水的同时，不断克服由此而产生的对人、自然和社会的各种负面影响，积极改善人与水的关系，保护水，善待水，在水的领域中建设有序的生态运行机制和良好的生态环境，以保持水的永续利用和良好品质。在这个过程中，水利部门责无旁贷，生态水利建设是水利部门全新的课题和自身发展的不竭动力。

进入21世纪，我们充分认识到水生态保护和修复的必要性和急迫性，投入大量资金，加强水生态保护和修复及防治水污染。一是对水生态系统保护和修复实现认识上的六大转变。从注重水资源量向同时注重水资源量和质转变；从控制工业点源污染为主向控制工业和生活点源、农业面源与其他非点源污染相结合转变；从控制外源为主转为控制外源和内源相结合转变；从注重城市生态保护和修复为主向注重城市与农村水生态保护和修复相结合转变；从注重控制陆域生态保护和修复为主向陆域与水域生态保护和修复相结合转变；从采用比较单一的水污染防治措施向采用综合性的水生态保护和修复及水污染防治措施转变。二是强化领导体制和工作机制的创新。市委、市政府把水污染防治作为无锡可持续发展战略的关键性战役来打，在工作中把它作为一条硬性考核指标，实施九大板块的分类考核机制，引导各地逐步实现经济发展与环境整治的良性互动和同步跨越。三是加快工业经济的集约化发展。促进产业结构优化升级，推进区域产业布局的集中，推进传统产业向科技产业的集合，推进各类企业向工业园区集群，推进生产要素向支柱产业集聚，推进旅游生态居住区的集成。工业经济的集约化发展，有利于实施生产要素的集结和更好利用，有利于企业的优质服务，降低运行成本，有利于提高单位面积土地的产出率，有利于工业废水的集中处理和排放，有利于营造经济发展和生态修复的双赢局面。四是坚持制度创新，激活水污染防治市场的建设。以政府为主导，加大对环境综合整治的投入，重点支持流域、区域污染治理中生态性、公益性工程建设，同时通过市场引导，如近几年先后三次调整自来水水价，对一些乡镇污水处理厂进行经费补助，为污水处理进入良性循环创造了好的基础。五是发挥市场优势，实现环境资本成功运作。走出了一条“运用环境资产—多渠道筹措资金—用于整治工程—环境改善和优化—环境资产增值”的良性循环道路。

无锡市在水生态系统保护和修复及水环境改善方面每年投入的资金均超过地区生产总值的2%，至今已投入200多亿元，在生态修复、滨水区建设、污水处理系统建设、外源控制、清除内源，调水增加环境容量6个方面，实施了生态水利项目。

通过建设污水处理系统，控制生活、工业点源，控制农业面源，生态清淤，调水增加环境容量、生态修复、整治河道、建设良好的滨水区等，无锡地区水污染的发展得到全面遏制，水污染严重程度有了较大幅度下降，相当部分水域水环境得到改善，太湖藻类爆发和“湖泛”的发生几率和严重程度有所减小，生态修复取得初步成效并积累了成功经验，水生态系统退化的趋势得到遏制。特别是五里湖水生态系统综合治理取得良好效果，是无锡市水生态系统保护和修复的一个新起点和转折点，成为太湖流域治理水污染的典范。无锡市的水生态系统保护和修复进入了一个新阶段。

无锡生态水利发展的方向和策略

生态水利是21世纪人类文明进步和实现经济社会可持续发展对水利提出的必然要求，同时也是21世纪水利建设的新目标。今后五年，无锡将由全面建成小康社会跨入基本实现现代化的发展阶段，也是无锡水利加快现代化进程的重要机遇期。到2010年，全市地区生产总值要在2005年基础上实现翻番，人均地区生产总值超过10000美元，在全省率先基本实现现代化。经济社会的快速发展和人民群众生活质量的不断提高，对水利提出了新的更高的要求，水利工作者要同时肩负起水利建设和生态保护的重担。

(一)水利工作发展思路

未来五年，无锡水利主要围绕"三大任务"、"五大体系"全面展开。

"三大任务"是：

防洪保安——从无锡防洪保安的实际出发，适当超前，全面提升城乡防洪排涝标准，进一步加强水利防洪保安基础设施建设，初步建成"国内一流、国际先进"的防洪保安工程体系及其现代化的管理运行体系，确保无锡安澜。

水资源供给——以水资源合理配置与高效利用为目标，以节约、管理和保护为重点，初步实现水资源的合理配置、优水优用，形成城乡供水、农田灌溉、内河航运、水产养殖及旅游等水资源综合利用的格局，建立良性的水资源运行机制。

水环境保护——大力开展水污染防治，供水水源地的水质主要指标基本达到饮用水水源水质标准，梅梁湖、五里湖等主要湖泊及水库的水质有明显好转，河道水质状况得到明显改善，全市重点水功能区达标率明显提高，水生态环境条件有较大的改观。

"五大体系"是：

防洪减灾体系——进一步建立健全全市的防汛调度指挥系统，科学安排洪水出路，有效规避、控制和分散洪水风险。重点推进武澄锡虞区、湖西区防洪工程建设，全面建成城市防洪工程体系，提升长江、太湖、望虞河等流域性堤防及各类水库的防洪标准。

水资源供给保障体系——加强节水型社会建设，形成以经济手段为主的节水机制，努力提高水资源利用效率，严格执行取水许可制度，做好水资源费征收工作，全面推进农田节水灌溉、工业节约用水，大力发展城乡供水、区域供水和联网供水。

水生态保护体系——充分发挥水利工程在生态保护中的作用，建立起有利于生态保护的运行方式，通过实施调水改善区域水环境，保护好饮用水源地，加强“清水通道”建设，加大城乡河道清淤力度，防止淤泥二次污染，实现水系统的良性循环。

信息化水利管理体系——建立现代化的水预测预报调度系统和科学的防洪减灾决策指挥系统，不断健全各类实时遥测系统、实时监视系统，积极推广节水、水污染治理、水资源保护等技术，实现水利信息化。

现代水利发展服务体系——建立起一整套统一、高效、权威的水管理体制，加快水利工程单位改革步伐，不断提升水利服务大众、服务经济社会发展的能力。

在“三大任务”“五大体系”中，水生态系统建设是渗透到各个方面、左右着各个方面、影响着各个方面、制约着各个方面的一根主线，对任何一项任务、任何一个体系的成败，均具有“一票否决权”。这是因为，没有良好的水生态系统，防洪保安只是一潭臭水的堵与疏，水资源供给也是没有质量保证的排与供，水环境保护更是失去了最基本的内核，信息化管理、现代水利发展也都苍白无力。

（二）生态水利建设的布局及目标

无锡市水生态系统建设的布局为16个点、两个面和两条线，点面线相结合，编织成无锡市一个完美完整的生态系统布局，再加上六纵七横的锡澄区骨干河道框架，为建设锡澄区河网良好的生态系统作贡献。无锡市的水生态系统保护和修复以太湖为核心，一定要把太湖治好，尽快恢复太湖水生态的良性状态，同时太湖也是一面镜子，折反出无锡治理太湖的成果和决心。把五里湖建成无锡市的城市内部景观湖泊，使五里湖水生态系统进入良性循环，成为全国小型湖泊治理的样板；改善梅梁湖的水生态系统，使太湖中污染最重且面积较大的水域——梅梁湖治理成为全国治理较大湖泊（湖湾）的典范。

通过努力，到2010年将达到这样的目标：水生态系统退化和损坏趋势得到遏制。水源地水质全部合格。水质普遍有所改善。生物群落结构和多样性的退化趋势得到遏制并有所改善。扩大生态修复实施范围。主要区域水污染基本得到控制，水环境得到初步改善。滨水区环境建设全面展开。整治河道，优化水系网络。完善保障体系，等等。

到2020年，可实现的目标是：①水生态系统初步转向良性循环，基本达到20世纪70年代末水平。②水源地水质全部合格。③水质得到全面改善。④生态修复区域水质全面达到水功能区目标。⑤全面控制各水域的污染，水环境得到全面改善。⑥对河湖和长江岸线控制线进行全面有效管理。⑦基本完成河湖水系优化。⑧全面建设保障体系。⑨城市水生态系统环境质量得到全面改善。

（三）水生态系统发展策略

一是加强点污染源源头控制。二是完善城镇污水收集处理系统和提高城镇污水排放标准。三是总结生态修复的成功经验，分阶段全面推广。四是加快滨水区建设，合理调整水系布局，为改善水生态、水环境服务。五是加强系统管理。

李相国

“以水为魂”谋发展

一位土生土长的承德人，原本是水利上的“门外汉”，却将“承德水资源大市”的称谓画上了问号。质疑之后，他自我加压、直击本质，在新的岗位上运用他独特的思维方式，以新的理念与思路影响着承德水利人，影响着这座“以水为魂”的城市。

档案

李相国，河北省承德市水务局局长。

1955年10月生，河北平泉人。大学文化，高级工程师。曾任平泉县林业局局长、平泉县委常委、组织部长，中共平泉县委副书记。2003年4月至今任承德市水务局党组副书记、党组书记、局长。曾获“河北省政府劳动模范”“河北省委优秀党务工作者”“全国水资源工作先进个人”等荣誉称号。

记者手记

水官的压力

李相国有着一般人印象中的官员面孔：方正的脸形、周正的面容、稳重的表情以及时常紧锁的浓眉。我们是在采访中才知道，那紧锁的浓眉是缘于他时时刻刻的忧患意识，我们了解的情况是，他任承德市水务局局长这个重要的岗位才两年多，而这份工作、这个职位的变换对于他的工作经历来说显然是一份崭新的挑战。

李相国经常在采访中反问我们或者反问自己，有些问题确实让我们记者无所适从、招架不住。比如他反复问自己，新时期承德水利如何支撑大避暑山庄的构想。比如他反问我们，承德是一个水资源大市吗？我们的确在一些报纸或者书籍上看到过对这个问题的肯定的评价，而他却把承德市水资源状况一五一十地向我们兜了个底，而在此期间他对很多最新数据如数家珍更让我们有些吃惊，也得出了大家再也坐不住的结论。

李相国是2003年4月担任局长的，上任后，他走访了很多地方，召开了一些研讨会，和很多专家展开座谈，甚至逼着下面的干部写论文。而在上任后不到半年的一次考察，让他深感震撼。那是在2003年10月份，李相国去山东临沂考察，看到那里沟沟坎坎都是水，有大大小小700多座水库，存了30多亿立方米的水，水利条件很好，当地人干水利的热情也很高，再想想承德，觉得差距很大。在第二年的承德水利工作会议上，李相国硬是把会场搬到了山东临沂。

在李相国心中，承德水利有着不同一般的地位和分量。承德有着悠久的历史，包括世界文化遗产在内的众多文化遗存皆需要良好的水利条件。但是承德的水资源条件却有很多的隐忧，特别是承德与北京山水相依，承德的生态与环境状况与北京的安危息息相关。作为京津的生态屏障、饮水水源供应地，承德肩负着更加重要的使命。这种使命感和责任感在李相国身上有明显的体现，让他不敢有丝毫掉以轻心。

李相国对职工的要求是很高的。从我们和职工的对话中，我们了解他提出的“三高”要求，那就是“高水平谋事、高效率办事、高质量成事”。他平时总喜欢说，每一件事情都会有很多方案可以解决，一定要选择最务实、最有效率的方案。在李相国的领导下，水务局的全体职工突破了一个又一个的困难，取得了不少的成绩。用他的话说，大家越来越重视水，水的特殊性已经被越来越多的人认识，这样事情就好办了。

李相国说他喜欢看《领导科学》这本杂志，从这里面他学会了一句话，“以积极心态工作，持平民心态生活”，这句话他也一直记在心里，仿佛他从中找到了一种健康的心态，找到了工作和生活相平衡的哲学。

作为土生土长的承德人，李相国对承德的山山水水有着很深的感情；作为承德市的水官，李相国对承德又有着更复杂的感情。这份感情容易转化为李相国工作中的激情、责任与信心。当然，我们都能感受到他的那份自信，就像他说的那样，通过新阶段的努力，承德可以做到不缺水，承德的水文化一定可以写出更好的文章。

对话▶▶

水资源问题是我们自己能解决的，为什么还要让它成为制约呢

现代水利周刊：以前您常说自己是个“门外汉”，您是如何从“门外汉”跨进“门”里来的呢？

李相国：自称“门外汉”主要是自我加压，对从事新工作的自我挑战。我是2003年4月起担任承德市水务局局长的，当时算是水利上的“门外汉”。我是学林的，原来从事的是林业工作，在县里担任过林业局局长、组织部长、县委副书记，水利对我来说是一个全新的工作，让我对承德水资源有一个新的认识。

干什么学什么，干什么就专心务什么，干就要干出个样儿来，这是我多年工作的信条。我来到水务局以后，进行了两个多月的调查，看了最近5年全局的工作总结和工作要点。我还走访了水利专家，召开了水利研讨会，让副科级以上的干部、工程师职称以上的人员每人递交一篇论文，我出的题目是“以科技兴水、大水利兴市、小水利富民、防洪保安全”，我觉得这20个字能囊括全市水利工作的职能和发展方向。

那一次，我收集了38篇论文。我利用一个双休日的时间召开了研讨会，宣读论文，从中汲取了很多营养，得到了提高，并全面掌握了承德市的水利工作。

现代水利周刊：承德的水利人多年来一直认为承德是河北省水资源大市，您怎样看待承德水资源现状？

李相国：承德人均水资源量接近1000立方米，是河北省平均数311立方米的两倍多。关于水资源的问题，我在向市委常委会汇报工作的时候提出：“我市的水资源首先要画一个问号，问是不是水资源大市。”

承德接近4万平方公里，4条水系（滦河、潮白河、辽河、大凌河），水资源总量大体上是37亿立方米，每年出境水量25亿立方米。在全市的水利工程中，有1座大型水库、7座中型水库、83座小型水库，一共是91座水库，还有256个小塘坝，理论上总蓄水量为3.3亿立方米。20世纪80年代以后，承德没上过蓄水工程。在水利部的支持下，大中水库除险加固工作正在进行，但现在实际蓄水量只有1.1亿立方米。从这一点来讲，承德根本算不上水资源大市，主要是承德本身没有水权。

2003年10月份，我到山东临沂去看农业产业化，想不到临沂1.72万平方公里，有799座水库，存了33亿立方米水，在这方面，我们差得太多。并且承德民间蓄水工程也比较差，遇上涝年，群众安全方面没有保障；遇上旱年，解不了渴，无水可调。我在县里工作的时候也看到，缺水造成偏远山区牲畜死亡、老百姓吃水难，只能到几里以外弄水，这种状态绝对不是我们水利人想看到的情景。我们承德水资源的状况不乐观。2000年避暑山庄湖区干涸了68天，国内的各大新闻媒体都报道“承德避暑山庄不避暑”，震惊中外，承德的城市形象和旅游业受到极大的影响。承德水资源拉响红色警报，无论是城市用水、工业用水、农村用水还是生态用水，都受到制约。面对一系列的问题，我给承德水资源大市的称呼画一个大大的问号。

现代水利周刊：面对这个问号，您当时的主要想法是什么？

李相国：我工作的座右铭是：围绕大局想问题、围绕大局出主意、围绕大局抓落实。制约承德发展的瓶颈是交通、能源、电力和水资源。交通问题，通过建村村通、乡乡通工程和建高速路等设施，已经得到很大改善；电力问题，可以通过津京唐电网输送；能源可以从外地引进。但是，水资源是我们自己能解决的东西，为什么还要让它成为制约呢？

河北省从落实科学发展观，构建和谐社会的高度出发，省委书记白克明提出了建设大避暑山庄的理念。我们思考，在“十一五”期间，落实科学发展观，要从各个行业，结合承德实际，做好自己的行业文章，发挥好行业职能。

想问题、办事情一切从承德实际出发，落实科学发展观，承德可以不缺水。我认为，力度要达到让承德的广大群众、各个部门对于承德的水资源有忧患意识，否则不可能作出很大的文章。

首先我们考虑的是提高人们对水的忧患意识、提高对水的认识，提出水资源是人类生存和发展之本，水是整个国民经济的命脉，水的特殊性已被越来越多的人认识和重视，它是不可替代的。思路是树立和落实科学发展观，于是提出了“31535”方针。

把人对水的忧患意识提到第一位，大家都有了一个非常明确的思想，要坚持干到底

现代水利周刊：您能确切地解释一下什么是“31535”吗？

李相国：“3”是认清三个问题。一是工程性缺水与资源性缺水并存，严重制约着全市全面建设小康社会奋斗目标的实现；二是突发性暴雨洪水是影响人们生命财产安全、社会经济发展与社会稳定的心腹之患；三是水土流失严重、生态与环境脆弱及水环境变坏，严重影响人民的生存和发展。

“1”是实施一项战略。全面实施“科技兴水、大水利兴市、小水利富民和以资源换支持”战略。

“5”是建立五个体系。建立和完善防洪抗旱减灾安全保障体系、建立可

靠的水资源供给与高效利用保障体系、建立和维护生态与水环境安全的水资源保护保障体系、建立强有力的水行政执法与监督体系、建立适应经济社会和水务事业发展的人才和能力保障体系。

“3”是深化三项改革。涉水事务一体化管理体制改革，水权、水价与水利投入机制改革，水利工程管理体制改革。通过改革使涉水事务更加理顺，更加有利于承德经济与社会的发展。

“5”是保障五个安全。即保障城乡人民生命财产防洪安全、保障人民生活用水安全、保障农业生产用水安全、保障骨干水利工程和资金安全、保障生态安全。

现代水利周刊：思路决定出路，治水思路定下之后，承德水务局有了什么新举措？

李相国：这样的治水思路定出来以后，落实以人为本，我们明确了四项任务：一是保障城乡人民防洪安全，人民生命财产安全。把保证饮水安全，保证人民的生命健康作为第二项任务，也是我们水利部门一项基本任务。第三个任务是节水型社会建设，落实各项节水措施。第四注重生态和环境的安全，保持水土不让其流失，解决面源污染等问题，加强大自然的自我修复能力。

我们研究出来九项治水工程。第一个是开源节流科技兴水；第二是充分利用天然降水；第三是科学利用地表水；第四是合理开采地下水；第五是建设生态林涵养水，其实涵养水的本身就是净化水；第六治理污水用中水；第七改善人居环境开发建设景观水；第八落实措施抓节水，当成一个工程来抓；最后加大力度依法治水，我们有了专门的执法队伍。整个这样的一个体系形成以后，体现了落实科学发展观和循环经济理念的精神。

同时，结合保持共产党员先进性教育，组织水利职工到红旗渠等地进行学习，进一步深化治水思路。回来以后，有一个非常明确的指导思想，把人对水的忧患意识提到第一位，大家都有了一个非常明确的指导思想，并坚持干到底。

现代水利周刊：承德有着“以山为骨，以水为魂，以绿为脉，以文为蕴”的大避暑山庄建设理念，这个理念对水环境的要求越来越高，您如何理解其中的“以水为魂”？

李相国：“以水为魂”主要是针对城乡的水环境改善人居环境这个方面来考虑的。水能提高城市的灵性，水环境治理首要是完善避暑山庄湖区的给水的功能；第二，承德市区的武烈河规划了12道橡胶坝，现在已建成了6

道，将来能够形成3.1平方公里的水面。你想想，我们承德城区总面积才十几平方公里，而我们就能够有占城市1/4的水面，同时全市各个县城区和重点乡镇村有条件的地方都规划了水环境建设工程，目前已建成一大批水景观工程，为建设环境友好型社会作出了贡献。这些足以说明我们在落实“以水为魂”这方面工作是有成效的。

水的问题解决了，致富的问题也就好解决了

现代水利周刊：承德地处山区，洪水形成比较快，这是一个特色，承德是怎样对洪水进行资源化管理的？

李相国：对承德来说，首先是要确保人民生命财产安全，考虑的是防洪问题，一个是结合国家对承德的支持，建了一些防洪工程。再有，我们需要建设一些枢纽工程，不然承德永远摆脱不了受洪水威胁的困境。目前承德大型的控制性工程少，这是历史上的欠账。结合承德的具体情况，我们主要还需要从抓工程开始。我们谋划的双峰寺水库建设工程已通过水利部组织的专家论证，目前项目进展顺利。我们期盼双峰寺水库工程尽快通过国家立项开工建设，以解决承德市防洪和供水的燃眉之急。

现代水利周刊：城市的污水和中水利用，目前是怎样的情况？

李相国：企业污水排放基本达标，有污染的企业基本上有污水处理设备。城市净化水的设备基本达标。一般生活污水的排放不是很达标，现在筹集了5000多万元，建设一个污水处理厂，日处理能力在8万吨，已经开工了。这样的污水处理规模可以把承德的生活污水基本上处理完。在“小水利富民”方面，我们结合运用水利新科技手段在偏远山区搞集雨水窖、风能提水，此外，还搞一些蓄水池，打一些井等，通过建设小的饮水工程，解决经济作物和农村饮水的问题。

现代水利周刊：在农村水利建设方面，您有什么新的思路？

李相国：按照我们的治水思路，围绕着九项治水工程，我们总的想法，就是要动员全社会，逐级落实水利发展规划。结合“十一五”规划，我们先从乡、县这两级入手，在这方面，我们积极动员群众，在提高公民水的忧患意识的基础上，各级要做好自己的水文章，具体到每个农户，也要有自己的想法。适合搞风能提水的搞风能提水，适合搞蓄水池的搞蓄水池，这样层层都有落实措施。这几年，我们也有一些新的动作。像围场用了20部风能提水机在

2000 亩的农田上搞了产业调整，在高山上把水扬到 30 多米，已经非常不简单了。农村污染的主要来源是生活污水，在农村，我们正在搞三位一体的沼气池。在沼气池建设方面，承德排在河北省的第一位，沼气池把粪便都解决了。滴灌和节灌措施运用到大棚里面。过去，老百姓觉得下多少雨就用多少水，现在，通过各个方面的启发，水的问题解决了，致富的问题也就可以解决了，就为全面小康社会建设作出了贡献。

按照可以不缺水的目标，我们由易到难，由小到大，由眼前到长远

现代水利周刊：承德的水资源状况，气候条件，风沙、水土流失的治理，与北京水源地的保护、饮水安全有十分密切的联系，这种联系是不是让您觉得责任更重了？

李相国：是的。对于承德市民的水观念，市委、市政府提出一个口号："为首都阻沙源，为京津蓄水源，为河北增资源，为百姓拓财源。把风沙拦在承德，把绿水奉献京城。"作为生态建设主体的林业部门和我们水务部门，都是围绕这个口号维护生态和改善环境。我们一方面加大水土流失治理力度，每年完成水土流失治理面积 560 多平方公里，确实解决了面源污染存在的一些问题，这得益于国家的支持。承德为了加快水土流失的治理，加快生态建设，已经禁牧五年了，现在根本没有野外放养的羊牛等牲畜，把这个方面也作为生态建设的主要措施。另外，还改变了老百姓的烧柴习惯，原本三四口之家每年樵采 15 亩的柴，建沼气池之后，这 15 亩柴山就被保护起来了。人不采了，牲畜也不破坏了，增加了水土流失治理面积。工程措施和生物措施相结合，承德水土流失治理确实加大了力度。到夏天，到处都是山清水秀，植被多了，涵养了水源，这是改变生态的重要途径。

现代水利周刊："水利局"转变为"水务局"，一字之差，您怎么理解？

李相国：这个转变是中央治水思路的一次重大改革，水的问题历来是国计民生的一个大问题，水务体制改革和水务一体化管理，是我们从保障地方经济社会繁荣、保障战略物资、生态建设的良性运行，可持续发展的高度来看这个问题，这就需要一龙管水，才能搞好科学调度，协调各个方面关系，我们才能为地方经济、人民生活用水提供保障，这是关键。

现代水利周刊：您希望承德水务在未来的几年中有一个什么样的转变？

李相国：我坐在这个位子上特别荣幸，我非常热爱这个工作，我们在不

久的将来要有一个很大的转变。一是观念要转变，全民对水的忧患意识提高了，水资源大市的问题有了回答；二是由于忧患意识提高了，各级各部门都要加深对承德水问题的认识，承德在这种治水思路的引导下，从水利基础设施到节水措施，到依法管水，到科技兴水，到工程建设各个方面，都要有质的飞跃，因为我们目标明确了，可操作性强了，我们水务部门按照优化配置水资源的目标，由易到难，由小到大，由眼前到长远，克难攻坚都要综合考虑，从战略、规划、治水的议事等都要有提高，对这一点我们充满信心。

（原载于2006年2月16日中国水利报现代水利周刊
记者　陈思　赵建平）

链接文章▶▶

落实科学发展观　承德可以不缺水

承德多年平均水资源总量为37.013亿立方米，人均水资源量1035立方米，居全省前列，号称“水资源大市”。然而总量上的丰富却弥补不了时空分布上的严重不均，用水资源大市评价承德的水资源是否确切应打一个问号。

一是承德水利工程欠账太多。共有1座大型水库、7座中型水库、83座小型水库，所有蓄水工程的设计总库容3.32亿立方米，而现在有效库容只有1.1亿立方米，降低了2/3，地表水实际控制率只是水资源总量的3%，这种低控制率使承德87%的地表水流失。水资源基本为“年吃年用”的自然状态。自1999年以来由于连年干旱造成农村缺水、城市缺水、生态缺水，给全市工农业生产带来巨大损失。特别是避暑山庄2000年湖区干涸68天，国内各大新闻媒体纷纷报道避暑山庄不避暑，震惊中外，承德旅游形象损失重。

二是洪涝灾害殃及人民生命财产安全。有记载的1938年洪水、1962年洪水、1994年“7.13”洪水和2005年“8.12”洪水均不同程度地造成人民生命和财产损失，人们至今还记忆犹新。

三是水土流失严重。1989年潮河密云水库上游被列为全国第十三片水土保持治理区、1991年滦河潘家口水库上游被列为全国第十四片水土保持治理区后，虽多年治理，但承德水土流失总面积仍有20789.50平方公里。特别是滦、潮河流域水土流失及点源污染还未得到根本遏制。

针对承德水资源存在的问题，必须增强全民全社会对水的忧患意识，使承德做到不缺水，实现水资源的可持续利用。

树立和落实科学发展观，明确治水思路

按照中央和省的治水方针，结合承德实际，坚持和深化“认清三个问题，实施一项战略，建立和完善五个体系，深化三项改革，保障五个安全”（即31535）的治水思路。认清三个问题：一是工程性缺水与资源性缺水并存，严重制约着全市全面建设小康社会奋斗目标的实现；二是突发性暴雨洪水是影响人民生命财产安全、社会经济发展与社会稳定的心腹之患；三是水土流失严重、生态环境脆弱与水环境变坏，严重影响人们的生存和发展。实施一项战略：全面实施“科技兴水，大水利兴市、小水利富民和以资源换支持”战略。建立五个体系：①建立和完善防洪抗旱减灾安全保障体系；②建立可靠的水资源供给与高效利用保障体系；③建立和维护生态与水环境安全的水资源保护保障体系；④建立强有力的水行政执法与监督体系；⑤建立适应经济社会和水务事业发展的人才和能力保障体系。深化三项改革：涉水事务一体化管理体制改革，水权、水价与水利投入机制改革和水利工程管理体制改革。通过改革使涉水事务更加理顺，更加有利于承德经济与社会的发展。保障五个安全：保障城乡人民生命财产防洪安全；保障人民生活用水安全；保障工农业生产用水安全；保障骨干水利工程和资金安全；保障生态安全。

坚持以人为本，明确四大任务

一是把防洪保安保障城乡人民生命财产安全作为水务部门的首要任务。

二是把保障饮水安全维护人的健康生命作为今后一个时期水务工作的第一任务。

三是把全面推进节水型社会作为水务部门的一项基本任务。

四是把进一步加强水环境修复和生态建设作为水务部门的一项长期任务。

运用循环经济理念，实施九项治水工程

第一，开源节流，科技兴水。一是加强科技创新。围绕洪涝灾害、水资源短缺、生态与环境恶化和水土流失严重等水问题开展科学研究和技术开发。加快水利先进技术引进步伐。二是广泛开辟资金渠道，加大水利科技投入，落实投入渠道，实现水利科技的新突破。三是加强科技推广，加速科技成果向现实生产力转化。四是加强水利科技队伍建设及培训工作，提供强大的人才保障。

第二，充分拦蓄天赐之水。承德地域广阔，山高坡陡，雨洪资源形成较快，对雨洪进行资源化管理可以实现对洪水性质的改变，变害为利，变废为宝。因此必须转变观念，由控制洪水向洪水管理转变，树立雨洪资源观念。一是运用现有水利工程在保证安全的情况下充分拦蓄雨洪。二是采取工程措施与非工程措施并举的策略，因地制宜建设洪水储存工程。在国家重点水利工程建设带动下，采取新机制，大力发展集雨水池水窖，解决人畜饮水困难和发展农业经济。在城市和城镇充分利用草地、透水地面等措施，就地蓄滞雨水、补充地下水。建立完善的回收使用系统，既解决防洪问题，又使雨洪资源得到充分利用。

第三，科学利用地表水。承德地表水为36亿立方米，占水资源总量的97%，因此，必须科学利用地表水资源，提高地表水控制率，支撑和保障全市经济社会快速发展。加强骨干水利工程建设，重点解决城市、工业用水的问题；大力发展小型水利工程，今后农村水利建设的主要内容应为河渠整治、节水灌溉、牧区水利等工程，使农村达到人均水浇地或高效益农田一亩，山区农户平均每户有一座水池或水窖，实现“小水利富民”目标；实现水资源优化配置，解决水资源匮乏地区经济发展的用水需求。

第四，合理开采地下水。一是认真贯彻《取水许可制度实施办法》，严格取水许可制度，在全市地下水资源勘查评价和动态监测的基础上，对全市地下水开采实行总量调控。二是将地下水资源纳入水资源总体规划，实行水资源的有效管理，对地下水资源按不同类型、不同地段的开采潜力，实行总体、分类控制。三是制定和实施有利于地下水资源保护和合理利用的产业政策，在调查研究基础上，按市场规律调整地下水价格，克服低水价造成不合理用水状况。四是因地制宜修建地下水库增加地下水调节水量，适时适量有用水针对性地规划、建设一批地下水库，增加地下水调节能力。

第五，加强生态建设涵养水。一是认真贯彻执行水土保持法，全面落实水土保持工作方针。二是把水土保持与生态建设、扶贫开发、农业开发、防沙治沙、21世纪首都水资源可持续利用等项目紧密结合起来，积极争取潘大水库上游水源地保护项目和辽河防洪规划项目，使国家重点项目持续实施下去。三是在加快农村山区水土流失治理的同时，注重城市和县城的水土保持生态建设，为全面建设“山水园林城市和国际旅游名城”奠定坚实基础。四是积极推进滦、潮河流域生态和水资源补偿机制的建立。

第六，治理污水用中水。全市工业废水和生活污水净化处理能力远未达标，水污染不仅严重影响人民身体健康和破坏生态与环境，而且加剧了水资源的短缺。要解决这一问题，一是从源头抓起，提高水的利用率，改善水环境，建设节水防污型城市。二是要加紧制订水资源保护规划，划分水功能区，确定纳污总量，进行排污总量控制，把污染物允许排放总量逐级分解到排污企业，将污染总量控制执行情况作为政府目标责任。三是抓执法，认真贯彻水利部《入河排污口监督管理办法》，建立排污口设置审批制度、已设排污口登记制度、饮用水源保护区内已设排污口的管理制度、入河排污口档案和统计制度、监督检查制度等五项制度。

第七，改善人居环境开发建设景观水。按照“以山为骨，以水为魂，以绿为脉，以文为蕴”的大避暑山庄建设理念，充分发挥水利优势，做好水文章。随着人民生活质量的提高，对水环境的要求越来越高。城乡人民对环境美的需求和愿望越来越迫切。因此结合水利工程建设创造优美的水景观是今后水利发展的方向。

第八，落实措施抓节水。一是建立健全管理机制，为节水型社会建设提供制度保证。二是大力开展结构调整，为节水型社会建设创造有利条件。三是加快水务一体化管理步伐。2007年6月22日，承德实现了城市涉水事务一体化管理，实现了对区域的防洪、除涝、蓄水、供水、排水、节水、水资源保护、污水处理及其回用、地下水回灌等实行统一规划、统一取水许可、统一配置、统一调度、统一管理，即变“多龙管水”为“一龙管水”，为市经济社会的可持续发展创造了条件。

第九，加大力度，依法治水。全面贯彻执行《中华人民共和国水法》《中华人民共和国水土保持法》《中华人民共和国防洪法》等水利法律法规及规章，采取多种形式进行宣传，提高全社会水法律意识。加强水行政执法队伍建设，不断提高执法人员的整体素质。加大执法力度，推动全市水行政执法工作的健康发展。同时建立有效的监督管理信息网络，提高管理的科技含量。

总之，经过多年的不懈努力，承德的水问题将大大改观，到2030年以后全市水利工程可供水量可达到22.6亿立方米，基本满足城乡人民生活用水3.96亿立方米，工业用水4.6亿立方米，农业用水12亿立方米，生态环境用水1.5亿立方米的用水要求，达到水利工程供水与社会发展用水的供需平衡，实现“涝时控制洪水不受灾，旱时调剂用水能解渴”，保证农村人均常年可调节用水100立方米以上，城市人均常年可调节用水300立方米以上，为承德的经济发展、社会进步和全面建设小康社会提供资源支持和保障，同时还可为潘家口、大黑汀和密云水库有效应急调剂水源提供保障。

姚大志

率先垂范“三种意识”

宜昌市地处长江上游和中游的接合部，位于三峡出口，是长江经济带的重点支撑城市。宜昌作为我国著名的水电之都，水利工作有着突出的地位和作用，作为土生土长的宜昌人，对家乡的水利事业，他表现出强烈的主动性、责任性和全局性。

档案

姚大志，湖北省宜昌市水利水电局局长。

1956 年 1 月 24 日出生，湖北省宜昌市宜都人，大学本科学历，高级经济师。自 2004 年 11 月起任宜昌市水利水电局党组书记、局长。1997 年 6 月被宜昌市委表彰为全市优秀党务工作者；1999 年 12 月被水利部表彰为全国水政监察规范化建设先进个人；2004 年 2 月被水利部表彰为全国水土保持先进个人。

记者手记

五月橘花香

“五一”前去湖北宜昌，印象最深的是柑橘花香。采访完宜昌市水利水电局局长姚大志后，这种印象又加深了许多。

这次采访前先了解了不少宜昌水利的情况，但对姚大志本人一直是雾里看花。巧的是，刚到宜昌姚大志就带我们去看花，说是看花，实际上是去看宜昌有名的东风渠灌区。灌区内绵延的柑橘林，花开正浓，香飘百里。姚大志一弯笑眼，注视着柑橘林说：“十月份来的话就更美了，满山柑橘挂果的景象更壮观。”我们沉醉于花香中，虽未见十月柑橘挂枝、黄金满山的盛景，但相信这五月的橘花香，必然迎来十月的硕果。

站在东风渠水库边上，听介绍才知道，眼前的这一库秀水，经过247条总长1600多公里的干支渠道，润泽着近百万亩良田，这要浇出多少清香传来的柑橘林呀！

来到在葛洲坝下游的长江北岸防洪护岸工程堤岸，看长江水浩浩荡荡地顺堤而下，姚大志不无自豪地说："这项防洪护岸工程总长8.9公里，其中加固2.3公里，新建工程6.6公里，现在已经完成了3.36公里，完成了国债投资4500万元。"对灌区情况、工程情况，姚大志如数家珍。

姚大志不轻易接受媒体采访，他认为为官一任，就要造福一方，这些工作都是他应该做的，是其职责所在。"在这个位置上深感责任重大，压力也非常大，要担起党和人民交给的这副沉甸甸的担子，不光是我这一届，还要经过无数届的努力，才能真正地把宜昌的水利搞好。"讲这番话时，他语重心长。

眼见耳闻，宜昌水利在我们面前不断清晰起来，葛洲坝水利枢纽、三峡水利枢纽带动了这里的建设，清江、黄柏河、香溪河等众多小流域的治理特色纷呈，农村小型水利设施产权制度改革在这里搞得有声有色，在全国也有一定的影响。

随着采访的不断深入，姚大志的形象逐渐从雾中走出来：一位从小受《钢铁是怎样炼成的》这类书籍的感染熏陶，培养了坚忍不拔意志的人；一位爱看《名人传记》的人；一位喜爱杜鲁门总统名言"责任到此，不能再推"的人；一位爱用《致加西亚的信》来教育职工敬业、努力培养一支忠诚于水利事业队伍的局长。当然，他还是一位在记者的镜头前略显羞涩的局长。

"年轻人所需要的不仅仅是学习书本上的知识，也不仅仅是聆听他人的种种指导，更需要一种敬业精神，对上级的托付，立即采取行动，全心全意去完成任务——'把信带给加西亚'。""不仅要对自己分内的工作尽职尽责，而且要更上一层楼，做到更主动，更卓越。"书中这些颇有感染力的话，姚大志都能脱口而出。

突然有种感觉，姚大志一番话语正似柑橘花香，沁人心脾，诲人于无形之中。宜昌水利正如这五月满山柑橘林一样，正是花开季节，硕果已在不远的十月。

对话▶▶

正确认识宜昌的水

宜昌水利近几年在社会上的地位不断提高，对国民经济的影响也越来越大。

现代水利周刊：在一般人的印象中，宜昌是一个水资源非常丰富的城市，您如何评价宜昌目前的水资源状况？

姚大志：总体讲，宜昌是因水而兴、得益于水，但又因水而患、受制于水。宜昌同我国很多地方一样也存在洪涝灾害、水资源紧缺、水土流失、水污染四个方面的问题，这些成为宜昌经济发展的制约因素。

宜昌是个丰水城市，全市水资源总量为131亿立方米，过境客水约4572亿立方米，水能总蕴藏量174万千瓦。但水资源存在时空、季节分布不均的特点，洪涝旱灾交替发生，每年5月份就基本上进入汛期；干旱季节，又造成山区人口饮水困难，农作物灌溉就更不用说了。目前宜昌正处在各项建设的高峰期，国家的重点工程也比较多，尤其是在山区兴建工程造成比较严重的水土流失，加剧了对生态与环境的破坏。此外，宜昌又由于水资源丰富，电能充足，近年来吸引很多企业来宜昌投资办厂，工业废水的大量排放造成了水污染的加剧。

现代水利周刊：宜昌作为水电之都、水利大市，您认为水利对全市社会经济发展的影响是如何体现出来的？

姚大志：宜昌水利近几年在社会上的地位不断提高，对国民经济的影响也越来越大，它的基础性作用显得越来越重要。

第一，通过实施上、下百里洲江堤加固和城区防洪护岸工程的建设，为宜昌的工农业生产、国民经济发展提供了保障。通过实施城区防洪护岸工程，开通了沿江大道，推动了城市建设，促进了地方经济发展，提升了城市品位。

第二，宜昌原来饮用的是东山运河的水，水质很差，水的硬度超标。2002年我们提出用东风渠的水，东风渠的水来自黄柏河流域的四座梯级开发的水库，水质、水量都有保证。在市委、市政府的支持下，水利部门与自来水公司联合建设了东宜供水工程，整个工程投资5900万元，一年时间建成投产。现在饮用的东风渠水，水质保持在Ⅰ类、Ⅱ类，是良好的城市生活饮用水水源。

第三，近两年我们实施了“饮水安全进万家，灌溉输水到田间”两大工程，在灌区我们广泛开展末级渠系建设，在山区大规模修建抗旱水池，不仅解决人口饮水的问题，还为农业灌溉提供了保障。从去年到今年全市建设末级渠系达到1000公里，原来计划六年建设1500公里，现在看来只需要三年就可以完成，全市已经建成抗旱水池11000多口。去年宜昌在遭遇特大干旱的情况下，末级渠系和山区抗旱水源设施发挥了巨大的作用。

防汛抗旱的责任重于泰山

去年宜昌遭遇了特大干旱，对水利部门是个考验，我们最后经受住了考验。

现代水利周刊：宜昌的防洪是大家关心的话题，现在宜昌防洪能力得到了很大加强，这突出表现在哪些方面？目前的防汛形势如何？

姚大志：防汛抗旱是水利部门的神圣职责，这个责任重于泰山。1998年特大洪水后，我们争取国家投资对境内沮漳河和长江部分堤防进行了加高加固，对96座病险水库进行了除险加固，加上三峡工程蓄水运行后，抗御洪涝灾害的能力有所提高，总的防汛形势比过去要好。近年来我们又加大了信息化建设力度，投入使用了防汛信息系统，24小时都可以监测水情、雨情及天气情况，为防汛决策提供参谋作用的手段也大大增强了。

但同时，宜昌的防汛也面临着很多问题。一是堤防的标准仍然比较低。虽然近年来对部分江河堤防进行了加固，但目前还有121处80公里险段需要整治。尤其是三峡工程蓄水后，清水下泄，把泥沙带走了，造成了堤防崩岸加剧，是个大的隐患。二是许多水库还存在病险隐患。我们还有3座中型水库和36座小型水库存在不同程度的隐患。有些小型水库还存在无雨水情测报设施，通信不畅，防汛道路不通等隐患，难以应对突如其来的高强度暴雨洪水袭击。三是排涝设施老化严重。全市有115处排涝泵站，但是大多修建于20世纪六七十年代，有2/3以上存在设备老化的问题。四是在建工程安全隐患问题。目前宜昌市有71处在建水电站工程，一些工程不按照基建程序施工，工程的安全问题很突出。另外宜昌还是个地质灾害频发的地区，在汛期地质灾害比较严重。

现代水利周刊：宜昌先后战胜了2001年、2004年、2005年三年大旱，面对大洪大旱的威胁和压力，宜昌水利局是如何成功破解的？

姚大志：去年是春旱接夏旱，根据资料来看是50年来最严重的一次，个别县（市）达到100年一遇。在这种特大干旱情况下，我们水利部门一是加强科学调度，最大限度地发挥水利工程作用，为农业灌溉提供保障。在抗击去年的大旱中，加强对黄柏河流域和东风渠的联合调度，及时提供水源，保障了东风渠灌区90多万亩农田的灌溉用水和宜昌城区及沿东风渠100多万人民群众生活用水。二是当好参谋，为领导决策提供服务。通过加强对旱情发展动态的实时监控，随时掌握旱情信息，在这方面我们当好了参谋。

在去年7月初旱情发展到最严重的时候，我们出台了东风渠灌区水费减半征收到10月份的优惠政策，在很大程度上减轻了灌区农民的负担。三是在抗旱中，我们搞好技术服务，帮助解决实际困难。去年在夷陵区莲头村，有一两千人没有饮用水，我们实地调查后用一个星期时间及时铺装了管道，把这个问题解决了。另外还组织技术人员帮助偏远地区的老百姓找水、搞测量，提供技术服务。去年这个特大干旱年，对水利部门是个考验，我们最后经受住了考验。

小流域科学治理的威力

通过这20多年的科学治理，现在我们水土流失面积下降到了36%，并且还在逐年下降。

现代水利周刊：宜昌有全国水土保持生态与环境建设示范县和示范小流域称号，在小流域的综合治理上宜昌有什么新的治理模式？

姚大志：宜昌地形复杂，山高坡陡，沟壑纵横，水土流失比较严重，宜昌夷陵区的分乡镇曾被国内著名学者称为“南方水土流失之最”。宜昌的水土流失治理工作从20世纪80年代就开始了，葛洲坝库区和三峡库区都是全国重点治理区，秭归、夷陵、兴山、长阳四个县是全国重点治理县。

在水土保持方面，我们主要以小流域为单元来进行综合治理，到目前我们共完成了143条小流域的治理工作，有10条小流域被水利部、财政部命名为全国水土保持生态建设精品示范小流域，其中太平溪小流域被誉为全国小流域治理的典范，王家桥小流域被誉为“长治”工程的样板。在治理思路上，我们坚持可持续发展和人与自然和谐相处的理念，做到山、水、林、田、路综合治理，拦、截、蓄、灌、排优化配置，房、能、景、体、续和谐发展；在工程措施配置上，坚持以水为核心，以坡耕地改造为突破口，采取控、导、蓄、保等多项措施。在搞好工程治理的同时，实施封禁治理措施，恢复森林植被，充分发挥生态的自我修复能力。同时我们还加大水保科研力度，不断推广科学治理的新模式，近几年，我们先后与北京林业大学、华中农业大学、香港中文大学、中科院北京地理研究所等单位合作，开展了坡地植物篱保持水土效益研究、“植物篱+经济林”综合效益研究等7个科研课题。太平溪小流域水土保持及蓄水减沙效益分析研究课题经长江委组织国内著名的水土保持专家、学者进行评审，认为整体上达到了国际先进水平。另外在水土流失治理上创新管理机制，帮老百姓参与式地进行水土流失治理，引进社会资金投入水土保持，带动了一些民营企业投入水土保持。通过这几个方面，宜昌水土保持工作取得了良好的效果，20世纪80年代水土流失面积占56.4%，通过这20多年的治理，现在我们水土流失面积下降到了36%，并且还在逐年下降。

两个"轮子"一个"助推器"

有这两个"轮子"加上"助推器"使得宜昌农村小型水利建设在灿烂的阳光大道上奔驰了

现代水利周刊："三农"问题始终是大家关注的焦点问题，您如何理解"三农"问题与水利工作的关系？宜昌的农村水利有什么新的面貌？

姚大志：服务"三农"始终是水利工作的重点所在，农村水利问题最迫切需要解决的是人民群众的喝水问题。前几年我们通过实施人饮解困工程，基本解决了农民饮水困难问题，让群众早日喝上"放心水"，是我们的奋斗目标。第二是要加快农田水利设施建设，提高农业综合生产能力。第三是要为经济发展、农民安居乐业提供防洪排涝的安全保障。第四是要解决好水环境问题。

建设社会主义新农村对水利工作来说是一次难得的发展机遇，对农村来说是一场重大的社会变革，对农民来说是一种美好的时代福音，给水利事业的发展，包括发展观念、领导方法、工作重点等各方面都带来了深刻影响，也提出了更高要求，这就要求我们顺应时代，站在全局高度努力做好建设社会主义新农村工作。

现代水利周刊：那么在创新农田水利建设管理机制、投入机制上，宜昌作了哪些探索？

姚大志：宜昌的农村小型水利建设经过这几年摸索，取得了很大的成绩，主要归纳起来得益于"两个'轮子'加一个'助推器'"。第一个"轮子"是小型水利产权制度改革，全市有小型水利工程设施14.8万多处，目前已进行改革的达到11.2万多处，占总数的75.7%。第二个"轮子"就是组建农民用水者协会，目前宜昌市有290多家农民用水者协会。推行用水者协会参与小型水利设施建设管理，较好地解决了水利设施集体所有与土地承包经营的矛盾，明晰了小型水利设施的经营管理责任主体，做到各司其职，各负其责。"助推器"就是民办公助政策，对于不能争取国家投资的小型水利工程建设，我们采取"以奖代补"的形式，把发挥群众的积极性和国家投资有机地结合起来。通过改革以及机制创新，调动了农民对水利设施投入的积极性，农民自发的投工投劳，自发的改造堰塘、小型提水站、渠道等已经掀起了热潮，使我们的农村小型水利重新焕发了青春活力。有这两个“轮子”加上“助推器”，使得宜昌农村小型水利建设在灿烂的阳光大道上奔驰了。

用责任心面对工作

强化“四水”观念，坚持四个并重，构建四大体系，实施“两大工程”

现代水利周刊：在“十一五”规划中，宜昌水利的思路和理念将会作出哪些改变？

姚大志：思路决定出路，在宜昌水利“十一五”规划中我们提出了“四四四二”的工作思路。即强化“四水”观念：依法治水、项目强水、改革活水、科技兴水。坚持四个并重：防汛与抗旱并重、建设与管理并重、开发利用与节约保护并重、农村水利与城市水利并重。构建四大体系：防洪减灾安全体系、城乡供水保障体系、水生态与环境保护体系和水利资产经营体系。实施“两大工程”：“饮水安全进万家，灌溉输水到田间”工程。

我想主要谈一下“四水”观念。第一是依法治水：我们要求要做到一切水行政行为要符合法律、法规的要求；一切水利工程建设要符合规程、规范和标准；一切水务活动要符合水资源统一管理的要求。今年我们重点对水利工程建设程序等进行清理整顿，这项工作将在今年6月15日前结束。第二是项目强水：要围绕防洪安全、提供城乡经济和生活用水保障、建立节水型社会、构建和谐生态与环境等方面，抓好水利项目建设，努力争取国家投入。我们提出“人才围绕项目流动，工作围绕项目安排，机关工作围绕项目服务”的“三围绕”要求，实行项目目标责任制，年终考核以项目完成情况进行考核。第三是改革活水：就是围绕水管单位体制改革、小型水利产权制度改革、水利工程水价改革和乡镇水利站配套改革等改革，增加水管单位活力，增强社会服务功能。第四是科技兴水：主要是以信息化为突破口带动水利现代化，推进水利信息化建设是我们改造传统水利建设、实现现代水利的唯一选择。

现代水利周刊：您现在最担忧的是什么？在这个职位上您最大的压力是什么？

姚大志：一是水环境仍然没有得到社会各方面的高度重视，污染在加剧，今后治理难度越来越大，成本越来越高；二是基层县（市）及县以下的水利人才缺乏，近十年来整个宜昌县（市）以下水利单位只补充了两个水利专业的大学生，这样对水利事业很不利；三是20世纪六七十年代修建的水利工程大多年久失修，一些水利泵站、渠道都老化，它们本身没有什么经济效益，只有社会效益，需要国家财政给予投入。

作为我们这个年龄的人，我们应当承担责任，应当做个负责的人，我经常对职工也是这样要求的。我提出了增强三个意识：增强主动性，增强责任性，增强全局性。要求班子建设管理最终达到有人干事，有钱办事，有章理事。

（原载于2006年5月25日中国水利报现代水利周刊
记者　张灯林　赵建平）

链接文章▶▶

以科学发展观指导治水实践

党的十六大以来，党中央先后提出了树立和落实科学发展观、构建社会主义和谐社会的重大战略思想，并确定了建设社会主义新农村的伟大工程。水利作为基础产业，不仅是农业的命脉，也是国民经济和社会稳定的基础，在构建社会主义和谐社会，尤其在社会主义新农村建设中，肩负着十分重要的历史使命。宜昌既因水而兴、得益于水，又因水而患、受制于水，“水多、水少、水浑、水脏”四大水问题还没有得到真正解决，水利工作任重道远。做好新时期水利工作，实现宜昌水利又快又好发展，必须以科学发展观为统领，按照构建和谐社会的总体要求，以新的思路谋划工作，用新的办法推动实施。

一、更新发展理念，完善水利发展思路

经济社会的快速发展和人民群众生活质量的不断提高，对水利工作提出了新的更高的要求。当前，宜昌市水利还不能适应新形势发展的需要，面临着水利建设发展与经济社会发展不相适应、水环境状况与人民群众日益提高的生活水平不相适应、水利投入与水利建设需求不相适应等一系列矛

盾，成为制约社会经济发展的重要因素。这些问题都是发展中的问题，最终要靠加快发展来解决，要求我们必须转变发展理念，创新发展模式，提高发展质量。

总结宜昌市几十年来特别是近几年的治水经验，按照中央确定的治水方针，立足于宜昌的市情、水情，今后一个时期宜昌水利发展的总体思路是：以依法治水、项目强水、改革活水、科技兴水为抓手，坚持防汛与抗旱并重、建设与管理并重、开发利用与节约保护并重、农村水利与城市水利并重，努力构建适应世界水电旅游名城和全面小康建设需要的防洪减灾安全体系、城乡供水保障体系、生态与环境保护体系和水利资产经营体系。

一是强化“四水”观念。即依法治水、项目强水、改革活水、科技兴水。依法治水要做到三个符合，即一切行政行为都要符合法律、法规的要求；一切水利工程建设都要符合规范、规程和标准；一切工作都要符合水资源统一管理的要求。项目强水要紧紧围绕确保防洪安全、提供城乡经济和生活用水保障、建立节水型社会、构建和谐生态与环境等方面，加大资金投入，抓好项目建设。改革活水要围绕水管单位体制改革、小型水利产权制度改革、水利工程水价改革和乡镇水利站改革四项改革，增加水管单位活力，增强社会服务功能。科技兴水要以水利信息化为突破口，在防汛抗旱指挥、水资源调度管理、水土流失监测等领域率先实现信息化，加快电子政务建设步伐，提高水利的科技含量，带动水利现代化建设。

二是坚持四个并重。即防汛与抗旱并重、建设与管理并重、开发利用与节约保护并重、农村水利与城市水利并重。防汛与抗旱并重主要是坚持“两个转变”，即由单一抗旱向全面抗旱转变、由控制洪水向洪水管理转变，合理利用雨洪资源。建设与管理并重主要是以良性运行为目标，加强水利工程管理。开发利用与节约保护并重主要是加强水资源统一管理，推进节水型社会建设，实现水资源优化配置和可持续利用。农村水利与城市水利并重主要是加强城市水环境治理、城镇供水、城市防洪等城市水利建设。

三是构建四大体系。即防洪减灾安全体系、城乡供水保障体系、生态与环境保护体系和水利资产经营体系。防洪减灾安全体系建设的重点是水库除险加固、连江支堤建设、平原湖区排涝工程建设；城乡供水保障体系建设的重点是灌区节水改造，包括末级渠系建设，山区抗旱水源工程建设；生态与环境保护体系建设的重点是水土流失治理、水污染防治；水利资产经营体系建设的重点是加强水利经营性资产管理和营运，大力发展城镇供水、水力发电产业，壮大经济实力，增强社会竞争力。

二、明确工作重点，全面推进水利建设

发展水利事业需要长期坚持不懈的努力，既要着眼长远、全面推进，也要立足当前、重点突破。就宜昌实际来说，当前要以构建和谐水利为目标，结合社会主义新农村建设，以解决人民群众最关心、最直接、最现实的利益问题为重点，大力推进水利建设。

一是把饮水安全作为水利工作的第一要务。保障饮水安全是全面建设小康社会的重要内容之一。根据国家农村饮水安全评价指标体系，宜昌市有189万多人存在饮水不安全问题，饮水安全形势十分严峻。从2005年起，宜昌市按照新的治水思路，大力实施"饮水安全进万家"工程，到目前已经解决了6.5万人的饮水安全问题。"十一五"期间，宜昌市要解决99.51万人的饮水安全问题，任务非常艰巨。我们要紧紧抓住国家大力推进农村饮水安全建设的机遇，争取到"十一五"末，全市农村自来水普及率达到60%，乡镇自来水普及率达到95%以上。

二是把节水改造作为水利工作的长期任务。搞好农田灌排设施建设，恢复和改善灌排保障能力，是提高农业综合生产能力的重要基础。"十五"期间，宜昌市先后启动了东风渠、东干渠等灌区节水改造与续建配套建设，完成39公里总干渠整治。近年来又启动了"灌溉输水到田间"工程，累计改造末级渠系1500多公里，建设山区抗旱水池48000口。我们争取到"十一五"期末，全市农业有效灌溉面积达到130千公顷，节水灌溉面积达到35.32千公顷，灌溉水利用率提高五个百分点，达到63%。

三是把防洪保安作为水利工作的重要任务。1998年长江大水以后，宜昌市大规模加固了38公里的长江堤防，整治了96座病险水库，一定程度上减缓了防洪保安的压力，但是，洪涝威胁在一个时期内仍然是宜昌市的心腹大患。我们要抓住国家重点投资水利基础设施建设的机遇，努力争取城区防洪、长江以及沮漳河堤防加固、水库除险加固等进入国家规划，初步建成符合国家防洪排涝标准的工程体系。同时加大山洪灾害防治工程建设力度，减少致灾因素或减缓致灾因素向不利方向演变的趋势，建立和完善防灾减灾体系，形成科学完善的洪水预警预报、调度、抗洪救灾等防汛信息指挥系统，做到人与洪水协调共处，实现由控制洪水向洪水管理转变。

四是把改善水环境作为水利工作的重大使命。良好的生态环境是经济

可持续发展和社会不断进步的基础。由于自然变化和人类活动的影响以及工农业的快速发展，宜昌市农村生态环境恶化的趋势尚未得到有效遏制。要以实现人水和谐的理念来确立水环境保护的工作方针、原则和规划，正确处理好开发与保护的关系，加快水土保持、小水电代燃料、水资源保护等水利、水电和水环境工程建设，保护和改善生态环境。要坚持生态治河的原则，在发挥河流功能的同时，加强河流生态监测，实施河道生态修复工程，维护河流的健康生命。要高度重视山区水利水电建设工程带来的生态问题，按规程规范搞好论证，尽可能减轻对河流生态的不利影响。要把充分依靠大自然的自我修复能力，重点抓好三峡库区、黄柏河流域生态修复、生态治理、生态保护工作。要加强饮用水水源地保护，严格水功能区管理，实行排污总量控制和水质监测，防止水源枯竭和水体污染，确保宜昌城区百万人的用水安全。

三、创新工作机制，完善水利发展保障体系

落实科学发展观，推进宜昌水利又快又好发展是一项宏大的、系统的工程，需要不断创新和完善水利发展体制与机制，建立健全完善的保障体系。

一是要以项目带动发展。项目工作关系到水利事业的兴衰，关系到水利部门的生存和发展。要按照“工作围绕项目安排，人才围绕项目流动，机关围绕项目服务”的要求做好水利项目工作。坚持以规划为龙头，在规划中找项目，以项目引资金，以资金带动水利发展。要加强项目建设管理，严格执行“五制”，加强检查督办，确保“工程安全、资金安全”。在工程建后管护上，建立良性运行机制，保证工程建设的持续发展和长期受益，真正把保障安全、事关民生的水利工程办好、办实。

二是以改革促进发展。坚持改革发展，创新管理体制，是增强水利发展的根本动力。要深入推进水利工程管理体制改革，落实水利工程运行管理和维修养护的经费，推动水利工程管养分离，保证工程发挥最大效益。要继续抓好农业水价改革，大力推行两部制水价，全面推行农民用水者协会管理，积极实施终端水价，降低水价成本，提高服务质量。要积极推行小型水利产权制度改革，逐步建立起符合社会主义市场经济要求、充分调动受益农户的积极性和能动性、保证工程安全运行和良性发展的水利工程管理体制和运行机制。要稳步推进基层水利单位机构改革，按照乡镇综合配套改革的总体要求，彻底转变职能，变养人为养事，稳步实施乡镇水利站改革，切实

做到队伍不散，经费不减，阵地不丢。

三是以科技推动发展。科学技术是第一生产力。要把科技创新和广泛采用先进的科学技术贯穿到水利发展的全过程，以自动化、信息化带动水利现代化。水利科技及信息化工作具有系统性强、集成度高和技术更新周期短等特点，要坚持科学规划，分步实施，处理好先进性和实用性的关系。要加快水利领域新技术、新设备、新材料、新工艺的推广应用，加快推进水利系统电子政务进程，采用计算机技术、网络技术、微电子技术、现代通信技术、遥感技术、地理信息技术、全球定位系统等现代技术，进行系统的技术改造，提高工程建设管理、水资源管理、洪涝灾害防治工作的科技含量。

四是以人才保障发展。人才是事业的基础。要进一步加大人才培养和引进力度，不仅要培养和引进高素质的建设人才、管理人才，也要培养和引进高素质的经营人才以及其他方面人才。要进一步深化干部人事制度改革的力度，营造优秀人才脱颖而出的平台，为人才成长创造必要地干事业的环境和条件。要大兴学习之风，对现有的水利职工要加强继续教育，提高政治、文化、业务等综合素质，使之适应现代水利发展和现代水利管理的需要。力争通过3～5年的努力，基本实现人才总量充足、门类齐全、素质精良、结构合理的水利人才队伍。

潘福田

为了垦区粮食的稳产高产

经过三代人半个多世纪的艰苦奋斗，位于我国东北边陲三江平原腹地的黑龙江垦区，已经成为我国规模最大、机械化程度最高的国有农场群。作为黑龙江农垦的水利人，他很自豪，也很骄傲，因为没有水利的保障，就没有“北大荒”向“北大仓”的转变；没有水利的保障，就没有垦区粮食的稳产、高产。作为水利人，他无怨无悔。

档案

潘福田，黑龙江农垦总局水务局局长。

1959年6月出生，黑龙江省富锦市人。从北京农业工程大学毕业后，一直在黑龙江省农垦总局水务局工作。现为农垦总局水务局局长，高级工程师。自他担任局长以来，农垦总局水务局先后获得黑龙江省水利系统先进集体、水利建设先进单位、农村饮水解困工作先进集体、防汛抗旱先进集体、农垦总局文明单位标兵，全国水土保持生态建设先进集体等荣誉称号。

记者手记

重任在肩

潘福田给人的感觉不像东北汉子。中等身材，面色白净，说起话来语调平淡、慢慢的，怎么看也不像是个掌管全国耕地规模最大、机械化程度最高的国有农场群水务的水官。

这里是人们常说的“北大荒”。可是说它是“北大荒”那是指以前，1947年垦区没有开发前，这里确实是一片荒芜的地方。而如今，熟悉它的人都叫它“北大仓”。因为现在的黑龙江垦区粮食生产能力已达到100亿公斤以上，年提供商品粮能力90亿公斤，商品率达90%以上，可以解决京、津、沪三大直辖市和解放军三军全年的口粮，已经成为国家的重要商品粮基地和粮食战略后备基地，被誉为我国的大粮仓。开车到垦区看一看，绿油油的一片，预示着丰收的年景。

农业的发展离不开水利。掌管着垦区水利的潘福田深知自己肩上的责任重大，所以他一时一刻也不敢懈怠。

垦区水务局所负责的农场除了大兴安岭，从南到北星星点点，遍布整个黑龙江。潘福田时常要开车到农场察看水利基础设施建设和农田的用水需水情况，全省从北到南 500 多公里，从东到西 600 多公里，都有他们服务的农场。每年留意一下，你就总能看到他奔波忙碌的身影。每年他的那部车子跑的里程数是水务局最多的，一年要跑 7 万多公里。

要干好工作，没有人才不行。潘福田的愿望就是有一个高素质的水利队伍，这样才能够更好地为垦区的水利服务，更好地保障垦区粮食的稳产高产。目前水务局人少事多。他打趣地告诉我们，现在已经是汛期了，可是他们在印制《防汛通讯录》时却遇到了难题，因为这里的每一个人都是身兼数职，根本没有办法印人员的具体部门。水务局管的事杂，只要是涉水事务都要他们出面管理和协调，没有人怎么能行。

说起肩上的压力，潘福田的语速变得缓慢。他说现在国家对粮食生产更加重视，提出了建设社会主义新农村。对于垦区这个粮食生产大户来说，无疑既面临着机遇也面临着压力。这个压力是他的，也是他们水务局全体职工的。有时候他晚上睡觉还在考虑如何用最少的水生产出最多的粮，如何能完成好建设灌区这一任务，保证粮食稳产高产是垦区水利人永远的责任。

对话▶▶

垦区水利就是为了保障垦区粮食的稳产高产，为了保障全省 1/2 的商品粮的生产而服务的

现代水利周刊：与其他市（区）的水务局相比，黑龙江农垦总局水务局的服务对象和主要任务有什么不同？最大的特点是什么？

潘福田：与其他市（区）相比，黑龙江农垦总局水务局的服务对象主要是农业，是农民。我们现有 3500 万亩耕地，农业是水务局的主要服务对象。相对而言，其他水务局城镇供水的工作量可能要重一些。

农垦的重要性主要体现在保障粮食生产上。垦区的主业是粮食生产，黑龙江垦区用了占全省1/4的耕地，生产了全省1/3的粮食，提供了1/2的商品粮，是国家的重要商品粮基地和粮食战略后备基地。农垦的特点就是粮食的商品率高。有些省份的粮食产量也很高。可是由于是人口大省，粮食基本自产自销了。而农垦水利主要任务就是在保障垦区粮食稳产、高产的同时，确保生产全省1/2的商品粮。

丰富的水资源保障了垦区粮食的稳产高产，但是水多、水少、水浑的问题依然存在

现代水利周刊：垦区的水资源情况是什么样的？

潘福田：垦区水资源丰富，河流众多，共有大小河流258条，分别属于黑龙江、松花江、乌苏里江三大水系，其中汇水面积在1000平方公里以上的河流有46条。受气候和地形影响，垦区降雨量年内分配不均，年际变化较大，部分地区易发生洪涝灾害。

垦区水资源总储量97.5亿立方米，其中地表水56.6亿立方米，人均占有水资源量6100立方米，高于全国平均水平，耕地亩均拥有水资源量310立方米，仅为全国平均水平的1/6。从亩均来看，水资源的短缺情况是十分明显的。但是，垦区由于三大江过境水量较多，总量达2700亿立方米，为水资源开发利用提供了条件。因此，从水资源可利用量来看，还是比较丰富的。但是由于垦区面积分布比较广，农场地处全省的各个地方，水资源分布十分不均。

现代水利周刊：目前垦区存在的主要水问题有哪些？

潘福田：垦区存在的主要水问题和全省的基本情况一致，水多、水少、水浑在垦区都有所体现。

水多，每年到夏季，尤其是6月、7月、8月，垦区就会有一些易涝土地不同程度受涝。目前我们已经治理了近2000万亩，主要是在三江平原地区。没有治理之前，很多地区因为涝，出现种不上地的情况。水少，主要体现在西部的干旱地区。垦区西部有五个分局，控制面积不是很大，耕地只有1000万亩，但长年干旱面积达到近90%，水少的问题比较突出。一些缺水地区由于水源少，靠天吃饭的问题依然存在；水浑的问题主要是水土流失。全垦区有73个农场的1004万亩土地存在水土流失问题。近些年已经治理了51%，

垦区的水土流失危害已得到初步控制，下一步我们还将继续加大治理力度。经过多年的努力，水多、水少、水浑的问题已经逐步得到解决。

保障经济社会发展，垦区水利大有作为

现代水利周刊：从 1947 年开发“北大荒”到现在，垦区已经走过了半个多世纪的历程。这些年来，垦区水利都做了哪些工作？有了哪些转变？

潘福田：近几年，垦区水利部门进一步转变思想，认识到前期规划不提前进行就不可能保证垦区水利事业的持续发展。因此，我们始终将水利前期工作当做水利工作的重中之重来抓。

垦区在前期的规划设计上有先天的优势，有自己的水利勘测设计院，基础资料也比较齐全。目前在前期成果的基础上，因地制宜，实事求是，认真组织完成了《垦区发展水利规划》《垦区水利“十一五”水利发展规划》《大型灌区节水改造“十一五”规划》《东北黑土区水土流失综合治理可研及部分农场小流域治理初步设计》。同时，还配合省里完成了《三江平原近期防洪除涝工程可行性研究报告》《三江平原“两江一湖”干流沿岸灌区规划》等成果，为垦区有更多的水利建设项目实施奠定了基础。

此外，我们还狠抓了水利工程管理，加大了水利工程管理工作的力度。结合垦区实际，制定下发了《省农垦总局水利工程管理体制改革实施方案》，为水利工程管理体制改革奠定了基础；组建了 19 个灌区用水者协会，形成了供水公司＋用水者协会＋用水户的管理模式，推进了灌区民主管理改革进程。开展了小型水利工程竞价承包、租赁经营，推广了末级工程到户管理等四种工程管理模式，落实了管护责任，通过改革水利工程管理体制和运行机制，保证了水利工程的良性运行，工程完好率达到 80%以上。

在水行政管理方面，我们加强了以水资源综合利用为前提的各项水行政管理工作，取得了一定的成效。为落实水法规，每年结合“世界水日”和“中国水周”的宣传活动，组织各分局开展了形式多样的宣传活动，大大增强了公民的依法用水、节约用水、保护水资源的意识；通过水行政执法培训和联合执法检查，使现有 471 名水行政执法人员的综合素质明显提高；为推进水法规体系的建立和完善，制定了相应法规并认真开展了行政许可项目的清理工作，使垦区的水行政执法工作逐步走向法制化和规范化轨道；为强化水行政管理工作，加大了对违法取水、浪费水资源、滥采砂石、违法建设涉河工

程及破坏水土资源等水事案件的查处力度，维护了垦区的水事环境。

四大因素制约垦区经济社会发展

现代水利周刊：那么，水利工作中还存在哪些制约经济社会发展的因素？

潘福田：垦区的水利建设虽然取得了巨大成就，但仍然存在一些不容忽视的因素，制约着垦区经济社会发展。主要体现在以下几个方面：

一是控制性工程少，地表水资源开发利用程度低。水资源综合利用的工程很少，地表水资源开发利用率低，当地地表水调控能力只有9%左右。另一方面，由于三江平原井灌水稻发展迅速，大面积集中开采地下水，造成局部地区地下水位下降。由于人民生活水平的提高和经济的快速发展，水资源的供需矛盾日趋突出，垦区水资源的开发利用现状已不能满足生活、生产和生态用水需求。

二是工程标准低，抗御自然灾害能力弱。垦区境内主要河流的堤防防洪标准仅为10年一遇标准，排水骨干工程为3年一遇标准，配套工程为5年一遇标准。垦区易涝面积2052万亩，除涝面积1826万亩，达到5年一遇标准的只有235万亩，仅占除涝面积的11.5%，影响了工程效益的发挥。垦区2300万亩旱田中，喷灌覆盖面积仅223万亩，不足旱田面积的10%。

三是工程不配套，效益难以正常发挥。垦区的许多水利工程，由于工程不配套，影响正常灌水和排水，不能充分发挥工程效益。另外由于缺少维修养护资金，工程运行状态较差，出现了一些病险水库，灌区、涝区渠道出现淤积，尤其是取消“两工”后，已建工程的维修、养护受到影响。

四是水土流失治理速度慢，生态与环境有恶化趋势。由于多年开荒，地表植被有所破坏，岗、坡、平地的土壤质地变粗，土壤肥力下降。风蚀、风害加剧，大风日数增加，局部地区出现了扬尘或沙尘天气。

三江平原引水灌区的建成将使三江平原作为重要商品粮基地的战略地位更加稳固

现代水利周刊：目前垦区水务局正在做的主要工作是什么？

潘福田：目前垦区各级水务部门，在抓好饮水安全、灌区续建配套及农田水利工程建设，全力为垦区社会主义新农村建设提供支撑的同时，将主要精力放在了地处三江平原的“两江一湖”灌区前期成果的编制及相关工作上。

现代水利周刊：您所提到的三江平原的“两江一湖”灌区建设是个什么样的工程？

潘福田：三江平原位于黑龙江省东北部，是黑龙江、松花江与乌苏里江汇流的三角地带，土地总面积10.88万平方公里，其中耕地5000多万亩。垦区在三江平原有宝泉岭、红兴隆、建三江、牡丹江四个分局及所属53个农场，总面积为3.71万平方公里，耕地面积2400多万亩。该地区幅员辽阔，地势平坦，土壤肥沃，水资源丰富，是我国生产潜力巨大的商品粮生产基地之一。

长期以来，三江平原农业基础设施欠账多，农业生产靠天吃饭的局面没有改变，极大地影响了该地区农业综合生产能力的提高，特别是农田水利工程建设较为滞后。近些年，垦区大力开发水田，三江平原地区垦区水田面积已发展到1100多万亩。但由于缺乏引水灌溉设施，近80%的水田依靠井水灌溉。

这种以地下水为主的农业灌溉方式弊端很多。首先，影响粮食品质和产量，增加农业生产成本。地下水灌溉较地表水灌溉降低活动积温近300摄氏度，水稻品质低一个等级，亩产低100公斤左右。即使采取增温措施，水稻的产量和品质也达不到地表水灌溉的水平，而且还要增加农业生产成本。其次，地下水的持续开采，已导致三江平原地下水位平均下降了1~2米，致使天然湿地面积萎缩，湿地涵养水源和调节气候等功能减弱，对区域内生态与环境带来不利影响。

因此，为有效解决地下水种稻带来的弊端及地下水开采引发的水环境问题，充分利用垦区境内丰富的地表水资源，规划在“两江一湖”地区建设大型灌区9个，在松花江及其他内河流域建设大型灌区8个，其中有6个灌区在国家及黑龙江省的支持和垦区的自身努力之下已开工建设。

现代水利周刊：这些引水灌区建成后，会产生什么样的效益呢？

潘福田：这些灌区完全建成后，能够大幅度提高三江平原粮食综合生产能力，可使垦区三江平原地区水田面积达到1400多万亩，新增粮食产量59亿斤，三江平原地区垦区的粮食总产可以稳定在200亿斤以上，垦区将真正成为国家靠得住、调得动、费用低、能够应对突发事件和起示范作用的大型商品粮基地。同时，增加了1400万亩人工湿地，能有效缓解三江平原地区的生态压力，缓解了人与自然争水的矛盾。还可以利用灌溉退水和非灌溉季节引水对210万亩湿地及保护区进行生态补水，湿地水环境将得以恢复和改善，生态效益也十分显著。

明确重点、展望未来，培养复合型人才、建设高素质的水利队伍，保障目标实现

现代水利周刊：垦区水务局下一步的工作重点和规划是什么？所要达到的建设目标是什么？

潘福田：在下一步的工作中，我们将进一步加快地表水灌区建设步伐，新增灌溉面积600万亩，新增水田面积500万亩。加快大江大河和黑土区水土流失治理步伐，新增和改善防洪除涝面积180万亩，水土流失治理面积150万亩。加快发展喷灌、滴灌、膜下灌等节水灌溉步伐，新增旱田节水灌溉面积100万亩。加快边远地区农村饮水安全及解困步伐，解决21.5万人口的饮水安全问题。

现代水利周刊：要实现这一目标有什么保证措施？

潘福田：首先要理清思路，要认识到开展水利基础设施建设是一项长期任务。特别是针对农村税费改革的新形势，结合农业结构调整的要求，进一步理清工作思路，转变工作方式。切实把水利工作作为一件大事，放在垦区各级领导的重要议事日程。结合垦区实际，抓紧制订具体方案、目标、任务和措施，层层抓落实，推动水务工作的开展。

其次，强化前期工作，加强建设管理。加强水利建设项目的前期工作，加大水利建设前期工作的投入力度，强化管理，做好项目储备，培育水利设计市场，建立开放有序的市场环境。同时加强水利建设管理，进一步推进和规范“四项制度”改革，加快工程建设速度，提高工程质量，缩短工期，降低成本。

还有，进行水利建设没有资金的保障不行。要进一步完善政策机制，建立稳定投入渠道。要继续采取拍卖、租赁、承包等方式，积极推进小型水利工程改革，放活小型水利设施经营管理权，用回收的资金，进一步开发和建设好小型农田水利工程。要全面推行政策公开、投入公开、补助公开和财务公开等群众监督机制，真正实现投资者、经营者和职工群众等多方的共赢。

21世纪最重要的是人才。目前垦区水务行业缺的是复合型人才。我们

要进一步加强队伍建设，提高全员素质，制定各项优惠政策，营造一个尊重知识、尊重人才的良好环境，鼓励和吸引各方面的技术人员参与垦区水利建设。通过搞好职工培训和继续教育等方式，培养一批政治强、业务精、既懂水利又懂经济的复合型人才队伍，建立双向选择的用人机制和公平竞争的用人政策，建设一支高素质的水利队伍。

（原载于2006年7月6日中国水利报现代水利周刊
记者 吕娜 摄影 庞亚斌）

链接文章▶▶

水利——北大荒新农村建设的基础

水利是农业的命脉，没有水利，就没有农业的大丰收；没有水利，就没有今天的北大荒。在新农村建设的征程上，黑龙江垦区水利，正在不断创新中夯实北大荒新农村建设的基础。

一、伴随北大荒开发建设60年的农垦水利

随着黑龙江垦区现代农业进程速度的加快，北大荒以水利化建设为重点，坚持不懈地加强农业基础设施建设，初步建立起排、灌、蓄结合的水资源综合利用体系，为发展现代农业竖起了一道抗御自然风险的屏障，逐步形成了适应黑龙江垦区特点的“以防洪除涝为主，旱涝兼治，全面规划，综合治理”的治水方针。

进入21世纪以来，黑龙江垦区贯彻落实科学发展观，把可持续发展、人与自然和谐相处等现代治水理念落实到了水利建设中。垦区以增加粮食生产能力为中心，以发展水稻灌区和旱田喷灌为重点的灌溉事业蓬勃发展，水稻面积由20世纪70年代的几十万亩迅速发展到90年代末的近千万亩。’98大水后，垦区重点抓了松花江、嫩江、黑龙江干流堤防工程建设，使松花江、嫩江干流堤防已全线达到20年一遇标准；三江平原防洪除涝骨干工程得以初步建成，治涝达到3年一遇标准；解决了23.21万人的饮水困难

和饮水安全问题。

黑龙江垦区开发建设60年的历史，就是同洪涝干旱等自然灾害作斗争的水利史。伴随北大荒的开发建设，黑龙江垦区水利从无到有、从小到大，从简易的挖沟筑堤到全面规划、综合治理，从开荒水利到科技兴水，经过几代人的努力，垦区已基本建成防洪、除涝、灌溉、水保及生态与环境保护等四大工程体系，累计完成水利投资70.4亿元；建成排灌站176处，灌区242处；建设江河堤防2828公里，大中小型水库159座，防洪保护耕地面积1121.8万亩、保护人口63.72万；治理涝区99处，除涝面积2076万亩；有效灌溉面积1418万亩；治理水土流失面积518.8万亩；种植水保林26.3万亩。

二、以水资源合理开发助推北大荒新农村建设

为把黑龙江垦区建设成为国家靠得住、调得动、费用低、能够应对突发事件和起示范带动作用的"直属粮仓"，为加快社会主义新农村建设步伐，黑龙江省农垦总局水务部门审时度势，从2002年开始就将水利建设的重点转向了大型地表水灌区的建设上。先后争取国家投资11962万元，率先在"两江一湖"沿岸建设了绥滨和八五九两个大型灌区的渠首及骨干工程，此外还建设了江川和梧桐河灌区渠首工程。并多方筹措资金，加快灌区配套建设步伐，拉开了垦区大型灌区渠首建设的序幕。

水土流失的治理，为垦区带来了巨大的效益。以九三分局七星泡农场黑土区水土流失综合防治试点工程为例：项目区共治理水土流失面积100平方公里，新增治理程度达到91%；有效地保证了耕地的数量和质量，减缓了表土流失速度。项目区治理后的小流域每年可减少土壤侵蚀量40万吨，增加保水能力800万立方米。平均每亩年增产粮食7公斤，亩增产值为10～14元，年增产粮食达199.6万公斤。试点工程项目的实施，为垦区保障粮食产量持续增长发挥了示范带动作用。同时，通过实施小流域综合治理，植被覆盖率由13.52%提高到17.4%。治理后的荒山秃岭变得山清水秀，变成林茂粮丰、安居乐业的秀美家园。

黑龙江垦区的水利建设虽然取得了巨大的成就，但仍然存在一些不可忽视的因素制约垦区经济社会发展和水利现代化步伐。主要体现在：

一是水资源供需矛盾日趋突出，难以满足经济发展需要。由于人民生活水平的提高和经济的快速发展，水资源的供需矛盾日趋突出，垦区水资源的开发利用现状已不能满足生活、生产和生态用水需求。多年来，由于重视

防洪除涝工程建设，加之建设资金紧缺，水资源综合利用工程建设很少，地表水资源开发利用率低，丰富的界河过境水资源和当地地表径流没有得到充分的开发利用。另一方面，由于三江平原井灌水稻发展迅速，大面积集中开采地下水，造成了局部区域地下水位呈下降趋势。

二是工程标准低，抗御自然灾害能力弱。建设初期，限于当时国家的财力物力只能低标准的治理，主要中小河流的堤防防洪标准仅为10年一遇，排水骨干工程为3年一遇标准，配套工程为5年一遇标准。黑龙江垦区易涝面积2481.9万亩，除涝面积2076.2万亩，达到5年一遇标准的只有253.8万亩，仅占除涝面积的12.2%；黑龙江垦区2200万亩旱田中，喷灌覆盖面积仅225万亩，仅为旱田面积的10.2%。

三是水土流失治理速度慢，生态与环境有恶化趋势。黑龙江垦区虽然开发较晚，但近些年的经济发展速度很快，大规模开发改变了三江平原地区的自然条件，由于大面积开荒，导致岗、坡、平地的土壤质地变粗，土壤肥力下降。年大风日数增加，局部地区出现了扬尘天气，生态与环境呈恶化的趋势。

四是水利建设投入不足，缺乏稳定的资金投入渠道。从2004年起，国家停止了对三江平原地区防洪治涝工程的投入，同时，农村税费改革以后取消了“两工”，目前也尚未建起农田水利投入长效机制，而垦区水利建设任务依然繁重，水利建设资金缺口很大，这些都给黑龙江垦区水利现代化带来了新的压力。

三、北大荒现代农业水利布局与治水思路

为了切实推进垦区现代水利发展步伐，实现以水资源的可持续利用，保障黑龙江垦区经济社会的可持续发展，我们垦区水利在今后一个时期要紧紧围绕率先实现农业现代化和全面建设小康社会的奋斗目标，抓住国家扶持粮食主产区发展粮食生产的政策性机遇，坚持以水资源的合理开发高效利用为主线，努力提高垦区水土资源利用效率，进一步改善生态与环境，不断增强可持续发展能力，以水利信息化推动水利现代化建设，为建成“经济繁荣、百姓富裕、社会和谐、环境优美、充满活力”的新垦区提供水利支撑。

近年来，垦区调整了治水思路，先后完成了《黑龙江垦区东北地区老工业基地调整改造水利发展规划》《垦区发展现代农业总体规划水利规划》《三江平原近期防洪除涝可行性研究报告》《三江平原“两江一湖”灌区规划》《垦

区"十一五"水利发展规划》《大型灌区节水改造"十一五"规划》《垦区农村饮水安全"十一五"规划》《东北黑土区垦区水土流失综合治理可行性研究报告》等前期成果，为垦区水利事业的发展提供了科学依据，同时完善了水利基础设施。2000年到现在，是垦区水利建设史上发展最快的时期。五年中累计完成水利建设投资22.7亿元，其中争取国家水利基本建设投资5.4亿元。灌溉、防洪、除涝、水保四大工程体系更加完善，新增和改善灌溉面积586万亩，防洪面积73万亩，除涝面积174万亩。松花江、嫩江干流农垦段堤防已全线达到20年一遇标准；三江平原骨干工程得到了初步治理；完成了太平湖等5座大、中型水库的消险加固建设任务；绥滨和八五九两个地表水灌区渠首工程也相继建成并初步发挥效益。确保了垦区粮豆总产由1995年的103亿斤，增加到2006年的226亿斤，垦区经济社会呈现出生产发展、生活富裕、生态良好的大好发展形势。

目前，垦区经济社会进入了一个快速发展的新阶段，农业和工业用水持续增长，区域性缺水有所凸显。垦区要开源节流并重，城镇和乡村、工业和农业统筹调度，以东部灌区和西部节水灌溉工程建设为主，建立起蓄、引、排、灌、供、用的高水平水资源配置网络，实现水资源时空配置的最优化，适应经济社会发展对用水保障的需求。

因此，垦区推进现代水利建设重点及"十一五"时期的奋斗目标为：

一是充分利用垦区丰富的地表水资源，加快灌溉体系建设，进一步巩固垦区国家重要商品粮基地的地位。抓住国家三江平原地区"两江一湖"商品粮基地项目将要启动的契机，新建.续建11个大型灌区，改造中小型灌区，新增有效灌溉面积195万亩，改善有效灌溉面积146万亩，预计将年增产粮食17.4亿斤；加快旱田节水灌溉，发挥垦区耕地集中连片、机械化程度高、便于规模经营，适宜发展各类旱田节水灌溉工程的优势，新增旱田喷灌面积63万亩，预计将年增产粮食1.23亿斤。从而扩大垦区商品粮的生产规模，增加商品粮的生产总量。

二是围绕提高农业抗灾能力，加快防洪除涝体系建设。继续完善大江大河干流主要堤防达标建设，计划加固堤防185公里，建设护岸50公里，使大江大河干流主要河段堤防达到30～50年一遇防洪标准。加快病险水库除险加固步伐，加固中小河流堤防218公里，建设护岸17.46公里，使重点中小河流堤防基本达到20年一遇防洪标准；加快除涝体系建设，重点解决梧桐河中下游、七星河、挠力河等9条河流，28个农场的防洪治涝问题，提高易涝区域治理水平，改善粮食主产区的生产条件，新增改善除涝面积180万亩，排涝标准基本达到3～5年一遇。

三是围绕和谐社会建设，促进人与自然和谐。加快农村饮水工程建设，改善人居生活环境。通过建设城镇供水及农村饮水安全工程，解决21.55万人的饮水安全问题，进一步保障垦区农村饮水安全。同时，新建2座供水水库，完成2个分局局直供水工程建设，提高城镇供水保障率；加快水土流失治理步伐，改善农业生态与环境。以东北黑土区水土流失综合治理一期工程为带动，采取因地制宜修建水库、塘坝等工程措施和实施封育保护工程等生物措施及深松、改垄等耕作措施，预计治理水土流失面积150万亩，以进一步改善垦区的农业生产条件和人居环境。强化节水措施，推进节水技术进步，大力推广水稻节水控制灌溉技术，在今年节水试验成果的基础上，力争再推广控制灌溉面积20万～30万亩，实现年节水5000万立方米以上。努力降低垦区万元GDP用水量，以建立节约型社会。

张素旺

理性思考 破解宝坻水难题

他一直在思考如何解决宝坻区的水问题。随着他走上管理岗位，他所思考的问题也越来越全面。多年的水利工作，使这名曾是教书匠的水务局长深刻地体会到水利对经济社会发展的重要性，没有水利的支撑，农业的丰收、经济的繁荣和社会的发展都无从谈起。

记者手记▶▶

在其位就要谋其政

天津市宝坻区水务局局长张素旺是教书匠出身的水利人。毕业于天津市水利学校水工建筑专业，毕业后留校任教，教授的就是专业课。张素旺给学生上的第一课：做一个水利人，首先就要有吃苦的准备。用他自己略带幽默的语言就是："干水利的，是不走人道，不说人话，不吃人饭。这就是做水利人以后要面临的苦。"

"当时我概括水利工作的这三句话，主要说的是：不走人道——建水利工程要到偏远的地方去考察，走的都是常人没有走过的路；不说人话——水利人在外搞测量，常说的都是数据和专业术语，

档案◐

张素旺，天津市宝坻区水务局局长。

1955 年出生于天津市宝坻县。1995 年加入中国共产党。1974 年毕业于天津市水利学校水工建筑专业，毕业后留校任教。1987 年至宝坻县水利局工作。2003 年 9 月任宝坻区水务局副局长；2004 年 9 月主持行政工作；2006 年 4 月任宝坻区水务局局长。先后获得宝坻区优秀科技工作者、科技先进工作者、引滦入津 20 周年保护饮用水安全先进个人等荣誉称号，2001 年、2002 年连续两年获得宝坻区科技活动优秀组织者称号。

外行人也听不懂；不吃人饭——过去条件艰苦，常常吃饭没时没晌的，自己带干粮，赶到什么地方就吃点什么……话说出来不好听，可是却能体现出水利工作的特点和辛苦。”

学习水利的张素旺，从学校出来从事水利的具体工作后，对水利更是有了切身的体会，他告诉我们水利给百姓带来的经济效益是看得到、摸得着的。

宝坻是一块宝地。位于北京、天津、唐山三大城市的中心腹地，经济发达，文化昌盛，民风淳朴，风光秀丽，有“京东第一集”的美誉。2001 年 3 月，国务院正式批准宝坻撤县设区，标志着宝坻又进入了一个新的发展阶段。

宝坻是个农业大区，以盛产“三辣”（大葱、大蒜、天鹰椒）而著称。张素旺掰着手指给我们算起了账：“宝坻现在还有稻田 17 万亩，水多水少带来的是产量的高低，是收入的多少，那可是实实在在的经济效益啊！没有充足的水资源作保障，农业的丰收就无从谈起了。就凭这一点，我们辛苦点也值。”

张素旺担任局长后，思考的问题逐渐宏观。他常说的话就是，组织上把你放到这个位置上，你就应该思考些问题，要研究国家政策，要研究地方水问题，在政策的支持下，争取问题的早日解决。

在实际工作中，张素旺也是这样做的。他和他的团队注重调查研究，不断调整规划思路，完善规划体系，先后组织完成了《宝坻区节水型社会建设规划》《里自沽灌区节水改造规划》《黄庄洼、东淀洼湿地修复规划》等多项水资源规划的编制工作，为推动可持续发展水利打下了基础。如今的宝坻区水利工作已经在他们的努力下蒸蒸日上。

在他看来，干水利给他的感觉不仅仅是苦，更是一种责任、一种荣誉。

对话▶▶

解决宝坻水资源短缺的主要思路就是开源节流，节约一切可以节约的水资源，使水利更好地为国民经济和社会发展服务

现代水利周刊：宝坻区有“宝地”之称，这里人杰地灵，物产丰富，那么水资源的情况又是怎么样的呢？请您简单介绍一下。

张素旺：素有“九河下梢”之称的宝坻区位于天津市北部，地处北京、天津、唐山三大城市的中心地带，地理位置优越。全区土地面积 1450 平方公里，总人口 65 万，潮白新河、蓟运河等 6 条一级行洪河道流经宝坻区，区内

渠道河网纵横。宝坻是农业大县，因水而立，得水而兴，水利在宝坻的经济社会发展中具有举足轻重的地位。

历史上宝坻区水资源丰富，水质良好，蓄水范围广，空气湿润，水环境优美。可是1997年以来的连续干旱，加上上游地区水资源的不断开发利用，入境水量锐减，再加上经济社会发展对水的需求增大，供需矛盾日益突出，宝坻区已进入资源型缺水地区行列。

现代水利周刊：宝坻区目前所面临的最大的水问题是什么？我们的解决思路是什么？

张素旺：宝坻区的水问题有很多，我国的四大水问题在宝坻区都有所体现。目前最大的问题还是水资源的短缺，我们采取了很多措施就是为了解决水资源的短缺。我们的思路就是开源节流，首要是节约一切可以节约的水资源，使水利更好地为经济社会的发展服务。

采取的主要措施有：一是合理利用雨洪水。在保证一级河道行洪安全和确保农村排涝安全的前提下，全面加快雨洪资源的利用，这也是我们农业节水方面的一大举措。在尽可能的情况下多蓄水，在汛情紧张的时候坚决开闸泄水。此外我们还清挖干支渠，分段蓄水，利用干支渠蓄水。

二是大力开展农业节水。农业是耗水大户，也是节水潜力最大的行业。宝坻区进行农村产业结构调整比较早，大概在20世纪90年代。目前宝坻区农田接近110万亩，且大部分还是传统的种植方式，稻田、小麦都属于高耗水作物，必须采取强有力的措施，把农业节水作为重头工作来抓好。我们在“十一五”期间，决定增加10万亩搞节水建设，把中型灌区建设尽快启动起来。目前许多村民的积极性都很高，我们将争取国家政策的支持和所在乡镇的支持，尽快地把这一工作做起来。

三是开展节水示范工程。这也是我们的一个重要工作。今年我们结合节水型社会建设，又规划了六个节水示范型小区，采取强有力的工程措施，加强城市节水。目前只要新建小区就要按照节水的要求作为节水型小区来做，对于老的小区也实行了改造。

现代水利周刊：在非工程措施节水方面，宝坻区水务局做了哪些尝试？

张素旺：建设节水型社会，在强化工程建设的同时，也必须注重非工程措施建设。两者相互关联，缺一不可。通过非工程措施建设，加快制度创新，使节水成为全社会的自觉行动。

农民用水者协会是农民用水户自我参与用水管理的组织。宝坻的农民用水者协会建设走在了全市的前列。宝坻区目前有12个农民用水者协会，今年年内预计要完成22个，并且逐步推广起来。

用水计量管理是建设节水型农业的基础。结合宝坻实际，我们制订了“三个结合”的管理原则，即与灌区改造结合，与农民用水者协会建设结合，与小型农田水利工程产权制度改革结合。充分发挥价格的杠杆作用，进一步完善水价机制。

我们还加强了水资源论证工作，上项目必须要进行水资源论证，排污必须达到标准。对于不达标的外资项目，我们宁可不上，也不招进来。曾经有个外资项目，计划每日要用1万立方米水。问我意见时，我当场就表态不予支持，这种耗水大的企业如果要进入宝坻区，我们都要进行论证。在水资源可承载的范围内，对经济发展有促进作用的我们才考虑引进。

河道蓄水、地面蓄水、以蓄代排，充分利用雨洪水资源，扩大蓄水量，保证水稻生产用水

现代水利周刊：农业是用水大户。在建设节水型社会的今天，各地纷纷进行农村产业结构调整，大量减少水稻的种植面积。我们注意到宝坻区还是有一定的水稻种植面积，宝坻区是如何保证它的用水量的？

张素旺：宝坻区是农业大区。水稻是高耗水作物，在水资源短缺的今天进行产业结构调整势在必行。我们宝坻区水务局的做法就是因地制宜，不仅在水稻种植区域上，而且在水源储备上多方想办法，既保证了一定的水稻种植面积，又充分利用了水源。

在种植区域上，因地制宜。以我们现在种植水稻的主要地区黄庄洼为例，黄庄洼在历史上就是一块湿地，种什么都不行，只适合种植水稻，所以我们就因地制宜，在黄庄洼发展水稻种植。

在水资源利用上，我们充分利用水利工程的作用，留住雨洪水，以满足水稻种植的用水需求。一是利用一级河道，在不影响行洪的前提下，利用河道蓄水。这些年来，水务局在这方面已经有所实践。利用一级河道蓄水的前提是要与防汛指挥部门及时沟通，一方面尊重防汛指挥部门的意见，经常联络上游，密切关注上游来水，关心水位；另一方面，在允许的情况下，河道水不放空，利用河道蓄水。二是实行地面蓄水。还是以黄庄洼为例，以前黄庄洼确实有水，但是上游建设一些拦截工程后，湿地就逐步消失了。2000年以后，

我们尝试汛期不排水，取而代之的是有计划地蓄水。汛末利用潮白河地面蓄水，黄庄洼原来的地面高程是1.9米，现在我们蓄到了2.2米，地面的总体蓄水量4000万立方米，现在完全可以满足水稻的插秧等用水量。所以我们的这个办法就是利用拦截汛末尾水，在保证排涝的前提下，利用地面蓄水，以蓄代排。"十一五"期间，将加快黄庄洼湿地建设，扩大湿地面积，既可发挥以蓄代排功能，缓解河道行洪压力，又将全面改善宝坻的水生态环境。

此外，我们还在市委、市政府的支持下加强了蓄水工程建设，去年投资了3500万元，对潮白河水闸进行除险加固，目前主体工程已经基本完成，蓄水能力由原来的7500万立方米，增加到9600万立方米，宝坻区的蓄水存量增加了不少。

实行水务一体化，水利不仅要满足农村生产、生活用水，还要满足城市的生态用水

现代水利周刊：您所认为的水利和水务有什么差别？宝坻区在实行水务一体化建设中贯穿了什么样的理念？

张素旺：社会上有句俗话："搞水利的是戴草帽的。"话虽说的有点偏激，可是却也是事实。过去我们讲水利，偏重的是农田水利。现在我们搞水务一体化，就是要实行涉水事务统一管理，一字之变涉及的是理念的转变。2001年宝坻区水务局成立，从整个天津市来说，我们是第二批成立水务局的，但是水务一体化的进程很快。宝坻区委、区政府对水务一体化很重视，给予了很多支持。通过实施水务一体化，把有关涉水事务都划归了水利部门来管理。

宝坻是个农业大区，以宝坻目前的情况来看，实行水务一体化，就是要水利不仅要满足农村生产、生活的用水，还要满足城市的生态用水。

现代水利周刊：在过去一段时间内，宝坻区水务工作的亮点是什么？

张素旺：在过去的一段时间内，宝坻区主要有以下六大亮点。

一是实施了水务一体化管理。2001年5月，宝坻区水务局正式挂牌，全区水务一体化开始迈出实质性步伐。五年来，通过强化对涉水事务的统一管理，水利职能转变全面加快，水资源管理体系日趋完善，水利基础地位日益巩固和加强。

二是突出了水资源规划新理念。水务发展，规划先行。针对宝坻水资源管理的热点、难点问题，在深入调查研究的基础上，不断调整规划思路，完

善规划体系，先后组织完成了《宝坻区节水型社会建设规划》《里自沽灌区节水改造规划》《黄庄洼、东淀洼湿地修复规划》等多项水资源规划的编制工作，为推动可持续发展水利打下了基础。

三是加快了传统灌区的节水改造。从1998年起，连续实施宝坻区里自沽灌区续建配套与节水改造工程，至今已完成8个年度的建设计划，累计完成投资8242.77万元，其中地方自筹4942.77万元，新增节水控制面积14.01万亩，年可节水4312万立方米，年直接经济效益1042万元。

四是加强了水资源基础配置工程建设。先后实施了青龙湾河牛家牌橡胶坝工程、潮白新河里自沽蓄水闸维修加固工程，不仅有效地提高了河道综合防洪能力，而且使全区水资源配置更加合理，水资源利用效率全面提高。

五是开展了雨洪资源利用的探索与尝试。宝坻位于多条一级行洪河道的下游，上游多年平均来水量12.96亿立方米，境内多年平均地表水天然产水量1.18亿立方米。近年来，根据汛期来水和降雨集中的特点，按照"两个转变"的思路，在确保防洪安全的前提下，采取以蓄代排的办法，扩大区内蓄水面积。2004—2005年，共利用雨洪资源1.05亿立方米。

六是加快了节水型社会建设。实行综合节水，多项措施并举。在农业节水方面，实施了以节水工程为重点的农田水利工程建设和节水灌溉增效示范项目建设，成立了农民用水者协会，调动了农民用水、管水的积极性；在城市节水方面，实施了城区低压供水管网改造和节水示范小区建设；在生活节水方面，积极推广节水器具，进一步规范了水价形成机制。

现代水利周刊：在新的历史时期，宝坻区水利的指导思想和主要目标是什么？

张素旺：结合宝坻区水利建设的实际情况，"十一五"期间必须加大工程建设和管理力度，推进节水型社会建设，本着农村饮水和经济建设用水优先、高度重视防洪安全、逐步消除沥涝威胁、加快农业节水工程建设、保障环境用水的原则，统筹管理水资源，标本兼治，逐步提高全区的用水保证率，实现水资源的可持续利用。

宝坻区水利"十一五"期间的主要目标：一是提高城区及园区供水保障能力，使城区及天宝工业园、物流区日供水能力达到15万立方米，京津新城及京津新城工业园日供水能力达到40万立方米。二是提高城区及园区排水标准，使城区、天宝工业园、京津新城、京津新城工业园等的排水标准达到城市排沥标准1年一遇。三是提高水资源调蓄能力，通过修建水库、橡胶坝以及河道、渠道清淤等多种措施，增加蓄水量8500万立方米。四是加强节水型社会建设，通过农业节水工程建设、企业节水改造和生活节水措施，实现年节水500万立方米，新增节水控制面积35.3万亩，使全区总节水控制面积达到79.19万亩。五是加强农村饮水工程建设，发展城镇集中供水，到2010年实现全区农村自来水管网入户，同步实现农村饮水安全。六是加强防洪工程建设，完善防洪体系，重点做好蓟运河水系综合治理和蓄滞洪区安全建设工作。七是加强除涝工程建设，完成10座三类扬水站的更新改造，使全区农田除涝标准分别达到5～20年一遇。八是加强水生态环境建设，打造"两线""三区"，开发水生态旅游资源，促进水务经济发展。

做好宝坻的水务工作，靠的就是一个团结的班子和敬业的队伍

现代水利周刊：您当上水务局局长后，肩上的担子和心中的责任有什么不同？

张素旺：自从当上水务局局长之后，我确实感到肩上担子更重了，责任感也强迫自己不得不去思考问题。我现在就是要结合本地工作实际，研究政策，多到基层调研，尽可能地解决当地的水问题。去年我做了一个《宝坻区农村基础设施存在的问题的调研报告》，这就是多次调研和思考的结果，很荣幸，这个调研报告还得了个奖。我总是觉得组织上把我放在水务局长的位置上，"在其位谋其政"，我必须要做好，才能对得起组织上对我的信任。

现代水利周刊：做好宝坻的水务工作，您所依靠的是什么？

张素旺：做好宝坻的水务工作，靠的就是一个团结的班子和敬业的队伍。从副局长主持工作到今年正式被任命为局长，我感觉我们的班子很团结，能够形成强大的合作的力量，清醒地认识宝坻区水务工作所面临的问题。此外，我认为，一支敬业的队伍必不可少。我们的每一名职工都很敬业。举一个简单的例子，就拿昨天下雨来说，看到下雨，别人肯定都是着急往家里跑，而我们水务局的职工却都是往局里跑。现在是汛期，每一个水利人脑子里的那根防汛的弦都绷得很紧。就从这一点差别上，你就可以看出水利职工的敬业。

正是有了这样的班子，这样的队伍，宝坻区的水利工作才有了保障，我工作起来才有了底气。

（原载于2006年8月3日中国水利报现代水利周刊
记者 吕娜　摄影 赵建平）

链接文章▶▶

宝坻区水资源可持续利用的思路和举措

水资源是基础性的自然资源和战略性的经济资源，是生态与环境的控制性要素。全面推进水资源的可持续利用，是科学发展观、构建和谐社会和新农村建设对水务工作提出的新要求，也是水务工作的重要目标。作为职能部门，面对新的任务和要求，我们要全面履行工作职责，不断创新水资源可持续利用的思路和举措，为加快宝坻发展提供有力的保障。

一、水资源可持续利用是宝坻发展的必然选择

宝坻位于天津市北部，行政区面积1450平方公里，总人口65.50万，耕地114.2万亩。近年来，随着宝坻经济社会的加快发展，对水资源的需求也在不断增加，同时，持续多年的干旱，也使水资源的供需矛盾更加突出。因此，强化水资源管理，建设节水型社会，全面推进水资源的可持续利用，是解决宝坻区水资源问题最根本、最有效的战略措施，是落实科学发展观、建设新农村、构建和谐社会的必然选择。

首先，水资源可持续利用是落实科学发展观的要求。科学发展观要求我们要根据经济社会发展的要求，进一步转变水利发展的模式。在水资源的可持续利用方面，不仅要全面加强水资源的优化配置，而且要进一步加强水资源的节约保护，更加注重水资源开发、配置、调度中的生态问题。从宝坻的实际情况看，按照打造经济强区的新思路，要重点打造两个新城、六个组团和一批综合性城镇，从而实现由“点状开发”向“组团发展”演进。新的区域发展思路和功能定位，对各项基础设施配套也提出了具体的要求，如宝坻新城，除水、电、路等传统设施外，还要加强水环境、水景观建设，以提升城市品位；京津新城则要求我们在打造良好水生态体系的同时，还要进一步完善区内排沥设施，提高排沥标准。对六个组团，在提高功能区供水保障能力的同时，要把黄庄洼水库作为重点，充分发挥该区域水资源相对丰富的优势，做足水的文章，发展生态农业、观光休闲农业和湿地旅游产业，建设具有浓郁水乡特色的旅游区、风景区、经济区。

其次，水资源可持续利用是构建和谐社会的要求。构建和谐社会，要求

我们必须统筹安排城乡水利建设，促进城乡水利协调发展；必须坚持坚持人与自然和谐相处，促进可持续发展；必须进一步改善群众生活，统筹协调好各方面的水利需求，着力解决好人民群众最关心、最直接、最现实的利益问题，确保水务发展惠及全社会。结合宝坻的实际情况，今后一个时期应注重解决好城乡供水保障问题，提高宝坻新城和京津新城的供水保障能力，完成农村饮水安全工程建设；应不断强化公共管理职能，组织好防洪除涝工作，为宝坻发展提供防汛安全保障；应进一步加强节水型社会建设，转变经济增长方式，有效提高用水效率和效益；应全面加强城乡水环境整治，加大水资源管理和保护力度。

第三，水资源可持续利用是新农村建设的要求。建设社会主义新农村，是中央提出的一项关系全局的战略举措。按照宝坻区经济社会发展的总体战略部署，宝坻区新农村建设要坚持以城市化带动农村，发挥宝坻在耕地、水源、区位等方面的独特优势，大力发展生态农业。在新农村建设中，水利作为重要内容，在农业基础设施建设、水资源的统一管理和优化配置、节水型农业等方面，都应该有新的突破。通过传统灌区的节水改造、蓄供水工程建设、扬水站更新改造等措施，从整体上提升水利基础设施的保障能力和农业的产业化水平。

二、按照科学发展观的要求，不断创新水资源可持续利用的新思路

按照科学发展观的要求和人与自然和谐相处的理念，我们要努力加强实践和探索，紧密结合实际来思考问题、总结规律、把握趋势、探索实践，把水资源可持续利用的总体要求变成具体可行的目标任务和政策措施，创造性地开展工作，务求取得扎扎实实的成效。

（一）加强水资源优化配置

实现水资源的可持续利用，首先要加强水资源的优化配置。为此，要按照工程措施和非工程措施相结合的原则，全面加强调蓄水工程建设，对各种水资源实行统一管理，进一步提高水资源的利用效率，满足经济社会发展对水资源的需求。在具体思路上，既要注重调蓄水工程设施的建设，又要全面加强水资源的综合利用，充分发挥雨洪水、外调水、地下水、中水等各种水资源的综合效益。

（1）实施黄庄洼水库工程。规划中的黄庄洼水库位于黄庄洼湿地的中心，与周良新城隔河相望。黄庄洼水库同时具有防洪、灌溉、供水、旅游及生

态等多种功能。目前，该项目已正式列入天津市“十一五”水资源建设内容。

（2）潮白新河城区段防洪生态工程。规划中拟建的潮白新河宝坻城区段防洪生态工程，是在确保潮白新河防洪安全的前提下，建拦河橡胶坝，提高河道蓄水位，增加蓄水能力，改善河道及城区的水生态环境的重要工程措施，计划2007—2008年开工建设。

（3）加强雨洪资源利用。宝坻区水资源时空分布不均，差异较大。全年降雨主要集中在汛期，春季则干旱。这就要求我们要加强调查研究，采取有效措施，加强雨洪资源利用。

（4）加强水资源的统筹配置。对地表水、地下水、外调水以及雨洪水实行统一管理，完善地表水与地下水的灌溉分区管理，加大中水回用力度，从而实现供水、防洪、除涝和环境用水的综合管理。

（二）提高城乡供水保障能力

保障城乡供水安全是水务工作的重要职能，也是建设节水型城市，发展大都市水利的具体要求。随着近年来宝坻产业功能区规模的不断扩大，以及新农村建设的不断深入，对城乡供水工作也提出了新的要求。我们要以提高城乡供水保障能力为目标，全面加强规划设计，统筹考虑城乡供水问题。在具体思路上，一是适应区域经济和组团发展的要求，对2个新城和6个组团内的产业功能区供水体系进行科学规划，全面提高供水保障能力；二是适应新农村建设的要求，加快实施农村饮水安全工程建设，改善农村饮水条件。

加快城区第二水厂的规划立项和建设实施；实施周良新区净水厂及备用水厂工程；适应城镇建设要求，加快实施综合性城镇的供水设施建设，提高城镇的综合承载能力，发挥城镇的积聚效应；农村饮水安全和管网入户的实施一直是各级领导和广大农民群众关注的问题，也是改善农村社会环境的重要举措，按照规划安排，通过实施集中供水工程、农村管网入户工程、除氟设备等，在全区675个村队实施饮水安全工程，使全区农村饮水不安全问题得到全部解决。

（三）完善城乡排涝体系

宝坻区排涝设施存在的主要问题是部分地区排沥标准偏低，以及区域内排沥设施不完善等。因此，完善城乡排涝体系要根据各区域的实际情况，重点提高排沥标准，完善排沥设施。

一是城区排水体系建设，含城区及天宝组团、海滨组团的部分区域，通过新建、扩建大套等扬水站及排沥泵站，对有关排沥河道、渠道进行清淤治理，提高排沥标准。

二是京津新城排水体系建设，含京津新城及九园组团的部分区域，新建、扩建京津新城等扬水站，完善区内排沥系统，提高排沥标准。目前，京津新城扬水站已经开工建设。

(四)加快实施城市节水战略

随着宝坻经济的不断发展，在老城区不断扩大的同时，京津新城、天宝工业园等一批现代化的新兴产业功能区正在崛起，城市人口不断增加，城市节水存在巨大潜力。建设节水型社会、创建节水型城市，是今后城市工业生活用水管理的必然趋势。

(1)节水示范小区建设。试行将饮用水与其他生活用水分开，建设包括中水回用在内的两套供水管道系统，小区内用水户全部安装IC卡水表，绿地安装微喷灌设施，以物业管理为依托，建立节水管理组织和小区节水办公会议制度，通过多种方式，实现小区综合节水。

(2)节水器具推广。在工业、建筑业、服务业以及居民生活中普及推广节水器具，严格控制不合格用水器具进入市场。同时，对现有工业及生活用水器具进行节水改造，安装节水器具，提高用水效率。

(3)注重经济杠杆作用，完善用水总量控制和定额管理，完善水价形成机制，实行用水累进加价制度，充分发挥水价这个经济杠杆的作用。

(五)强化农业节水措施

按照建设生态农业的总体要求，宝坻农业节水将进入一个新阶段，一批新的节水工程项目将投入实施。

(1)里自沽节水灌区续建工程，在原有建设成果的基础上，继续争取国家投资，加大自筹力度，全面完成里自沽灌区续建配套与节水改造工程。全部建成后的里自沽灌区，将成为灌溉设施完善、灌溉技术先进、管理体制健全的新型灌区，成为天津市农业节水的一大亮点，为宝坻新农村建设提供强有力的水利支撑。

(2)建设中型节水灌区，重点实施潮南灌区和大钟灌区两处节水改造工程，以蓄水工程和节水工程建设为重点，提高灌区配套水平和灌溉效率。

(3)建设节水示范工程，节水灌溉是农业节水的重要环节，是现代化农业的重要标志，通过实施节水示范工程，进一步提高农业灌溉标准，加快农业现代化进程。

(4)加强非工程节水措施，一是农民用水户协会建设，突出“以人为本”的治水理念，充分调动农民用水户自我参与用水管理的积极性，理顺用水秩序；二是用水计量管理，通过实施计量管理，规范用水行为，提高用水效率。

(六)全面推进水环境建设

水污染防治和水环境保护正在日益受到全社会的关注，它不仅关系到经济的可持续发展，而且关系到群众的切身利益。面对建设新农村的目标要求，水环境治理的任务十分艰巨和繁重。近年来，按照人水和谐的新理念，宝坻更加注重水环境建设，不仅成立了水土保持管理站和控沉办等相关的管理机构，而且全面加强了入河（渠）排污审批，有效地防止了水环境污染。今后一个时期，应进一步加大水环境建设力度，加强水环境保护。近期内重点实施的项目，一是潮白新河城区段水生态建设与防洪景观工程，以橡胶坝工程为依托，通过景观工程建设，改善河道及城市生态与环境，充分展示具有宝坻特色的水文化，成为宝坻城区的标志性工程；二是城区河渠水系治理，对城区相关河渠进行清淤治理，建设配套设施和景观设施，改善城区水质，创造良好水环境。

唐世东

做人民群众满意的水利人

搞水利，他是半路出家。与水结缘，以水为师，却是他这个水利“外行”引以自豪的事情：上善若水，是他所崇尚的为人之道；激流勇进，是他所追求的工作境界。任贵州省黔南布依族苗族自治州水利局局长以来，他凭着对水的秉性的独特领悟，风风火火地干起了水利工作。

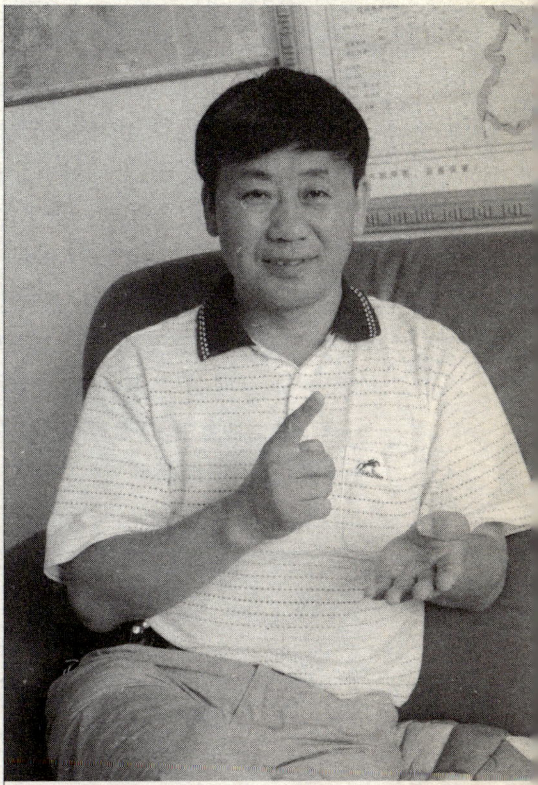

档案

唐世东，贵州省黔南州水利局局长。

1955年4月出生，布依族。经济管理专业本科学历。曾下乡当知青。先后担任过都匀市人民政府副市长、黔南州独山县人民政府县长等职。自2001年7月任黔南州水利局党组书记、局长以来，黔南州水利局先后被授予“全国人民满意的公务员集体”“全国农村人饮解困工作先进集体”等荣誉称号。

记者手记

为水辛苦为水忙

要采访唐世东很不容易，办公室的同志跟我们介绍：跑工地调研、跑省城汇报，唐世东工作起来风风火火、忙忙碌碌，他乘坐的车子一年要跑上六七万公里。即使在办公室，周一至周五也很难得挤出时间来专门接受采访，所以采访他的最好时间是在双休日。大多数的双休日他会在办公室里阅读书报、文件或者学习电脑什么的。果然，作出采访唐世东的计划后，一连几天都还没见着他的面。最后，通过电话预约，见面采访的时间定在了双休日。

怕热爱出汗，走路一阵风，是唐世东在采访中给记者留下的印象。或许是性子使然，唐世东给人的感觉是精力旺盛、爽朗、热情、急性，像湍湍急流，似惊涛拍岸。

唐世东的同事们说，他有很刚的一面，针砭时弊时他会情绪高涨、声色俱厉，处理违纪问题时毫不手软、决不留情；他又有很柔的一面，在洪灾第一线，安抚受灾群众和声细语，抢救或转移灾民时考虑周到细致；他还有多才多艺的一面，全州水利系统文艺汇演，他常常也画起浓妆，和职工们同台演出，他表演的扬琴、哑剧、小品、舞蹈等常常成为同事们业余时间津津乐道的话题。

在和唐世东交谈中，我们了解到，唐世东小时候家里条件不是很好，兄弟姊妹又多，他是靠母亲东拼西凑和自己敲石子赚来的钱完成学业的。于是，他从小就养成了坚强、刚毅和不畏艰难的性格，也格外懂得珍惜机遇和不懈奋斗。2001 年 7 月，唐世东告别县长的职位来黔南州水利局当局长时，黔南州水利局当时被很多人认为"很复杂，工作不好搞"。但唐世东并不气馁，他喜欢接受新的挑战。调查了解、弘扬正气、关爱职工是他上任的"三把火"。

或许是精诚所至，这"三把火"烧得很成功，黔南州水利局的面貌为之一新——扯皮、掣肘的现象没有了，团结拼搏成为全局上下共同的行动。登录"黔南水利"网站，"光荣榜"栏目里赫然显示：在短短不到 5 年的时间里，黔南州水利局获得上级部门的表彰多达 40 余次。其中，2004 年被中共中央组织部、中共中央宣传部、中央文明办、人事部联合授予"全国人民满意的公务员集体"光荣称号。一次次的荣誉见证了唐世东和他的同事们共同奋斗的足迹。

对话 ▶▶

民族地区的水利工作要立足于民族地区经济和社会的可持续发展

现代水利周刊：黔南州是一个少数民族自治州，这里的水资源条件如何？

唐世东：黔南布依族苗族自治州地处长江流域和珠江流域分水岭苗岭山脉地带，云贵高原东南部向广西丘陵过渡的斜坡上，全州总面积 2.6 万平方公里。千百年来，布依族、苗族等少数民族在这里生生不息，滔滔江河水孕育了勤劳、淳朴而善良的 390 万各族黔南儿女。

黔南州属水资源相对丰富的地区。全州有中小河流 210 条，总长约 5000

公里；多年平均降水量1273毫米，多年平均水资源量162.54亿立方米，人均占有水资源量 4170 立方米。但由于受水资源时空分布不均和人类活动的影响，黔南州的干旱缺水、洪涝灾害和水环境恶化等问题仍然比较突出，严重制约着地方经济社会的发展。

现代水利周刊：在少数民族地区从事水利工作，您有什么独特的体会？

唐世东：黔南州的少数民族人口约占总人口的55%。在少数民族地区干水利，我最深的体会是勤劳、善良、淳朴的少数民族群众为我们干好水利工作提供了坚强的后盾和良好的群众基础。

另一方面，少数民族地区相对偏远闭塞、经济欠发达，水利扶贫的任务非常艰巨。面对水利基础设施十分薄弱的现实，面对群众对解决水问题的急切期盼，我们深感责任重大，心急如焚。为此，局党组提出了“把让人民群众满意作为第一工作目标”的口号。

我们是这样定位目标，在工作中也是这样做的。在实施龙里县落锅村半坡寨饮水工程时，正碰上新春佳节，为确保工程早日通水，我们放弃了春节休假，坚持继续组织施工。时任贵州省委书记的钱运录同志得知这一情况后，欣然写了“这种为民、务实的精神和雷厉风行的作风很值得提倡！”的批示。

现代水利周刊：具体来说，黔南州当前所面临的水利工作任务主要有哪些？

唐世东：我想主要有这几个方面：一是正确处理好水资源开发、利用和节约、保护的关系，通过水资源的合理配置实现水资源的可持续利用；二是加快解决工程性缺水问题，夯实水利基础设施；三是加速小水电的开发，打造自治州新兴支柱产业；四是改革不适应水利发展需要的现行管理体制，实现水利工作的创新发展。

黔南州的江河大多是雨源型河流，作为长江、珠江流域的上游水源地，水环境的保护和水资源的合理开发利用显得尤为重要。水环境的有效保护和水资源的可持续利用，应坚持规划在先、工程措施和非工程措施并举的原则。我们将致力于加强对涉水事务的社会管理和公共服务，加强水资源的综合开发、利用、节约和保护的各项规划，切实履行好保护水资源的神圣职责，促进水资源的可持续利用。

受信息相对闭塞、自然条件较差和历史投入不足等因素的影响，黔南州工程性缺水同地方经济社会发展对水的需求之间的矛盾仍然十分突出，这就决定了加快解决工程性缺水问题的重要性。黔南州工程性缺水问题主要体现在这几个方面：一是饮水不安全人口基数大；二是农业保灌能力不强，远远低于全国平均水平；三是灌区节水改造及配套建设、病险水库治理等任务艰巨。

加速水能资源的开发，大力发展小水电，是黔南州近年来提上议事日程的一项重要工作。黔南州属水能资源较丰富的地区，全州水能资源理论蕴藏量达210万千瓦，可开发量达160万千瓦，到今年底，开发量仅为19万千瓦，有着巨大的开发潜力。

改革是水利事业得以可持续发展的根本保障和不竭动力。改革就是要革除不适应新形势发展需要的水利旧体制和运行机制，建立在市场经济条件下保持生活、生产、生态等各个方面对水的需求平衡的新的水利体制和运行机制。

建州50年来，黔南水利人不断创新水利发展思路，成功实现了黔南水利事业的跨越式发展

现代水利周刊：今年8月8日是黔南布依族苗族自治州建州50周年纪念日。建州50年来，黔南州水利发展经历了怎样的变化？

唐世东：建州以来，从最初的除水害、兴水利，到现在的人水和谐、可持续发展水利，黔南人以自己的智慧和勤劳，谱写了一曲曲兴水富民的动人乐章。

通过《黔南州水利志》我们可以了解到，建州前的黔南水利十分落后，只有少量的简陋农灌设施，历代所遗留下来的简易小型水利工程或毁或废，能用的也发挥不了多少作用。到1955年，全州仅有总容量4万立方米的蓄水工程，并且是以掘地为塘为主要形式。此外还有一些简易的自流引水工程。当时全州农田灌溉面积46.31万亩，约占当时耕地面积272.85万亩的17%。群众饮水主要依靠自然形成的有限水源，干旱季节常常要到数公里外挑水喝。在利用水能资源发电方面，更是一片空白，直至1956年惠水县试办姚哨电站成功，才结束了黔南州没有水电站的历史。

建州以来，随着国民经济的恢复，黔南州的水利建设有条不紊地开展起来。首先是组织群众对原有水利设施进行修整、恢复，使其在农业生产中发

挥新的效益。20世纪50年代，全州的小型水利工程建设如火如荼地开展，全州有效灌溉面积突飞猛进。“文革”期间，黔南州水利建设的进度大大减缓。“文革”结束后，黔南州以兴建水库、增强水资源调蓄能力为主，以治水改土为中心，进行山、水、田、林、路、电、村的综合治理，水利开发的战略从单一向综合方面发展。80年代后，黔南州水利部门引进了加强经营管理、提高经济效益的水利建设管理理念，加强了水利工程的效益管理。“十五”期间，是黔南州水利事业有史以来水利投入最多、发展速度最快、群众受益最明显的5年。这一时期，水利基础设施建设总投入约占前50年总投入的4成。小水电开发“十五”期末的在建装机规模为前50年总装机规模的1.9倍。

现代水利周刊：纵观黔南水利事业的发展变化，您认为最重要的变化是什么？

唐世东：是治水观念的变化。治水观念的变化是数字变化背后的深层次的动因，体现了发展的质量与内涵。我认为，黔南州治水观念的变化主要体现在以下几个方面：

一是治水思路的转变。20世纪50年代初，全州的水利建设遵循“小型为主，蓄水为主，社队自办为主”的方针，水利建设仅停留在小型农灌设施上；80年代，“大力发展小型水利，提高经济效益”成为水利建设的基本任务；90年代，黔南水利人致力于“大中小微结合，以中小为主、蓄引提排节结合，以蓄节为主”开展水利建设；进入新世纪，黔南水利人按照水利部提出的治水新思路，坚持以人为本、坚持人与自然和谐相处、坚持水资源的可持续利用，并结合黔南实际，提出了建设“和谐型、开放型、综合型、效益型、法制型”五型水利的水利发展思路，成功地指导了全州水利实践。

二是从“重建轻管”向“建管并重”的理念转变。在灌区建设与管理中，坚持“两改一提高”，一手抓灌区设施的改造、一手抓管理体制的改革，通过成立用水户协会，建立民主管水的新机制，提高水的利用效率和效益，为项目区用水户带来了实惠。

三是从单纯的水利建设向全面的涉水事务的社会管理转变。更加注重规划的作用，通过综合规划和各专项规划的制定，引导社会合理开发、利用和节约、保护水资源，实现水资源的科学配置和高效、可持续利用；更加注重河道管理、生态修复、水源地保护等社会性涉水事务的管理和依法治水、依法管水；全面实施取水许可制度。

四是由农村水利向城乡水务一体化理念转变。黔南水利人在抓好农村水利建设的同时，着眼于全州经济社会发展的需要，统筹考虑城乡经济发展对水的需求，在城市供水、防洪和促进城乡经济统筹发展等方面作出了积极的贡献。

五是在防汛抗旱方面，由控制洪水向洪水管理转变，由单一抗旱向全面抗旱转变。在防洪工作中，坚持以防为主、防患未然，给洪水以出路，坚持科学调度，合理利用雨洪资源。在抗旱方面，拓展了抗旱领域，使抗旱工作更好地服务整个经济社会发展的需要；通过采取经济、法律等各种综合措施，实现了抗旱手段的多元化；通过制定科学、合理的预案，提高了抗旱工作的主动性。

工程措施与非工程措施并举，以水资源的可持续利用保障经济社会的可持续发展

现代水利周刊：面对"十一五"和更长一个时期的水利发展，黔南州有什么目标和措施？

唐世东：在下一步水利改革与发展中，我们将更好地贯彻落实科学发展观，围绕建设资源节约型、环境友好型社会和全面建设小康社会的目标，采取工程措施和非工程措施并举的综合措施，以水资源的可持续利用支撑经济社会的可持续发展。

在工程措施方面，我们将重要抓好六大重点工程的建设，进一步夯实水利基础设施。一是抓好饮水安全项目建设，"十一五"期间内解决70万人的饮水安全问题，到2020年前基本解决黔南州人饮安全问题；二是抓好大型灌区节水改造及续建配套工程、中型水库工程、雨水集蓄利用工程等项目的建设，使全州有效灌面到2010年达到182.99万亩；三是继续争取资金抓好病险水库的治理，力争在"十一五"期内实现病险水库的全面治理；四是计划投入8.36亿元，全面完成有防洪任务的8个县（市）和重点防洪乡镇的防洪工程体系的建设；五是全面启动新一轮小水电开发，力争"十一五"期间新增地电装机130万千瓦，加快地方电力管理体制的改革，初步形成小水电产业支柱；六是大力实施水环境保护及生态修复工程，"十一五"期间完成生态修

复面积 4187 平方公里，到 2020 年全面完成水土流失治理任务。

在非工程措施方面，重点是通过水利体制的改革，强化水行政主管部门对涉水事务的社会管理和公共服务，促进水利职能部门的职能转变，建立和完善水利发展新机制。改革的主要内容包括水务管理体制改革、水利投融资体制改革、水利工程建设管理体制改革等诸多方面。

“全国人民满意的公务员集体”，是荣誉，更是压力和动力；是成绩，更是激励和鞭策

现代水利周刊：短短几年的时间内，黔南州水利局先后获得了“全国人民满意的公务员集体”等多项荣誉，您觉得近年来黔南州水利局取得成功的秘诀是什么？

唐世东：近年来，黔南州水利局的变化很大，这是很多熟悉黔南州水利局的人共有的很深的感受。以前的黔南州水利局，存在着很多行政机关中易见的弊病：上班松散、拖沓，办事推诿、扯皮等。现在这些情况不复存在了，全局职工的精神面貌焕然一新，团结协作、无私奉献成为全局职工共同的行动准则。晚上，局机关办公楼里常常灯火通明，这是我们的工作人员在加班加点；节假日里或伏案在办公桌前或奔波于水利工地间，我们的水利职工们常常会舍弃了与家人的团聚而全身心投入到工作中。

之所以会有很大的变化，我想主要基于以下几个方面的原因：

一是加强制度建设，严格纪律约束。2001 年我来水利局任职伊始，首先就是在调查摸底的基础上抓机关工作制度建设，制度的内容涉及机关后勤管理、行政审批程序、工作纪律等各个方面。

二是刹歪风树正气。有了工作制度，必须严格执行。对无视工作纪律和制度的各种歪风邪气，坚决予以抵制；树正气，就是在全局提倡“献身、负责、求实”的水利行业精神、勇往直前的创新精神、紧密联系的团队精神、勤奋努力的敬业精神。

三是关爱职工，知人善任，人尽其才。建立知识分子奖励制度，激励职工奋发成才，为水利事业的发展提供强劲的智力支持。关爱职工，要体现在平时的点点滴滴上，每一个细节都力求让职工感到组织的关心、集体的温暖：职工过生日，单位或科室领导会上门送上鲜花和蛋糕；职工生病了，局领导总会带队去探望；春节放假后上班每一天，局领导班子都要整整齐齐地到

各基层单位和各科室拜年；哪家有困难，总会有单位和同事们及时伸出友谊的手，帮助渡过难关。

现代水利周刊：您如何看待荣誉和成绩？

唐世东：荣誉和成绩只能代表过去。“全国人民满意的公务员集体”，是荣誉，更是压力和动力；是成绩，更是激励与鞭策。如何保持荣誉，争取更好的成绩，是我们局党组所考虑最多的问题。为此，我们在全州水利系统职工中开展了“保持全国人民满意的公务员集体荣誉”的教育活动，在全局职工中保持争先夺优的集体意识，形成一种激励职工奋勇向前的机制，营造一种团结向上的良好风气，塑造一支敢于打硬仗的水利职工队伍。我相信，只要脚踏实地、坚持不懈地干下去，我们就会以更新的视野、更新的思维、更新的举措，在全州水利事业的发展上创下更好的成绩，作出更大的贡献。

（原载于2006年8月17日中国水利报现代水利周刊
通讯员　肖智勇）

链接文章▶▶

饮水安全是新农村建设的必备条件

水，是生命之源，是生产发展的前提条件，是社会发展的战略性资源，也是当前新农村建设必须研究的前瞻性问题。

一、黔南州饮水不安全的状况

黔南州位于贵州省南部，属高原山区，喀斯特地貌。全州土地面积2.8万平方公里，耕地面积290万亩。总人口390万，农村人口260万。年平均降雨量为1400毫米，雨量充沛。但由于地形地貌特征，加之缺乏水利工程，形成了地下水丰富，地表水缺少，造成了不少地区吃水困难。水源枯，水源远，水源脏困扰着部分地区农民的生产和生活，饮水严重不安全。

何谓饮水不安全？按照国家标准讲，主要有三个方面；一是指季节性缺水；二是指远距离取水，即取水平行距离超过1公里，垂直高差超过100米；

三是喝污染水。对照这三个方面，全州饮水不安全的有162万人，占农村人口的62.3%。缺水地区从形式上讲属上述三个方面，但从性质上讲有三种类别：一类是生态型缺水；二类是工程型缺水；三类是水质型缺水。一、二类情况约占70%，三类情况占30%。面对缺水人口众多，缺水面积大的情况，黔南州的新农村建设不能不把人的生存问题摆在首位，不能不把解决农民吃水问题置于先决条件。

二、饮水安全是新农村建设的必备条件

新农村建设是中央在新的历史时期，作出的一项重大决策。是中国现代化建设的重要内容和重大历史任务，事关现代化建设和全面建设小康社会全局。推进新农村建设，是构建和谐社会的必然要求，是扩大内需促进经济发展的重要手段，是贯彻科学发展观的基本要求。

新农村的内涵在于：生产发展，生活宽裕，乡风文明，村容整洁，管理民主。从这五个方面综合来看，生产发展是为生活宽裕服务的，而后面三条则是以生活宽裕为前提的。没有生活宽裕，就不能做到乡风文明，村容整洁，管理民主。因此说，生活宽裕是建设新农村的核心，也是新农村建设的根本目标。

既然生活宽裕是新农村建设的根本目标，那么怎样才能体现生活宽裕呢？那起码是让农民群众吃得好，穿得好，住得好，玩得好。吃在首位，如果农民群众连吃水都没有保障，饮水都不安全，怎么能称得上吃得好呢？如果吃都吃不好，又怎么称得上生活宽裕呢？没有了生活上的宽裕，新农村建设必然成为空话。因此，我们在新农村建设起步的时候，不能不重视农民群众吃水困难的事情，不能不重视农民群众饮水不安全的问题。

目前，黔南州饮水不安全的情况有三种：一种是生态型缺水。由于人口逐步增多，耕地减少，毁林开荒严重，大量植被被破坏，山体丧失了保水、蓄水的功能。形成了天上倒下一缸水，地表留不住一盆水。这部分地区是典型的石漠化地区。黔南州的罗甸县、长顺县、独山县的缺水地区多是这一类。第二种是工程型缺水。这种地区多是高山区、深山区，尽管降水丰沛，但无水利工程蓄水。常见河水脚下过，常闻暗河地下走。黔南州长顺县代化镇的河边村二组，38户住在高山上，而取水的蒙江则在垂直200多米以下，挑一担水常常要两个多小时。这种地方主要是缺少工程提水。第三种是水质型缺水。黔南州的惠水县鸭绒乡聚集着一万多苗族，全乡的吃水源皆来自

灌溉沟渠流到各个山塘储存起来的死水，由于时间长，气温高，山塘水发生质变。2001年，该乡平和村村民由于饮用了变质的山塘水，造成1000多人生病拉肚子，6人因拉肚子没及时治疗而死亡！显然，由于饮水不安全，不仅会造成农民群众的生活困难，而且会损害健康，直至威胁生命！

除此而外，饮水困难给新农村建设的阻碍也是非常明显的。第一，造成生活困难。第二，生产滞后。大多数缺水的地区农业生产十年九旱，粮食产量低下。在这种情况下，很多石山区的群众就越缺粮越开荒，越开荒，植被破坏越严重，形成恶性循环。第三，由于缺水，很多地方的群众要到几里路甚至十几里路的地方去抬水吃。平均每天要有一个劳动力去担水，劳动力无法解放出来。人口的增加，劳动力的相对减少，这样的家庭往往就是贫困家庭。第四，缺水的地方往往是多种经营发展不起来的地方，因吃水都解决不了外地客商是不愿到这些地方去发展的。

综上所述，饮水不安全的问题不仅关系到农民群众的生活问题，而且关系到整个农业发展的问题，也是新农村建设不可回避、需首要解决的问题。也就是说，解决农民群众饮水安全的问题是解决新农村建设的必然途径，是新农村建设的必备条件。

三、解决饮水安全问题的有利条件

农村饮水不安全的问题，不管它是生态型缺水，工程型缺水，还是水质型缺水，解决的手段基本是同一的，那就是都要靠工程方式加以解决。而解决水利工程主要是靠投资。黔南州有那么多缺水的地方不是不知道，也不是不了解，也不是不解决，而是难在一个投资跟不上。而现在不同了，自从中央推行落实科学发展观，建设和谐社会以来，特别是提出建设社会主义新农村的重大战略决策以来，为解决饮水安全提供了良好的政策条件。

一是全国人大批准了《国民经济和社会发展第十一个五年规划纲要》，把实施农村饮水安全工程作为新农村建设的重点工作。今年中央“一号文件”《中共中央国务院关于推进社会主义新农村建设的若干意见》提出：“要着力加强农民最急需的生活基础设施建设。在巩固农村饮水解困成果基础上，加快农村饮水安全工程建设，优先解决高氟、高砷、苦咸、污染水及血吸虫病区的饮水安全问题。”由此明确了解决饮水安全的工作方向。二是中央决定用两个五年规划的时间完成原定用三个五年规划期基本解决全国农村饮水安全问题的目标，并已下达资金计划。三是贵州省政府由此也决定，将用省级资金作补充，把国家规划的两个五年计划合并为一个五年计划实施完毕。四是国家烟草专卖局大力支持贵州省搞烟水工程，由此，黔南州每年可得到一亿多元的资金，而这部分工程很多是可以同步解决人饮问题的。五是广大农民有着非常高的积极性，自愿集资投劳。

因此，彻底解决饮水不安全的问题，不仅时机已经成熟，而且条件充分具备。

四、解决饮水安全问题的有效方法

在投资得以明确后，全州如何推进饮水工程，同样是一个很重要的问题。它涉及投资的绩效。我们必须根据黔南的实际，采取有效措施。

在资金投向上，要本着三个原则：一是先易后难的原则，即工程难度比较小的先搞，工程难度大的后搞。二是先大后小的原则，即人口比较集中的先搞，人口比较少的、分散的后搞。三是先重后轻的原则，即吃水十分困难的先搞，吃水困难程度轻一点的后搞。

在水源选择形式上，要本着水保障、低费用、便管理的原则去考虑选择顺序。首先要选择高差允许的自流水，这样的水源成本非常低，农民易于接受。其次是选择提水，在没有自流水源的情况下，就要选择水源较好的地方提水，虽然成本高，但水源有保障。其三就是那种没有任何水源的地方，无奈只能选择做小水窖。这种虽然能解决吃水问题，但水质的保障率不高。

在工程类型掌握上，要因村因地而区别。在黔南州大概可分为三种类型。一是自然村寨型。也就是根据水源小而又比较分散的情况，就采取就近供给的方式，即一个水源供一两个自然村寨，或两个水源供一个村寨的方式供给。这种方式的好处在于工程小，投资少，见效快。

二是集中供水型。对缺水相对集中，而水源又有保障的就采取集中供水方式。如前面所提到的惠水鸭绒乡，整个乡都缺水，但在距该乡政府九公里的地方却有一个水源很大，水质又很好的水源。因此我们集中国家对该乡的所有投资，搞了一个杨程 80 多米，供水管道 20 多公里（含主支管）的工程。这个工程实施以后，一下就解决了该乡 80%的群众吃水问题。老百姓无不拍手称快。

三是分户使用型。这种类型主要是针对那些石山区、深山区。这些地区基本没有水源，只有靠望天水。因此，在这些地区主要实施的是小水池、小水窖。每户按 30 方或 60 方两种修圆池。这种水池主要是通过降雨时利用集雨坪积水，并把水引进小水池，然后把它储藏起来，待缺水季节使用。

通过上述这些方法，在国家和省的支持下，我们水利部门完全有信心、有能力在五年内解决全州农村农民群众的饮水不安全问题。只有解决了农民群众吃水难的问题，群众才有可能从生活困境中解脱出来，才有条件，才有可能参与新农村建设。

综上所述，饮水困难的地方是饮水不安全的地方，饮水不安全的地方，是群众无法提高生活质量的地方，没有生活质量提高的地方，不可能成为新农村建设有成效的地方，新农村建设没有成效的地方，就不可能成为现代意义上的新农村。

成建云

让治水成为百姓的自觉行动

湘潭市，就土地面积而言是一个小市，但在湖南水利事业发展中却是一个大市，甚至可以算一个强市。近年来，湘潭市水利局在省市各级领导的支持下，各项工作开展得如火如荼，获得多项荣誉。这些成绩的取得是湘潭市水利人的光荣，同时也与成建云的工作密不可分。

档案

成建云，湖南省湘潭市水利局局长。

1955年6月出生，湖南湘乡市人。法律专业本科学历。1974年12月应征入伍，1988年9月转业。先后担任过湘潭市委组织部办公室主任、市水利局副局长、市政府副秘书长等职。自2003年8月任湘潭市水利局党委书记、局长以来，湘潭市水利局连续三年获得全省水利建设竞赛“芙蓉杯”和“防汛抗旱先进单位”等荣誉称号。

记者手记

来去匆匆

8:00—10:00，召开市水利局工作会议，听取各部门对第二天召开的全市迎战湘江“7·18”特大洪水总结表彰大会筹备情况的汇报；10:30—12:00，召开局务会，安排布置当前工作；13:30—15:00接受本报记者采访；15:00准点出发，陪同市领导去基层检查病险水库除险保安情况……这是湘潭市水利局局长成建云7月24日的工作安排，紧张而有序。

采访成建云的时候，恰逢今年第四号强热带风暴“碧利斯”肆虐湖南部分地区。在这个防汛的非常时期，记者与成建云的接触和对话时间被压缩到短短一个半小时。

水利局会议室简单而整洁，墙上悬挂了一面湘潭市岳塘区荷塘乡政府赠送的锦旗：践行“三个代表”重要思想的先锋。锦旗下方摆放了一尊韶山村赠送的毛主席铜像，更加显现这个城市的特殊性……

成建云个头不算太高，额头宽大，性格内敛。话不多但善于提炼，好像任何一句重复累赘的话都在他头脑里被过滤了。15 年的部队生活，培养了他干练、利落的部队作风和一种敢为人先的精神。1995 年成建云曾在水利局任副局长，后调离；2003 年重回水利局任局长，与水利结下了不解之缘。

地处湘中腹地、湘江之滨、洞庭湖尾闾的湘潭市，是一代伟人毛泽东的故里。这里特殊的区位、地貌和气候，使得湘潭市的防汛抗旱任务非常艰巨。“2003 年，第二次到水利局任职的时候，我就意识到水利工作的艰巨性，开展了‘找差距，谋发展’的大讨论，想找出队伍自身建设和工作方面的差距。”成建云回忆当时的情景时若有所思。

针对湘潭市水利发展的重点和难点，水利局经过多次调研，根据湘潭市各流域、区域、城乡水利发展中的突出问题，从需要与可能出发，按照统筹城乡发展、统筹区域发展的要求，对重点防洪治理堤段、水资源短缺地区、水土流失易发区和水污染重点治理区，分别制定了相适应的发展目标。在三年里，湘潭市的水利工作开展得有声有色。

2003—2005 年，湘潭市水利局连续三年被评为市文明建设先进单位；连续 3 年被市委、市政府评为绩效考核一类单位；连续三年荣获全省水利建设竞赛“芙蓉杯”；连续 3 年被省委、省政府评为防汛抗旱先进单位……眼前垒起来足有 30 多厘米高的“湘潭市水利局申报全国水利文明单位材料”里面记载了水利局取得的成绩，也展现了他们的工作特色。其中，“议事水利”“以奖代投”“七比七看”“一个党员就是一面旗帜”等提法和做法，都是从实际水利工作中总结出来的先进经验，也是地方水利工作思路的一种创新。

成建云说，他非常喜欢清代诗人郑板桥的一句诗：“咬定青山不放松”。诗人的目的在于咏竹，而成建云只想以此来比德，成长需要经受各种磨炼，自己看准的事情，一定要坚持下去，并且不达目的决不罢休。

来去匆匆，一个半小时的谈话短暂却精彩。成建云的话语平实却很深刻。成建云最大的心愿就是，作为伟人故里，希望湘潭水利工作能走在全国的前列，水利的发展能为全市经济跨越式发展和社会事业进步提供强有力的支撑和保障。

对话 ▶▶

水利事业要发展，要靠水利人树立自己的形象，去赢得领导的重视和群众的支持

现代水利周刊：浏览湘潭市水利局的网站时，我们看到局里提出"发展水利行业精神"。您是如何看待水利行业精神的？

成建云：人是要有一点精神的。作为水利人，要肩负起党和人民的重托与时代的使命，不仅要有不怕困难、顽强拼搏、坚韧不拔、敢于胜利的英雄气概，更要有平时看得出、关键时刻站得出、危难时刻豁得出的良好形象。因此，我们湘潭水利人的行业精神是"团结开拓进取、务实奉献创新"。水利是经济社会发展的基础，水利发展离不开全社会的支持和广大人民群众的参与，水利人只有树立自己的良好形象，才能赢得领导的重视与群众的支持。

我们党委一班人非常重视队伍建设，要求全市水利系统高度团结。自己本事再大、能力再强，单打独斗达不到预期的目的，只有团结才能做到既分工又合作，才能把集体的作用发挥好。同时，这支队伍要有一种过硬的工作作风，精神抖擞、斗志旺盛、敢打敢拼、敢于"亮剑"。湘潭水利人要继承和发扬这种水利精神，同时这也是湘潭的精神。

这就首先要求我自己能严格自律、从自我做起，包括廉政纪律、财经纪律、作风纪律等。如果自己能够做到，班子成员能够做到，职工也就能够做到。

现代水利周刊：为了树立湘潭市水利人的形象，局里采取了哪些措施？

成建云：一是用活动激励人，二是用制度约束人。为了增强水利队伍的凝聚力和战斗力，塑造良好的机关形象，近年来，我们在全市水利系统开展了"抓学习、讲正气、树典型、找差距、提建议、谋发展""一个党员就是一面旗帜""七比七看""五讲五看"等活动。特别是2005年年初以来，开展了保持共产党员先进性教育活动，全局向社会进行了公开承诺，收到了良好的成效，全市水利系统上下形成了你追我赶、敢为人先、积极向上的良好氛围。同时，通过健全完善和严格落实相关制度，有效地促进了机关作风的转变和机关工作效率的提高，树立了水利人的良好形象。

“议事水利”，用好一事一议政策，掀起水利建设高潮

现代水利周刊：去年中央电视台曾播出湘潭市水利局提出的“议事水利”，请问这项举措是在什么背景下提出的？推行后的效果如何？

成建云：我在市政府担任副秘书长的时候，协助分管市长抓农业工作。过去农田水利基本建设主要靠“两工”，但农村税费改革后，随着“两工”的相继取消，一些地方水利建设存在“不好组织、消极等待”的情况。面对新的形势和任务，如何调动广大群众的积极性，推动水利建设更快更好的发展？群众是真正的英雄，只有放手发动群众，集中群众的智慧和力量，才能掀起大搞农田水利建设的热潮。

2003年开始，由局班子成员带队，在全市5个县（区）分别选取5个乡镇作为水利建设示范点。水利职工与村民们同吃、同住、同劳动、同宣传，为期100天。他们到乡、到村、到组，配合乡镇干部、村委做工作，宣传水法规的有关知识。小型农田水利建设，根据谁受益、谁投资的有关规定，人民群众不仅人人有责、人人都有义务，而且还是投入的主体。我们注意从实际出发、量力而行，采取自愿的原则，不给农民增加负担。因为，基础建设搞好了，人民群众将会长期受益。所以，我们下大力气，积极做好“议事水利”文章。由村里的“一事一议”逐步发展到“一组一议”“一塘一议”“一坝一议”“一库一议”。“一事一议”政策完善后，据农民自己讲，“投的是明白钱，办的是明白事，为的是百年大计”。

为了推进农田水利基本建设的持续发展，调动干部群众大干水利的积极性，我们还坚持用激励来促动，主要是“以奖代投”。市政府3年来拿出了756.9万元对秋冬水利建设进行奖励，今冬明春水利建设计划实施“以奖代投”400万元。同时还将水利建设与县市区、乡镇的绩效考核挂钩，从而有力地推动了全市水利建设的稳步发展。

2004年度全市完成农村水利投资1.35亿元，2005年度为1.6亿元，2006年度为1.68亿元，对水利建设的投资一年比一年多。

现代水利周刊：“议事水利”的提出，您认为最大的意义在什么地方？

成建云：通过“议事水利”的推行，主要实现了“三个”转变。

一是由“强化灌输”转变为“自我教育”。农民议事的过程，通过民主讨论、民主决策，水利工程建设需要多少钱、多少工，有多大的效益，该不该干，

该怎么干，农民自己心里有个数。“一事一议”既是农民自我宣传、接受教育的过程，也是基层组织凝聚力、向心力、号召力不断增强的过程。农民自己的事情自己办，集体的事情商量办，农民从议事中接受教育，从办事的过程中参与管理，大大增强了当家做主的意识。

二是由“要我投入”转变为“自愿投入”。通过这项政策，使农民群众认识到农田水利基本建设是为自己造福，而不是增加农民负担。“一事一议办水利”，交的是明白钱，办的是放心事，钱筹得应该，缴得合理，用得其所，顺民心，合民意。因而由被动参与变为主动投入，消极应付变为积极参加。

三是由“举步维艰”转变为“加快发展”。全市各级领导，特别是乡村干部在农村税费改革取消“两工”的新形势下，通过民主议事的方式来动员和组织群众，在水利建设中使农民得到实惠、干部得到启发、工作得到推动，全市农村水利建设不仅没有因“两工”的取消而停下来，反而实现了加快发展。

水行政执法，要通过有效的宣传手段和方式，让法律的规定成为人们自觉的行为

现代水利周刊：湘潭市的水行政执法是湘潭水利工作的一大亮点。执法离不开群众的支持与配合，在这方面，您是如何考虑的？

成建云：我刚上任的时候，发现水行政执法是湘潭水利工作的一个薄弱环节。水行政执法是否到位，很大程度上取决于水法律法规的宣传是否到位。只有宣传到位，才能使社会认识到位，才能使领导支持到位，才能使执法工作到位，才能使各部门的协调配合到位，才能使人民群众遵法守法到位。

在社会主义市场经济条件下，随着法制的不断完善，中国正在向法制社会迈进。在新的历史时期，依法行政显得更为突出。一个单位要有形象、要有地位、要发挥作用，就要将法律和法规赋予的职能落到实处。这个职能和权力是党和国家意志的体现，也是人民赋予的。因此，搞好依法行政，首先要树立为人民服务的意识。

要让人民知法守法，要让法律为人民服务。这项服务就是要告知大家都有哪些规定，怎样是依法，怎样是违法。过去，有些部门“以罚代法”，所以执法总是不尽如人意。其中很重要的原因就是大家不知道自己的做法哪些是违法的、违背哪一条、有哪些危害、会给自己带来哪些不便和不利。只有通过宣传，让法律法规深入人心，才会转化为人们的自觉行为。

现代水利周刊：在水行政执法方面，湘潭市水利局都采取了哪些有效的措施？

成建云：执法人首先要知法懂法，要遵守法律法规，同时要按程序执法，才能让群众信服，群众才会自觉遵守。我们首先从队伍的培训入手，加强队伍建设。成立与水行政执法相适应的执法队伍，在队伍上建成了执法的网络。从2003年开始，对乡镇水管单位以上的负责人和执法人员开展了为期7天的法律培训，由法律专家进行讲课。第二，在装备上要满足执法的要求。配备了交通工具和相关的设备设施。第三，我们每年都开展独具特色的普法活动。比如，去年我们借气象预报的契机，利用天气预报前的一段时间，用一些简短精练的语言和图像制作了一些宣传《中华人民共和国水法》的公益广告，方便记忆、背诵和执行。同时，还在电视节目中插播宣传标语，并在湘潭水利网上开辟了水行政执法专栏。今年开始，我们要求各县市区、乡镇与学校配合，每个学期对小学生进行不少于2～3堂课的水法律法规培训，其中包括《中华人民共和国水法》《中华人民共和国防洪法》《中华人民共和国水土保持法》等，我们在经费上给予支持。如果水法律法规从小学生抓起，他们肯定会回去跟父母和家人宣传，这样的宣传效果更直接，也更有效。另外，我们每年还与人大的相关法律部门合作，进行水法律法规的普法执法检查。

通过我们的这些努力，全市人民树立了水法规的观念，法律意识逐步深入人心。过去河道存在的"五乱"现象得到了遏制。水利工作在城市环境的整治，尤其是水环境整治中发挥了很大作用。

抓住水利发展的契机，实现湘潭水利跨越式发展

现代水利周刊：去年《国家红色旅游韶山水利规划》得到审批，它的批复给湘潭市水利事业的发展带来了什么契机？

成建云：《国家红色旅游韶山水利规划》的批复不仅为伟人故里韶山市提前实现小康目标在用水安全上提供了可靠保证，而且也给湘潭市的水利事业带来了良好的发展契机。

湘潭作为伟人故里，水利工作应该走在全国的前列。韶山是全市水利工作的一个示范点，湘潭市也应该成为全国水利的示范地区。通过典型的示范作用，带动水利事业的发展。

现代水利周刊：您认为，“十一五”期间，湘潭市水利发展有哪些有利条件和薄弱环节？

成建云：水利是国民经济发展的基础。离开了水，人不能生存，生产生活不可能发展。这就要求我们要站在经济社会发展的高度，跳出水利抓水利，这是湘潭水利工作的基本思路。目前来说，湘潭水利工作具有很多有利条件。首先是党中央、国务院和省委、省政府高度重视水利工作，为湘潭水利发展提供了强有力的政治支撑，加上建设节约型社会的号召，为水利尤其是节水工程建设提供了政策机遇。相继出台的一系列有利于水利发展的优惠政策，也必将推动湘潭水利的发展。

其次，中央高度重视“三农”问题，采取了一系列有效的政策和措施，有利于进一步加强农村水利基础设施建设，促进农村水利事业的发展。加上社会对水的认识也发生了重大转变，水的忧患意识和节约保护观念在不断加强，特别是农民群众呼吁加强并投身水利建设，为湘潭水利发展提供了强有力的舆论支持。

与此同时，不断建立和完善的水利法规体系和规划体系，培养造就了具有“献身、负责、求实”精神的水利职工队伍，为推进依法治水，加强体制创新、科技创新，提高水利服务经济社会的能力奠定了坚实的基础。

但是，当前湘潭市水利设施的现状与全市经济社会的发展要求和水利基础设施地位还不相适应，特别是离现代水利的要求还相距较远，干部队伍建设和自身建设有待进一步加强。

（原载于2006年8月24日中国水利报现代水利周刊
记者 肖丹 王琳 通讯员 白婷婷）

链接文章▶▶

构建和谐湘潭 水利要先行

党的十六届六中全会审议通过了《中共中央关于构建社会主义和谐社会若干重大问题的决定》，这是我们党在我国社会发展进入新的历史时期和改革开放进入新的历史阶段作出的重大战略决策。构建和谐湘潭是社会主义和谐社会的必然要求，水利作为农业的命脉和国民经济重要的基础产业，如何确保用水安全、实现人水和谐相处、推动经济社会全面、协调和可持续发展，这是摆在水利部门面前的一个重要课题。面对新形势、新任务和新要求，水利在构建和谐湘潭中要努力做到"三个创新"，积极发挥先行作用。

一、创新认识，努力增强水利发展的紧迫感

水是基础性的自然资源、战略性的经济资源和公共性的社会资源，是生态系统的控制性要素。人类傍水而居，依水而发展。人不能没有水，生态与环境需要水，建设和谐社会更离不开水。就湘潭市而言，构建和谐湘潭，不仅要求水利为防洪安全、饮水安全、经济社会用水安全和水环境安全等方面提供强有力的保障，而且要求水利基础设施建设与经济、社会和资源环境协调发展，同时要求水利在支持经济社会可持续发展、实现水资源可持续利用、维系良好的水生态环境等方面发挥重要作用。但是，与构建和谐湘潭的要求相比，湘潭市水利还存在诸多不相适应的困难与问题。面对构建和谐湘潭这一新形势对水利发展提出的新要求，我们必须站在时代前列谋划水利发展，立足经济社会全局看待水利工作，从战略高度审视水资源问题，始终把水利摆在基础产业、先导产业、支柱产业的重要位置，摆在经济社会发展的突出位置，自觉尊重自然、善待自然、保护自然，通过大力加快水利发展，努力提升湘潭市水利设施防灾减灾的能力、服务经济社会可持续发展的能力，从而为构建和谐湘潭提供可靠的防洪安全保障，打造山清水秀的优美环境，促进人与自然和谐发展。

二、创新思路，全面落实人水和谐的科学发展观

科学发展观是全面建设小康社会和推进社会主义现代化建设必须始终坚持的指导思想，在构建和谐湘潭的实践中，水利要肩负起保障经济社会发展用水安全的使命，就必须坚持以人水和谐的科学发展观统领全局，以利民、富民、安民为主线，以确保人民群众生命财产安全为首要任务，以提高全市农业综合生产能力、完善城乡防御水旱灾害体系、促进全市经济发展和社会全面进步为目标，加快湘潭市"两个转变"步伐，真正做到科学发展、和谐发展、安全发展，努力为人民群众创造安居乐业、平安稳定的生产和生活环境。

一要加快饮水安全项目建设，为构建和谐湘潭提供饮水安全保障。湘潭市现有农村人口211.9万，有53.1万人存在饮水安全问题，占农村总人口的25%。为此，我们必须以对人民高度负责的精神，统筹规划，强化措施，明确目标，狠抓落实。不仅要将饮水安全纳入各级政府的目标考核体系，通过加强组织领导、资金监管、建设管理，确保责任落实、资金安全和工程质量，让广大人民群众都能喝上清洁卫生的放心水。而且，要大力加强节水防污型社会建设，统筹协调生产、生活、生态用水，不断完善饮水工程管理体制和运行机制，切实提高水资源和水环境的承载能力，从而促进全市经济社会全面协调和可持续发展。

二要加大防洪工程建设力度，为构建和谐湘潭提供防洪安全保障。近年来，随着湘潭市行政中心东移和经济社会快速发展，防洪工程保护区内经济总量猛增，保护对象不断增加，防汛战线不断拉长，防洪压力不断加重，防洪的地位和作用将更为突出。为此，我们要紧紧围绕防汛保安，坚持以防为主，进一步加大"一江两水"堤防建设力度，进一步加快病险水库除险保安步伐，进一步加强山洪灾害预测预报和防范工作，同时，要着力提高公众的水忧患意识、自身避险意识，通过不断完善各类防汛抗旱预案、减灾保障体系和防汛抗旱的工程与非工程体系，努力提高防洪减灾科技管理水平和抗御水旱灾害的能力，从而最大限度地减轻洪旱灾害对全市经济社会和人民群众生命财产安全造成的损失。

三要大力推进农田水利基本建设，为构建和谐湘潭提供"三农"安全保障。"三农"是构建和谐湘潭的基础，水安全则是构建和谐湘潭的支撑。水利在构建和谐湘潭的实践中，必须针对农田水利基础存在的薄弱环节，坚持把"五塘建设"、渠系配套、水毁水损工程恢复作为农田水利基本建设的重点，锐意创新，大胆改革，不断探索和完善改革措施，充分运用"政策融资、社会筹资、群众投劳"等多层次、多渠道、多元化的水利投融资形式，千方百计确保财政配套资金及时到位，积极加大社会筹资和市场融资力度，加大"一事一议"政策宣传力度，放手发动群众投工投劳，大力推进全市农田水利基本建设，从而不断夯实构建和谐湘潭的水利基础。

四要加强水环境治理，为构建和谐湘潭提供生态安全保障。近年来，水污染带来的水环境恶化、水质破坏问题日益严重，同时，水土流失也严重影响了湘潭市的生态与环境。因此，我们要始终以确保人民群众生命财产安全为首要任务，以提高全市农业综合生产能力、完善城乡防御水旱灾害体系为目标，坚持水利发展与水资源、水环境和水生态保护并重，自觉遵循自然规律，调整治水思路，通过科学规划，加强水环境治理，提高污水处理能力，保护水资源，改善生活条件，创造良好的水生态环境，从而实现水利与全市经济社会的可持续发展、人与水的和谐相处。

三、创新机制，积极推进水利的跨越发展

构建和谐湘潭，要求我们切实转变过去传统的思维方式和发展模式，用新的机制创新发展水利事业，积极推动水利跨越发展。

(1)创新投入机制，增强发展后劲。“十五”期间湘潭市水利投入持续保持了较高水平，但水利建设对争取上级投入的依存度较高，由于市、县（市区）级财力有限，“十一五”期间湘潭市水利建设资金缺口还相当大，加之“两工”和农业税的取消，水利发展机制特别是投入机制和组织形式发生了深刻的变化。面对新的形势和新的挑战，必须拓宽思路，尽快建立起多元化、多层次、多渠道的水利投入机制。一要完善投资体制，优化投资结构。要根据水利工程的性质和特征，坚持“谁受益、谁负担”的原则，通过分级负责、合理划分事权，以确定各类水利工程的投资主体。对于防洪工程、生态建设工程和农业供水工程等纯公益性水利工程，要完善以公共财政为主渠道的投资体制，建立各级政府稳定的财政投入机制；对兼有公益性和经营性的水利工程，要建立财政投入和社会融资相结合的投融资渠道；对以经营性为主的水利工程，要建立放活市场、多渠道融资的投资体制。要区分轻重缓急，抓住重点，优化投资结构，优先确保事关经济社会发展的重点建设项目和人民群众最关心、最直接、最现实的利益问题。二要稳定政府投资水平，拓宽投融资渠道。要积极探索建立财政预算内水利投资稳定增长机制，逐年增加市和县（市、区）各级财政预算对水利的投入，确保各级政府预算内用于水利建设的投入逐年递增，并高于对其他事业的投入。要坚决贯彻执行中央和省有关文件精神，进一步扩大水资源费征收范围，加大征收力度，改进征收方式，扩充水利建设基金来源，从而不断增强水利发展后劲。同时，要切实加强水利资金使用和管理，健全财务制度，加强审计稽查，确保资金安全，最大限度地发挥投资效益。

（2）创新建设机制，深化各项改革。目前，水利工程尚不具有完全市场化的竞争能力，各级政府既不能把水利当成“包袱”，也不能继续沿用计划经济体制下政府包揽的做法。在积极搞好大中型水利工程管理改革的同时，要大力推进农村小型水利工程管理体制和运行机制的改革，从根本上解决长期以来小型农田水利工程权责不明、管理不善、投入不足、发展滞后等问题。对于一家一户的农村小型水利工程，按照“谁受益、谁负担、谁投资、谁所有”的原则，实行自建、自用、自管、自有；对于联户兴建的农村小型水利工程，可以通过建立农民用水户协会，明晰工程所有权，规范管理权，搞活经营权，协商解决出工、出资及水费计收等问题；对于跨村或跨乡的农村小型水利工程，可以由乡镇水管站直接管理，也可以采用经营管理权承包、租赁或者产权转让等方式进行经营管理，从而确保工程的安全运行和效益的充分发挥。要进一步加大发展湖南省推行的“政策水利、经营水利、民营水利、外资水利”的支持和推广力度，尤其要大力发展近年来全市各级成功运用的发展“议事水利”的力度，因地制宜，因势利导，积极推广“一渠一议”“一堤一议”“一库一议”等办法，充分运用市场机制引导农民，使农民真正成为农田水利基本建设的主体。

（3）创新管理机制，激发内部活力。一要推进依法行政，强化执法管理。要按照建设法制政府的要求，努力加强水法规体系建设，不断健全水利监督机制，同时，要切实加强水行政执法队伍业务培训，不断提高执法能力和执法水平。二要转变工作职能，强化社会管理。要按照转变政府职能的要求，紧紧围绕防汛抗旱、节水型社会建设、水资源管理、生态与环境保护等工作重点，进一步完善防汛抗旱、防御山洪地质灾害等各项预案，不断增强应对各种风险的能力，全面提高水利社会化管理的水平。三要加大执法力度，强化工程管理。要强化“执法就是服务”的意识，认真履行水利管理的各项职能，切实加强涉河和穿堤工程等重点建设项目审批，同时要综合运用法律、行政、经济等手段，严肃查处违法案件，以维护河道和水利工程安全，确保工程效益的发挥。四要严格执行“三制”，强化质量管理。要全面推行工程建设“三制”，通过加强招标投标管理，依法建立和完善质量监督保证体系，实行质量终身跟踪追究制，确保“工程安全、资金安全、干部安全”。五要推进节约用水，强化水资源管理。要把加强水资源管理、加快节水型社会建设摆在更加突出的位置，通过加强领导，加大力度，加快进程，实现以节水、高效为目标的水资源优化配置。同时，要进一步加大水利技术示范和推广力度，依靠科技进步提高水利建设管理水平和服务质量，实现水利公益性服务与经营性服务相分离、综合性服务和专业性服务相结合、科技性服务和指导性服务相协调，从而推动可持续发展水利。

方桂林

构建水利与经济社会和谐发展的双赢平台

他是众多援藏干部中的一个。不同的是，他援藏的三年正好是"十五""十一五"承上启下的三年，因此拉萨水利的沧桑巨变和美好前景，他都看在眼里；未来的10年，拉萨水利机遇与挑战并存，他相信，经过水利人的不断努力，构建一个支撑拉萨经济社会和谐发展的互动平台的目标一定能够实现。

记者手记▶▶

档案

方桂林，西藏自治区拉萨市水利局局长。

1968年出生，中共党员，现攻读河海大学工程硕士学位。先后担任江苏省水利工程建设局工务处副处长、处长。现任拉萨市水利局局长、党组副书记。2006年6月底，在庆祝青藏铁路通车暨建党85周年前夕，被中共拉萨市委授予"优秀共产党员"荣誉称号。在其任拉萨市水利局长期间，拉萨市水利局先后获得市委市政府表彰的"社会治安综合治理先进集体"、区政府表彰的"全区农田水利建设竞赛组织一等奖"以及区水利厅表彰的"工程建设先进集体""运行管理先进集体"等荣誉称号。

使 命

或许对于每一个援藏干部来说，都会遇到高原反应的障碍，方桂林也同样摆脱不了这样的困扰。

拉萨市水利局，我国省会城市海拔最高的水行政主管部门。2004年7月，方桂林作为江苏省水利厅"选优挑强"的援藏干部，出任拉萨市水利局党组副书记、局长。他带着江苏省水利系统全体职工的殷切期望，带着江苏省水利厅党组的重托而来。是组织选择了他，他深刻铭记肩上的责任和使命。

缺氧不缺精神，艰苦不怕吃苦。在入藏不到两个月的时间，方桂林克服高原反应的诸多不适，迅速投入到了紧张的工作中。先后深入曲水、林周、堆龙德庆、墨竹工卡、当雄等县调查研究。2004年10月，他与拉萨市政府分管领导及区水利厅厅长再次前往海拔4700米的尼木县麻江乡考察，途中突然飘起鹅毛大雪，分不清楚哪儿是路，哪儿不是路，生命受到威胁。幸好开车的是一位经验丰富的藏族同胞，200多公里的路程行走了近10个小时，一直到凌晨才到达目的地。这次死里逃生，让方桂林刻骨铭心，再一次体验到了使命与生命的意义，坚强与脆弱的搏击。

通过深入细致的调研，方桂林在较短的时间内，初步摸清了拉萨水情、雨情、工情，理清了思路，明确了方向。2005年8月，《拉萨市水利发展"十一五"规划报告》正式通过拉萨市政府主持的审查。这个水利规划大纲，对于实现拉萨经济跨越式发展具有十分重要的作用。

使命是一种责任，一种影响，一种渗透。在理念、管理以及行为的对比中，方桂林看到了拉萨水利与内地水利之间存在的差距，身肩市水利局局长的重担，他从中深刻领悟到使命的政治意义。从长远规划入手，从机构改革入手，从规范管理入手，从培训教育入手，方桂林将创新机制一步步引向深处。

工作中，方桂林努力做好对口援助衔接工作，积极争取项目资金。在他任职期内，由江苏省水利设计院免费设计的总投资1000万元的"拉萨水利科技服务中心项目"于2005年11月顺利开工，2006年9月上旬竣工。为提高水利职工的素质和开辟水利多种经营创造了有利条件。

进藏两年多来，方桂林时刻牢记江苏省水利厅党组的嘱托，努力树立援藏干部的良好形象。进藏不久，他主动资助两位五年级的学生读书，一位是藏族女孩，一位是汉族女孩，逢年过节，还家访慰问。今年春节前夕，方桂林跟往年一样，各送1000元慰问金，两家父母不胜感激，藏族女儿的母亲还给方桂林送来一面鲜艳的锦旗，上面用针线刺绣的布达拉宫，巍然屹立，庄严肃穆，四周用具有民族特色的花草环绕。藏族同胞已将方桂林视为自己的亲人。

在方桂林的积极带动下，拉萨水利地位近两年来得到很大提升。工程建设管理、工程运行管理、农田水利建设、人饮解困等方面工作走在全区前列，多次获得了自治区水利厅好评。2006年6月底，在庆祝青藏铁路通车暨建党85周年前夕，方桂林被中共拉萨市委授予"优秀共产党员"荣誉称号。

对话▶▶

援藏干部来西藏不仅仅是挂职锻炼，更主要的是要把内地的治水理念、治水思路、治水作风带到拉萨，把规范有序的水利工程建设管理经验带到拉萨

现代水利周刊：您作为来自江苏省水利厅的江苏省第四批援藏干部，2004年7月出任拉萨水利局党组副书记、局长。作为一名援藏干部，您来西藏的第一感觉是什么？援藏干部应该给西藏带来什么？

方桂林：拉萨社会环境、工作节奏、工作方式以及人们的思想观念等与内地都有一定差别。就水利事业来说，还有许多地方存在不足。我认为，援藏干部来西藏不仅仅是挂职锻炼，而是要把内地的治水理念、治水思路、治水作风带到拉萨，把规范有序的水利工程建设管理经验带到拉萨，促进拉萨水利事业的跨越式发展。但是要改变一种工作节奏、工作方式以及思想观念不是一天两天的事情。经过一段时间的接触，我感觉冰冻三尺，非一日之寒。我必须先要学会适应这里的环境，然后才能用自己的行为和能力影响大家。这可能也是每一个援藏干部要过的第一关。

2004年7月，是我到拉萨水利局工作的第一年，“十五”计划即将完成，“十一五”规划正待编制。我援藏的这三年正好是承上启下的关键时期，如何结合拉萨市委、市政府提出的“五个突破、两个率先”的工作目标，从拉萨市水利长远发展考虑，认真做好规划编制工作，便成为当务之急的头等大事。拉萨市水利局成立于1996年，拉萨水利“九五”“十五”规划工作基本处于空白状态。于是，我们组织专门人员，结合拉萨水利实际，着手编制《拉萨水利发展“十一五”规划》，我担任了规划编制工作领导小组组长，认真总结“十五”以来拉萨水利发展的基本经验，深入研究“十一五”拉萨水利发展中的重要课题，科学安排水利规划布局和发展重点。我和同志们一道进行了三个多月的深入调研，理性分析、论证，2004年10月28日，《拉萨市水利发展“十一五”规划大纲》在西藏自治区率先通过了区水利厅组织的审查。2005年8月，《拉萨市水利发展“十一五”规划报告》正式编制完成并通过拉萨市政府主持的审查。这是一个具有战略性指导意义的宏伟蓝图，按照这张蓝图规划实施，拉萨水利事业将实现跨越式发展，成为支撑拉萨经济社会发展的基础平台。

现代水利周刊：那么您初到拉萨时，水利是一个什么样的格局？还存在哪些主要问题？

方桂林：水利发展仍处于初级阶段。由于拉萨各级水行政主管部门都独立成立于20世纪90年代后期，基础都很薄弱，加上水利局辖七县一区多为高原山区性河流，洪水来势凶猛，陡涨陡落并常伴有泥石流、滑坡等地质灾害，暴露出来的主要问题是“四少”“三低”。“四少”是水利基础设施少，项目储备少，水利专业技术人才少，地方财力投入少；“三低”是水资源开发利用率低，水利工程标准低，现有水利工程管理水平低。

虽然拉萨水利“十五”期间取得了显著成绩，水利建设得到了很大发展，但因发展过程中受诸多因素的影响，水利事业还存在很多问题：一是大多数水库都建于20世纪七八十年代，运行时间长，由于资金缺乏，有一半以上的水库年久失修带病运行。二是原有的灌溉设施不足，且多数干渠建设年代早、标准低，渠系设施不配套，大多为自然夯实土渠或干砌石渠道，渗漏严重，输水损耗大，造成渠道尾部流量不足，灌溉用水得不到保证。三是防洪堤问题。全市除少数一些城（县）区有上等级的防洪堤外，其余的河道和冲沟均无上等级的防洪堤，更无专门的河道管理机构和人员。河堤多为简易的干砌石挡水墙或铅丝笼石坝，抗洪能力弱，降雨量相对集中或连续降雨时间相对较长时，堤就被冲决口，起不到应有的防洪作用。四是资金和自身技术力量不足。水利工程勘测、规划、设计等前期工作仍跟不上，基础工作较为薄弱，水文信息采集基础设施建设滞后，系统全面的水利规划和项目前期工作深度不够。五是由于历史和客观原因，高层次专业技术人才、建设与管理人才缺乏，水利队伍整体科技文化素质偏低。因此，亟待多渠道充实人才，多层面地提高人员素质和加强队伍建设。同时，水利部门机构编制中人员缺编严重，前期工作经费缺乏。水利基础设施及管理不能适应经济发展的需要，制约了社会经济发展。

过去的10年，拉萨水利发生了深刻变化，有目共睹；未来的10年，拉萨水利更是面临着前所未来的机遇与挑战

现代水利周刊：“十五”期间，拉萨水利事业发生了哪些深刻变化？

方桂林：“十五”期间，拉萨水利事业发展迅速，为促进全市社会经济可持续发展发挥了重要作用。我们在“十一五”规划报告中，总结的是九个方

面：一是重点工程建设进展顺利。二是农村饮水工程建设稳步推进。三是水利工程体系进一步完善，增强了抗御水旱灾害的物质基础。四是水利工程运行和管理取得新的进展，重建轻管的状态正在改变。五是水利建设管理日趋规范，水利工程建设“五项制度”改革不断深化。六是水土保持工作迈出了实质性步伐。七是水利前期工作步伐不断加快，完成了一批重点水利工程前期工作（如色普水库、拉萨河二期防洪工程等）。八是取得了防汛抗洪抢险的年年胜利。九是水利机构建设得到加强和完善。

现代水利周刊：“十一五”期间，拉萨水利面临着一个什么样的发展机遇？有哪些有利条件？

方桂林：国家西部大开发战略的实施和中央第四次西藏工作座谈会以及水利部援藏工作会议的召开，为拉萨水利事业发展带来了难得的机遇，可以说机遇与挑战并存。要实现拉萨水利事业跨越式发展，我们必须抢抓机遇，积极争取项目，建设一批带动拉萨经济发展、社会稳定和事关国计民生的重点水利工程。我认为发展的有利条件有六个方面：一是党中央和国务院决定实施大开发战略，中央召开的第四次西藏工作座谈会，明确了本世纪初叶西藏经济跨越式发展的模式和目标；党的十六大制定了全面建设小康社会的宏伟目标，为拉萨市水利实现跨越式发展提供了保障。二是水利部和自治区各有关部门对拉萨市水利给予了高度重视、关心和大力支持。江苏省水利厅及水利部淮委的对口援藏，从各方面支援拉萨市的水利建设。这是拉萨市水利跨越式发展的重要条件。三是拉萨市党委和政府多年来对水利发展的高度重视。拉萨市水利队伍的逐渐发展壮大，水利作为国民经济和社会发展的基础地位作用得到进一步肯定。四是拉萨市经济跨越式发展、全面建设小康社会，对水利跨越式发展的需求进一步增长。这是拉萨市水利跨越式发展的必然要求。五是拉萨市水利工作者的发奋努力，这是水利发展的核心内因。按照中央和水利部及区水利厅的治水思路，通过拉萨市水利系统广大职工团结奋斗，在实践中增强了信心，增长了才干，积累了经验，培养和锻炼了队伍，为拉萨市水利的跨越式发展奠定了坚实的基础。六是拉萨水资源丰富。多年平均径流量105亿立方米，湖泊储水200亿立方米，人均和亩均占有水量均高于全国平均水平。

现代水利周刊：拉萨市“十一五”规划的总体思路及布局是什么？

方桂林：按照“十一五”规划指导思想、水资源开发利用的目标，结合拉萨市流域的特点，对全市流域水资源进行统一的管理和调配，对流域水利水电开发工程及流域综合治理工程进行统一的布局，综合治理。防洪工程确定以拉萨河直孔电站以下的下游河道堤防为主、上游控制性工程为辅的防洪工程体系，重点保障拉萨市城市的防洪安全。其次是沿河两岸的县城以及人口相对集中的村镇等。灌区工程确定重点对拉萨河直孔电站以下的灌区进行灌区续建配套改造，优化渠系工程和取水口工程的布置。此外，兼顾改造、兴建各县（区）灌区。在适度发展农业灌溉的同时，大力发展林草地的灌溉，切实加强生态绿洲的建设，形成区域性的生态系统综合治理和保护体系。在建设重点骨干工程的同时，要统筹考虑解决农村饮水困难，加快水源工程、农村饮水安全工程建设，着力改善农牧民生产生活用水条件。根据拉萨市电力发展需求情况，利用流域内丰富的水力资源，并结合上下游的综合利用，拟订在中游下段旁多至直孔间的河段进行水能梯级开发，并先期实施旁多水利枢纽。此外，在现有电网覆盖不到的县（区），新建一批小水电站。利用天然的水资源条件，为拉萨经济的发展、人民生活水平的提高和社会的进步提供保障。

拉萨将面临跨越式的经济发展，为水利提出了更新和更高的要求；水利发展必须构建一个支撑拉萨经济与社会和谐发展的互动平台

现代水利周刊：党中央提出全面建设小康社会，对拉萨经济发展提出了一个什么样的指标体系？这些指标有哪些与水利发展要求密切相关？

方桂林：根据中央第四次西藏工作座谈会确定的西藏经济社会发展目标，拉萨市制定了《拉萨市全面建设小康社会指标体系》，明确了到2020年，与水利发展要求密切相关的九项指标：人均国内生产总值达3000美元以上；城镇居民人均可支配收入达20538元；农牧民人均纯收入达8000元；饮用安全卫生水人口比重达85%以上；农牧区供电覆盖率达95%以上；城镇化水平达50%；贫困发生率小于5%；林（草）覆盖率达75%；城镇居民人均公共绿地面积达20平方米。

现代水利周刊：我们水行政主管部门怎样寻找切入点，满足拉萨经济社会发展的需求？

方桂林：这九项量化指标给我们水利提出了更新和更高的要求，这就是水利发展必须构建一个支撑拉萨经济与社会和谐发展的互动平台，要保证这个系统能够长治久安，持续稳定。

拉萨水利发展必须从以下七个方面切入：一是饮水安全需求。随着人民生活水平和生活质量的不断提高，必然要求有足够的卫生饮用水，以解决广大城镇、农牧民和牲畜的饮水安全问题，只有这样才能与全面建设小康社会的生活水平相适应。二是防洪安全需求。全面解决重点城镇、主要江河的防洪安全问题；同时随着经济的快速发展和城市化进程加快，重要经济区、重点城市的防洪要求提高，水利发展要充分解决好城乡广大人民群众以及国民经济重要基础设施的防洪安全保障问题，提高抵御洪水风险的能力。三是供水安全需求。从“十一五”到2020年，拉萨市经济跨越式发展、经济结构战略性调整、工业化和城镇化进程的加快，对供水总量、水资源的区域与行业配置提出了新的要求。四是粮食安全用水需求。目前，拉萨市灌溉工程设施远远不能满足粮食生产安全用水需求，水利发展应充分解决好拉萨市粮食生产安全的水利保障问题。五是生态与环境安全用水需求。拉萨市近些年随着降水降雪量增加等原因，水土流失有进一步加剧的趋势；随着拉萨市城镇规模迅速扩大、人口增加，城镇水污染和水环境保护等问题也日益凸显出来。实施西部大开发战略，一方面，跨越式的经济发展要以保护好生态与环境为前提；另一方面，随着经济社会的进步和生活水平、生活质量的提高，人民对环境改善的需求越来越高，要求水利为生态与环境的保护和改善提供充足的生态用水。六是农村水电需求。拉萨水电从无到有，但大部分水电站规模小，独立运行，带病运行。“十一五”期间，要对电网覆盖不到的乡村带病运行的水电站进行维修改造，在有水能资源的、无通电的地区，以新建水电为主，提高通电水平。七是草原建设用水需求。加强牧区水利建设，发展草场灌溉，注重饲草饲料基地建设。

现代水利周刊：青藏铁路的开通，给我们水利提出了一个什么样的要求？

方桂林：青藏铁路的胜利开通，对拉动拉萨社会经济发展具有十分重要的战略意义，同时也给我们水行政主管部门提出了更新更高的要求，这就是水利工程必须给经济社会构建一个稳定的平台，创造一个和谐安全的环境，提供一个可持续发展的空间。我坚信，按照“十一五”规划蓝图，我们的目标一定能够实现，我们的目的一定能够达到。

（原载于2006年10月12日中国水利报现代水利周刊
记者　缪宜江　刘铁军）

链接文章▶▶

对拉萨水利发展的思考

一、拉萨市水利发展面临的形势

西藏和平解放以来，在党中央、国务院亲切关怀和全国人民的无私援助下，拉萨人民奋发图强、克难攻坚，拉萨水利事业取得了长足的发展，特别是“十五”期间，拉萨水利事业发展更为迅速，为促进全市社会经济持续发展发挥了重要作用。重点工程建设进展顺利，农村饮水工程建设稳步推进，水利工程体系进一步完善，水利工程运行和管理取得新的进展，水利前期工作步伐不断加快。

由于拉萨各级水行政主管部门都独立成立于20世纪90年代后期，基础都很薄弱，加上水利局辖七县一区多为高原山区性河流，洪水来势凶猛，陡涨陡落并常伴有泥石流、滑坡等地质灾害，暴露出来的主要问题是“四少”“三低”。“四少”是水利基础设施少，项目储备少，水利专业技术人才少，地方财力投入少；“三低”是水资源开发利用率低，水利工程标准低，现有水利工程管理水平低。虽然“十五”期间取得很大成绩，但因发展过程中受诸多因素的影响，水利事业还存在很多问题。

国家西部大开发战略的实施和中央第四次西藏工作座谈会以及水利部援藏工作会议的召开，为拉萨水利事业发展带来了难得的机遇，可以说机遇与挑战并存。要实现拉萨水利事业跨越式发展，我们必须抢抓机遇，积极争取项目，建设一批带动拉萨经济发展、社会稳定和事关国计民生的重点水利工程。

二、拉萨水利建设要为拉萨经济社会发展作出新贡献

党的十六大提出到2020年在我国全面建设小康社会的奋斗目标，党的十六届三中全会提出坚持以人为本，树立全面、协调、可持续的发展观，实现“五个统筹”，对拉萨市经济社会发展提出了新的要求。面对新的形势和新的发展机遇，拉萨水利工作要以邓小平理论和“三个代表”重要思想为指导，全面贯彻党的十六大、十六届三中全会精神和中央水利工作方针及区、市二

级党委第七届党代会精神，坚持科学发展观，以改善全市各族人民生活生产条件、促进民族团结、维护边疆稳定、促进经济社会发展为出发点，以加强水利基础设施建设、推进各项水利改革、提高水利管理水平、加大水利人才培训交流、提升水利行业基础能力为重点，振奋精神，扎实工作，推动拉萨水利建设再上新的台阶，为拉萨经济社会的全面发展提供水利支撑和保障。

(一)把握拉萨水利基础设施建设的重点

根据拉萨自然经济条件和水利发展的实际，按照科学发展观的要求，拉萨水利基础设施建设要把握好以下几个重点。

一是要重点解决农牧民的饮水困难问题。水利建设不仅关系到水利事业的发展，也直接关系到广大人民群众的切身利益。“民以食为天，食以水为先”，饮水是人民生活的第一需求，要坚持以人为本，把人民群众的根本利益作为水利工作的出发点和落脚点，把解决近9万农牧民群众的饮水安全问题放在突出的位置来抓，集中资金和力量，切实解决好拉萨各族群众的饮水困难问题。

二是要重点解决重要城镇和拉萨市城区段防洪问题。城镇、经济开发区及重要基础设施是拉萨来之不易的发展成果，要坚持水利与经济社会协调发展的原则，继续拉萨河治理和重要城镇及地区防洪工程建设，对病险水库进行除险加固，不断提高防洪保安能力和水利基础设施服务于拉萨经济社会发展的能力。

三是要重点解决农牧区灌溉设施不足的问题。农牧业发展是广大农牧民脱贫致富奔小康的重要基础，要坚持统筹城乡发展的原则，在对已有灌区进行续建配套和节水改造的同时，在水土资源适合的地区，大力发展有效灌溉面积，加强牧区水利建设，提高拉萨农业抗御水旱灾害的能力和粮食及农牧产品的综合生产能力，促进农牧业增产、农牧民增收和农村经济发展。

四是重点解决水土流失及生态脆弱问题。要坚持人与自然和谐的原则，正确认识和处理好发展与保护的关系，针对水土流失和生态脆弱重点地区，加强水土保持生态建设和水资源保护，充分发挥生态的自我修复能力，通过各种封育措施，加强生态系统的保护和恢复。

(二)把握水利管理工作的重点

“十五”以来，拉萨水利建设管理取得了长足进步。目前，全市在建水利工程全部实行了项目法人责任制、建设监理制和招标投标制，加强了合同管理；市水利局成立了质量监督站，与水利厅质量监督中心站共同对全市水利工程实行了质量监督；建立了内部审计制度。拉萨水利建设管理水平有了明显提高。今后，要坚持建管并重，加强建设管理，确保工程质量，确保国家建设资金安全，不断提高建设管理水平。

一是重点加强水利建设管理工作。在水利工程建设中全面实行项目法人责任制、建设监理制、招标投标制和合同管理制；继续完善和健全基层水利部门水利工程建设质量监督机构，加强对水利建设项目的质量管理。

二是重点加强水利工程管理工作。认真贯彻国务院关于水利工程管理体制改革的实施意见，转变重建轻管的思想，把加强水利工程管理纳入水利工作的重要日程，落实已建工程的管理机构、管理人员和管理经费，努力建立水利工程良性运行机制，确保工程安全运行和工程效益的发挥。要大力推进农村水利改革，充分调动广大农牧民群众的积极性，进行小型水利工程承包、租赁、拍卖试点，探索小型水利工程良性运行的新机制。

三是重点加强水资源管理工作。实行水资源统一管理，是《水法》赋予水行政主管部门的重要职责。要加大水资源管理力度，加快拉萨地方水利法规制度建设，以实施取水许可制度为契机，进一步强化水资源统一管理，提高依法行政、依法治水和依法管水的能力，充分发挥水政监察执法队伍作用，加强水利法律法规的宣传教育。

（三）把握水利人才培训工作的重点

人才是拉萨水利事业发展的关键，在水利人才教育培训和交流工作方面，要着重做好以下工作。

一是制定水利人才教育和培养的规划。要根据拉萨水利建设和管理工作的实际需求，明确今后几年水利人才教育和培训的目标、方式和重点，落实好年度实施计划，有计划、分步骤地予以安排。

二是加大对水利人才教育培训的投入力度。在水利工程建设和管理工作中，要安排专项资金，用于拉萨水利人才的培养和教育，改善当地的科研教育设施和条件，切实把人才教育和培养工作落到实处。

三是加大对水利人才的交流力度。要选派水利建设和管理工作中的骨干人员到江苏省水利厅、水利部淮河水利委员会进行挂职交流，学习水利建设管理的一些好的经验和做法，提高拉萨水利干部职工的业务能力和水平。

四是努力为水利干部职工创造良好的工作和生活条件。要实行优惠的人才政策，依托水利建设项目和管理工作，积极吸引和留住高水平的水利人才，建立一支高素质的水利人才队伍，为拉萨水利事业的发展奠定人才基础。

（四）把握水利行业能力建设的重点

水利行业能力建设是拉萨水利工作的薄弱环节，要进一步加大力度，重点做好以下工作。

一是切实做好水利规划工作。要按照区水利厅的统一要求，在已经做好的拉萨市水利发展“十一五”规划编制工作基础上，积极做好拉萨水利各项重点项目前期工作。要积极做好拉萨水资源综合规划工作，进一步摸清水资源条件及特点，结合现有的水利基础设施状况和全市经济社会发展需求，提出水资源配置、节约、保护和管理的方案和对策与措施。继续做好旁多水利枢纽、拉萨河二期防洪工程、拉萨河河势控导工程、澎波灌区、色达灌区、流沙河等重要河流及灌区的规划，按照全面规划、统筹兼顾、标本兼治、综合治理的原则，除害兴利结合、开源节流并重、防洪抗旱并举，切实做好规划布局，为拉萨水利事业的健康发展提供扎实的规划基础和依据。

二是切实抓好水利建设项目前期工作。要在水利规划的基础上，按照工程建设的轻重缓急，安排水利建设项目的前期工作。要加大前期工作经费和力量的投入，严格设计单位资质审核，保证前期勘测设计质量；落实好工程建设的项目法人、资金筹措、建设管理等建设条件，严格按照国家基本建设程序审批立项。

三是加强水文水质监测系统及防汛调度指挥信息系统建设。针对拉萨的自然地理条件和水资源特点，进一步加强水文水质监测站网建设，提高水文水质测报能力。提高防汛调度指挥的信息化、现代化水平，基本建立全市水文及防汛信息传输、处理、存储、服务一体化的信息系统。

四是加强行业基础设施建设。要重视水利行业职工的工作条件和生活条件的改善，提高办公自动化水平，关心职工的生活和健康水平，使行业基础能力建设与水利事业发展相适应。

总之，加快拉萨水利的跨越式发展，一是要把当前和长远结合起来，从拉萨的实际出发，对水资源进行优化配置、统一管理、合理开发、高效利用和有效保护，不断提高水资源的利用效益和效率；二是要把水利工作与拉萨经济社会发展紧密结合起来，既要注重面上的水利工程建设，也要重点考虑对推动地方经济社会发展具有重要作用的骨干水利工程建设，既要加强水利基础设施等硬件建设，也要加强水利基础管理等软件建设，以信息化促进拉萨水利的现代化；三是要把建设与管理工作结合起来，正确处理外延发展与内涵挖潜的关系，在大力推行“四制”，搞好新开工水利项目建设的同时，进一步加强对已建和现有水利工程的运行管理，建立健全各项规章制度，提高工作质量和管理水平，使水利工程长期发挥效益；四是要把水利基础设施建设与增强拉萨水利自我发展能力结合起来，一手抓水利工程建设，一手抓水利干部队伍建设，注重提高水利干部职工的综合素质，建立高素质的拉萨水利干部队伍，增强拉萨水利的自我发展能力；五是要把体制改革与机制创新、科技创新结合起来，提高拉萨水利的科技含量，加快拉萨水资源管理体制、水利建设管理体制、农村小型水利设施管理体制、水利投资体制和水价形成机制的改革，以改革促进拉萨水利事业的发展。

周少林

让信息技术成就管理现代化

他一直在思考如何用一种全新的管理模式来引导长江水利委员会网络与信息中心的发展。他说，作为信息单位，从事信息化工作，就该用信息化手段解决本单位的各种管理问题，促进经济发展，给单位和员工带来实质性的效益。这才是他所认为的真正意义上的信息化管理。

记者手记▶▶

探索管理创新之路

他学林业出身，属于那种平时不善言辞的人，但一旦谈到计算机、谈到网络，就会滔滔不绝，而且是旁征博引。他编程时一干就是一个通宵，简直就是迷进去了。

他执著敬业，经过多年摸索，独立开发实施了一套科学的项目管理系统，在全国水利系统事业单位首次对日常工作进行全面的、透明的动态管理，量化考核指标。

他锐意创新，面对信息化建设遇到的难题，他说，只有心胸坦荡，抛弃迂腐陈旧的管理观念，进行大刀阔斧的改革才能带动整个团队的进步。

他就是长江水利委员会网络与信息中心主任

档案◀

周少林，长江水利委员会网络与信息中心主任。1957 年出生，1982 年毕业于中南林学院，教授级高级工程师。参与和主持完成多项重大工程移民规划，曾被长江水利委员会授予“十大杰出青年工程师”和“劳动模范”称号。作为水利部首席移民专家参与《全国大中型水库移民条例》修订工作，作为规划负责人多次参与国务院三峡工程建设委员会办公室重大移民政策研究，发表多篇论文和专著。

周少林，全国恢复高考后的第一届大学生。1982 年大学毕业后分配到长江委工作，到现在整整 24 个年头。

几年前，周少林在处长管理岗位上曾创造了长江委设计院“库区处现象”，库区处全员生产效率连续五年第一，连续多年被评为“长江委文明单位”。周少林带出了一支特别能吃苦、特别能战斗、市场业绩斐然的优秀设计队伍。这支队伍在完成三峡工程百万移民安置规划中发挥了主力军作用，曾受到国务院三峡工程建设委员会办公室的通报嘉奖。

几年后，在新的事业单位管理岗位上，周少林联系单位实际，运用新的管理理念和技术手段，继续使用和完善该管理体系，使单位的管理工作上了一个新台阶，他的“软件管理”引起社会媒体的广泛关注，一些单位前往考察学习并加以应用。

别人都说他是计算机专家，可是周少林本人却说自己只是一名业余选手，仅仅是因为热衷于在计算机和业务工作之间搭建桥梁。对于信息技术，周少林有着自己的理解。他认为信息技术应该为管理服务。“现在全社会都在提倡创新，这是社会进步和发展使然，我认为管理方面的创新对一个单位的发展而言要比技术创新更为重要。”他打了一个很生动的比喻：一个家庭或一个小作坊的业主或许不需要讨论管理问题，凭着当家人足够聪明的头脑就可以应对自如；但对于拥有数十个专业、上百号员工的单位而言，靠一个人的头脑是难以管理好的，需要有一个管理团队及管理体系。随着管理团队人数的增多及管理层次的增加，需要进行沟通和协调的事情就会增加，往往会导致管理效率的下降，而信息技术则为提高管理效率提供了有效途径。

周少林有一个梦想，那就是有一天能带领信息技术团队为推动长江流域水行政管理现代化作出新的贡献。

对话 ▶▶

从事信息化的工作，就应该考虑用信息化手段解决一些客观存在的问题

现代水利周刊：长江委网络与信息中心的职能是什么？它在整个长江委的工作中起到怎样的作用，处于什么地位？

周少林：这个单位的职能主要是进行长江委信息化规划编制及信息标准、信息安全管理，长江委信息设施骨干工程和中心数据库建设与管理，长江委政务网站建设、维护与管理，长江委档案管理，水利水电工程信息研究、咨询，还承担《人民长江》《水利水电快报》杂志的编辑出版，负责长江委防汛抗旱的通信保障工作等。

应该说它在长江委的信息化建设中处于关键地位，起着龙头的作用。

现代水利周刊：2002年9月，您被任命为长江委网络与信息中心主任时面临一种什么样的状况，都有什么困难？

周少林：当时，长江委网络与信息中心和全国20多万个事业单位一样，面临着工作经费不足、离退休人员多、负担重、员工平均主义意识浓厚、工作缺乏足够活力等问题。尤其是因为新的网络与信息中心是由原电子与通信中心和信息研究中心合并而组建成的差额拨款事业单位，原单位的经济发展不平衡，经费缺口大。有的单位当年的第三季度还没有过完就已经用完全年的预算经费。除通信专业外，员工的收入水平普遍偏低，人才流失现象严重。新单位的事业拨款不足以维持整个单位的正常运转。以离退休人员管理为例，本单位有80名离退休人员，其财政预算只满足所需经费的一半，另一半需要单位创收解决，其他情况也相类似。单位的生存与发展均面临着巨大挑战。

现代水利周刊：面对这些困难，当时您都采取了哪些应对措施？

周少林：我是从基层技术人员一路干上来的，对制约单位和员工活力的这些问题有着切身的体会，如何用一种全新的管理模式来引导中心未来的发展，是当时我考虑的主要问题。

我认为，网络与信息中心当时的这种情况，客观上需要建立一个统一的，效率较高、规则透明的，能够为各方所接受的管理工作平台。通过这个管理平台有效地向全体员工传递单位的管理理念：提倡什么、反对什么，鼓励什么、限制什么，进而逐步形成单位员工的行为规范。那么这其中需要解决的核心问题就是如何对不同性质的任务进行量化处理并建立起合理的评价指标体系。当时我想，既然我们的工作主要是从事信息化，那么就应该考虑用信息化手段解决这些问题。就是这样才有了“项目管理系统”这套软件的诞生。

现代水利周刊：那么这个“项目管理系统”软件究竟是做什么用的呢？

周少林：简单来说，它首先是一个信息系统。系统的框架由员工管理、生产计划、目标管理、合同管理、成本管理、资产管理等主要功能模块及若干个子功能模块组成，每一功能模块都对应特定的管理任务，这样就能动态掌握长江委网络与信息中心的人、财、物状况。

在财务方面，通过该系统能够准确把握本单位的收支状况而不必等待财务报表，提高了管理人员的预见性及决策能力；通过该系统管理人员能够对单位的资产状况了如指掌，包括资产数量、类型、分布、使用状态和责任人等，提高了资产管理的透明度和使用效率。

这样就建立了一种公开、公正、公平的管理工作方式，形成了一个分级负责、上下联动、左右协同、自我激励、彼此竞争、分配与绩效挂钩的管理工作机制，调动了职工们的积极性。员工的观念上有了很大变化，认为个人的作为与单位发展密切相关，所以更加关注任务承接、成本控制及技术水平的提高等。整个单位的经济情况和员工收入水平比刚组建时向前跨越了一大步，而且发展趋势良好。

现代水利周刊：这套管理系统都有什么优点？

周少林：首先是加强项目任务的管理，生产组织井然有序；其次加强了固定资产的管理，充分发挥资产使用效能；三是加强奖金分配管理，充分调动职工的工作热情；四是加强了廉政勤政建设，密切了干群关系。

长期以来，在计划经济体制下形成的“大锅饭”对人们的影响是很深的，网信中心的项目管理就较好地解决了这个问题。目前我们这个160多人的单位几年来已告别了“大锅饭”，活动工资及年终奖金都是按照个人的业绩情况进行分配的，收入的高低与职称、职务及资历不划等号。建立了奖金激励机制，全体职工树立竞争观念，打破各种形式的大锅饭；坚持按劳分配，体现市场价值观，消灭平均主义，拉开档次，增强激发创新劳动的活力。此外，中心的财务管理公开，扩大了办事透明度，增强了群众参加监督的意识，达到了给职工一个明白，促干部一身清白，进一步融洽了干群关系，形成了办事公开化、决策民主化，廉政自律化的新气象。

现代水利周刊：要实现“项目管理系统”的正常运转，需要有大量的数据做支撑。那你们是如何解决数据更新，保证数据可靠性的？

周少林：是的，这是管理信息系统的又一个关键问题。在管理理念、指标体系及计算模型（方法）解决后，剩下的难点就是数据采集问题。归结起来就是要解决数据（信息）资源共享、业务协同工作问题。我们把计划、财务、人事、资产等管理岗位的日常工作与数据采集进行了紧密结合，同时又把各级负责人的相关工作也纳入了这个体系中来，为他们提供交互工作平台，在处理日常事务的同时也完成了数据的录入，从而有效地解决了数据采集及动态更新问题。为了保证数据的可靠性，系统设计中采取了多项措施，包括用户身份识别、机器地址绑定及相应的管理权限授权与分级控制等。

现代水利周刊：听说很多单位为此来学习？

周少林：是的，一些单位听说以后，来了解过。如黄委信息中心前来考察后，认为很好，他们已经引进移植了这套管理系统，《电脑商情报》用整版进行过报道。其他一些单位也来考察学习过。

真正意义上的信息管理，能够利用信息化手段切实解决本单位的各种管理问题，促进部门之间、岗位之间的协同工作，给单位和员工带来实质性的效益

现代水利周刊：作为长江委网络与信息中心的主任，您是如何理解信息管理的？在实际工作中又是如何运用的呢？

周少林：作为一个信息管理单位的领导，特别是一个具体尝到过信息管理甜头的人，我比一般人更能够理解什么是真正意义上的信息管理。很多人，一谈信息管理，以为单位建立了网站、有些信息能够在网上发布了，就是现代信息管理了，其实这还只是信息管理的皮毛。真正意义上的信息管理，是能够利用信息化手段切实解决本单位的各种管理问题，促进部门之间、岗位之间的协同工作，提高工作效率，降低生产成本，促进经济的发展，给单位和员工带来实质性的效益。

信息技术应该为管理服务，现在全社会都在提倡创新，这是社会进步和发展使然。管理方面的创新对一个单位的发展而言要比技术创新更为重要。一个拥有数十个专业、上百号员工的单位，靠一个人的头脑是难以管理得好的，需要有一个管理团队及管理体系。随着管理团队人数的增多及管理层次的增加，需要进行沟通和协调的事情就会增加，往往会导致管理效率的下降，而信息技术则为提高管理效率提供了有效途径。就是在这样的大背景下，我们建立并利用这个软件系统及配套管理办法，改变了单位的面貌。

现代水利周刊：作为流域机构信息部门的主管，您怎么理解流域管理的现代化？

周少林：在流域管理中，利用现代化信息技术的管理空间很大。作为长江的代言人，长江委必须具备能够超越企业、区域利益相关的局限性，客观、公正、及时、有效地履行其流域管理职责的能力。信息化技术将使我们获得并不断提高这种能力，维护健康长江的使命犹如另一种高科技的信息化战争，需要“海、陆、空”联动，行政部门与专业部门协同。这种“战争”将持续地伴随人类社会的发展。维护健康长江的崇高使命，呼唤信息化。

如今，长江委在信息化建设方面已建立了118个水文自动报汛站，初步建成包括长江委机关局域网、在汉单位及住宅小区的宽带网、委属各主要二级单位和部分分支机构局域网在内的网络体系，完成防汛指挥系统一期工程建设，初步建成水资源管理信息系统，水土保持监测引入遥感技术。在水资源管理与保护方面，建设了水资源管理、水质监测等专业数据库。在政务信息管理方面，委机关初步实现了公文处理网络电子化，建立了委公文数据库，全委干部人事数据库，出国人员管理、外国专家来访数据库，等等。

现代水利周刊：目前，长江委在信息化管理方面还存在哪些问题和困难？

周少林：初步归纳，主要有以下几个方面：资金投入不足，主要体现在信息化建设资金投入少和运行经费无稳定来源；信息共享困难，主要表现是信息资源总量不足且条块分割，分散建设与重复建设现象仍然突出；技术人才问题，体现在人才的培养和新技术的应用等方面。

现代水利周刊：结合"十一五"规划，请您展望一下长江委水行政管理信息化建设的前景。

周少林：作为流域机构，流域水行政管理是一件大事。我们要按照水利部和长江委领导的有关部署与要求，切实做好信息化工作，为维护健康长江、促进人水和谐提供有力支撑。

具体来说，要努力实现以下几个方面的目标：

首先，防汛抗旱调度指挥更加得心应手。水文预报要更加准确，预见期要加长；工程抢险、水库调度、分蓄洪区运用要更协调有序；河道建设管理、采砂管理要更具执法威慑力；山洪灾害损失要大幅度降低。

其次，水资源管理职能得到明显加强。水资源数量及分布能够动态掌握，能够进行区域用水计量，边界河流水事纠纷处理依据更加充分。

第三，水环境管理能力要明显提高。对突发水环境污染事件的反应要更加迅速，水利血防管理工作要更为有效，水土流失监测、水土保持评价要更具公信力。

第四，公共服务能力、单位公众形象要得到进一步提升。流域管理的民主参与水平要得到提高，社团、企业及个人办理涉水事务要更加便捷，流域机构对社会管理、高层决策的影响及贡献要逐步增大。

但目前也还存在忧患：分散建设凸显孤岛效应，重复建设减低投资效益，低水平建设损失发展机会。

总之，作为流域机构，伴随着管理职能转变及信息化建设加强，流域机构的公共服务能力、公共管理能力将不断提高，在处理流域事务中将更加能够兼顾各方利益，兼顾近期与长远利益，兼顾发展经济与保护生态、环境之间的平衡。长江水利委员会作为长江的代言人，将有效地履行其流域管理职责，为维护健康长江作出应有的贡献。

对于计算机和网络也许我只能称为业余选手，但对他们的应用需求可能比一般人理解得深刻一些，而且热衷于在计算机和业务工作之间搭建桥梁

现代水利周刊：您毕业于中南林学院，既然是学习林业出身的，对计算机怎么会如此精通，而且独立开发实施了一套科学的项目管理系统。能给我们谈谈这其中的经历吗？

周少林：我第一次接触计算机，大约是1990年，当时PC机开始普及，用计算机进行移民调查数据的统计汇总对我有太大的吸引力，以后又用于移民规划多方案分析，给工作带来了巨大帮助。

特别是三峡工程移民安置规划，移民人口达百万之众，涉及两省（直辖市）20多个县市，包括城市、集镇、工厂及农村居民点搬迁，交通、电力、通信等设施恢复重建，涉及社会经济各个方面。长江委设计院库区处承担三峡工程移民安置规划编制工作，用一年的时间完成了常规需要三年才能完成的工作量，为三峡工程的顺利开工建设创造了必要条件。在这次工作中，库区处100余名工程技术人员全面应用了计算机技术，包括使用文字处理、电子表格和制图软件以及局域网络技术。所取得的成绩中既有广大员工的忘我工作精神，又有计算机的莫大贡献。

说我对计算机很精通一定是估计过高，无论是软件知识、硬件知识，还是网络知识，我只能称为业余选手，但对计算机的应用需求可能比一般人理解得深刻一些，而且热衷于在计算机和业务工作之间搭建桥梁。

现代水利周刊：您平时业余时间爱好什么？

周少林：喜欢运动，乒乓球、排球、篮球、羽毛球、网球都是我所喜爱的，偶尔和朋友海阔天空聊一聊或讨论一些管理问题，有空读点书或者编写计算机程序，编程序时很投入，经常在计算机旁一坐就是五六个小时，也因此

招致家人的批评抱怨，认为是八小时之外的工作延续，影响休息，不利健康，我却乐此不疲，觉得自己过得比较充实。

（原载于2006年11月9日中国水利报现代水利周刊
记者 乔桥　摄影 刘小康）

链接文章▶▶

维护健康长江 呼唤信息化

为贯彻落实科学发展观，长江委提出了以“维护健康长江、促进人水和谐”为基本宗旨的新时期治江思路，按照“在保护中开发，在开发中保护”的原则，统筹保护与开发，协调生态与发展，加快防洪保安、水资源综合利用、水生态环境保护、水资源管理四大体系建设，实现保障防洪安全、合理开发利用、维系优良生态、稳定河势河床四大战略目标。维护健康长江，促进人水和谐，维护流域人民长远的根本的利益，是长江委不可推卸的社会责任和历史使命。

水是生命的源泉，河流是人类的母亲。保护水，珍惜水，让水体的各种功能正常发挥，趋利避害，就是保护和珍爱人类自己。我们不应该只等到江河水体出现灾难后果再来感叹、懊悔和自责，更应该未雨绸缪，防患未然。当洪水来临之前能够准确预报，并通过延长预报期获得足够时间采取应对措施，减低洪灾损失；能够有效地进行河道管理，防止或及时纠正违章建设，保证河道畅通。能够有效地监控河道采砂，遏制非法采砂行为，保护河堤安全；能够有效地进行水资源的配置，缓解局部地区和时段干旱缺水、咸潮上溯，通过取水计量，提高用水效率，促进节水型社会建设；能够有效地进行河道断面和主要排污口监测，及时掌握水质变化的蛛丝马迹，既为突发事件处理赢得宝贵时间，又为慢性病变提供可靠明确的警讯；对水土流失状况能够进行有效的监测，能够客观评价水土流失状况是在加剧还是在减缓，植被覆盖是在增加还是在减少。

在全社会都开始关注生态与环境的时候，长江水利委员会作为长江的代言人，必须具备上述能力，能够超越企业、区域利益相关的局限性，客观、公正、及时、有效地履行其流域管理职责。信息化技术将使我们获得并不断提高这种能力，维护健康长江的使命犹如另一种高科技的信息化战争，需要“海、陆、空”联动，行政部门与专业部门协同。这种战争将持续地伴随人类社会经济活动的发展，其目的不是毁灭而是保护生命，不是破坏而是保护生态与环境。维护健康长江的崇高使命呼唤信息化。

长江委水行政管理信息化建设战略思考

如果把信息化建设中的网络比做道路，把应用软件比作车辆，那么信息（数据）的本身就是货物。道路修得再宽，车辆性能再好，缺乏可运送的充足的货物，道路和车辆的作用就不能得到有效发挥。一个单位的信息化水平主要不取决于硬件规模和软件档次，更取决于可用信息（数据）的数量和质量。应以信息资源开发、整合为工作重点，把大量已有工作成果转化为数字化信息，努力提高可用信息资源的丰富程度。

完成一项工作需要有充足的信息支撑。如果按信息来源分类，外部信息可能要占95%，而内部产生的信息可能只占5%。一个业务应用系统，在缺乏动态信息交换机制的条件下，5%的内部信息虽然可以更新，而95%的外部信息维护却十分困难，随着时间的推移，信息资源时效性下降将导致业务应用系统的可靠性下降，甚至废弃使用，缩短了系统的生命周期。应以辩证思维处理5%与95%的关系，建立共建共享机制，让每个系统（或用户）都承担起维护自身5%信息资源的义务，同时享受95%的外部动态信息服务，从而保障各自的业务系统功能得以正常发挥。

为了实现信息资源的共建共享，必须拥有公共的信息交换平台和设立公用的数据存储空间。建立长江委数据中心，对涉及多业务的信息采取“集中存储和管理”，是实现信息资源共享的可靠途径。围绕数据中心建设，应逐步建立人员、机构数据库；基础地理数据库；基础水文及水环境数据库；区域社会经济数据库；遥感影像数据库；政策法规数据库；标准规范数据库；流域规划、工程规划数据库以及其他多业务应用所需的专业信息数据库。

完整的信息系统应由数据采集、数据传输、数据存储及数据处理等子系统共同构成，任何一部分的缺失都将是一个不完整的系统。不能动态采集数据的系统，只能称之为演示系统，缺乏实际的应用价值。维护健康长江，需要拥有遍布全流域的神经网络体系，能够敏锐地感知和传递外部刺激及内部变化的信息，并据此转变为维护健康长江的行动力量。在建设专用网络、专用测站的同时，要充分利用公共网络设施和其他行业的信息采集设施，在更广的范围内推动一源多用，资源共享。

逐步建立统一的技术构架、标准和环境，为业务系统建设及业务应用提供集成服务和各类公共服务。如提供统一的身份认证（CA、RA）及门户管理，化多系统、多身份、多密码切换之"繁"为一站式登陆之"简"，同时提高系统的安全性；提供信息服务软件与控件，当要求用户进行事务处理时以电子邮件、弹出式窗口或短信等多种形式即时向用户提醒；提供视频会议服务，用户可以方便地享受一点对多点的视频、语音、数据的实时交互式服务，实现远程协同办公；提供资源目录服务和个性化定制服务，为用户打造适合自我需求的信息化工作环境。

水利业务应用系统建设依托于水利信息基础设施，不同类型的业务系统对基础设施的要求差异很大，因此水利业务应用系统的建设要和水利信息基础设施的建设密切结合。

长江委水行政管理信息化前景展望

(一)防汛抗旱调度指挥更加得心应手

(1) 水文预报更加准确，预见期加长。随着国家防汛指挥系统的建设，长江干流及主要支流报汛站全面实现水位、流量信息的自动化测报，准确率达到99%，水情分中心发送的自动报文在20分钟内到达水文局预报处，提高水文预报的时效性和准确率。主要控制站未来一天的水位预报精度达到0.2米以内，流量达到10%以内；预见期达到17个小时以上。

(2)工程抢险、水库调度、分蓄洪区运用协调有序。水库、堤防的险工险段得到严密的监控，出现险情时，各级指挥机构能够迅速调集人力、器材、物资进行有效应对。出现超量洪水时能够快速启动防洪预案，有条不紊地指挥水库拦蓄或蓄洪区分洪。在分蓄洪区运用上，能够动态比较各蓄洪区人口数量、财产损失及恢复重建的代价，经济合理地作出蓄洪区使用顺序及人员撤离时间安排，最大限度地保障人民生命财产安全。

(3)河道建设管理、采砂管理更具执法威慑力。通过卫星影像及航空照片信息的提取与应用，河流岸线及两岸建筑物分布尽收眼底，河道里无论是原有或新增阻水建筑都将在《河道建设管理信息系统》中现形，通过该系统很容易分辨河道建设是否存在违规行为。《河道采砂实时监控与管理信息系统》通过GIS、GPS及雷达探测、视频监控等技术手段对重要河段进行实时监控，能够对船只行为进行判断并锁定可疑目标，对违法采砂行为进行有效的遏制和打击，保护河岸和大堤的安全。

（4）山洪灾害损失大幅降低。《山洪灾害预警管理信息系统》存储了流域范围内山洪灾害易发地区的详细信息及避险预案，在实时水雨情测报信息的支持下，能够对山洪灾害易发地区提供灾害预警。譬如采用黄、橙、红三级预警机制，当某一区域的水雨情达到临界条件时启动相应避险预案，黄色提醒、橙色准备、红色紧急撤离。从而降低生命及财产损失。

（二）水资源管理职能得到明显加强

（1）水资源数量及分布能够动态掌握。通过遍布全流域的各级水文测站及水库提供的水位信息，结合河道、水库容积关系曲线，可以动态掌握不同区域的水资源存储量及可利用量，为国计民生提供有力的水资源支撑。当出现局部干旱缺水时，能够为制定经济合理的水资源调度方案提供快速的决策支持。

（2）能够进行区域用水计量。通过河流断面及主要取水口监测，能够对省区、主要城市的用水量进行计量，能够对水资源使用效率进行客观评价，保障取水许可制度贯彻执行及水权的合理流通转让，推动资源节约型社会建设。

（3）边界河流水事纠纷处理依据更加充分。针对本流域范围内历史上发生过的水事纠纷事件收集详细的背景资料并整理进入数据库，该系统还能够提供其他地区处理同类型纠纷事件的成功案例，管理部门可以随时通过《边界河流水事纠纷管理信息系统》查阅和分析这些信息，结合现状做出判断并拟定调解或处理方案。

（三）水环境管理能力得到明显提高

（1）对突发水环境污染事件的反应更加迅速。在水功能分区规划的基础上，对河流、湖泊、水库等大型水体的各项重要水质指标都建立参照本底值，通过河道断面、主要取水口及主要排污口的动态监测，对河流、湖泊、水库等大型水体的水质变化趋势把握更为细腻（是在改善还是在恶化）。能够客观、权威地评价分区域的水环境保护业绩（绿色GDP），为区域走正确发展道路提供约束。对突发水环境污染事件能够迅速报警并准确定位，为控制灾害蔓延和降低灾害损失争取宝贵时间。

（2）水利血防管理工作更为有效。长江水利委员会及有关省区血吸虫病防治管理部门，与基层血防站、血防医院建立互联互通的工作信息平台，血吸虫疫区分布及血吸虫感染者人群的就诊医疗信息都进入共享数据库。

血防管理人员在计算机旁轻点鼠标，就能够清楚地察看血吸虫疫区及血吸虫感染者人群的分布情况，通过多时段资料对比及抽样核查，能够准确评估变化趋势和血防经费使用效果。

(3) 水土流失监测、水土保持评价更具公信力。《水土保持监测与管理信息系统》以遥感信息及泥沙观测数据为重要支撑，通过对不同时期全流域遥感信息的解译及对比，能够对不同地区植被覆盖率及变化情况进行分析；通过河道断面的泥沙观测数据，能够对区域地表侵蚀模数进行计算。从而对一个地区的水土流失现状及其变化趋势作出客观、公正的评价。

(四)公共服务能力、单位公众形象得到进一步提升

(1) 流域管理的民主参与水平得到提高。由于开展广泛的信息交流与资源共享，民主协商机制得到增强。在流域内重大涉水事务的决策过程中，公众可以通过网络参与听证与讨论，地方政府与社会团体可以参与协商，从而使流域管理的民主参与水平得到提高。

(2)社团、企业及个人办理涉水事务更加便捷。随着流域水行政管理信息系统的建设与不断完善，社团、企业及个人通过互联网办理取水、采砂、河道建设等涉水行政许可事务会越来越多，越来越方便，效率也会不断提高。

(3)流域机构对社会管理、高层决策的影响及贡献逐步增大。伴随着管理职能转变及信息化建设，流域机构的公共服务能力、公共管理能力将不断提高，在处理流域事务中将更加能够兼顾各方利益，兼顾近期与长远利益，兼顾发展经济与保护生态、环境之间的平衡。长江水利委员会作为长江的代言人，将有效地履行其流域管理职责，为维护健康长江作出应有而特殊的贡献。

王殿武

水文需要在拓展中提高

少年时，在清苦的环境中，他笃信知识改变命运；大学里，他怀着感恩之心，渴求知识，为的是日后能回报家人和社会；工作后，他以信念和追求为舟，扬帆在水利科研海洋，把一项又一项成果奉献给社会。工作20多年里，他诠释了劳动之于人生的意义，用平凡经历谱写了瑰丽的人生。作为辽宁省水文水资源勘测局局长，他深刻认识到，未来水文要担负起经济社会发展赋予的责任，必须调整提高。

档案

土殿武，辽宁省水文水资源勘测局局长。

1962年7月出生，工学博士。1984—2001年在辽宁省水利水电科学研究院工作，曾任研究室主任、副院长；2001年11月任辽宁省水文水资源勘测局局长、教授级高工。大连理工大学、河海大学、辽宁师范大学兼职教授。已取得国际先进、国内领先水平成果13项，获省(部)级科技进步奖9项。为"国家有突出贡献专家""辽宁省优秀专家""全国水利青年科技英才""全国水文标兵"；"全国五一劳动奖章"获得者，国家百千万人才工程百人层次人才之一。

访谈

水利科研是我一生挚爱

10月20日，我来到王殿武明亮而干净的办公室，没有过多的铺陈，我们便开门见山，直入主题。在娓娓道来的讲述中，王殿武平凡而瑰丽的人生脉络在我面前清晰起来。

我总有一个信念，知识能改变命运

作为一段人生经历，他的求学之路虽然未必璀璨，但必定是人生成长链上一颗重要的珍珠。所以，时至今日，谈起那段经历，他依然动情。看得出，这段经历对他来说弥足珍贵。

“我的求学路无疑是艰苦的。我家在朝阳农村，经济比较落后，家里孩子又多，能够上学实属不易。1978 年，初中毕业考中专和县一中，成绩两次过线却未被录取，这对求学若渴的我打击不小。

“到巴图营中学读高中后，我每月只能回家一次。每次回校都是早上 4 点钟起床，背上一个月的口粮，走 30 多里山路，7 点钟赶到学校学习。那时的生活可谓清苦，四两窝头，一碗菜汤，就是一顿饭，炒菜几乎没有。东北的冬日非常寒冷，夜里炉火熄灭后，非常难熬。更紧迫的问题是，那时家里经济困难，如果考不上大学，根本没有复读的机会。知识改变命运，唯有学好才有出路。在这种环境中，我一直在鼓励自己，一定要勤奋学习，考上大学。每天早上两三点钟就起床，在烛光下读书学习。由于勤奋刻苦，我的成绩在班里始终保持第一名。

“1979 年 11 月，我被选入上园中学高考辅导班。高考前的那个冬天，天气异常寒冷，很多时候不敢脱衣服睡觉，早上起床，脚下被子已沾上一层霜。每周要去附近的姐姐家，背六个玉米面饼子，带上一罐酱。玉米面饼子又凉又硬，吃的时候，需要掰开，泡到水里，在炉子上熬成糊糊。

“现在想起来，那段艰苦求学的经历和磨炼，已成为人生中不可多得的一笔宝贵财富。

“天道酬勤。经过八个月的刻苦学习，我终于考上了大学。1980 年的 8 月 31 日，我收到了沈阳农学院的录取通知书，圆了大学梦。”

唯有学好知识，才能回报家庭和社会

1980 年 9 月初，在村里送行人群羡慕与希冀的目光中，18 岁的王殿武告别了山村，带着家乡父老的期望，走进了大学校园。

“入学时，由于家里困难，哥嫂把结婚用的一床新被子给了我，一直盖了四年。当时，学校每月发 21 元助学金，大三以后，助学金变成了奖学金，我学习成绩好，拿的奖学金多，吃饭问题就解决了。其他花销要靠家里提供，尽管省吃俭用，4 年中还是花掉了家里 1000 多元钱，而这些钱来得非常不易，是家里卖羊毛、卖树籽和兄长打工挣来的。

“那时，我常常想，滴水之恩，当涌泉相报。你上大学念书，兄长打工供你，国家给你助学金，要报答家庭，报答社会，唯有好好学习，成为有用之才。

“大学里我学的是农田水利工程专业。每每想起家乡十年九旱、动辄庄稼颗粒无收的惨状，我对学好水利知识就多了一份责任。”

大学四年，他勤奋学习，门门功课优秀，各科成绩平均 92 分，连续四年被评为“三好学生”。毕业时，他已经成为一名预备党员。

读大学，是他人生的一次重要机遇，四年大学把他从一个乡村少年，变成了一个有眼界、有抱负的青年。四年里，他不仅学有所成，而且明白了自己的社会责任——为国家作出自己的贡献。

我的生命已与水利科研紧密相连

在科研这条人生道路上，王殿武执著进取，辛勤劳作，留下了一个个精彩的人生片断。

"大学毕业时，我做'水稻节水灌溉'论文，到现场，做实验，待了两个月。这期间，我也接触了一些专家，对科研产生了浓厚兴趣。到水利厅报到，人事部门的同志问我想做什么工作，我说到辽宁水利科学研究所搞科研。就这样，我开始了科研工作，而这一干就是17年。

"那时，水科所为年轻人创造了比较有利的成长环境。我依稀记得，到所里后，所长就对我说，选择搞科研，就要一心一意，要能吃苦。特别是做应用科研，一定要脚踏实地，到生产一线，到试验田，到工程现场，只有这样才能出成果，也才能用先进理论和技术，反过来服务工程建设。"

1985年，国家鼓励科技人员走出去搞科研。在所领导和老同志的帮助下，王殿武结合辽宁水利重要工作、重点工程项目，到工程现场寻找课题。这些年，为了做好这项工作，他和课题组的同志，付出了许多心血。

1989年夏，作为所里最年轻的课题组组长，王殿武带领课题组来到辽河三角洲，开展防潮堤护坡及平原水库护坡关键技术问题的试验研究工作。那时辽河三角洲苇草漫漫，荒无人烟，要在那里驻扎、工作，困难可想而知。在开展试验工作的近8年时间里，王殿武和同事们在那里坚守了1000个日夜。在试验工地，他夏顶烈日，冬冒严寒，经常一蹲就是三四十天；回沈阳汇报工作，他曾五次过家门而不入，他甚至大年三十还奋战在海堤上。为获取科研数据，他多次跳进寒冷的泥水中安放仪器，也曾两次掉进寒冷的冰窟窿里。

"我喜欢研究工作，觉得是一种享受。对水利科研，我投入了很大精力，也倾注了很多情感，在水科所17年，我有几次到上级管理机关工作的机会，但自己老舍不得放弃心爱的科研工作，总想作出一些成绩来。

"为了提高自己，更好地做好科研工作，2001—2004年，我一边工作，一边读书，用三年时间，拿到了西安理工大学岩土工程专业工学博士学位。2004年9月，我又重返母校沈阳农业大学，进入农业资源利用博士后流动站，进行相关研究工作。

"到水文局工作后，我也没放弃科研工作，主持着一些课题。许多人问我，当局长了怎么还能搞科研、写书。我觉得，人一生中用于岗位工作的时间为1/3，还有2/3的时间是自己可以支配的。如果抓住了这其中的一半，就相当于做了两个人的工作。在工作时间内，我一心一意，谋划水文发展，科研工作只能用自己能支配的时间。实际上，结合工作进行创新，本身就是科研，况且水文是水利基础学科，更需要科技创新，我想以后还要做下去。我的生命已与水利科研紧密相连，分不开了。”

2006 年 4 月，王殿武获得“全国五一劳动奖章”。这是对他多年工作的最高褒奖。王殿武说：“劳动最光荣。人一生都在劳动，人因为劳动，才有了快乐。搞科研是一种智力劳动，从某种意义上讲，劳动是整个生命的意义。”

能为国家作出贡献，我很欣慰

这么多年，王殿武在土工合成材料研究和农业节水领域倾注了很多精力。土工合成材料在国际上被公认为是继水泥、木材、钢筋后的“第四大工程材料”，是岩土工程领域的一场革命。他从 1986 年就开始进行土工合成材料研究，后来开展的工程项目以及他获得的几个重要奖项也都与土工合成材料有关。

与此同时，他瞄准农业节水，开展了辽宁省水稻综合节水技术研究与推广工作，重点研究节水理论和技术，把农业、工程和管理措施结合起来，形成节水的系统性体系。这一成果在辽宁省灌区得到了推广应用，节水效果非常显著。最近，他又与沈阳农大的同志对该项技术作了进一步深入研究。王殿武说：“如何综合地系统地把工程、农业和管理措施结合起来，开展节水，是今后发展的方向。”

20 多年来，王殿武成长为学术造诣很高的水利专家。他先后主持和主要参与完成了 60 多项较大科研和技术服务、咨询项目，已取得国际先进、国内领先水平成果 13 项，获省(部)级科技进步奖 9 项；他在国际上首次提出了土工织物保土性新准则，首次系统地提出了软体排冰期施工工艺，高含水量土壤筑堤技术、土工织物老化性能研究及水稻综合节水技术成果居国际先进水平，土工织物处理软土地基、混凝土冬季施工工艺研究均具有开创性，垂直铺塑机械研制、泵站改造的创造发明居国内领先地位。这些成果已在或正在生产实践中得到广泛应用，并创造了可观的经济效益和社会效益，其中“土工织物在辽宁省水利工程上应用研究与推广”“辽河三角洲沿海滩涂高含水量土壤筑堤(坝)技术研究”“辽宁省水稻综合节水技术研究”等 9 个获省政府科技奖的重点项目，为国家节省工程直接投资上亿元。

多年来，他还编著出版了《辽河险工综合治理技术研究》《中小型水利工程建设监理理论与实践》《平原水库工程技术研究与实践》《北方水稻节水理论与实践》《辽宁省堤防加固工程理论与实践》《土工合成材料在寒区堤岸防护工程中应用研究与实践》六部学术著作；在国内外公开发表学术论文达 100 多篇，多篇被 EI 等国内外权威检索系统收录。

王殿武说：“这么多年的打拼，能取得一些成果，能为国家作出微薄的贡献，人生价值得到了体现，是很欣慰的。”

“全国水文标兵”对我来说，更多的是鞭策

2001 年 3 月，王殿武告别了工作 17 年的水科院，被厅里任命为省水文水资源勘测局常务副局长，同年 11 月通过竞聘，担任了省水文水资源勘测局局长。

“水文太重要了，厅党组把水文重担交给我，在新形势下，如何带领全省近 1400 名水文职工将具有百年历史的辽宁水文事业推向一个新阶段，开创水文工作新局面，更好地为经济社会可持续发展服务，是我面临的一个全新课题。”

面对机遇和挑战，王殿武发挥技术专家优势，创新发展思路。他和局领导班子确定了“技术立局，人才兴局，服务强局”的发展观，提出了“水情是核心，监测是基础，水资源水质是支柱，通信是保障，创新是动力，人才是根本，信息化现代化是方向”的发展新思路，提出了“争创一流班子，一流队伍，一流业绩”的具体目标，提出了“团结拼搏，开拓创新，求真务实，无私奉献”的辽宁水文行业精神。思路明确后，省水文局抓水文基地建设和站网改造，抓人才引进培养，抓管理体制创新，抓水文水资源信息服务……辽宁各项水文工作开展得有声有色。

这五年，辽宁水文的社会地位和作用更大了。省政府出台了《关于加强水文工作的通知》，明确了水文的地位、职责、经费来源和发展方向，为水文事业发展提供了强有力的政策支撑；“十五”期间，全省每年用于基础设施改造的资金达 1000 多万元，完成了 10 个分局的基地及 50%站网改造任务；引进培养了一大批人才；推行了市、县级水文机构实行由省里和地方政府双重管理的体制，充实、调整、成立了多个中心。省水文局的工作得到了上级部门的认可，多次获得省水利系统先进集体、省文明单位、全国水利系统文明单位等称号。2005 年，王殿武被水利部授予“全国水文标兵”称号。

“五年中，我作为局长，仅做了一点工作，但部水文局给我这个荣誉，我受之有愧。当然，给我这项荣誉，说明辽宁水文工作得到了上级部门的认可，我感到欣慰。对我来讲，这个荣誉更是鞭策。我给自己提出了一个要求，加强水文水资源知识的学习和研究，做出更多的成绩来，不愧对这项荣誉。”

人生要知足知不足

王殿武喜欢两句话：在物质生活上，要经常看比自己差的，知足常乐；在事业上，要经常看比自己强的。在事业上比自己强的大有人在，山外有山，人外有人，对待事业要不满足、知不足。

王殿武觉得成功的因素在于机遇、努力加命运。如果不是改革开放，可能就没有高考的机遇，如果不努力学习，这种机遇也就失去了。诸如出身及成长环境等是不能选择的，要接受命运的安排与挑战，不断努力，创造机遇，改变未来命运。

王殿武这样评价自己："实质上，我是一个能吃苦、实在、豁达的人。我是从农村出来的，优点是实在，许多人愿意与我接触，就是因为我实在；但缺点是太实在。"

王殿武的"科研经"

要有坚定信念和执著追求。有了信念和追求，工作就有了不竭动力。我能取得一些成绩，靠的就是这种信念和追求。搞科研工作要避免急躁和浮躁。

无论干什么事，不干则已，干就要力求干好，争取更好。水利科研也是无止境的，只有更好，没有最好，需要不断超越自己，达到更高的境界。

要有勤奋精神。马克思说过，在科学的道路上没有平坦的大道，只有不畏艰险沿着陡峭山崖奋勇攀登的人，才有希望到达成功的顶点。我很赞同这个观点，水利科研要取得一些成果，就要付出更多时间和努力。这些年，我的许多科研报告、论文、书籍，都是在夜晚和节假日撰写完成的。

要学会与人合作。每一个创新成果的取得，都不大可能是单打独斗的结果，在今天尤其如此。在科研工作中，需要凝聚大家的力量，发挥团队的作用。另外，科研是开放的，封闭是搞不好科研的。特别是在信息社会里，智慧的火化是在碰撞中产生的。科研人员需要融入社会，从社会中汲取营养。

要常怀感恩之心。懂得感恩的人，工作会更有动力，更容易取得好成绩。我经常想，家庭资助了你，国家培养了你，唯有做好自己的工作，取得一些成果，发挥自己的作用，才觉得国家没有白培养你一回，自己的价值才得到了体现。

要不断学习。知识经济时代，要不落伍于时代，要行走在水利科研前沿，就必须终身学习，不断用新知识充实自己。我喜欢学习，学习使我开阔了视野，提高了创新能力。

对话 ▶▶

水文需要在拓展中提高

现代水利周刊：您作为水文局长，如何理解水文工作的重要性？

王殿武：水文是为政府服务的，政府是为人民服务的，水文最终是为人民服务的。水文的责任就是，在降雨落地后，帮助人们趋利避害，因此比之于气象，水文的重要性有过之而无不及。当前，随着全球气候变暖，气候变异加剧，而人口在增长，经济总量在增加，人们对安全、舒适、和谐有了更高要求，在这样的时代背景下，更准确、更及时、更可靠的水文服务变得更加重要。

现代水利周刊：您如何评价目前的水文状况？

王殿武：水文目前的形势很好。政府和社会越来越重视水文，关心、支持水文工作，《水文条例》即将出台，水文投入在增加，从整体上看，水文事业在向前快速发展。但是，水文存在的问题依然不少，比较显著的是体制、机制和投入问题，水文发展速度滞后于经济发展速度，地域间发展也不平衡，一些问题还需要进一步解决。

现代水利周刊：水文发展的趋势和方向是什么？

王殿武：我非常赞同水利部对水文工作提出的“四更”要求。随着经济社会发展，新问题出现了，一些老问题更加突出，这要求水文提供更全面、更深度的服务。同时，社会发展对水文工作的准确性提出了更高要求，站点布设、信息采集、预测预报、分析评价等水文工作各个环节，都要做到精准。另外，水文与老百姓生命、财产安全息息相关，要求信息采集传输、预测预报、应急反应都要快。总之，未来水文要担负起经济社会发展赋予的责任，必须调整提高。

现代水利周刊：作为水文局局长，您理想中的水文应该是什么样子？

王殿武：首先社会要了解水文，水文要走近寻常百姓。只有这样，水文才能得到更好的发展。具体讲，老百姓打开电视，翻阅报纸，都能了解水文信息。不仅在洪水季节能获得雨情和水情信息；发生干旱时，农民也能得到饮水、灌溉水源、土壤墒情等水文信息。二是水文监测手段和人员素质都很高。要使用最先进的手段，实现监测自动化；水文行业人员要具备很高的素质。三是随着社会文明程度的提高，水文监测数据的获取、设施维护都能得到充分保障，水文与气象、环保、地质灾害防御等部门的关系更加密切和谐，实现资源共享，优势互补。

现代水利周刊：您觉得，推动水文发展，政府重点要做哪项工作？

王殿武：政府要明确水文的职责和定位，对水文发展要给予充分的法律保障。气象部门对应有《气象法》，环保部门有《环保法》，水文部门也需要有部《水文法》。期盼我国在《水文条例》出台后，《水文法》也能够尽快出台。同时也要增加对水文的投入。

（原载于 2006 年 11 月 16 日中国水利报现代水利周刊
记者 高立洪　摄影 刘立权）

链接文章▶▶

市场经济条件下水利科技的发展

"科学技术是第一生产力"，当代科学技术发展已成为各国综合国力竞争、决定国家和民族兴衰的主导因素。在发达国家的GDP增长中，科技进步因素已占60%～80%以上，而我国经济发展中，科技进步因素只占30%～40%。因此，加速我国科技发展，对促进经济快速稳定增长，增强我国综合国力，实现社会主义现代化更具有重要的现实意义。

水利作为国民经济的基础产业，其发展更离不开水利科技。在市场经济条件下，发展水利科技，一靠人才，二靠投入，三靠体制，四靠管理。

一、培养和提高科技人员的素质，是水利科技发展的前提

人是生产力诸要素中最重要的因素，水利科技要大发展，从而牵动行业上新台阶，实现由传统水利向现代水利、可持续发展水利的转变，没有一批具有现代意识、适应市场经济体制的高素质人才是不行的。

科技革命飞速发展，对水利科技人才素质提出了更高要求。如果没有较高的政治素质、思想品德和作风，就不会形成正确的人生观、价值观，在大是大非面前就会迷失方向。

水利科研、设计、施工、管理、经营等诸方面不断向高、精、尖现代化方向发展，相关学科如计算机、运筹学、建筑学、环境学、化工等渗透、联系越来越密切，与水科学交叉不断产生新的学科。要取得一项高水平的水利科研成果，要建好、管理好一项大中型水利工程，要实现市场经济条件下水资源的优化配置和利用，没有广博的知识、较高的业务素质和不断钻研进取的精神是不可想象的。

科技面向社会，面向经济建设的科技体制改革，要求科学研究、技术开发密切结合生产实际，解决水利建设与管理中的难题，更需要把科技成果迅速转化为现实的生产力，对于以半理论、半经验为基础的水利科技的发展，离开水利建设与管理的实践，就等于"空中楼阁"。而要在科技日益社会化、社会日益科学化的当代，抓住水利科技发展的前沿问题，进行立项、课题研究，更需要科技人员具有一定的组织、协调、管理能力和领导艺术。要使取

得的科技成果服务于社会，服务于工程建设与管理，体现科技是第一生产力的作用，同时也为自身创造经济效益，没有市场观念、公关意识是做不好这项工作的。目前这种水利科技成果“推销”机构和人才是很缺乏的。

由此可见，现代科技人才应具备政治、业务、公关三方面素质。政治素质是基础和前提，业务素质是做好工作的关键，社会公关素质是组织、管理、协调、综合等能力素质的体现，可促进政治和业务素质的提高。

有了人才，还得用得好、稳得住。这就需要有创新的体制和科学的运行机制，建立和形成良性的科技人才培养、引进、流动、使用等制度。如通过职称评聘、重奖有突出贡献科技人员、打破论资排辈等，创造出一种人才流动、通过竞争脱颖而出的环境。同时要注重解决诸如住房、子女就业、医疗保障等科技人员后顾之忧，从而使科技人员的聪明才智得到充分施展，全身心地投入到水利科技事业。

二、水利科技投入，是水利科技发展的基础和保证

水利行业科技成果的形成与转化，没有足够的资金投入是不行的，这是由水利科技的社会性、公益性、服务性及一次性、难于形成专利性等所决定的，例如结合三峡、小浪底工程进行的泥沙和施工截流试验研究，辽宁省结合观音阁水库工程进行的碾压混凝土筑坝新技术试验研究，都具有重大的技术经济意义和效果，但随着工程的结束，这些成果的推广应用也就基本结束了，因为很难、甚至不可能再遇到第二个条件类似的工程进行成果的推广。这也就决定了水利科技投入为什么仍以国家、政府投入为主，社会投入为辅。

一是建立专项水利科研与科技推广经费投入渠道。科技部、水利部已明确水利科研主要为公益性质，要稳定一支精干的科技队伍从事水利基础科学理论和应用科学技术的试验研究与开发。多年实践证明，一定数量的政府专项水利科研推广经费，对提高科研机构的科研能力和水平、促进水利科技的发展以及实现科技成果快速转化为生产力起到了非常重要的作用。所以在市场经济条件下，政府对水利科技的投入只能随着经济的发展大幅度增加，而不能削弱。

二是结合水利基本建设工程，建立良性循环的水利科技投入渠道。为了鼓励结合水利基本建设工程开展科学试验研究，解决其建设过程中的技术难题，鼓励采用新技术、新成果，水利基本建设投资概算中列有5%的科学试验研究费。对于大型工程可专款专用解决其本身存在的技术问题，但对

中小型工程应集中起来使用，因为对于投资100万元的工程，只有5万元的科研试验费，难以解决一些重大技术问题，如集中起来，全国每年至少有上百亿元、较大的省（市）每年也有上亿元中小型水利工程投资，如果将科研试验费集中起来，就足以解决一些重大水利科技难题。

鉴于水利科技成果一般通过节省工程投资体现，所以对于采用新成果、新技术的水利基建工程节省下来的资金，应拿出一部分用于新的科学研究和技术开发，这就需要政府制定出相应的政策，从而形成滚动研究开发的良性循环科技投入机制。

三是争取多方对水利科技的投入。随着经济社会的发展，洪涝灾害、干旱缺水、水质污染、水土流失四大水问题越来越突出。四大水问题的解决，水利的发展，在很大程度上取决于水利科技的发展。所以应结合经济建设各领域及社会各方面对水利及水利科技的需要，不仅要争取水利主管部门、工程建设与管理单位对水利科技的投入，而且要争取政府各部门、社会各方面对水利科技的投入。

三、"稳住一头，放开一片"，形成良性循环的水利科研新体制

首先，要"稳住一头"。一是高质量完成指令性科技攻关项目。水利是国民经济的基础产业，具有较强的社会公益性和服务性，水利科技也是如此，政府的投入占主导地位，作为政府的水利科研部门应该集中优秀科技人才，积极争取并高质量地完成国家、省（部）、厅（市）等政府部门下达的指令性科技攻关项目。二是充分发挥自身优势，占领水利科技市场。市场经济最突出的特点就是竞争、优胜劣汰，作为从事水利科研、技术服务、设计、施工、科技开发等科技实体，同样要遵循市场经济规律，在竞争中求生存，在生存中求发展。而立足于本行业进行水科学和技术研究与开发，这些单位最有优势，能够也应该成为水利科技市场的主体。1998年长江大水以后，水利事业迎来了千载难逢的发展机遇，给水利科技发展提供了良好机遇和市场，作为水利科技部门，必须投入足够的科技力量，抓住机遇，占领水利科技市场，这点非常重要。

其次，要"放开一片"。一是全方位地开展水科学研究。水利事业的发展不但要求水利科学基础性研究、应用技术研究、材料试验、原型观测等科研课题的研究与开发，而且要运用科研成果进行工程设计、工程承包、"四技服务"等多种形式的水利科技开发，还要开展水利信息、决策、计算机管理等

科学方面课题的开发和研究，尤其要注重水利与其他学科或行业交叉、渗透边缘科学的研究与开发。二是面向社会研究开发新的科技项目。建筑业、城市美化、交通建设、农业开发、污水处理、环境治理等凡是与水有关的行业都有我们可以研究、开发的新课题，如1985年辽宁省水科院开发的喷泉项目至今已有20多年了，目前还保持着良好的开发应用前景；再如宁夏水科所与企业联合，通过市场机制运作治理沙漠取得了显著的社会效益和经济效益，受到了党和国家领导人的高度赞扬。三是大力发展水利科技经营项目。利用水土资源、工程建设与管理、国家重视水利建设与投入等水利行业的优势，进行水利科技经营，近些年有了很大的发展，许多地区或部门进行了有益的探索和尝试，但还有很大潜力，应进一步解放思想，更新观念，扩大经营与服务领域。

第三，建立良性循环的科技体制。要进一步完善科技成果水平、创收与科技人员自身利益挂钩的分配制度，既要看社会效益，也要看为本单位创收的效果、潜力，充分调动科技人员创收的积极性。走结合水利重点工程搞科研，水利科研为水利工程服务，科研成果的推广又进一步促进科研向纵深发展的新路子，如近20年来，在辽河整治、观音阁水库建设、辽河三角洲开发水利工程建设、富尔江引水工程、白石水库建设、浑河及大辽河整治等辽宁省大中型水利工程建设中，辽宁省水利科技单位取得了多项科研成果，承揽了多项研究、开发项目，在为国家和社会创造了可观经济效益和社会效益的同时，也壮大充实了自身。

四、大力开通水利科技成果转化为现实生产力的途径

首先，要加强新成果、新技术的宣传。通过报刊、互联网、图书等多种有效途径，广泛宣传新成果、新技术，使水利水电建设与管理单位充分了解认识采用新成果、新技术的益处，目前这方面工作，我们还是比较欠缺的。

其次，要建立政府、社会的科技推广机构和网络。各级水行政主管部门应建立较为完善的水利科技推广服务网络，通过资助扶持、政策导向重点推广公益性、服务性且社会效益、环境效益比较大的水利科技新成果、新技术。同时也应鼓励水利科研、教育、设计、施工、管理等部门建立研究开发或技术开发机构，通过市场机制推广具有自主知识产权或引进的具有较大经济效益的新成果、新技术。

第三，要建立科技成果推广的奖励机制，促进科技成果转化。当今科技

发展无疑取决于人才、资金和政策，纵观世界各国概莫能外。而人才、资金又在很大程度上取决于政策因素，具有活力和创新的体制、机制与环境。没有人才可以培养—引进人才；没有资金可以筹集—引进资金。而政策的制定、调整取决于政府或领导者对科技发展影响经济、社会进步深度和广度的认识。以水利行业为例，可以通过经济奖励政策将科研（大专院校）、技术服务与咨询、设计、施工、工程建设与管理单位紧密联系起来，如某项工程按现有已成熟的技术或方法建完工程需投资 1 亿元，而通过科学试验研究及充分论证后，采用新成果、新技术仅需投资 7000 万元，即可节省 3000 万元。对于节省的 3000 万元，应兼顾国家、集体、个人三者利益，按一定比例对参加工程建设与管理的有关科研、技术服务、设计、施工、监理等单位和个人进行奖励，以调动各方面研究应用新成果、新技术的积极性。总之，要使水利科技成果迅速转化为现实生产力，服务于工程建设，应制订这方面的经济奖励政策或规定，以促使科研、设计、施工等工程建设有关各方一体推广科技成果的机制，从而促进水利科技不断向纵深发展，达到科技兴水的目的。

张克启

必须跨过理念转变这个门槛

襄樊市位于湖北省西北部，地处汉江中游，汉江自西向东在襄樊市区折转向南穿过。这里有严峻的防汛任务，更是水资源紧缺的城市。作为市水利局局长，张克启认为，时刻把群众的利益放在首位，是每一个水利人的责任，而要做好现代水利工作，一定要树立全新的观念。

档案

张克启，湖北省襄樊市水利局局长。

湖北老河口市人，1954 年 7 月出生，中共党员，研究生学历。2001 年任襄樊市水利局局长。几年内，他撰写了 20 多篇水利发展调研性文章，其中《襄樊农田水利基本建设调查报告》在《水利发展研究》杂志上发表。在他的领导下，襄樊市水利局连续四年被湖北省政府授予“全省水利建设先进单位”称号。2002 年 4 月，他被全国绿化委员会、人事部授予“全国绿化奖章”。

记者手记

追求创新

襄樊市地处鄂西北，汉江中游，是湖北省第二大城市，水的问题十分突出。近几年，襄樊市水利工作发生了一些新的变化，为大家所关注。这次我们到湖北采访，省水利新闻宣传中心主任裴海燕极力推荐我们到襄樊，与这里的水利局局长张克启聊一聊。

初见这个水官，便觉得他身上有种与众不同的东西。通过与其长谈，我们发现，那是一种很强的自信心和影响力。他喜欢爽朗地笑，也喜欢举大量的事例来支撑自己的观点。他在讲述人生经历时，会穿插无数小故事，讲到情深处，声调抑扬顿挫，让我们深受感染。

当年从武汉音乐学院毕业的张克启在剧团里拉小提琴，后来剧团解散，他去放了近两年电影，之后在老河口市信访办、市委办等单位供职。2001 年到襄樊市水利局上任之前，张克启已经是老河口市委副书记兼政协主席，此时，他在老河口工作了近 30 年。

张克启是性情中人。当年在信访办工作时，为了给一位老同志平反，他在一个月内辗转于湖北河南两地。老人的遭遇深深地触动了他，他暗下决心，一定要把案子调查清楚。案件昭雪后，张克启写了一篇长篇通讯《青天在上》，当时在《人民日报》《光明日报》等报刊发表。也正是因为这篇文章，张克启被调入老河口市委办公室工作。

张克启是个不服输的人。2001 年刚到襄樊市水利局的时候，他对于水利工作还是一个门外汉。为了能够更好地领导这支队伍，干好工作，他开始自学水利知识，并利用各种机会向水利专业出身的同事虚心求教。他每天都在办公室学习、工作到很晚，以至很多同事都称他为"工作狂"。水利局有一位退休老同志，就住在张克启办公室对面的家属楼里。他说："张克启是否敬业，我最有发言权。每天晚上 12 点，当我看到他办公室的灯没亮的时候，就知道他一定是出差了。"几年过去，通过学习和不断实践，现在的张克启已经算是半个水利专家了。在他的带动下，水利局学习气氛浓厚，大家工作劲头儿十足，襄樊市也连续四年获得"湖北省水利建设先进市"称号。

张克启是一位追求创新的领导。丰富的人生阅历和政府官员的从业经历使他能够以独特视角审视水利，跳出水利研究水利，既从全局考虑水利工作，又能打破原有的传统思维框框。正如他的同事所评价，张克启一改过去传统水利笨、大、牢的思路，用艺术家的视角去看待水利工程建设，把防洪、排涝等水利工程与城市景观建设结合起来，让水利工程美起来，"艺术"起来，"修一处工程，美化一处城市景观"。

襄樊市的北渠原名大李沟，是一条城市内河，它承担了吸纳城市生产生活污水和排泄山洪暴雨的双重功能。由于体制不顺、投入不足，长期得不到有效整治，成了城区的"龙须沟"。

这条渠早在 20 世纪 80 年代就提出过要治理，但因经费问题迟迟未能动工。张克启通过实地考察，提出了"填埋旧渠，开挖新渠，以土地置换资金"的治理思路，这个思路也得到了市委、市政府和其他相关部门赞同。2006 年 3 月 9 日，北渠防洪治理工程正式开工，一期工程已于今年 7 月 1 日正式完工。两年后，全流域存在的防洪标准低、脏乱差现象严重的情况将被综合整治，整治后北渠呈现出"小水入槽，洪水漫滩，两岸绿化，堤顶休闲"的美丽景象。

观念更新，然后才能有实践的创新——这是我们采访张克启最大的感受。谈话中，他会不停地敲着自己的脑袋强调理念转变的重要。“水利工作者一定要转变传统思路，更新观念，也只有这样，才能站在发展的制高点上，才能做好现代水利工作。”

最感染我们的是，张克启对未来襄樊市水利蓝图的勾画。“我们要把襄樊的汉江变成‘美国的田纳西河’。”他对此充满信心。目前，襄樊市水利部门已经提出了“一江二渠三河”的城市水环境整治规划，计划用10年的时间，把襄樊市建设成一座以“水景”为特色的历史文化名城。

对话 ▶▶

要解决好水的问题，不仅要有工作的决心、信心和责任感，更重要的是需要找到解决问题的办法，用新的治水思路和市场经济规律来谋篇布局，并建立一套合理的管理和运行机制

现代水利周刊：从2001年12月您开始担任襄樊市水利局局长，到现在已经是第六个年头了。这些年的水利工作带给您的最大感受是什么？

张克启：这些年的水利工作让我感触最大的是现代水利工作者要做好工作，必须跨过理念转变这个门槛，只有这样才能站在制高点上思考问题。

可以说，在襄樊不解决好水的问题，其他什么都不要谈。而要解决好水的问题，不仅要有工作的决心、信心和责任感，更重要的是要找到解决问题的办法，用新的治水思路和市场经济规律来谋篇布局，并建立起一套合理的管理和运行机制。

现代水利周刊：具体到襄樊，怎么理解您的这个认识？

张克启：这些年来，我们一直在思考和探讨，怎样用一种现代的理念来谋划和解决目前存在的一些问题。怎样在政策的指导下，最大限度地开发每个同志的潜力，创新我们的观念，更新我们的治水理念；如何跳出传统的思维框框，用现代的理念去规划水利建设事业。

我想说明两个问题。第一，当国家钱少，而我们现在要干的事情很多的时候，如何突破资金“瓶颈”？我认为必须从当地实际出发，按照市场经济规律来开展工作。第二，在水利工程建设的同时，要把防洪、排涝、城市建设，

包括土地的最大化利用很好地结合起来统筹规划。我们现在基本上做到了这一点。

另外，我们初步探索和建立了一套与市场经济相适应的现代水利建设管理机制，无论是大小水利工程，建一处工程都有一套管理机制与之相适应。

现代水利周刊：您认为襄樊最突出的水问题是什么？

张克启：襄樊市的水利工作面对着四个客观现实：第一，襄樊的水库总量在湖北省排第二位，有 845 座，病险水库加固除险任务很重。第二，汉江是长江最大的支流，在襄樊境内 195 公里。这条江在历史上给人民群众带来了很多灾难，解放后通过接连不断的防洪建设，特别是丹江口大坝的修建对缓解汉江水患起到了作用。第三，襄樊是湖北有名的“旱包子”，水资源奇缺，国民经济发展对水资源的依赖度很高。第四，这里既有汉江平原，也有东、西部丘陵高地，地形复杂，老百姓的饮水安全问题突出。

在所有这些问题中，我认为，襄樊最突出的水问题仍然是缺水。襄樊市人均水资源量 1300 立方米，约为全国人均水平的 1/2，年均降水量不足 850 毫米，年均蒸发量在 1200 毫米以上。我们做了个统计，10 年中有 6 年是缺水年。可以说，缺水已成为制约襄樊经济社会可持续发展的“瓶颈”。

现代水利周刊：目前，您最为关注的水问题是什么？

张克启：饮水安全。现阶段，我最为关注的是让群众喝上干净的放心水，这也是每一个水利人的责任。从 2001 年开始，我们用了四年时间在全市建成各类饮水工程 9830 处，解决了 14.78 万人饮水困难。2005 年以来，又争取了 6.3 万人的饮水安全工程建设计划。去年年底南漳血吸虫疫区 1 万人饮水安全工程已全部完工，今年深受国务院和省、市两级党委、政府关注的襄阳区翟湾村饮水安全工程，也已建成完工，该村 3000 多人喝上了“放心水”。另外，我们还结合口子镇建设和“双联双促”工作，组织实施了近 2 万人的饮水安全工程建设。

目前，我们正在重点解决高氟水、苦咸水和污染水等饮用水水质不达标问题及局部地区饮用水严重不足的问题，力争在“十一五”期间让全市 220 万饮水不安全群众喝上干净卫生水。今年的目标是解决农村 17 万人口饮水问题，确保完成一些水污染严重地区和血吸虫疫区的饮水安全工程建设任务。

在开展这项工作的过程中，我们非常重视管理问题。水利部门拟订了《襄樊市农村饮水安全项目建设管理实施细则》，正在申报上级部门审批，以期能够建立起一套长效的管理运行机制，真正做到建一处工程，管理好一处工程，并使之长久发挥效益。

在襄樊建设节水型社会，最大的意义在于培养和树立了人们的节水意识，我们将做强做好以节水型社会建设为核心的水文章，以襄樊市区为龙头，带动全市水利发展

现代水利周刊：2004 年 12 月，襄樊市被列为全国第二批节水型社会建设试点。您认为襄樊建设节水型社会最大的意义是什么？

张克启：应当说在襄樊建设节水型社会最大的意义在于进一步培养和树立了人们的节水意识。

襄樊本身是个缺水地区，加之南水北调工程从丹江口调水，相对减少了处于丹江口下游襄樊的水资源。所以关注水、珍惜水就比其他地方有更大的意义。那么，怎样去合理分配和使用有限的水资源，让它发挥更大的作用则显得尤为重要。现在，很多人还没有能够认识到水的商品属性，没有形成节水意识，没有根据水资源的承载能力来更好地规划产业布局。提出并实施节水型社会建设，会促进这种情况的改变。

现代水利周刊：襄樊市节水型社会建设有一个怎样的目标？

张克启：我们提出做强做好以节水型社会建设为核心的水文章，以襄樊市区为龙头，带动全市水利发展。其中包括新增工程节水灌溉面积 116.76 万亩，全市灌溉水利用系数提高到 0.6，基本实现全市灌溉用水零增长。全市平均工业用水重复利用率达到 80%左右，万元工业增加值耗水量降到 130 立方米。城市供水管网平均漏损率控制在 15%以下，城市节水器具普及率达到 80%以上，初步普及节水产品认证制度。

通过水资源管理体制改革，初步形成较为合理的节水价格体系；在大中型灌区全面进行水价制度和管理体制改革，建立农民用水者协会，制订较完善的协会章程；制订较完善的用水定额等技术标准和水资源管理的具体制度。

襄樊的水资源得天独厚，我们正在利用“一江二渠三河”的城市防洪工程打造水景旅游名城，在依托襄樊丰厚的历史文化、打造城市水环境的过程中，水利部门发挥着决定性作用

现代水利周刊：襄樊这样一个著名的历史文化名城，应该有什么样的城市水环境才能支撑起经济社会发展，才能符合她的文化品位，满足其人居环境改善、和谐社会建设的要求？

张克启：国际国内著名景观城市，都是靠品牌扬名，靠特色取胜，靠出神入化的点睛之笔吸引关注。襄樊虽然拥有独特资源，却至今没有突破性发展，主要原因是共性有余、个性不足。虽然确定了生态旅游主题，但后天雕琢不足；虽然确立了山水城市品牌，但外界张扬不够。因此必须认清优势，扬特色、创精品，目前我们正在按照“一江二渠三河”的发展目标，打造城市水环境。

“一江”就是汉江。以“汉江”为媒，重点张扬“奇”和“秀”。随着崔家营水利枢纽建立，整个襄、樊二城中间为一个大湖，依托众多的奇山秀水不断丰富山水内涵，扩大山水外延，壮大景区规模。

“二渠”就是南、北两渠。是以“两渠”为桥，重点张扬“人”和“文”。随着南水北调工程的建立，南渠和北渠都将成为活水，而在“二渠”沿岸都有文化。依托荆楚遗风保存的先楚文化，三国遗存遗留的三国文化，襄樊市民创造的民俗文化等，在“二渠”沿岸修筑三国文化故事浮雕等，在神龙园兴建襄樊民众文化起源展览，推动人与文、人文与山水有机结合。

“三河”就是护城河、唐白河、小青河。以“三河”为本，重点张扬“闲”和“逸”。在全国最宽的古代人工护城河，无论是在河中乘舟，还是在城下漫步，都别有一番情趣。唐白河与汉江像两条玉带缭绕着美丽的鱼梁洲，崔家营工程完工后，多情的水，迷人的湖，造化一个绝妙的旅游休闲胜地。

现代水利周刊：水利部门在打造城市水环境的过程中，起到了怎样的作用，做了哪些工作，取得了哪些成效？

张克启：可以说，水利部门在襄樊的城市水环境打造过程中，起到了关键性的作用。没有水利部门的基础工作，其他工作无法展开。

长期以来，襄樊南渠和北渠臭水横流，缺少活水，护城河也少有生机，成了城区的“龙须沟”。我们抓住南水北调工程的实施和一系列城市防洪工程建设的历史机遇，对城市水环境进行整治。

自2003年开始，水利部门在市委市政府的大力支持下，通过积极利用日元贷款开展城区汉江防洪工程建设，2007年建成后可使襄樊市城区汉江防洪能力由目前的25～50年一遇提高到100年一遇，同时与城市景观建设有机结合，美化汉江两岸环境，提升城市品位。

2005年初，市委市政府把南渠整治列为全市重点工程，在市财政资金非常紧张的情况下，筹集资金800万元用于工程建设。目前南渠防洪整治工程建设基本完工，渠道过水断面达到20年一遇的设计标准，防洪隐患基本消除，随意倾倒的垃圾和大量淤泥被清运，阻碍行洪的建筑物被拆除，渠道形象明显改观。

北渠防洪治理工程也于今年3月9日正式开工，一期工程已于今年7月1日正式完工。特别是崔家营电站建成蓄水后，其回水可通过小清河进入北渠，北渠自长虹北路桥以下将长年水深1米左右，成为新的水源景观。

2000年开始，襄樊市先后投资1600万元对护城河进行二期改造，效果明显。同时，在南渠防洪整治建设中，为了减轻下游的防洪压力，在南湖宾馆背后开通了向护城河排泄洪水的非常溢洪道。一旦从汉江调水进入南渠的工程实施以后，汉江水可通过非常溢洪道进入护城河，使护城河成为活水。

为了从根本上治理唐白河的水患，我们完成了唐白河干流防洪治理一期工程，部分险工险段得到整治，堤防形象明显改观。今年，二期工程将开工，中央投资1000万元已经到位。小清河的治理也在紧张地进行，市里每年将从水利堤防维护费中拿出200万元，用于小清河的治理。

近五年来，我们通过争取国家项目，实施了一系列现代水利工程的建设，“一江二渠三河”不仅水源充沛，水环境良好，而且不久以后江、渠、河可以互通，充满生机与活力。在不久的将来，南渠朝圣、北渠访古、汉江畅游、城内泛舟、江滩漫步、湿地探幽、鱼梁放歌的美景将展现在世人的面前。

（原载于2006年11月23日中国水利报现代水利周刊

记者　果天廓　庞亚斌　段连红）

链接文章▶▶

推进襄樊可持续发展水利

贯彻落实党的十六届六中全会精神，结合水利系统实际，我们应该立足当前、着眼未来，围绕构建和谐社会的战略部署，进一步明确襄樊水利事业发展的思路和重点，推进襄樊可持续发展水利。

一、领会精神、结合实际，充分认识水利部门在构建和谐社会中的重要职能

水是中华民族生生不息、扭转乾坤的力量源泉。我国春秋时期的思想家、道教学派创始人老子在其著名的《道德经》中就有“上善若水，厚德载物”的名句，提出水润万物而不争，做人若行水，一个人做一件好事不要求回报为德，做很多好事而不要求回报实为厚德。民族英雄林则徐查禁鸦片时期，曾在自己的府衙写了一副对联:“海纳百川,有容乃大;壁立千仞,无欲则刚”，这副对联既是对山河雄伟的赞美,也可比喻人的胸怀宽广、豁达大度。这两句话分别从水的本原特性揭示“和谐”二字的内在含义。党的十六届六中全会提出的构建社会主义和谐社会的九大目标当中，与水利部门直接相关的就有三项：逐步扭转城乡、区域发展差距扩大的趋势，必须加快发展农村生产力，而发展农村生产力，农田水利建设必须先行；实现资源利用效率显著提高，生态环境明显好转的目标，必须在水资源的节约利用、水环境保护和水土保持生态治理等工作上加大力度；而加快农村饮水安全工程建设，则是提高全民族健康素质，解决人民群众最关心、最直接、最现实利益问题的重要内容。因此，我们在学习全会精神的过程中，深感责任重大、任重道远。

过去的五年间，襄樊水利事业发展较快。一大批病险水库和河道堤防险工险段得到整治加固、农村灌溉设施得到修复、部分农民群众的饮水困难得到解决、山区水电和水土保持治理有了长足发展。但是，水利存在的问题仍然十分突出，主要有四个方面：一是部分中小型水库和堤防的病险隐患没有消除、抗御自然灾害的能力薄弱；二是全市还有220万农村群众的饮水不安全问题没有得到解决，其中饮用高氟水、苦咸水、高砷水的100万人尤为迫切，直接影响其生命健康；三是长期困扰农村生产力发展的农田水利设施

老化失修、灌溉面积严重萎缩的问题没有得到根本改善，水资源利用方式粗放、水资源短缺的矛盾越来越尖锐；四是水利发展的观念落后，与建设“和谐水利”、实现水利现代化的要求不相适应。

在认清存在问题的同时，我们也迎来了水利事业快速发展的三大历史机遇。一是南水北调中线工程开工机遇，国家已经同意把“一洞一井”项目列入库区淹没补偿的计划，而这个项目可以扩大引丹灌区灌溉面积120万亩，并大大提高供水保证率，降低供水成本。二是全国节水型社会建设试点的机遇，将为襄樊市末级渠系改造和节水农业的发展注入大量的资金。三是水利投资政策的机遇，水利部决定在2010年前基本消除直接影响下游人民群众生命财产安全的病险水库，中央今年投入10个亿并逐步加大灌区配套建设和渠道节水改造的投入力度，湖北省委、省政府决定在“十一五”期间全面解决农村饮水不安全问题，在全省1609万人的计划中，襄樊市有175.24万人，名列市州第一。

因此，在构建和谐社会中，水利部门面临的挑战和机遇并存，困难和希望同在，关键是如何科学规划、狠抓落实、趋利避害。

二、突出重点、埋头苦干，为构建和谐襄樊潜心尽职

在统筹做好各项水利工作的同时，以解决人民群众最关心、最直接、最现实的利益为重点，着力抓好以下四个方面的工作。

一是加强防洪抗旱工程建设，为构建和谐社会提供安全保障。襄樊市有大小河流649条、各类水库845座，由于水利工程年久失修，抗灾能力减弱，防汛保安的任务十分繁重。为此，我们一是加快病险水库除险加固步伐。力争在“十一五”期间全面完成38座病险水库的除险加固工作。二是加大江河堤防整治的力度。三是努力提高防汛自动化调度水平。力争在“十一五”期间把市防汛自动化水平再提高一个档次，实现对大气、水文、降水、径流、灾害性天气的全方位、多角度监控，准确分析测报旱涝灾害信息，牢牢把握住防汛抗旱工作的主动权。

二是加强农村饮水安全工作，提高人民群众生活质量。从2001年开始，我们用了五年时间在全市建成各类饮水工程9830处，解决了23万人的饮水困难，今年下达的18万人饮水安全计划目前正在实施之中。省委、省政府提出在“十一五”期间完成三个五年计划的任务、解决全省1609万人饮水不安全问题的目标，其中襄樊市有175.24万人列入计划。从明年开始，全市

每年要完成近40万人的饮水工程，比过去5年的总和还要多。当前最迫切的问题，就是将枣阳会议的精神落实好，切实解决配套资金和建管机制问题，真正做到建一处成一处，并使之发挥长远效益。

三是加强农田水利基本建设，提高农业综合生产能力。襄樊市是全省有名的“旱包子”，缺水是制约农村生产力发展的重要因素。襄樊市农业缺水并不是缺乏水源工程，已经建成的845座水库、2544座泵站、4260口机井基本能够满足农业用水的需要，但是灌溉渠道老化淤塞，尤其是末级渠道跑冒滴漏非常严重，造成有水灌不上，水资源大量浪费。当前，水利部提出了重点抓好大型灌区“两改一提高”工作，即着力进行灌区节水改造和管理体制、运行机制的改革，不断提高灌溉用水效率，规划总投资380亿元。近年来，我们抢抓机遇，加大向上争取水利项目和投资的力度。截至目前，引丹、三道河、熊河灌区，襄阳太山庙泵站，枣阳大岗坡、吉河，宜城莺河二库，老河口朱岗泵站，谷城潭口，保康杨树灌区的续建配套和节水改造项目均已列入中央、省投资计划，批复总投资29747万元，已完成投资8315万元。我们计划在“十一五”期间，硬化末级渠道2000公里，将渠道水利用系数由0.38提高到0.6，恢复扩大灌溉面积120万亩。

四是切实转变治水观念，加快开发“一江两渠三河”水景旅游资源。

一江就是汉江。以“汉江”为带，重点张扬汉江水利文化走廊。随着崔家营水利枢纽建立，整个襄、樊二城中间为一个大湖，依托众多的奇山秀水和人文资源，唱响汉江这条襄樊人民的母亲河。

二渠就是南渠和北渠（大李沟）。以“两渠”为桥，重点张扬先楚文化、三国文化和襄樊地方特色的民俗文化。随着南水北调工程和新集水利枢纽的建设，南渠和北渠都将成为活水，远景将变为现实。

三河就是护城河、唐白河、小清河。以“三河”为珠，重点张扬“闲”和“逸”。无论是在河中乘舟，还是在两岸漫步，都别有情趣。

长期以来，这些丰厚的水利文化资源一直没有被我们所重视，襄樊南渠和北渠臭水横流，缺少活水，成了城区的“龙须沟”。从2003年开始，水利部门在市委、市政府的大力支持下，通过日元贷款开展城区汉江防洪工程建设，2007年建成后可使襄樊市城区汉江防洪能力由目前的50年一遇提高到100年一遇，同时与城市景观建设有机结合，美化汉江两岸环境，提升城市品位。

2005年初，市委、市政府把南渠整治列为全市重点工程，在市财政资金非常紧张的情况下，筹集资金800万元用于工程建设。目前南渠防洪整治工程建设基本完工，渠道过水断面达到20年一遇的设计标准，防洪隐患基本消除。汉江新集水利枢纽建成后，江水将穿越白马洞直接流入南渠，千年古渠将给两岸人民带来福祉。

北渠防洪治理工程也于今年3月9日正式开工，一期工程已于今年7月1日正式完工。特别是崔家营电站建成蓄水后，其回水可通过小清河进入北渠，北渠自长虹北路桥以下将长年水深1米左右，又将成为新的水源景观。

护城河景观已经呈现。同时，在南渠防洪整治建设中，为了减轻下游的防洪压力，在南湖宾馆背后开通了向护城河排泄洪水的非常溢洪道。汉江调水进入南渠的工程实施以后，江水可通过非常溢洪道注入护城河，护城河也将成为活水。

为了从根本上治理唐白河的水患，襄樊市完成了唐白河干流防洪治理一期工程，部分险工险段得到整治，堤防形象明显改观。今年，二期工程将开工，中央投资1000万元已经到位。小清河的治理也在紧锣密鼓地进行，襄樊市每年将从水利堤防维护费中拿出200万元，用于小清河的治理。

近五年来，我们通过争取国家项目，实施了一系列现代水利工程的建设，"一江二渠三河"不仅水源充沛，水环境良好，而且不久以后江、渠、河相互贯通，充满生机与活力。目前，整治开发"一江二渠三河"的实施方案已经得到市委、市政府领导的高度重视，并被列入城市总体规划和旅游发展规划，相信在不久的将来，南渠朝圣、北渠访古、汉江畅游、城内泛舟、江滩漫步、湿地探幽的美景将展现在世人的面前。

三、狠抓作风建设，树立科学政绩观，不断增强党委班子在构建和谐社会中的凝聚力和战斗力

建设社会主义和谐社会是一个长期而艰辛的过程，它需要有严谨的作风、扎实的工作、先进的思想、科学的政绩观做支撑。就水利部门而言，必须突出领导班子和党员干部的模范作用。一是加强领导班子建设，确立与和谐社会相适应的政绩观和价值观，教育党员干部不做太平官，要敢为风气之先，工作第一见高低；不做老好官，敢于碰硬，遇事不绕道，在水利系统营造黄金永不与乱石等价，奉献与投机决不苟同的干事氛围；不做糊涂官，要时刻保持清醒头脑，提高拒腐防变能力。二是加强干部队伍建设，作为一个业务局，水利事业发展离不开人才支撑，我们从去年开始每年组织40名在职职工参加湖北水利职业技术学院的脱产学习，并鼓励干部职工参加在职学历教育，对获得博士、硕士学位的给予物质奖励。同时，我们将继续完善中层干部竞争上岗和轮职轮岗制度，树立能者上、庸者让的正确用人导向。三是加强机关思想作风建设，经常性组织先进性事迹报告会等主题教育活动，大力弘扬长征精神，把机关干部定期参加水利工程建设作为一项制度确立下来，推动机关工作更好地为基层服务，为构建现代水利提供支撑和保障。

杨淳

建立有长江特色的科技创新体系

“维护健康长江，促进人水和谐”已经成为新时期长江治理的战略思想。作为水利部四大科研院之一的长江科学院，如何在科研工作中贯彻健康长江这一治江理念，如何在新时期的长江治理开发中发挥更重要的科研支撑作用。作为一院之长，杨淳有他更为深入细致的思考。

档案

杨淳，长江水利委员会副主任。接受采访时任长江科学院院长。

1955年出生，毕业于武汉水利电力学院水工结构工程专业。教授级高工。1982年6月至1998年，在长江科学院水工所先后任副总工程师、总工程师、副所长兼总工程师、所长。1985年1月至1986年1月留学美国明尼苏达大学。2000年12月任长江科学院总工程师。2002年5月任长江委副总工程师。2004年8月任长江科学院院长。2006年11月至今任长江委副主任，湖北省第十届人大常委会委员。

访谈

采访长江科学院院长杨淳是一件愉快的事儿，有一种精神大餐的感觉。杨淳很健谈，语速极快。在录音整理时我们发现，他的正常语速在每分钟140字到180字，而有时可能会达到200多字。我们知道正常的播音语速是200字，当然播音员是照稿念。语言学家认为，人的语速反映人的思维速度。由此可见杨淳的思维速度。

从小在北京长大的杨淳，15岁离开北京后再也没在北京住过。如今51岁的他，薄薄的嘴唇却依然将北京话每一个字都吐得字正腔圆。

当我们带着采访提纲来到杨淳办公室时，他笑着说，他最怕这种“命题作文”。在我们两个多小时的采访中，杨淳流露的很多想法与看问题的角度令我们耳目一新。

尽你的职责，在职业之外寻找乐趣

51 岁对于很多职场上的人，已经接近准退休状态，特别是有过蹉跎岁月的“过来人”，易在脸上看到暮气或产生看破红尘的想法。面对我们一堆有关人生经历与情趣爱好的提问，杨淳完全用他自己的理念给我们上了一堂生动的职业理念课。

“什么叫职业化，在一个发达社会，一个逐渐完善健全的社会中，社会的成年人只有三种人。第一种人叫做控制社会的人，第三种人是社会的弱势群体。中间一大块国外叫中产阶级，实际上就是职业人。一个发达国家职业人应该占 80% 。中国这一块人数正在增加。对于我来讲，我把自己定位为职业人。

“当然成功的职业人有三种标志。第一种人是一生中只做他最喜欢的事儿，他还能从中创造财富，这是职业化的最高境界。第二种人是尽他的职责，并从中发现乐趣。这跟第一种人的差别在于，他的职业是社会对他作的选择，而不一定是他自己乐意的。我属于第三种，尽他的职责，在职业之外寻找乐趣。（爽朗地大笑）你们的很多问题我都解决了。为什么我喜欢收藏，这是职业之外的事儿，我有乐趣。不成功的职业人咱们不谈，最糟糕的职业人是尽他的职责，他却发现没有乐趣。

“我理解的人生幸福是两种平衡。第一，人与社会之间的地位平衡。职业人为社会作贡献，社会给你各方面生存的回报。第二，内心世界的心理平衡。做到这两种平衡的人就是一个幸福的人。10 年前我是个职业工程师，10 年后我是个职业管理者，是个职业的水利科技管理者。我履行我的职责，我会在职业之外寻找我自身的心理平衡和快乐。两条都做到了，我觉得我幸福了。”

杨淳说这样的幸福观是从美国明尼苏达大学进修回国后确定的。

说起杨淳的经历，好像有点“苦大仇深”。

家住北京虎坊路的杨淳中学没毕业就随父母下放到了宁夏五七干校。因为担心喜欢打架的杨淳惹事，父母让初中没毕业的杨淳到青铜峡水库放了一个冬天的羊，还不到 15 岁的杨淳每天一个人要把 400 多只羊放出去。在寒冷的冬天，放羊的杨淳看到了长城故道，历史的沧桑、生活的艰苦和凄凉使他有了深刻感受。16 岁，到乌江渡水电站当工人，做了六年的架子工，很苦。参加工作第一周就看到工伤死亡，参加工作第一天就被师傅叫去劈头盖脸地骂了一顿。那时算是真正开始初步了解生活的艰苦、社会的动荡和职场的残酷。因为干得还不错，1977 年春节前，作为最后一批工农兵学员，杨淳被推荐到武汉水利电力学院。刚上大学，第一次测试初等数学，有人说杨淳连初中都没毕业肯定考不了。结果他考了满分。那几年，自学给了他很大的帮助，并逐渐使他养成了自学的习惯。

杨淳庆幸自己到长江科学院遇到好时机，时间不长就做了很多大的项目，并成为长江委“文革”后毕业生中第一个被派出国的留学生。1985 年他在美国明尼苏达大学进修了一年。

杨淳坦率地谈了他的三个体会。一是确确实实是理念上的眼界开阔了。因为当时还比较早，他感到文化上的震撼，在与外国人交往时，才发现世界上还有如此多的个性和不同。杨淳认为文化理念上对他的影响最大。二是在科学上。由于受到完全不同的科学方法的教育，他个人感觉更重要的不是知识上的，而是方法上、思维上的教育。这两点收获影响了他后来的 20 年。第三，也是他很重要的体会：回国是个正确选择。“当时我是唯一一个要求回国的。虽然当时两所大学都让我读完博士回来，但我认为像我们这样的水电工程师，我们的领域更多在国内。到今天为止，作为职业选择，我觉得我的决策无疑是正确的。虽然大部分人选择留在了国外。”

杨淳承认这些观点，现在的人来看，也许很不以为然了。

假如社会选择让杨淳当更大的“官儿”了，他会怎样呢，我们执拗地很想知道。

“我说过，真正职业的最高境界，是选择你最喜欢做的事，还能从中发现财富。但我不属于这种人。因此社会的每项职业选择，对我来讲都是按职业化来要求自己：履行我的职责。也就是说当社会选择我时，我会无条件接受。因为这是职业需要；因为我是职业人，我会在我的职业之外寻找新的平衡。（笑）从职业角度来讲，我一定尽最大努力把我的职业履行好。如果履行不好，一定是我水平和能力不行。”

使河流保持健康的工作状态

不久前，长江流域综合规划重新修订工作正式启动，“维护健康长江，促进人水和谐”已经成为长江委新时期治江战略思想。作为水利部四大科研院之一的长江科学院，多年来在长江的治理开发中发挥了重要的科研支撑作用。作为一院之长，杨淳对于健康长江这一治江理念有他更为深入细致的思考。

他从三个方面来看这个问题。第一，为什么大家要在今天来提这个问题？这是一个非常核心的问题。现代科技和人类社会的空前发展，到了人类已经足够强大，可能把这个资源毁坏，或者可能把自己毁灭在转折点上。因此，理念上要解决人和自然如何长久共同发展的问题。从这个角度来看，健康长江也罢，和谐社会也罢，就隐含着这样一个观点：把河流看做一个健康的工作的河流。另外，从辩证法的角度来讲，河流是一个客观事物，任何客观事物都有它成长、壮大、衰老以及死亡的过程。比如中国人常说，三十年河东，三十年河西，河流也有它的生老病死不可抗拒的规律。

第二，长江现在的健康状况如何？中国四大涉水问题，全国都一样。水多、水少、水脏和水土流失，这四大问题在长江流域也很严重。中国整个能源缺乏，长江担负着目前中国能源振兴极为重要的角色，目前我国几十个电站在建或者在规划之中，大部分集中在长江上游和西南诸河，现在中国几个在建的大电站也都在这些地方。

中国还是一个发展中国家，四大水问题的压力会越来越大，那么这个时候提出长江既要工作又要健康，是一个非常合适的时期。

第三，如何实现这个理念，杨淳说这是一个很难的问题。杨淳将这个“难”归纳为四个层次。首先需要解决的是基础数据库。要有一个在流域层面上基础共享的大家没有争论的数据库，否则就没有共同点了。

“难道我们现在建立的各种数据库还不够多吗？”

“现在数据库应该是建立了很多。由于我们国家流域管理的现状，这些数据掌握在不同的部门、不同的行业，而不同的部门不同的行业，用这些数据为各自不同的说法提供依据。因此往往争论很大。”

其次，是建立在这个基础数据库之上，所有相关涉水专业，大家拿出真正的专业水平，来科学地解释这些现象或者作出预报。现在这个层面上也是不统一的。而关于科学问题，健康长江中有些问题是目前科学可以回答的，有些属于科学还不能准确回答的，有些现在可能还有很大误区，比如说健康长江的指标体系，它应有科学依据，但是它的科学问题没有解决。

因此就到了第三个层面。无论哪一个学科，解决流域的河流管理问题，一定是一个利益博弈。就拿长江泥沙来讲，对于上游来讲，是水土流失。但对于上海来讲，就完全不是这个概念了。没有水土流失就没有上海。上海就是长江的泥沙冲出来的。对于中游来说，泥沙既是灾难又是利益。所以说对不同的区域、不同的行业、不同的利益集团来讲，无论怎么解决问题，流域管理一定是利益博弈。尤其是，在这种利益博弈之中，河流本身往往是无声的。这样就需要一套利益博弈上的和谐机制。这就是我们所谓流域管理层面的创新机制。但这第三个层次也不能最终解决问题，必然上升到最后一个层次，最后就是用党和国家的方针政策来平衡这些利益，建立和谐社会。

建立有长江特色的科技创新体系

今年11月6日，杨淳在长江委第四期领导干部进修班上，作了题为“建立科技创新体系 建设创新型长科院”的报告，他用了大量篇幅对长江科学院的发展历程作了细致的回顾。

杨淳说：“作为长江科学院历史发展的亲历者，我想更多的是通过一些问题的思考来认识现实，也更能感受到我们观念转变的难度。不看到这个过程，就不知道现状是怎么回事。去年我们开始作调整的时候，争论还很大，包括很多老同志都还不很理解，因此我们必须把历史给大家说清楚。”

今年6月，在长江科学院召开的2006年度第二次院务会议暨科技创新工作会上，院领导班子高调提出了建立科技创新体系的战略目标。作为院长的杨淳在会上作了总结讲话，他说：“长江科学院作为国家水利行业的重点科研单位，创新应是我们的根本。建设一个具有创新特色的长江科学院，将能为以'维护健康长江，促进人水和谐'为宗旨的新时期治江思路起到科技支撑作用，同时还可以增强我们的市场核心竞争力。要解决流域的科技问题和历史遗留问题，必须要有创新机制。我们的目标就是建立有长江特色的创新机制，这也是我们企事业单位的文化核心。”

杨淳向我们坦言，他有三大困惑，他认为这些困惑也是国有大中型科研单位行政管理者普遍存在的。第一是所有的院所长有太多相互矛盾的责任目标。第二，科研院所改革以及创新体系建立相关的配套措施没落实、不到位。第三，由于历史的原因，积淀的负担和改革成本很高，谁来为此埋单。目前最大的困难，是观念的转变。

其实杨淳的困惑远不止于此。他说和谐社会的提法是科学的，和谐组织的提法不太科学。因为组织领导人有太多相互冲突的责任。现在社会处于转型期，很多的社会问题，社会的责任，组织一旦承担这些目标，必然冲突它自己组织的安排。长江科学院组织的文化是长江特色的创新型组织，从这个组织的现实来看，许多问题不是你这个组织能解决的，但你这个组织又不得不去解决。杨淳说的其实涉及管理学中的组织问题。杨淳定义的和谐组织，就是能够把绝大部分职工的愿景与组织的目标很好地结合在一起的任何一个组织。杨淳认为，我们很多问题是组织成员愿景上的冲突造成的不和谐。因此用这个目标来衡量，我们现在远谈不上和谐组织。

杨淳表明，建立创新型组织是我们的战略目标，承担相应的社会责任和保持稳定是我们的前提。关键是决策层要选择好变化的“度”。

也有让杨淳感到欣慰的。最近两年，长江科学院公益型科研单位成为院里发展最快的单位。包括水资源所、水土保持所、空间信息所、河流所在内的公益型科研所，无论是经济效益还是社会效益都发展很快。

杨淳承认长江科学院建立科技创新体系当前面对三大制约因素，一是实力不强，二是长江委公益科研项目分配面向多个单位，三是没有市场准入。

“靠自己。”杨淳充满信心地表明了应对制约的办法，“比如实力不够强大，你能拿出像样的成果，创新型体系建立起来，可以去参与竞争。分配上，委内可以来协调。实力强是你的，实力不强当然做不好。市场准入没有，我们可以积累经验，申请资质。今年我们已经申请到好几个资质，如甲级工程咨询资质，这是我们科学院历史上的重大突破。已经开始有了一些市场准入的资质了。”

关于如何建立创新型长江科学院，杨淳又与我们进行了更深入的交谈。

对话 ▶▶

现代水利周刊：今年6月，长江科学院第二次院务会上首次提出建立科技创新型体系的战略目标，为什么要在这个时候提出这个战略目标？

杨淳：一是为适应健康长江理念的要求。在人类从无限制地向自然索取到与河流和谐相处这种理念下，我们的科研就不能仅是围绕工程，还要做很多其他的研究。二是为适应国家科技体制改革的一系列要求。如果不做这样的转折，你可能要退出舞台。这也是外界压力的必然结果。三是要适应市场的要求。过去计划体制中，我们从长江委内接到一些规划任务，它的科研都是切块到我们这儿，现在不同了，水电都是电力行业在做，那你必须要有你创新的成果，必须有你自己的主导产品、名牌产品才能占领市场。所以，无论是科技体制改革的环境要求，市场变化的环境要求以及治江思路转变的要求，建立创新体系，转变长江科学院的整个状态我觉得是不可避免的，是必然的。长江科学院的创新体系是去年提出的，2006年加快了这个体系建设的进展，目前更多是从行政管理上我们有一些突破。

现代水利周刊：那么如何来建立这样一个科技创新体系呢？

杨淳：创新型体系建设不是一朝一夕的事情。从我们院里来讲，我个人认为至少要解决三个方面的问题。一是解决与历史相关的思路问题。正视历史，尽快转变计划经济时代的科研管理模式。二是适应现在市场需求变化。三是解决我们自身的管理问题。

目前，长科院的改革发展分为公益型科研、工程型科研和科技型科研三块。就科技创新而言，对于这三个不同层面的要求不尽相同：公益型科研要尽快成为长江流域治理保护开发的科技主体；工程型科研要打造市场份额所指导的工程型科研创新；科技型科研要瞄准国家的需求和市场的导向，尽快把科研成果转化为生产力。

管理上，长江科学院要改变过去计划行政管理模式，建成以学科带头人、专业负责人和创新团队梯队建设的管理模式。这是一个低端标志。当然，按创新型的国家体制、水利部以及实际创新的要求，使现在十几个所依托于重点实验室、工程研究中心，把创新团队建设、科研体系的改革和现行的方式装进去，这是创新体系建设的低目标。当然这与过去的管理体制已经发生了非常大的变化。

现代水利周刊：当前重点开展了哪些方面的工作？

杨淳：例如，由土工研究所、岩基所、振动爆破所和工程安全所的一部分，构成了现在的岩土重点实验室，明年将作为第一个试点单位，按照重点实验室的要求，分成5个专业学科和12个专业方向，分头建立每一个专业学科的专业技术创新机制，真正实行学科专业带头人负责制，而不是专业所长负责制，真正开始按照重点实验室和创新团队的要求来重构它的组织关系和管理关系。

明年我们还可能与长江设计院共同成立水利部水工程安全与病害防治工程技术研究中心。对于我们的工程性科研来讲，如何依托这个中心和长江设计院建设一个新型的战略伙伴关系，我请了一些法律顾问来探索怎样在两种单位中建设这种创新关系，目前还在前期准备中。

我们的防洪与江湖治理重点实验室，今后要打造成国家重点实验室。依托长江防洪大模型，把若干个专业即符合这个实验室需要积累的专业，搭建在这个平台上，原来的行政机构暂不动。

两个重点实验室、一个中心分别采用三种不同的管理模式，从明年起开始试行我们的科研创新体制建设。到底哪种好，今后怎么发展，没有现成的结论，运行一段时间再说，各种各样的模式我们现在先进行一些尝试。我们和南北两院（编者注：中国水利水电科学研究院和南京水利水电科学研究院）的特点不一样，每个人都会根据自己的特点和需求来寻找发展道路。

从管理的高标准来讲，按照我们的实现目标，创新团队确实能提供满足国家需求的，比如说按公益型科学院所的验收标准，拿出一些重要的创新成果，真正把这些实验室打造成国家重点试验室，那会儿我们可以说管理上成功了。每个专业我们都有一个低目标，一个高目标。

对于公益型科研单位来讲，主要做国家这个层面，基础研究层面。长江委作为水利部在长江流域行使水行政职能的派出机构，长科院的公益单位对口长江委这些机关的职能局，能一对一地起到科技支撑作用，你的近期目标就实现了，比如江务局、砂管局、水政局。当他们在水行政执法时，需要解决哪些科技问题，哪些是我长科院解决的，而且我能够解决，那么就是说已经起到了低端的作用，实现了我们的低端目标。高端目标是在长江科学院建立起为健康长江服务的科技体系。

建设有长江特色的创新型组织是我们长江科学院的目标，当然未来我们也会走出长江，面向全国乃至全世界。

对于工程型科研来讲，就是能不能把你过去原有的和未来市场需求的核心专业集约起来，产生一些我们的专业品牌，以市场占有率来评判你是好还是坏。我们的市场占有率还很低，但我们有的市场占有率较高，比如我们的爆破专业市场占有率非常高，几乎西南诸河所有大的水电工程的爆破都是我们爆破所做的。岩土专业我们的市场占有率也很高。当然提高市场占有率不仅仅是科技创新的问题，还受到行业封锁、部门利益等因素的约束。我们要通过历史传承的和今后市场需要的，结合我们自己的特点来打造一系列的品牌，不可能所有的都做，然后去提高市场占有率。我认为，高目标就是任何一个专业都能做到市场占有率为第一。当然各专业的低目标和高目标，实现起来还是要不断克服很多困难的。

（原载于2006年12月21日中国水利报现代水利周刊
记者 李真　摄影 刘小康）

链接文章▶▶

维护健康长江涉及的关键科学问题

长江水利委员会提出“维护健康长江，促进人水和谐”的新时期治江思路，不仅是一项治江的重要战略目标，也是治江科学研究的重大需求，实现这一目标必然涉及许多关键科学问题值得深入研究。

研究长江流域演变过程　了解长江的自然规律

长江是有生命的，研究长江的演变过程，就是分析长江的生命周期。了解长江的历史演变规律，需要从不同的时间和空间尺度上展开。因此，研究长江流域水资源系统对全球气候变化的响应，应以水文循环作为研究的主体，其“上端”延伸至气候变化以求其因，“下端”延伸至陆地、水体和生态系统的变化以明其果。面对这些复杂问题，需要多学科联合攻关，将水科学、水利工程学与气象学、地学、生态学和物理化学等学科结合，研究流域水量水质形成及演化规律。

这里涉及的重大科学问题包括：重现长江流域水资源系统历史演变轨迹并揭示其规律；揭示长江流域水资源系统的现代特征；揭示长江流域水文循环系统的结构与功能；识别气候变化对长江流域水文循环系统的影响，诊断其形成机制；建立长江流域水文循环的模型；利用水文循环模型分析不同气候变化情景下长江流域水资源系统的状态与变化等。

研究人类活动作用机理 认识长江流域现代格局

近1000年来，人类为了生存和发展，逐步加强了对长江流域自然环境的改变，同时为人类服务的功能也逐步加强，具体包括：土地利用方式的改变、人类修建水利工程和城市化等。特别是近20多年来，在人口增长和经济迅速发展的背景下，人类活动已经成为引起长江流域水资源现代变化最重要和最直接的原因，形成了在自然和人类活动共同作用下的新的流域生态系统。因此长江流域水资源系统现代变化特征和成因理当是研究的重点。

这里需要研究的重大科学问题有：分析长江流域人—水—地关系的历史演变，揭示人—水—地系统现代格局；探求人—水—地相互的作用过程与机理；创建从水资源系统的变化中识别自然因素与人文因素的作用（尤其指识别人文因素的作用）的方法，建立人—水—地关系的概念模式；揭示长江上中游产水产沙的变化，分析上中游不同支流产沙特性及其对中下游河湖淤积的作用；揭示中下游河道水沙输移的变化规律与控制因子；分析现代水灾孕灾环境的形成与演变机理；分析河流水沙与河流地貌的相互作用；揭示流域水沙条件的变化对长江河口水资源利用和河口地貌演变的影响等。

研究重大水利工程的累积影响 把握未来长江脉搏

长江流域目前和不远的将来有一系列重大水利工程建成，如三峡工程、南水北调工程和上游干支流一系列梯级水库等，它们将显著改变长江水流过程和泥沙输移过程，对流域生态与环境产生重要影响。因此，从保持流域生态和环境系统完整性、生物多样性的角度出发，研究长江流域梯级水库群建设和运行调度对水生生物的阻隔作用、对长江水生生物生境要素（水文、水力学、水质、水温等方面）的累积叠加影响，并研究水生生物对生态与环境要素改变的生态学响应，提出水资源开发利用对生态与环境的累积叠加效应，以及梯级开发条件下长江流域重要水生生物的演变趋势是十分必要的。

这里涉及的主要科学问题包括：长江流域上中游梯级开发和流域生态系统基本特征的识别；长江流域梯级开发建设对长江上中游主要水生生物和生境要素的影响；流域梯级水利工程的运行调度对长江上中游主要水生生物生境要素的影响；流域梯级开发的生态学效应；流域水资源综合开发利用对重要湿地的叠加累积效应；流域水资源开发利用对长江口生态与环境的叠加累积效应等。

建立科学的指标体系和评价标准 准确诊断长江的健康状态

确定健康长江的指标体系和评价标准是实施健康长江的技术依据。由于水资源特点及经济社会发展现状，确定长江这样的大河流域健康的指标体系和评价标准是一项复杂的工作。因为长江的健康不仅要与长江过去、现在和未来状况比较，而且还要与其他流域比较。健康的感觉不仅因人而异，而且与人们的认识水平和生活水平密切相关，所以，有许多科学问题值得深入研究。

第一是指标的选择原则。仅水资源评价指标就可多达上百个，如果加上生态、环境指标，可达数百个指标。如何在数百个指标内选择最有代表性的核心指标，是值得研究的。选择核心指标必须考虑通用性、可比性、通俗性、可追溯性和综合性等原则。

第二是指标信息的获得方式。选择指标后，必须要有长期监测、统计和分析，需要有科学、实用和长期的方法获得这些信息。要将这些指标变成常规观测对象还有大量的工作要做，如监测方法、测点布置、信息传递及分析方法研究等。

第三是指标的量化、权重及归一化。尽管大多数指标是可以量化的，但也有一些重要指标，尚较难量化，如非工程措施完善率、河床河势稳定性和流域综合管理水平等。这就需要选择科学的量化方法，如模糊数学、人工智能及专家评判等方法。由于并不是所有指标都有同样的重要性，所以，在进行评价时，必须研究合适的权重。为了进行横向比较(流域间或流域内不同河段之间的比较)，需要有一把公用的“尺子”去评价不同河流或不同河段，需要对指标进行归一化处理。

第四是评价范围的区划。除采用一些共同指标外，对不同分区，必须采用不同的指标或选择不同的权重。例如，对于长江中下游河道，河势河床稳定是健康河流的重要指标，但对于上游山区河道，则不是重要指标。对于人口稀少的金沙江上游地区，河流的服务功能指标权重就要小一些，有些指标甚至没有意义。所以指标的选择和指标权重的选择需要进行区划，分别研究。需要选择评价的共用指标和分区(特别)指标及相应的权重。

第五是评价标准。判断河流是否健康实际上是模糊概念，评价标准一般有一个变化区间，或有一弹性范围。人们生活水平高，对生活质量要求就高，对河流健康标准要求就会高，相反，生活水平低，对生活质量和河流健康标准要求就相对较低。所以，需要研究不同生活水平和质量对应的评价标准及阈值范围。

采用科学的调控手段 保持良好的生态系统

近50年来，人类行为引起了水土关系、江湖关系、水沙产输移条件、洪泛平原状况、水体营养物和水质等发生明显变化，从而引起人一水一地关系发生变化，反映这种变化的物理量称为调控变量。显然，调控变量是多维的，调控影响也是长期的。调控这些变量的目的是改变人类的行为方法。对长江流域水资源与生态、环境变化实施调控，就是要使人为因素引起的调控变量的变化范围在期望的目标值范围内，从而实现长江流域人与生态、环境协调发展。建立对人一水一地系统实施调控的理论与方法，探索符合人与自然相协调和可持续发展原则的长江流域人一水一地关系协调发展模式。

在流域范围内，通过水利工程的联合调度是狭义的调控方法，主要通过梯级水库、引调水工程、堤防、分蓄洪区和各种闸涵、排水设施等水利工程联合调度，在满足人类需求的同时，维护河流生态与环境健康，所以需要研究人类调控方式对河流健康系统的响应机理，并及时监测和评估调控效果。为了科学地进行调控，需要研究流域内不同地区水资源、水环境和水生态的承载力。

建立科学的体制和机制 促进流域水资源综合管理

维护健康长江的关键是按客观规律开发、利用和保护水资源，指导和规范人类行为，主要途径是建立科学的流域管理体制和机制，通过制度化建设完善流域综合管理体系。

第一，需要研究适合长江特点的流域综合管理体制。

第二，需要建立和完善流域综合管理的几个重要机制。

第三，法律法规框架体系建设。包括《长江法》《长江水资源保护条例》《长江水功能区管理办法》《流域水量分配方案》《分蓄洪区管理条例》《用水定额》等法律、法规、条例、流域综合规划和专业规划、管理办法、技术标准等的建设。

第四，为了促进水资源的优化配置和高效利用，需要探讨建立以水权制度为核心，水市场建设为手段的流域水资源管理的经济学方法。

第五，开发先进的流域管理技术和手段。

总之,“维护健康长江,促进人水和谐”是一项长期、伟大的工程,作为科学研究者,有责任围绕这一治江战略目标开展科技攻关,研究和解决上述重大科学和理论问题。为了实现这一宏伟目标,迫切需要进行以下工作:①建立流域范围内的长期定点监测网络和有计划的科学考察,收集、积累和分析基本资料;②围绕科学问题,制定维护健康长江的中长期科学研究计划,分阶段逐步实施;③开展多学科交叉的联合科技攻关,广泛邀请流域内外、国内外专家和学者参与;④建立科技成果交流及基础信息共享平台;⑤建立科研项目投入机制,培养一大批研究长江的科技人才。

熊卫民

用“山区小康水利”造福彝族人民

云南省楚雄州处在滇中高原中部，地处金沙江、红河水系分水岭，同时又是一个彝族自治州。水资源问题制约着这里的可持续发展。满足经济社会发展需求和提高人民生活质量两大目标要求，始终是楚雄州水利的出发点。水利局长熊卫民为此付出了他满腔热忱。

档案

熊卫民，云南省楚雄彝族自治州水利局局长。

1959年11月出生，彝族，大学文化。1997年11月至2002年6月任楚雄州水利局副局长；2002年6月至今任楚雄州水利局党组书记、局长。2005年底被人事部、水利部授予全国水利系统先进工作者荣誉称号。在他的带领下，楚雄州水利局近年来先后获得水利部授予的“全国水土保持先进集体”“全国农村饮水解困工作先进集体”等称号。

记者手记

情系千里彝山

我们从位于南华县城西北部40多公里的天中堂石桥河村“小康水利”建设现场走出来的时候，心里充满了感动，彝族农民脸上的笑容在我们的脑海里久久挥之不去。

我们行进在楚雄彝族自治州的首府楚雄市，车窗外是绵延不绝的大山。楚雄，人类长河的一个源头，这里是人类发祥地之一，有着悠久的历史和灿烂的文化。这里肥沃的土地孕育了代代子民，从1965年在元谋县发现了距今170万年的元谋人化石以来，楚雄州便被历史牢牢地铭记着。

所以当我们正式采访楚雄州水利局局长熊卫民时，一种厚重的历史感仿佛突然压在我们的心里，因为我们觉得，在这个人类文明的发源地从事水利活动将是多么的神圣和充满着历史责任。把自己的活动和思想放在一个纵深的历史观中考量，会获得充沛的精神动力。

当我们问起熊卫民这几年楚雄水利最亮点的地方时，他脱口而出，“看看我们的山区小康水利吧”。在这句平淡的话语背后，我们能体会出他对于住在山区的彝族人民的深厚感情以及对从事水利工作的强烈自豪感。我们也知道，楚雄水利人在山区水利建设上已经作出了积极的努力并取得了很好的经验。

楚雄州山区面积占总面积的95%，而山区、半山区由于土地分散，无建设骨干工程的条件，山区小康水利工程较为适合楚雄州实际，单项工程投资小、见效快，特别是2005年，楚雄州遭遇了50年一遇的严重干旱，山区“五小”水利工程多的地方，农田农地能按时栽种，灾害损失小，如楚雄市的树苴、大姚县的金家地、禄丰县的老东山、牟定县的羊干石、南华县的石桥河、武定的山品等，都能按时栽种，把旱灾损失降到了最低限度。

但是熊卫民接着对楚雄地区进行了实事求是的分析：由于楚雄州水利基础设施十分脆弱，受旱面积达120多万亩，饮水困难人口达60多万，只有不断加大“山区小康水利”工程建设投入，才能从根本上解决问题，建设和推广“山区小康水利”工程越来越重要。

作为一名在水利战线锻炼成长起来的中年彝族党员领导干部，长期以来，他勤勤恳恳、兢兢业业，以一身正气、一股闯劲，为千里彝山的水利发展与改革倾注了满腔热忱。满足经济社会发展需求和提高人民生活质量两大目标要求，始终是楚雄州水利的出发点。今年是“十一五”规划的开局之年，熊卫民还有更多的事情要做，如实施水源开发、防洪减灾、饮水安全、灌区建设、水土保持、“山区小康水利”等六项重点工程，还有建立洪水管理、水资源管理、水资源保护、水土保持管理、节水型社会建设管理等五项制度以及如何深化水利管理体制、供水价格、水利投融资体制、小型水利管理制度等四项改革。而这一切的动力源泉，则是来自于他那份对彝族人民的深情厚谊。

对话▶▶

寻找解决干旱缺水的突破口

现代水利周刊：我们注意到，楚雄州处在滇中高原中部，地处金沙江、红河水系分水岭，同时楚雄州也是一个彝族自治州，在这样的一个地域从事水利建设有什么样的特点？

熊卫民：楚雄彝族自治州位于云南高原腹地，辖九县一市，总人口256.66万。居住有彝、苗、白等25个少数民族，少数民族人口83.76万，占总人口的32.6%，其中彝族人口占总人口的26.5%。全州总面积2.93万平方公里，其中山区、半山区占总面积的95%以上。

全州径流总量小，人均水资源占有量低；径流时空分布不均；蒸发量大、干旱指数高。全州水资源总量68.67亿立方米，2005年人均占有水资源量为2676立方米，仅为全省人均水资源量的一半。由于境内无天然湖泊，过境水难以利用，农业、工业及人民生活用水主要靠修建蓄水工程，拦蓄雨水调节利用。由于楚雄州的地理特点，工程性缺水严重制约全州经济社会的可持续发展。如何在前人的基础上从根本上改变这一状况，是彝州水利人最关注的问题。

现代水利周刊：可以看出，干旱缺水严重制约了楚雄州社会经济的发展，那么解决问题的突破点在哪里呢？

熊卫民：全面建设小康社会，难点在农村，特别是占全州国土面积95%的山区、半山区。山区、半山区山高坡陡，村落、人口及土地分散，农村饮水困难和饮水安全问题面广量大，农田灌溉用水无保障，加之投入不足，导致山区、半山区水利条件与坝区差距较大。如何解决山区、半山区农民干旱缺水问题，以推进山区、半山区经济发展，促进农民增收，缩小山区、半山区与坝区之间农民生活差距，是楚雄州各级党委、政府高度关注并着力解决的问题，也是水利工作的突破点。

根据山区、半山区实际情况，我们组织和发动山区广大群众，按照“民办公助”和“谁建设、谁收益、谁所有”的原则，在山区进行“五小”水利建设。“五小”水利即小坝塘、小水池（窖）、小水渠、小水管、小抽水泵站。多年来，全州共筹集资金5.1亿元用于山区“五小”水利建设，增灌和改善灌溉农田农地面积61万亩，解决了农村96万人和71万头大牲畜的饮水困难，使46万山区、半山区农民摆脱贫困。"五小"水利的建设极大地改善了楚雄州山区群众生产生活条件。

"山区小康水利":目标的提出与实践

现代水利周刊:"山区小康水利"在楚雄水利发展中是一个独树一帜的提法,这个提法的背景是什么?

熊卫民:楚雄州山区水利建设虽然取得了一些成绩,但按全面建设小康社会的要求,还有很大差距。目前全州山区、半山区缺水问题仍然十分严重,靠天吃饭的现象还相当普遍,农村饮水困难和饮水安全问题形势严峻。山区和半山区有67.3万人存在饮水困难和饮水不安全问题,有70.1万亩的农田农地灌溉无用水保障。水利要适应全面建设小康社会的需要,在加大建设力度的同时,还必须创新管理体制,切实做到建管并重,才能使水利工程得到长续利用,发挥应有效益。

2002—2003年,楚雄州水利局经过一年调研,在总结"五小"水利建设经验的基础上,提出了建设"山区小康水利"的构想,即通过创新山区水利管理体制,以村民委员会为单元,成立用水户协会,对辖区内水资源进行统一规划、建设、管理和保护,依靠会员(受益农户)按照"自己的事自己办"和"一事一议"的原则,大力发展山区"五小"水利,力争到2020年实现全州山区85%以上的群众喝上清洁卫生水和人均有1亩"种得下、保得住、能稳产"的旱粮水浇地的目标。

现代水利周刊:我们刚参观了石桥河村"小康水利"试点工程,当地的老百姓非常拥护这一试点工程,能给我们讲讲这个"山区小康水利"试点村建设情况吗?

熊卫民:2004年我们首先选择了双柏西城社区、南华石桥河村、武定山品村3个试点进行建设,在3个试点取得成功的基础上,2005年又在10个县(市)启动了12个试点村建设。

你们昨天参观的天申堂石桥河村委会就位于南华县城西北部,距离县城45公里,平均海拔2400米,年平均降雨量946.3毫米。共辖8个村民小组325户,1365人,全部是彝族,总耕地面积1406亩,其中旱地占总耕地面积的76%。石桥河是一个集山区、民族聚居、高寒冷凉于一体的贫困地区。

石桥河村"小康水利"试点工程于2004年2月动工,6月30日全面完工,共完成三面光沟渠 9 条全长 6983 米，新建大水池 1 个，防渗加固大水池 4 个，新建农灌小水池 76 个，防渗修复农灌小水池 118 个，新建农村饮水净水池和蓄水池 9 个，埋设各种型号农村饮水 PE 管 38882 米，架设农灌引水塑管 3779 米，配水表 350 只，水龙头 350 只，整件工程共完成工程量 1.86 万立方米，完成投资 136 万多元。石桥河村还成立了用水户协会，由用水户协会负责“山区小康水利”工程项目的组织实施、建设和建后管理。按照“一事一议”的原则，制定了群众投工投劳和集资办法、水费收取和使用、资金管理、工程管理等各项制度、办法，确保了水利工程的正常有序运行。

现代水利周刊：石桥河村实施小康水利试点后，给老百姓生活带来了哪些改变？

熊卫民：石桥河村委会“小康水利”试点工程实施后，使全村 8 个村民小组 345 户 1365 人的饮水问题得到了全面解决，同时当地 1406 亩耕地有了充足的水资源保证，灌溉条件得到了有效改善，为发挥当地资源优势，调整种植业结构，大力发展早洋芋、优质萝卜等特色农产品创造了有利条件。早洋芋主要销往广州、深圳、思茅、大理、昆明、四川，萝卜主要销往香港、日本、思茅、保山，白芸豆主要销往日本。有一组数据可以比较一下，试点前，人均有粮 249.4 公斤，人均纯收入只有 250 元。人均指标均低于当时全州水平。而 2004 年人均占有粮食 532 公斤，农民人均纯收入 1903 元。几项人均指标均高于全州平均水平。与此同时，由于成立了用水户协会，采取“一事一议”，让村民自己的事情自己管理，自己定水价，自己制定规章制度，改善了乡村文明，推进了农村民主管理。

现代水利周刊：就目前来看，“山区小康水利”试点村建设取得了哪些经验？

熊卫民：我认为取得的经验主要有以下几点：首先，采用了以群众性社团组织机构“用水户协会”对项目区水资源进行统一规划、统一建设、统一调配和统一管理，体现群众自主管理水利的新思路，促进了水资源优化配置。其次，项目的建设方式坚持了村民“一事一议”的原则，体现了老百姓自己的事自己做，由过去搞水利建设是政府“要我办”变为“我要办”，用自己双手改变家乡落后面貌的艰苦奋斗的精神。同时，“山区小康水利”的建设，使山区群众树立了水是商品的观念，从用水不收水费到自觉交纳水费是一个质的转变，是一次思想认识上的飞跃。再次，建设资金采取多渠道投入，“民办公助”的原则得到充分体现，在群众自觉自愿的基础上，按照“一事一议”，采取群众投工、投劳、集资、预售水费等办法筹集资金，填补国家补助仍不足的部分。探索在新形势下，在农村税费改革，取消劳动积累工和义务工制度后，引导农民自愿投工投劳改善自己生产生活条件。通过试点建设说明，“山区小康水利”建设是解决楚雄州山区、半山区群众旱地水浇和农村饮水，缩短坝区与山区、县城与乡村水利差距的有效途径。

现代水利周刊：在您看来，“山区小康水利”要实现一个什么样的目标？

熊卫民：一是通过努力，到2020年，楚雄州85%以上山区、半山区群众达到小康水利规划目标：确保规划点（村）人民群众每天用上40公斤清洁卫生水，农民人均有1亩“种得下、保得住、能稳产”的旱粮水浇地。通过调查，全州共进行830个村委会的建设。

二是通过成立用水户协会，创新工程建设和管理体制；依托用水户协会组织，实现对区域内水资源统一规划、统筹建设、统一管理和优化配置；按照“一事一议”的原则，引导农民投工、投劳、集资，参加工程建设；根据实际情况，合理确定水价，收取水费，保证工程运行和维护，使水利工程能长期持续发挥作用和效益。

现代水利周刊：对这个目标有信心吗？

熊卫民：有各级政府和彝州人民的支持，有在试点中取得的丰富经验，我想一定会达到我们的目标的。

面对问题的新一轮规划

现代水利周刊：在以后的日子里，楚雄州水利将着力解决哪些问题？

熊卫民：一是基础设施薄弱，缺水问题突出。工程型缺水、资源型缺水、水质型缺水并存，尤以工程性缺水最为突出。二是病险水库多，河道防洪标准低，抗灾减灾形势严峻。由于楚雄州汛期雨量集中，单点暴雨频繁，因投入有限，河道、城镇设防能力低，每年都不同程度地遭受洪涝灾害。三是坝区与山区、半山区差距大。经多年努力，全州修建了一大批水利骨干工程，有效缓解了干旱缺水状况，特别在坝区，水利条件得到了很大改善。但在占全州国土面积95%的山区、半山区，由于山高坡陡，土地分散，投入有限，水利基础设施仍十分脆弱。饮水困难和饮水不安全人口也多数都在山区、半山区，坝区与山区的水利化程度及群众生活水平差距较大。四是水土流失严重，治理任务艰巨。楚雄州水土流失面积仍有1.36万平方公里，占全州面积的46.4%，是云南省水土流失较严重的地区之一，治理任务重、难度大。五是"十五"期间，水管体制改革启动并取得一定效果，但目前还存在许多困难和问题，水利管理体制改革亟待深化。六是水利投资渠道单一、投入不足。"十五"以来，水利投入有了大幅度增加，但投资渠道单一，水利建设资金来源主要靠各级财政拨款，"水利为社会，社会办水利"的多元化投入机制还没有广泛地建立起来，远远满足不了水利建设对资金的需求。

现代水利周刊："十一五"规划已经实施了大半年，在新的规划里，我们想知道坝区和山区的侧重点有何不同？

熊卫民：坝区是楚雄州经济较为发达区域，水资源开发程度较高，水利基础设施条件较好。"十一五"期间，坝区水利发展一是依托大中小型水源工程建设，加快全州水资源开发步伐，增加供水能力；二是依托国家实施大中型灌区续建配套与节水改造项目，加快灌区建设，促进灌区节水，增强灌区农业综合生产能力；三是依托国家实施病险水库除险加固工程、河道治理、城市防洪建设，加快防洪基础设施建设，提高防洪减灾能力；四是依托国家实施饮水安全、城市水源地保护、水质监测系统建设，提高城镇安全供水能力。

山区、半山区经济较为落后，水利基础设施差，干旱缺水严重，农民靠天吃饭现象普遍，农村饮水困难人口点多面广。水利发展重点要围绕喝上清洁卫生水，人均1亩"种得下、保得住、能稳产"旱粮水浇地的目标，依托国家实施农村饮水安全项目、小型灌区建设、基本烟田建设、水土保持生态建设、小水电代燃料建设等，加快山区、半山区水利基础设施建设。大力推进"山区小康水利"建设。通过体制创新和机制转换，充分调动农民群众参与农村小型农田水利建设和管理的积极性、主动性和创造性，促进水利工程长续利用，最大限度地发挥工程效益。

局长的记忆和牵挂

现代水利周刊：这么多年的水利工作，肯定有很多刻骨铭心的记忆，您印象最深的是什么？

熊卫民：2003年7月21日23时16分，我能准确地说出时间，楚雄州大姚县一带发生6.5级强烈地震。地震发生时，我和往常一样正在加班，得知消息后，我立即召集紧急会议，并亲率专家组星夜赶往重灾区，风餐露宿地连续苦战整整四天四夜，逐一排查受损水利工程，组织指导应急抢险，确保了水库和人民群众的生命财产安全。紧接着，又在最短时间内组织完成了受损水利工程应急处理方案、震损评估和震损恢复重建项目设计报告，并及时向上级汇报，得到了中央和省的大力支持，保证了震损水利工程恢复重建顺利实施。这次的情景至今还历历在目。

现代水利周刊：吃了这么多苦，您后悔过干水利吗？

熊卫民：我从来没有后悔过。

现代水利周刊：作为一个少数民族干部，能否在这里表达一下您的愿望？

熊卫民：眼下，最让我牵挂的是至今楚雄州山区还有60多万人存在饮水困难和饮水安全问题，有71万亩田地灌溉问题尚待解决，山区水利工作任重道远。但是我坚信，在各部门的帮助支持下，我们将继续开拓创新，扎实工作，进一步加快山区水利建设，夯实水利基础，为实现全面建设小康社会的宏伟目标、构建和谐社会而贡献出自己的绵薄之力。

（原载于2006年12月28日中国水利报现代水利周刊

记者　王经国　赵建平　　摄影　赵建平）

链接文章▶▶

推进节水型社会建设
为构建和谐楚雄提供水资源支撑

水资源是人类生存和发展不可替代的资源，是经济社会可持续发展的重要保障。楚雄州地处云南省滇中干旱地区，人均水资源量少，时空分布不均。随着人口增长、工业化和城镇化进程加快，水资源需求量大幅度上升，经济社会可持续发展面临的水资源和水环境压力进一步加大，缺水已成为严重制约楚雄州经济发展和社会进步的重要制约因素。如何利用好有限的水资源，进一步提高水资源的利用效率是促进楚雄州经济社会可持续发展的关键。因此，在继续加大水资源开发力度的同时，还必须全面推进节水型社会建设，进一步优化配置水资源，提高水的利用效率，以水资源的可持续利用保障楚雄州经济社会可持续发展。

一、建设节水型社会势在必行

楚雄州位于金沙江与红河两大水系的分水岭地带，境内无天然湖泊，水资源主要靠天然降雨补给，工农业及人民群众生活用水主要靠修建蓄水工程拦蓄雨水调节利用。到2006年，全州修建水库、坝塘共19108件，总库容12亿立方米。这些水利设施为楚雄州经济社会发展起到了重要的作用，但按可持续发展的要求，目前楚雄州在水资源利用及其配置方面还存在诸多矛盾和问题，主要表现在：

一是水资源量少，需求量大，供需矛盾突出。楚雄州多年平均降雨量850毫米，低于相邻州市，为全省多年平均1258毫米的67.6%；多年平均水资源量68.67亿立方米，占全省水资源量的3.1%，人均水资源量2657立方米，为全省人均量4992立方米的53%。据统计，全州现状国民经济需水量为13.52亿立方米，可供水量仅10.65亿立方米，缺水2.87亿立方米。预测到2010年国民经济需水量为15.6亿立方米，可供水量12.01亿立方米，缺水3.6亿立方米。

二是水资源开发潜力有限，开发难度大。新中国成立以来，通过持续大干，兴建了一大批水利工程，全州水资源开发利用率达17%，远高于全省水资源平均开发利用率7%的水平。特别是流经楚雄州腹地的龙川江干流，待青山嘴水库修建完成后，其开发利用率将达到31%，已超过国际公认的水资源开发利用率的警戒线。占总面积95%的山区、半山区，缺乏修建骨干水利工程的条件，修建的小水池（窖）单方容积造价达百元以上；坝区需水量多、用水集中，修建骨干工程的单方库容造价也在12元以上。随着经济社会的发展，新建工程涉及的移民、环境保护等问题越来越复杂，工程建设成本高，难度越来越大。

三是"强农、兴工、扩城、活商、固基、和谐"对水的要求越来越高，需要水利提供强有力的支持。目前由于水资源利用方式粗放，用水效率低，还没有建立定额用水制度，特别是农业用水粗放和供水渠系不配套，农田灌溉水利用系数仅为0.4左右，工业用水重复利用率低。由于水的问题，楚雄州近期几个较大的招商引资项目和楚雄市城市水环境整治工程，在一定程度上受到了制约。这些都要求我们在节约用水上下工夫，使有限的水资源发挥更大的作用和效益。

二、节水型社会建设在楚雄州的探索与实践

近年来，我们开展了一系列有效的节水型社会建设工作。制定了取水许可和水资源费征收办法，实行了建设项目水资源论证制度，对主要江河、水库、水域进行了水功能区划，开展了重点河流、水库的水资源保护工作，积极争取国家将姚安、禄丰两县列入全国600个节水增效重点县，启动了蜻蛉河、元谋两个大型灌区续建配套与节水改造项目，实施了“山区小康水利”试点，在元谋开展了水权水市场试点等工作，均收到了很好的效果，对楚雄州建设节水型社会在工程措施和制度建设上打下了基础。

蜻蛉河、元谋灌区是2001年国家列项建设的两个大型灌区续建配套与节水改造项目，到目前已实施完成了8期工程。该项目累计完成三面光干渠衬砌80.38千米和部分田间渠系工程，配套渠系建筑物529件，完成总投资6376万元。通过建设，大大降低了渠道的输水损失与渗漏，提高了灌溉效率，缩短了放水时间，减轻了群众护渠劳力负担，提高了经济和社会效益。如元谋灌区通过5期节水改造，灌溉水利用系数由改造前的0.45提高到0.64，年节约水量0.24亿立方米，供水量由2001年的1.3亿立方米提高到1.57亿立方米，增加供水量0.27亿立方米；蜻蛉河灌区通过3期节水改造，年节约水量0.12亿立方米，灌溉定额由原来的每亩882立方米降到每亩750立方米，改善灌溉面积2.41万亩，极大地改善了受益区人民群众的生产生活条件，使灌区农业生产能力不断提高，经济效益和社会效益十分显著。

2005年开始，元谋县在省、州水利部门的指导下，以《中华人民共和国水法》为依据、以用水总量控制和定额管理为重点、以水价为主要调节手段、以用水户协会为纽带、以制度建设为核心、以节水为目标，在黄瓜园镇的班发梁子340户农户、小丙岭农业综合开发科技示范园9个企业种植大户和42户农户开展了水权水市场试点工作。试点区共核发水权证478本，核定水量146.88万立方米。通过试点，区域内农业灌溉定额由原来每亩1200立方米降低到900立方米，每亩降低300立方米。试点区节水意识得到提升，初步建立了政府调控、市场引导、公众参与的供用水管理体制和“总量控制、定额管理、配水到户、公众参与、水量交易、水票运转”的运行机制。

为探索山区小型水利建设管理和水资源合理利用的新途径，2004年，我

们在双柏妥甸镇西城社区、南华县天申堂乡石桥河村委会、武定县发窝乡山品村委会开展了“山区小康水利”试点，在试点区对水资源实行统一规划、统一开发、统一管理，注重节约与保护，以用水户协会为纽带和平台，依照协会章程，建立供用水和水费收取等规章制度，解决了山区用水难、修建工程难、管理难的问题，使水资源得到了合理有效利用，如南华县石桥河村委会在2005年大旱的情况下，通过合理调配水资源，全村大春粮、经作物适时栽种，粮食增产，农民增收，2005年人均增收210元。

三、开展节水型社会的建议

针对楚雄州水忧患意识和节约意识不强，水利基础设施建设只注重源头、不重视配套和制度建设不健全的实际，按照全国节水型社会建设“十一五”规划的总体要求，围绕楚雄州水利发展“十一五”规划目标，楚雄州节水型社会建设在“十一五”乃至今后一段时期重点应从以下两个方面推进。

第一，加快工程建设。特殊的地理位置，导致楚雄州工程型、资源型、水质型缺水并存，在建设节水型社会中首先要解决工程型缺水问题，解决好重建设、轻管理，重水源工程、轻灌溉渠系，重坝区、轻山区的问题，其次是解决现有水利工程挖潜配套问题。在水利发展总体布局上统筹山区、半山区与坝区，实行山坝并举、建管并重、因地制宜、突出重点。“十一五”期间，一是要继续加大水源工程建设，加快水资源开发步伐，增加供水能力。二是做好灌区续建配套和节水改造工作。三是加强工业、生活节约用水管理工作，提高工业用水的循环利用率，降低万元产值耗水量，城市加强供水管网管理，减少跑、冒、滴、漏，大力推广节水设备和器具。

第二，加强制度建设。一是建立水资源有偿使用制度。建立健全以水资源有偿使用为核心的用水总量控制、取水许可、排污许可、水环境容量有偿使用等制度，运用价格杠杆调整用水结构。二是完善水价机制和节水激励政策。按补偿成本、合理收益、优质优价、公平负担的原则合理制定水利工程供水价格和城市用水价格。城市生活供水实行定额内执行基本水价、超额用水累进加价以及节约有奖、转让有偿的阶梯式水价制。农业用水要加快“一费到田”“一票到户”和“终端水价”改革步伐，在已完成部分县农业水价改革的基础上，继续加大水价改革力度。三是建立节水投入机制。坚持“谁投资谁受益、谁污染谁治理”的原则，进一步拓宽投融资渠道，引导企业和公众加大节水投资，鼓励民间资本参与节水产业开发。四是建立水权交易制度。提高全社会的水商品意识，培育和发展水市场。允许水权拥有者通过水权交易市场，平等协商，将其节约的水有偿转让给其他用户，形成合理利用市场配置水资源的有偿使用制度。五是建立完善公众参与制度。充分利用广播、电视、报刊等新闻媒介，通过多种途径和方式，广泛开展宣传教育，提高水是"商品"和水的忧患意识，使全社会转变用水观念，提高节水意识，使节水成为人们的基本行为准则，把节水变为公众的自觉行动。积极引导、鼓励成立各类用水户协会，参与水量分配、用水管理、用水计量和监督等工作，逐步建立起"用水户协会+农户"、"供水单位+用水户协会+农户"的农村用水管理模式。六是建立用水定额管理制度。实行用水定额管理是建设节水型社会的重要内容，通过实施定额管理能有效的控制浪费水的行为。省水利厅、省技术监督局联合公布执行的《云南省用水定额》，是建设节水型社会的重要的技术标准，要进一步按照定额管理有关规定，严格取水许可。

建设节水型社会是一场空前的、深刻的革命，是一项有广大人民群众参与的社会性的系统工程。要按照科学发展观，建设资源节约型、环境友好型社会发展战略的要求，在党委政府的正确领导下，积极推动全州节水型社会建设，以水资源的可持续利用支持经济社会的可持续发展，为构建和谐楚雄作出新的贡献。

李文学

努力就有可能

他在美国学习、工作了近八年，夫妻均取得了绿卡，却依然归国，成为改革开放后黄河水利委员会首位留美归国博士。他多年从事黄河流域泥沙运动、工程泥沙及河道演变方面的研究，先后参加了多项国家重点科技攻关项目。但他用心最多的还是管理，面对改制这一关乎数千人利益的重大变革，作为亲历者和领导者，他从容不迫，改革初见成效。

档案

李文学，黄河勘测设计有限公司董事长兼党委书记。

1962 年出生于河南省汝阳县。1983 年在武汉水利电力学院毕业，1986 年在美国圣迭戈州立大学做访问学者，1993 年获美国拉玛大学博士学位。历任黄河水利科学研究院院长助理兼泥沙研究所副所长、黄委总工助理、黄河水利科学研究院院长兼书记。享受国务院政府特殊津贴。

记者手记

永不言败

李文学很忙。是他推掉了到基层调研的一次工作安排，才有了我们的这次谋面。

与李文学前后接触有两回，他给我最深的印象是：待人热情、思路清晰，身上散发着一种特殊的人格魅力。

李文学是个勇于创新的人，永不言败。他归国后的工作有三个转折点：科研人员、事业单位领导、事业转企的执行者。每一项工作都是全新的。

2003 年初，全国勘测设计院体制改革日益深入，市场经济迅速发展，黄委设计院也在同年 9 月正式改制为黄河勘测规划设计有限公司，成为科技型企业，告别了延续近50年的事业体制。改革不仅仅是体制的变化，还关系着数千人的切身利益。大家把目光齐聚向刚刚上任的李文学，一时间议论纷纷，甚至有人对这个搞科研出身的海归派表示怀疑。李文学是有定力的，认准了，就要踏实干。2004年，公司确立了未来10年的发展战略，提出了2013年要实现跨行业的业务均衡发展，成为国内一流综合性工程咨询公司的目标。

李文学胸怀宽广，为人正直。企业改革初期，离退休人员的工资问题成了萦绕在他心头的难题，有压力也有委屈，他特别能理解离退休人员的心情，因为只有理解职工，才能得到职工的理解和肯定，公司才会充满活力，在市场竞争中才会有一席之地。用李文学自己的话说："离退休人员也一样为水利事业奉献了大半辈子，没有理由让他们晚年拿不到足额的退休金。"

现在，李文学又要面临下一轮的挑战，企业主辅分离，辅业改制即将铺开。但他这次心里更有底了，多年的管理经验和对勘测设计行业的日益熟悉，让他更多了几分自信。

李文学的大部分时间都在忙于企业的管理，在谈话中我们聊得最多的也是转型后公司的发展。他说自己一直在探索，曾经在科研道路上探索过，现在更想知道管理的奥秘，对于他来说，这也是一种转型。他把转型看作事业的新起点，最低潮就是最高潮的开始。

李文学至今感到很欣慰，自己当初选择了回国，祖国给了他展示自己的舞台，也让他有了更多孝敬母亲的机会，当他讲起与母亲之间过往的点点滴滴，声音有些许停顿和激动，母亲给了他太多的感动。他不认为自己是个成功者，只是一个普通的、为理想而不断努力的人。

农村生活的经历给了他质朴的个性，他说糊涂面条是最爱，在物资匮乏的童年和少年，是面条伴他成长的，至今他还喜欢做糊涂面条犒劳自己。

李文学就是这样：用心工作，平实生活。

对话▶▶

黄河流域的泥沙问题应该放在千年的尺度上来看待，绝不可轻言"黄河清"

现代水利周刊：您曾经多年从事黄河流域泥沙运动、工程泥沙及河道演变方面的研究，您对黄河泥沙治理、河道控制的观点是什么？

李文学：我认为黄河的泥沙是一个异常复杂的问题，也是一个需要长期不懈努力去解决的问题。黄河流域的泥沙问题应该放在千年的尺度上来看待，绝不可轻言"黄河清"，黄河永远是"黄"河。

河道控制只能有限度地控制洪水，水库控制"量"，河道工程控制"势"，洪水还必须有足够的排泄空间。

现代水利周刊：您曾先后主持和参加了很多国家重点项目，给您印象最深刻的项目是哪个？

李文学：到目前为止，我觉得还没有干过令自己非常满意的项目。回国初期，作研究比较多，后来就一直在管理岗位上，研究工作做得少了。但如果有机会，并且时间允许的话，我还会参加一些项目，贡献一点自己的力量。

现代水利周刊：您觉得自己更适合作研究还是作管理？

李文学：现在已经说不清楚自己更适合做什么了，在管理岗位上工作了10年，也探索了10年，再去作研究，怕是跟不上形势了。研究与管理工作都很有挑战性，无论做什么，都需要沉下去、静下心。

现代水利周刊：您曾担任黄科院院长，现在是设计公司董事长，这两项工作的区别是什么？

李文学：两个单位的性质不一样，规模也差别很大，黄科院相对规模小一些，我在黄科院六年半，去的时候是黄科院最困难的时候，经过几年的发展，黄科院国有资产总额净增近一倍，职工人均年收入翻了两番。初到设计公司，有点"四脚不着地"的感觉，但是设计公司很锻炼人。

明确公司的使命、远景、价值观和战略定位目标，并进行企业内部机构改革，制定支撑公司发展战略的"四个规划"，不断深化体制改革

现代水利周刊：上任伊始就面临着企业改制，从事业单位领导到企业改制的执行者，当时心里有底吗？三年多的时间，由您领导的改革都做了哪些工作？

李文学：我是2003年2月12日到黄河设计公司的，2月14日就到部里参加改制的会议，没有一点思想准备，对政策也了解甚少。根据水利部的要求，部属勘察设计单位要在3月底完成产权登记，由事业单位改制为科技型企业，时间很紧，没有过多地考虑。回过头看，有点匆忙了，配套政策都没有跟上，留下不少问题和困难。虽然改制是被动的，但单位的内部改革却是主动的。

2003年9月完成改制后，我就提出要研究企业的发展战略。从10月份开始，我们与北京大学朴智公司一起做了近三个月的战略研究，于2004年初提出了公司发展战略框架，明确了“致力于黄河的长治久安，致力于经济社会的可持续发展”的使命、成为“国内一流的综合性工程咨询公司”的远景、“以人为本、公平富裕，客户利益至上、诚信服务至尊”的价值观以及发展目标体系。2004年根据战略要求进行了内部改革，内容包括机构调整、资源整合、薪酬体系和绩效考评建立等。

2005年我们还进行了改后评估工作，大家普遍认为，此次改革力度前所未有，但是改革进展总体顺利，既实现了改革的预定目标，又兼顾了发展稳定的大局。为了落实公司发展战略，从去年开始我们还着手制定了《经济发展规划》《专业队伍建设规划》《科技发展规划》和《企业文化建设规划》等，进一步明确了公司的目标任务和战略措施。针对改制不彻底等问题，公司正在制定“主辅分离、主辅业改制”的方案。

现代水利周刊：在黄河设计公司企业改制过程中，存在的问题和困难有哪些？

李文学：最大的问题是没有落实“改制成本”。企业改制是需要成本的，按照原国家经贸委等颁布的《国有大中型企业改制分流办法》，退休职工的身份由事业变为企业，其养老保险远远低于事业单位的退休工资，差额部分公司承担，而且事业单位工资、津贴调整的增加部分也必须兑现。不仅数额大，而且各单位执行情况不一样，造成市场竞争能力的差异。这些“成本”都是企业背着的。另外，改制时也没有考虑职工“身份置换”以及分流安置人员的费用。这些问题都需要通过深化改制来解决。

现代水利周刊：设计公司发展的着力点在哪里？

李文学：我觉得公司的发展要着重从三个方面开展工作。一要理顺公司体制。体制的理顺需要我们根据自身情况不断探索，更需要国家政策的支持和水利部、黄委会大环境的支持，否则就是“孤军奋战”。尽管现在公司在新的体制下已经运行很久了，但部分职工的观念仍没有根本转变，还是计划经济的思维方式。下一步深化改革，公司的有些单位可能要变为混合经济所有制形式，对职工的观念会产生更大的冲击，所以，我们更需要大环境的支持，使职工真正懂得深化改革、理顺体制是公司发展所必需的。

二要加强经营工作，搭建更大的市场平台。传统的水利勘测设计市场空间比较小，要谋求更大的发展，我们必须放开步子，走综合性、跨行业的勘察规划设计道路，其中包括水利水电、公路、工民建、火电、城市生态水利等。目前国际水利水电市场也是我们努力开拓的方向之一，中国的水利水电建设在国际上享有较高的声誉，国际水电开发市场潜力也很大，公司已于2006年成立了国际工程项目部，希望能够在国际市场上有更大的作为。

三要创精品工程。“完成一项工程，树立一个品牌，打开一扇窗户”始终是公司的信念。公司50年来所创造的业绩得到了社会的广泛认可，享有较高信誉，但那只代表过去。要开拓新的市场、涉足新的业务，还要有创新的品牌。创建品牌一靠质量，二靠服务，质量要过硬，服务要到位。提高工程勘测设计质量既要加强管理，更要不断提高技术水平和员工素质，希望通过工程实践的锻炼及培训，使员工的技术水平和素质不断得到提高。

他选择水利有些偶然，但他却爱上了水利、爱上了黄河。出国给了他汲取新知识的机会，但他从没有想过要留在国外生活一辈子。他学的是治河专业，世界上含沙量最大的河流是黄河，所以他觉得应该在黄河上工作

现代水利周刊：您是怎么与水利结缘的？

李文学：我是1979年应届毕业生，参加了全国统考。之前，没有去过比县城更大的地方了。所以，填报志愿时很茫然，不知该选择什么。我是首先选城市，然后选学校和专业。当时觉得长春、长沙、兰州、武汉这些地方都很令人向往，因此，就报了这几个地方的地质、铁道和水利方面的院校，最后被武汉水利电力学院录取了。当时我知道农田灌溉需要有水，要修水渠，这是我对水利的最初认识。所以，选择水利有些偶然。

现代水利周刊：您的第一份工作是在黄河水利科学研究院做泥沙研究，从此开始与黄河结缘，这个选择是您自己决定的吗？

李文学：到黄科院工作是组织分配的，当时能分到黄科院自己也很骄傲，因为它是一个科研单位，研究的内容与我所学的专业正好吻合。黄科院也的确给了我很好的发展机会，我对黄河的热爱也是从那里萌发的。

现代水利周刊：后来是什么机遇促使您到美国去留学，当时的情况是怎样的？

李文学：20世纪80年代，黄委差不多每年会公派一个人以访问学者的身份出国学习。我很幸运，1986年被选拔到美国留学，当时刚工作三年，基本上没有工作经验就出去了。但这也与我的个人努力有关，我在黄科院工作很踏实、认真，也学习了不少东西。那时候出国很不容易，学费用的是世行贷款。

做了一段访问学者后，觉得自己需要学的东西太多了，就申请奖学金读研了。1987—1993年，我在美国拉玛大学读了六年书，是这个学校水利专业第一个拿到博士学位的人。毕业后，签了两年的工作合同，但干了半年就回国了。

现代水利周刊：很多人向往在美国工作，为什么您有机会留在美国，却提前回来了呢？

李文学：虽然我在美国的主要经历是读书，但对美国社会的了解还是较深的。对这个国家有喜欢的地方，但从来没有爱上她，因此，也从来没有想过要留在那里生活一辈子，更何况我有很强的恋家情结。另外，我的研究生导师是英国人，他也经常鼓励留学生学成后回国服务。我的导师1985年曾在黄委工作过一段时间，对黄河比较了解，认为黄委更适合我的发展。我回国后不久，他也回到了自己的国家。说实在的，离家七年多不曾回来，思乡之情切切，挺想念祖国的，挺想念亲人的。对于这次选择我始终没有后悔过。

回来后听乡亲们说，在我出国的最后几年，我母亲经常到汽车站等我，总以为我回不来了，再也见不到我了。作为儿子，那么久不在母亲身边，很愧疚。

现代水利周刊：您和母亲感情很深？

李文学：是啊，我只要有空，就会回家看望母亲，基本上每年都要看她几次，每个长假都在她身边度过。当儿子的，就是应该“常回家看看”，老人能看到儿女可能是他们最大的幸福了。

他觉得自己是个自信、有上进心的人，喜欢挑战自己

现代水利周刊：在几年的国外学习中您最大的收获是什么？您怎样评价自己？

李文学：学习是个训练过程，学到的不仅仅是知识，也包括思考和处理问题的方法。后者可能更重要，对一个人的一生影响更大。国外的几年求学经历对我的工作还是有很大的帮助的。

我觉得自己是个自信、有上进心的人，有创新意识，喜欢挑战自己。当

然，工作中还有很多不足。但不论做什么工作，都希望尽力做好，不留遗憾。至于做得怎么样，应该由别人评价。

现代水利周刊：听说您这几天正深入设计公司所属的基层单位，作年底工作调研，每年都这样吗？

李文学：是的，每年都要作些调研。平时到基层单位去得少了些，年底组织公司的领导班子深入基层，了解他们工作的情况、生活情况以及存在的问题，以便下一年更好地改进工作。

现代水利周刊：2006年，黄河设计公司已经历了50年的发展历程，对设计公司来说，意义是什么？您个人是怎么看待公司未来发展的？

李文学：黄河设计公司走过了50年的风雨历程，很不容易，其间培养了很多优秀的水利工作者和各级干部，他们为黄河的治理开发和水利水电建设做了大量工作，公司的历任领导班子在管理上也很有章法。9月份，我们举行了简朴而隆重的庆典活动，回顾过去，凝聚人心，增强公司职工的自豪感。

当前，设计公司正处在艰难的发展时期，手上没有大的开工项目，工作很繁杂，利润很低。但是，我对设计公司的未来是充满信心的。2003年顺利改制，良好的运行机制已经形成并在不断完善，我们制定的发展规划也在逐步落实。更重要的是，我们有一支团结向上、特别能吃苦、特别能战斗的队伍，有一定的品牌优势、技术优势和良好的信誉。

现代水利周刊：工作累吗？怎样调节自己？

李文学：还行，能挺得住。我经常出差，一年有近一半的时间不在郑州，已经习惯了这种忙碌。其实公司的每个职工都很辛苦，但大家的工作热情都很高，不管是做具体工作的还是做管理的，都经常加班。

我没有什么特别的爱好，有时会跑跑步，锻炼一下身体。喜欢看些闲书和外国电影，有时会把做饭当成一种消遣。

现代水利周刊：您的座右铭是什么？

李文学：老老实实做人，踏踏实实做事，快快乐乐生活。

现代水利周刊：这似乎很简单。

李文学：人生本身就应该简单。

（原载于2007年1月11日中国水利报现代水利周刊

通讯员　王静琳）

链接文章▶▶

对古贤水利枢纽建设时机的思考

根据《黄河治理开发规划纲要》和《黄河近期重点治理开发规划》，黄河干流以龙羊峡、刘家峡、大柳树、碛口、古贤、三门峡和小浪底七大骨干水利枢纽为主体，构成黄河水沙调控体系。其中，龙羊峡、刘家峡和大柳树水库构成黄河上游水量调控子体系，通过联合调控，对黄河水资源和南水北调西线工程入黄水量进行优化配置；黄河中游的碛口、古贤、三门峡和小浪底水库构成黄河中游洪水、泥沙调控子体系的主体，与支流的故县、陆浑、河口村等水库联合调度，管理洪水、协调水沙关系。

古贤水利枢纽位于晋陕峡谷的下段，工程控制黄河水量的80%、沙量的66%、粗泥沙的80%。水库总库容165.6亿立方米，其中拦沙库容约118亿立方米。由于其优越的地理位置，水库建成运用后，既可对黄河上游水沙进行有效调控，又可与下游的三门峡、小浪底等水库联合调度，在黄河水沙调控体系的总体布局中发挥承上启下的作用，其战略地位极为重要。

根据黄河治理开发的总体要求，综合考虑古贤工程的建设条件、在黄河水沙调控体系中的战略地位和重要作用，初步确定古贤水利枢纽的开发任务为：以防洪减淤为主，兼顾发电、供水和灌溉，调控水沙，综合利用。

该工程的主要作用包括：控制和管理洪水泥沙，协调中下游水沙关系，较长时期内维持黄河下游中水河槽的行洪输沙功能；减缓黄河下游河道淤积、保障下游防洪安全；降低潼关高程，提高渭河下游防洪能力；改善附近地区供水条件，支持区域经济社会发展；提供优质电力、电量和调峰容量，缓解华北电网调峰矛盾等。从对其作用的初步分析看，建设古贤水利枢纽是十分必要的。问题的关键是建设时机。我认为对于建设时机的论证应该重点围绕“三个有利于”，即有利于与小浪底水库联合调度，调控水沙，最大限度地发挥防洪减淤效益；有利于维持黄河下游中水河槽，较长时期内保持黄河下游滩区180多万人的生产生活的稳定和安全；有利于降低潼关高程，提高渭河下游防洪能力，支持关中地区经济社会的快速发展。

黄河干流中下游修建水利枢纽，首要任务是防洪减淤，这是由黄河的特点所决定的。目前已经建成运用的三门峡、小浪底水利枢纽都把防洪减淤任务放在了首位，古贤的开发任务也不例外。黄河下游防洪减淤目标的实现依靠的是一个巨大而复杂的系统，防洪和减淤是一个有机的统一体，二者不可分割。淤积对防洪能力的影响很直接也很大，三门峡水库的运用实践以及黄河下游堤防工程建设的历史充分说明了这一点。

人民治黄半个多世纪以来，基于对黄河自然规律的认识和历史经验的总结，形成了“上拦下排，两岸分滞”控制洪水和“拦、排、放、调、挖”处理和利用泥沙的思想，初步形成了下游防洪工程体系，使黄河大洪水基本得到控制，泥沙问题得到缓解。就处理和利用泥沙的措施而言，几十年来实践最多、效果最大的是“排”和“拦”。“排”利用的是自然力量，主要靠洪水输送泥沙到河口地区和海域；“拦”主要靠人工干预——靠面上的水土保持措施和干流骨干水利枢纽拦沙。“调”的思想在三门峡水库运用后期已初见端倪，在小浪底水库运用初期的多次实践中逐步得到丰富。“调”的主要目的是塑造协调的水沙关系，充分利用水流动力输沙入海并长期保持水库较大的调节库容。“调”的核心是水库对水沙过程的再造。要实现这样的目的，一个水库显然力不从心，需要一个系统。三门峡水库的经验教训告诉我们，在多泥沙河流上修建水库，要想发挥应有的效益，绝对不能“孤军奋战”。小浪底水库的初期运用进一步揭示协调水沙、再造水沙过程，仅靠一个水库很难实现。尽管小浪底水库运用初期利用汛前腾空库容迎汛的弃水进行了多次调水调沙实践，取得了丰硕的成果，但从严格意义上讲这些实践在更大程度上是科学的泄水冲刷实践，即科学利用汛前弃水冲刷下游河道，增大主河槽过流能力，确保全下游冲刷。在这些调水调沙实践中，也多次尝试联合调度万家寨、三门峡水库，与小浪底水库配合人工塑造异重流，调整小浪底水库淤积形态，尽量多地排沙出库。这些实践是成功的，实现了有限目标，并对异重流形成与运行规律进行了有益的探讨，但对泥沙的调控能力很有限，排沙效果也非常有限。

小浪底水库总库容126.5亿立方米，其中拦沙库容75.5亿立方米，长期有效库容51亿立方米（防洪库容41亿立方米，后期调水调沙库容10亿立方米）。按照原设计，小浪底水库运用前14年拦沙约100亿吨，黄河下游冲刷量达到最大；运用20年后，下游河道回淤到运用起始状态（从冲淤量上看）。之后，水库调水调沙运用虽仍有减淤作用，但下游河道将重新淤积抬高。如果保持下游河道不继续淤积抬高，按原设计水沙系列，古贤水利枢纽发挥拦沙效益的时间大约应该在2020年。这是传统认识上所谓的“接力”概念，或者说1加1等于2的概念。从小浪底水库近几年的运用实践看，我们有能力也应该通过多库联合调度、调控水沙，塑造比较协调的水沙关系，合理地利用黄河下游河道的输沙能力输沙入海，使宝贵的库容发挥更大的作用，实现1加1大于2的目标。因此，从古贤与小浪底水库联合调度的角度来论证古贤建设时机，核心是论证丧失两个水库较好联调时机的最迟时间。

论证古贤建设时机的第二个关键是维持黄河下游中水河槽，较长时期内保持滩区180万人的生产生活安全。黄河下游防洪有两个不同尺度的目标：防大洪水，确保黄淮海平原的安全；防中常洪水，确保下游滩区的安全。后者是一个经常性的目标，在有水库调控条件下，意义更大。小浪底水库修建前，黄河下游滩区的安全取决于下游河道的平滩流量，基本处于不可控制状态，滩区180多万人的生产生活安全长期受到威胁。自2003年小浪底水库调水调沙以来，下游最小平滩流量由1800立方米每秒增大到目前的近4000立方米每秒，大大缓解了中常洪水对滩区的安全威胁。据有关研究，小浪底拦沙库容淤满前，下游平滩流量能够增大到4500立方米每秒左右，之后随着河道的回淤，平滩流量将降低到3000立方米每秒左右并保持较长时间。如果古贤水库及时建设，4500立方米每秒左右的中水河槽将维持60年左右。这意味着滩区180万人的安全保障程度有较大的提高，并维持较长时期。另外，4500立方米每秒左右的中水河槽具有较强的输沙能力，能够为调水调沙提供较好的河道条件。因此，从维持中水河槽角度看，古贤建设时机的选择应该有利于保持4500立方米每秒左右的中水河槽的连续性，避免因回淤造成的河槽再次萎缩。

论证古贤建设时机的第三个重要方面是对潼关高程的影响。有关研究成果表明：潼关高程历史上比较稳定。三门峡水库运用初期，由于泄流规模不足和运用方式不当造成潼关高程急剧升高，曾一度在1969年汛后达到328.65米，较建库前升高5.25米。之后，水库经过两次改建和三次运用方式的调整，潼关高程曾经显著下降；20世纪70年代中期至80年代中期，运用环境与水沙关系比较协调，潼关高程在较长一段时期内保持相对稳定，1985年汛后仍维持在326.64米。1986年之后，由于龙羊峡水库调节，汛期冲沙水量减少，尽管非汛期水库最高运用水位不断下调，水库运用对潼关高程的影响越来越小，但潼关高程再度经历了一个持续上升的时段，1995年汛后达到 328.28 米。1996 年以来，采取了清淤、汛期敞泄、库区裁弯取直等措施，力图降低潼关高程，但由于汛期水流动力不足，冲刷效果不明显，只能使潼关高程艰难地维持在 328 米上下。显然，就目前的现实情况而言，要显著降低潼关高程并使其长期维持，必须增加汛期冲沙水量。

渭河中下游地区是陕西的精华所在，在陕西的经济社会发展中具有举足轻重的地位。由于潼关高程等因素，渭河下游长期受到洪水威胁，洪水致灾的事件频繁发生，对该地区的经济社会发展造成了较大的影响。为解决渭河问题，国务院 2005 年批复了《渭河流域重点治理规划》。其中，确定渭河下游的堤防建设标准按潼关高程 328 米考虑。这实际上是要求潼关高程今后相当长一段时期内要稳定在 328 米或以下。

据计算，古贤水库投入运用后，潼关高程将冲刷下降 2 米左右，并在 32 ～ 58 年内维持其高程低于 328 米。由于受冲刷比降的影响，古贤投入运用越早，降低潼关高程的目标就实现得越早，并且维持其高程低于 328 米的时间也越长。单从降低潼关高程、提高渭河下游防洪能力的角度讲，古贤水利枢纽开工建设的时机越早越好。

以上是论证古贤建设时机的关键方面，但古贤水利枢纽的综合效益不仅仅就这三个方面，其发电、供水和灌溉的效益也相当可观。尤其是对晋陕能源化工基地供水的贡献、对华北电网的调峰的作用等都很重要。从目前区域经济社会发展的需求以及黄河治理开发的需求看，古贤水利枢纽应该在“十一五”末开工建设，2020 年前后建成生效。

张金良

让洪水为"维持黄河健康生命"服务

为维持黄河健康生命，实施洪水泥沙管理，黄河水利委员会作为河流的代言人开展了一系列探索实践。从2002年开始，开展了多次调水调沙原型试验，并于2005年转入正式生产运行。张金良作为调水调沙的主要实施者之一，对于如何正确认识和处理洪水与泥沙的关系，进行了深入的思考与实践。

访谈

档案

张金良，黄河防汛总指挥部办公室副主任、黄河水利委员会防汛办公室主任。

1963年出生，河南新安县人。河海大学工商管理硕士研究生，天津大学工学博士。教授级高级工程师，黄河水利委员会科技委委员，黄河水利科学研究院特聘教授级高级工程师，河海大学研究生导师，天津大学特聘教授。

1963年，张金良出生在位于黄河边的河南省洛阳新安县一个村子里。兄妹七人，生活十分清苦。然而只读过三个月私塾的父亲却深知读书识字的重要，靠自学和向人请教认下不少字，还写得一手好毛笔字。国家恢复高考的第一年，在父亲的影响下，张金良考进了刚恢复招生的新安县重点高中。入学时他在200名新生中成绩倒数13名，毕业时居然跃居前五名。

上高中时，张金良要从家里背米背面送到学校伙房兑换成饭票，每次回家背粮都要走40里山路。就在临近高考时他"断顿"了，硬是饿着肚子走进了考场。直到第二天，班主任张来平老师发现这一情况，把他领回家让师母给他做了碗面条。那碗面条的香，张金良至今难忘。

张金良被天津大学水利系水利水电工程建筑专业录取，开始与水利结缘。大学期间的张金良一方面要求自己少向家里要钱，想方设法把每月22元助学金花到月底；一方面尽最大可能扩充知识面，除了完成好36门必修课，竟选了8门选修课。凝聚了他四年心血的毕业论文《二滩大型拱坝抗震性能分析》受到老师的一致好评，得到满分。也许，这是为含辛茹苦供养他上学的父母献上的最好礼物。

——从张金良娓娓的叙述中，我分明感觉到，父亲的一心向学影响了他日后的治学态度，透过他艰辛的求学经历，看得出他儒雅外表下的坚韧和进取。

27岁的副处长，用实力证明能力

1985年7月，大学毕业的张金良到刚成立两年的三门峡枢纽管理局，从事水电站的运行管理与技术工作。在三门峡枢纽工作的13年间，张金良从技术计划处的技术员到基建分局副局长，从总工办主任到三门峡枢纽管理局副局长，从助理工程师到工程师，然后破格晋升为高级工程师。在他事业成长的道路上，攻克了一些技术难关，破解过一些管理难题，留下了坚实的脚印。

在三门峡枢纽工程的建设中，扩装2×75万千瓦6号、7号机组是张金良那时经历的最大工程。当时年仅27岁的张金良任基建分局副局长，是现场施工管理的总负责人。这么年轻的副处级干部在三门峡枢纽管理局历史上是第一个。扩装机组项目涉及水工、机械、电气等多种专业，施工中遇到很多技术问题，能把这样的工程拿下来，除了勤学好问，潜心钻研，大学时期广泛涉猎各种知识打下的扎实底子派上了很大用场。施工中许多活技术含量很高，他就亲自动手。混凝土的开挖、爆破是个难点，爆破点在厂房中离机组很近，为避免发生意外，他决定采用当时国内最先进的“非电微差毫秒雷管控制爆破法”，绘制出爆破网络图，甚至亲手打孔、装药、点燃导火索引爆。“三门峡尾水渠的爆破、两个闸门井的开挖，我大概放了上万炮。在整个上万方混凝土开挖过程中，机组没有停转过一次，没有出现一起事故。”张金良回忆说。

——此时的张金良向我们讲述那段经历时显得波澜不惊。采访中，他说得最多的话是，他这个人并无宏图大愿，只是兢兢业业地干好每项接手的工作。从他平淡的话语中，我看出了他的淡泊。

解决黄河泥沙问题，是他追求的目标

大学毕业时，成绩优异的张金良完全有实力继续读研深造，但因为经济条件所限，他放弃了这个打算，但读研成了他心中一个念想。1997 年，他攻读了河海大学 MBA，毕业后任三门峡枢纽局副局长，主管防汛和水库调度。在三门峡枢纽工作了多年的张金良清楚地认识到，黄河泥沙多到了不考虑不行的地步，国家花几十亿甚至几百亿投资建设一个枢纽，如果运行不好，就是一种巨大的浪费，要想让三门峡枢纽提高效益、发挥作用，必须把泥沙问题处理好。基于这样的想法，他迫切希望自己在泥沙研究、水库调度方面有所提高、有所突破，因此 1999 年硕士研究生毕业时，他没拿硕士学位就直接报考了天津大学全日制博士研究生，师从曹楚生院士，攻读水利水电工程专业水沙联合调度方向的博士生课程。

2001 年 12 月，张金良登上了一个更大的舞台，就任黄河防汛总指挥部办公室副主任和黄河水利委员会防汛办公室主任，肩负起整个黄河流域（片）的防汛调度管理重任。从此，他开始从全河的视角审视黄河的泥沙问题。"我攻读博士的三年半时间里，恰好经历了黄河调水调沙等试验，学习与工作相互促进，所学与实践中遇到的问题相互印证，产生了许多新的想法。"他高质量地完成了博士论文《黄河水库水沙联合调度问题研究》，答辩时，9 个评委给了 8 个优，张金良顺利取得了工学博士学位。

如今的张金良致力于研究水沙联合调度技术，该技术在黄河调水调沙和防汛中的水库群调度、人工塑造（影响）异重流、水沙过程对接、水库出库含沙量控制等方面得到广泛应用；他提出的建立黄河泥沙频率曲线理论，解析了黄河来水来沙的不同频率组合，解释了黄河丰水枯沙、丰水丰沙、枯水丰沙、枯水枯沙等自然现象，在黄河治理开发中将有广泛用途。

他说，他在成长过程中得到过许多老师的帮助，把自己的所学传授给学生也是对社会的贡献。接触大学教授、学生，也是一个获取新知、扩充知识面的过程，为追踪现代技术进步、知识进步营造了良好的氛围。学术的交流，思想的碰撞，这些都是创新的来源。

——在张金良的办公室采访他时，给我印象最深的是，靠墙的一张桌子上一摞摞码放着各种书籍、资料，足有一米高，占满了整张桌子。他的业余时间多数在办公室度过。搞研究，做学问，是他生活中的常态，也是他自己喜欢的一种状态。他始终认为，学习是人生永恒的主题。

创新思维，助推"数字防汛"建设

张金良在担任黄河防汛总指挥部办公室副主任和黄河水利委员会防汛办公室

主任期间，在他的主持下，“数字防汛”的研发工作又向前推进了一步。黄河防洪预报调度与管理（耦合）系统和黄河下游工情险情会商系统两大主体系统日益完善。这两项系统均获水利部信息化应用优秀软件奖、黄河水利委员会科技进步一等奖和创新一等奖，在全国水利行业处于领先地位。

在“数字防汛”的研发过程中，科研人员曾开发出多种软件，但怎么把它们应用好是个问题。张金良提出了“多极耦合”思想，并以此为理论基础建立了一套“黄河洪水预报调度管理耦合系统”，通过对黄河数值降水预报、洪水预报、防洪调度、指挥调度等系统的建设和改造，将防洪数据库贯穿于整个系统，实现了从数据到结构和结果的有机耦合，为缩短黄河下游洪水预警时间奠定了技术基础。“黄河下游工情险情会商系统”是按照“规范、统一、衔接、协调、先进、实用、共建、共享、共用”的系统建设理念建立的一套完善的信息采集体系，成为目前黄委各级防办开展防汛和洪水抢险管理等日常管理的主系统。

“两个系统都是对已有成果的发掘应用。作为科技工作者，要想把科研成果转化为生产力，就要时常惦记着这些成果，琢磨着怎么才能用上，要相信别人研究出的成果肯定有可取之处。我的创新之处在于，通过‘耦合思想’的创新把已有的成果加以完善，更好地重新应用起来，在实际工作中发挥效能。”张金良谈了他的体会。

——创新思维助推科研成果转化为生产力，为黄河防汛插上信息化的翅膀。

调控枢纽弹奏水沙和谐之音

近五年间，张金良作为主要参加者经历了五次黄河调水调沙试验、三次小北干流放淤试验、一次利用桃汛洪水冲刷降低潼关高程试验，相当于七次大型原型试验、两次调水调沙生产运行。

黄河调水调沙试验可以说是迄今世界水利史上最大规模的人工原型试验。作为黄河三次调水调沙试验和两次生产运行总指挥部办公室主任、调度组副组长、后评估组组长，张金良直接参与组织完成了历次调水调沙试验方案制定、指挥调度和后评估等工作，成功完成了对人工塑造异重流的调度。

张金良说“每做一次试验就像一次炼狱”，曾经承受过常人难以承受的压力。但他深知，黄委倾注这么大精力下决心搞调水调沙试验，其核心是为了扭转黄河下游严峻的防洪形势。2002 年调查发现，下游主槽仅过 1800 立方米每秒流量的洪水就开始漫滩了，如同一个浅碟子。一旦发生较大洪水，洪水就会像野马一样横冲直撞，形成横河、斜河直冲大堤，大堤会迅速撕裂决口。“一旦黄河决口，黄淮海平原将一片泽国，数以万计的灾民必将引发一系列问题，动摇国家政治经济的基础，关系着民族、国家的利益。不搞防汛的人体会不到这一点。”张金良语气凝重地说，“正是在这种恐惧感的支配下，做调水调沙时不管遇到多大阻力都义无反顾。”

“说起来你也许不信，人们都说调水调沙人工塑造异重流多么壮观，我搞了这么多年调水调沙，2005 年以前却从未到现场看过。”张金良说他的角色就是“作战参谋”，他不能离开自己的岗位——调度值班室，他的任务是调控枢纽、跟踪整个水沙过程，一切的数据判断都要靠计算机程序、工情险情会商系统、远程视频系统，新情况从各个试验现场不断传来，他要迅速作出正确判断，为领导提供决策依据。

2004 年第三次调水调沙试验，张金良想到在 2000 年调度三门峡水库和 2003 年调水调沙试验中都发现了异重流，他曾在博士论文中对异重流研究做过阐述，因此大胆创新，提出了试验中“人工塑造异重流”的初步想法，得到了上级的肯定，决定实施基于干流水库群联合调度和人工扰动的第三次调水调沙试验。试验中通过对三门峡、万家寨水库联合调度冲刷小浪底库尾段淤积三角洲，成功塑造出人工异重流，排沙效果非常好，试验取得成功。

在多年的治河实践中，张金良深深体会到对水利枢纽调度管理的重要性，主张站在下游不断流、不决口的高度看待它，优化运行，统一调度。特别是 2003 年秋汛调度，对水库调度发挥到了极致，做到了真正意义上的“四库联调”，这在任何一条大江大河上都是没有过的。2003 年 8 月至 10 月中旬，黄河流域出现了历史上少有的 50 余天的持续性降雨，干、支流相继出现 17 次洪水，其中渭河发生了“首尾相连”的 6 次洪水过程。通过对三门峡、小浪底、陆浑、故县四座水库进行水沙联合调度，多次成功削减洪峰，大大减轻了黄河下游的防洪压力，避免了黄河下游大面积漫滩，保障了滩区广大人民群众生命财产安全，实现了黄河拦洪、减灾、减淤、洪水资源化等多重目标。张金良说，最难在水库调度上，他们把各水库的能力发挥到了极限，水位控制精确到了厘米级。按照国家批复的方案，小浪底在花园口 6000 立方米每秒以下流量级的洪水来多少泄多少，水库不用蓄水，但责任和现实要求必须这样调度，要为民考虑。当然，这也是建立在科学决策的基础上。

张金良人很儒雅，喜欢书法、篆刻、钓鱼，为人忠厚实在，追求淡泊宁静的境界。在应酬的酒席上很少能看到他的身影，业余时间他爱待在办公室里，思考研究，总结心得。他说：“历史的机遇赋予每个人一定的责任，一生中最好能兢兢业业做好几件事，做事时最好把自己的利益放在一边，做起事来就没有杂念。工作不是索取，而在于奉献。”

——历次原型试验中张金良任“作战参谋”，指挥着一座座枢纽弹奏水沙和谐之音；凭着科学的态度和强烈的责任心，精细调度，科学调度，变黄河洪水为宝贵资源。张金良为自己能实实在在地为母亲河的健康做几件事而深感欣慰。

实施洪水泥沙管理 维持黄河健康生命

现代水利周刊：国家防总提出新时期防汛抗旱工作要实现“两个转变”，您对在黄河上如何实现“由控制洪水向洪水管理转变”是怎样认识的？

张金良：经过几代治黄者的努力和建设，现在黄河上已初步形成“上拦下排，两岸分滞”的工程体系，基本具备了控制和处理洪水的“硬件”。同时，随着“数字黄河”工程建设的加快，“数字防汛”等一系列“软件”逐步配套，这些“硬件”和“软件”构成了较为完整的黄河防洪体系。依靠这一体系，我们可以对不同量级的洪水实施有效控制和高效利用，也可以根据治黄需求，通过联合调度塑造洪水，防止河道萎缩，减少河道淤积。

需要强调指出的是，目前，控制黄河洪水的意识根深蒂固，但利用黄河洪水，特别是塑造黄河洪水的理念较为淡薄，探索刚刚起步，根据黄河的特点和存在问题的症结，今后必须建立洪水利用和洪水塑造的概念，并认真加以研究利用塑造洪水的方法、途径及手段，通过不断探索与实践，使之逐步调整、完善，让黄河洪水为“维持黄河健康生命”服务。

现代水利周刊：您身为黄河水利委员会防汛办公室主任，为什么在抓洪水管理的同时还特别强调对泥沙的管理？

张金良：黄河以“多沙、善淤、善徙、善决”著称于世，究其原因主要是“水少沙多、水沙关系不协调”。黄河又是国内乃至世界上开发程度最高的大河流，大型水利枢纽的修建，不可避免地改变了天然水沙过程，使不协调的水沙关系增加了人为因素。我认为应该抓住这一主要矛盾，正确认识和处理洪水与泥沙问题，对黄河的事情进行通盘考虑。在调度管理过程中，树立水沙联合调度、上中下游一体化调度、多目标优化调度、资源优化利用的理念，使洪水资源化，以丰补歉，时间上考虑多年的情况，空间上联合调度梯级水库，实施全河一体化调度。在当前黄河中游水库群已经大部分投运的情况下，利用水库群的控制和调节，达到既能保持水库的有效库容，使枢纽的防洪、防凌、灌溉、供水、发电等效益得以充分发挥，又能塑造出合理的水沙过程，使下游河道河床淤积稳定在“允许淤积量”内甚或有所冲刷，保持河道的生命活力，这是水沙联合调度的研究范畴。

现代水利周刊：您在泥沙管理方面作了哪些研究？

张金良：近几年，我们针对黄河泥沙的特点，从分析黄河的来水来沙特点开始，系统研究高含沙水流的运动规律、黄河水库的淤积和排沙规律，探求水库的异重流调度和多目标调度的优化方法、途径以及水沙联合调度对下游影响的评价方法等，力争为黄河调水调沙调度提出一套可靠实用的理论方法和技术措施。

现代水利周刊：那么进行洪水泥沙管理的途径都有哪些？

张金良：要实现由控制洪水向洪水管理转变，在黄河上必须包括泥沙管理，而解决这些问题的最有效途径是实施水沙联合调度和处理好黄河下游滩区问题，即调水调沙和把滩区纳入蓄滞洪区管理。对于黄河下游的洪水泥沙管理来讲，维持黄河健康生命的内涵具体可描述为：利用中游水库群的水沙联合调度塑造协调的水沙关系，恢复、维持下游主槽过流能力；利用人工、自然的措施逐步缓解"二级悬河"严峻形势，调整滩槽洪水期分流比，减少"横河、斜河、滚河、顺堤行洪"概率，确保黄河安澜；将具有典型滞洪沉沙功能的黄河下游滩区纳入蓄滞洪区管理，滩区享受国家蓄滞洪区补偿政策，从政策层面上构筑人、河、沙和谐的管理环境，以使洪水泥沙管理能够实施和延续。

现代水利周刊：为维持黄河健康生命，实施洪水泥沙管理，黄河水利委员会作为河流的代言人开展了一系列探索实践。从2002年开始，开展了3次调水调沙原型试验，并于2005年转入正式生产运行。请您谈谈调水调沙的情况。

张金良：黄河治理的终极目标是维持黄河健康生命，所有的治河手段都要为实现这个目标服务。由于近十几年黄河下游河道萎缩严重，主槽过洪能力日渐衰减，遇自然洪水，要么流量过小，水沙关系不协调，持续淤积主河槽；要么流量过大，大面积漫滩造成灾情或河势突变造成重大险情；要么清水运行空载入海，造成水流的能量与资源浪费。长此以往，黄河下游的健康生命形态不可能得以塑造和维持。而通过调水调沙塑造"和谐"的流量、含沙量和泥沙颗粒级配的水沙过程，则可以遏制黄河下游河道形态持续恶化的趋势，进而逐渐使其恢复健康生命形态，并最终得以良性维持。

简单地说，调水调沙就是借助自然的力量，通过人工调节，使黄河水沙关系由不协调变为协调。自2002年以来连续五年的调水调沙，使下游主河槽的最小过流能力由1800立方米每秒提高到3500立方米每秒。通过连续三年成功地塑造异重流实践，基本掌握了水库异重流的形成与运动规律。我们在2006年的调水调沙生产运行中，面对水流动力不足等不利因素，通过缜密分析、研究测算，制定了科学的技术方案和应对措施，经对万家寨、三门峡、小浪底水库联合调度，6月25日在小浪底库区再次成功塑造异重流并排出库外。小浪底至利津河段冲刷泥沙6010万吨。5年来调水调沙的实践表明，这一途径是完全可行的，使我们对于黄河下游河道水沙演进规律的认识有了进一步深化。

（原载于2007年2月15日中国水利报现代水利周刊
通讯员 刘岚　摄影 张再厚）

链接文章▶▶

实施洪水泥沙管理 构建黄河洪水泥沙管理系统

黄河复杂难治的主要症结在于“水少、沙多，水沙关系不协调”，因此，只有抓住这一主要矛盾，正确认识和处理洪水与泥沙问题，才能真正实现由洪水控制向洪水泥沙管理的转变。

自古以来，黄河洪水威胁一直是中华民族的心腹之患。经过多年建设，现已初步形成“上拦下排，两岸分滞”的工程体系，基本具备了控制和处理洪水的“硬件”。同时，随着“数字黄河”工程建设的加快，“数字防汛”等一系列“软件”逐步配套，这些“硬件”和“软件”构成了较为完整的黄河防洪体系。依靠这一体系，可以针对不同量级的洪水实施有效控制和高效利用，也可以根据治黄需求，通过联合调度塑造洪水，防止河道萎缩，减少河道淤积，实现由过去单一控制洪水向洪水泥沙管理的转变。

一、洪水泥沙管理的实现途径

第一，有效控制黄河大洪水、贯彻水沙联调指导思想。对于黄河大洪水和特大洪水，要致力于提高控制能力，依据水文预报、工程布局和可控能力，按照科学合理的洪水处理方案，通过干支流水库的联合调度和蓄滞洪区的适时启用，将洪水控制在两岸标准化堤防之间，确保大堤不决口，尽最大努力减少灾害损失。同时，黄河大洪水和特大洪水发生时，除三花间洪水外，一般都伴随较高含沙量，因而在控制的同时，贯彻水沙联调指导思想，尽可能做到水库、河道冲淤兼顾，依据阶段管理目标，塑造协调的水沙关系，但该类洪水泥沙的主要管理目标是黄河安澜。

第二，利用黄河中常洪水，实施水沙合理配置。由于小浪底等水库在初步设计时对于黄河中常洪水一般不予控制，而中常洪水在洪量、洪峰流量、含沙量、沙量等特征值方面，又都处于中游水库群调控能力之内，因此，管理的途径是：合理承担适度风险，充分考虑黄河洪水的资源属性和造床功能，一是通过塑造协调的水沙关系，让洪水冲刷河槽，挟沙入海，恢复河槽的过流能力；二是将黄河洪水资源化，可对汛期洪水进行分期管理，科学拦蓄后汛期洪水或低含沙量洪水，为翌年春灌和确保黄河不断流提供宝贵的水资源；三是实施小北干流放淤"淤粗排细"。

第三，塑造黄河洪水，调整泥沙。河道是洪水和泥沙的输移通道，当河道内长期没有洪水通过时，河道主河槽就会发生萎缩。因此，要树立强烈的洪水造床及输沙意识，在河道里没有洪水且条件具备时，要通过中游水库群联合调度等措施塑造人工洪水及其过程，达到减少水库泥沙淤积、调整泥沙淤积形态、防止河道主河槽萎缩和挟沙入海的多重目的。

需要强调指出的是，目前，控制黄河洪水的意识根深蒂固，但利用黄河洪水，特别是塑造黄河洪水的理念较为淡薄，甚至尚未建立，根据黄河的特点和存在问题的症结，今后必须建立洪水利用和洪水塑造的概念，并认真加以研究利用塑造洪水的方法、途径及手段，通过不断探索与实践，使之逐步调整、完善。

二、黄河中下游水库群的水沙联合调度

当阶段、年度、场次洪水总的调度目标确定后，对于调度决策者、实施者来讲，首先需要了解的是入库水沙过程。对水库群入库水沙过程进行研究，科学预测来水来沙趋势变化和场次洪水水沙过程，为长期调度目标、阶段调度目标、场次洪水调度目标提供决策依据。包括入库干支流控制站（如潼关、龙门、华县水文站等）洪峰、洪量、沙峰、沙量、水量的频率和场次洪水水沙过程等。

要研究高含沙洪水“揭河底”机理，为预测潼关站水沙过程和潼关高程提供基础。

要研究潼关高程的变化规律及影响潼关高程升降因素，为三门峡水库水沙调度提供依据。

要研究三门峡水库水沙联合调度运用方式，特别是汛期运用方式，探索水库冲淤平衡、出库水沙规律，既能充分发挥三门峡枢纽综合效益，又可以为小浪底水库水沙调度提供依据。

要探索小浪底水库异重流运行规律，利用三门峡水库水沙调节，人工影响小浪底水库异重流和浑水水库的产生、运行、发展、消亡，进而影响小浪底水库运行初期坝前泥沙铺盖的形成，并在实时调度中，影响小浪底水库出库含沙量，以达到调节黄河下游水沙过程的目的。

要针对不同水沙来源区，探索利用三门峡、小浪底、故县、陆浑（黄河中游水库群）水沙联合调度过程中，在黄河下游控制站花园口实施水沙过程对接的实现途径及技术。

要建立水沙联合调度效果评价体系。即针对每一种联合调度方案，从来水来沙预测、水库淤积、枢纽多目标效益、调度可行性、下游河道冲淤及反馈影响等方面，建立评价模型，快速、定性、定量评价水沙联合调度效果，并进行方案比较优选，为决策者提供决策依据。

水沙联合调度分预决策、决策、实时调度修正和调度效果评价四个阶段，四库水沙联合调度流程是：

根据预报（利用洪水预报模型）和实测的龙门、潼关、华县等水文站流量过程、三门峡水库的调控运用方式以及龙门镇、白马寺、武陟、黑石关、小花干、五龙口等站（区间）的流量（含沙量）过程，陆浑、故县水库调控运用方式，结合四库联调模型、河道冲淤计算数学模型的分析计算结果，推算出满足花园口站水沙调控指标的小浪底出库水沙过程，并下发调令（方案调令）。若花园口站水沙过程满足误差要求，保持该调令执行情况；否则，实时人工修正小浪底出库水沙过程，重新下发调令（修正调令）。

三、黄河防洪信息化的发展过程

黄河防汛的信息化建设始于20世纪80年代，前后大致分三个阶段，其发展历程充分地体现了信息技术在黄河防汛中的应用。

第一阶段，1990—1995年，完成了“黄河防洪防凌决策支持系统”“黄河下游二维水沙运动仿真模型”（花园口—孙口段），基本理清了防汛决策的总体思路，为防洪决策提供了良好的环境和分析、计算手段等。

第二阶段，1996年开始在“黄河防洪防凌决策支持系统”基础上，利用芬兰政府贷款开发“黄河防洪减灾软件系统”。在系统开发过程中，采用了关系型数据库系统，实现了部分防汛信息的网上传递和共享。

第三阶段，为全面贯彻落实水利部“从传统水利向现代水利、可持续发展水利转变，以水资源可持续利用支持流域经济社会可持续发展”这一新时期的治水新思路，以信息化推动黄河治理开发和管理现代化，2001年7月，黄委党组正式提出建设“数字黄河”工程的战略措施。随着“数字黄河”工程的提出，以“数字黄河”为标志的黄委信息化建设进入了新的阶段。2002年12月完成了“数字黄河”工程规划的设计，并通过了专家的审查和水利部的批复。2003年10月“数字防汛”总体设计通过了专家审查。在此阶段，相继开发完成了“小花间暴雨洪水预警预报系统”“小浪底水情自动测报系统”“黄河下游水位预报系统”“黄河下游洪峰水位多元回归预报模型”“黄河洪水预报系统”“黄河防洪预报调度与管理（耦合）系统”“黄河下游工情险情会商系统”等众多防汛应用系统，并在2003年、2004年度的防汛工作中发挥了良好的作用。

四、黄河洪水泥沙管理系统开发思想和基本思路

黄河洪水泥沙管理系统的开发思想源于对黄河防汛工作作为一个有机的、紧密结合的系统的认识，也是源于对黄河洪水和泥沙之间复杂关系的认识。从防汛工作的流程出发，从水文预报到指挥调度到查险抢险，这几个环节是紧密联系不可分割的整体，实际工作中不断变化的水情、工情、险情要求在指挥决策时要掌握足够的信息资源，要有快速决策的技术支撑。在不同量级洪水的处理时，要根据决策目标的不同，对洪水和泥沙进行统筹考虑，要在保障防洪安全的前提下，对泥沙作出有效的处理，兼顾当前和长远的目标。过去已经建成的各应用系统和数学模型在黄河防洪、调水调沙工作中发挥了重要的作用，也为今后的工作奠定了基础，但这些系统在开发时主要是针对防汛工作中的某一个环节或一个环节的某一个方面，虽然我们已经进行了部分系统的整合与耦合，但还不能满足防汛工作快速、准确、高效的要求。因此，建设涵盖防汛工作各个环节的黄河洪水泥沙管理系统就显得很有必要也十分迫切。

黄河洪水泥沙管理系统的思路主要体现在：一是用系统的观点来处理黄河防汛工作的各个环节，从一次洪水的产生到消亡，其间涉及的各项工作都是黄河洪水泥沙管理系统的对象。二是与以往所有系统的最大区别就是从预报、调度到洪水演进的过程中将泥沙作为考虑的一个主要因素，实现水、沙的统一管理。三是充分利用现有的各种资源，通过整合与开发，实现各系统的紧密衔接，最终形成支持防汛工作流程的综合系统。

蒋建军

做好河流代言人

2007年3月22日，西安市新城广场人潮涌动，“保护母亲河，从我做起”，近万名群众在百米长卷上签名响应号召。维护渭河生命健康，已经被越来越多的人所关注。带着对渭河问题的思考，我们走近渭河，对话渭河代言人——陕西省渭河流域管理局，与局长蒋建军一同探讨渭河人保护渭河的思路与措施。

➲档案

蒋建军，陕西省渭河流域管理局局长。

1961年4月出生，陕西渭南市临渭区人，研究生学历。1981年11月参加工作，现任陕西省江河水库管理局(陕西省渭河流域管理局、陕西省三门峡库区管理局)局长、党委副书记，教授级高级工程师。先后被陕西省水利厅授予“新长征突击手”、“水利建设先进工作者”、“全省重点工程建设劳动竞赛先进个人”、“模范带头人”等荣誉称号，2005年12月被评为全国水利系统先进工作者。

记者手记▸▸

为后代留下一条健康的渭河

西安市凤城二路凯发大厦的门口悬挂着三块牌子：陕西省江河水库管理局、陕西省渭河流域管理局和陕西省三门峡库区管理局。一时间，我有些理不清这三者的关系，还是在我身后的渭河流域管理局局长蒋建军为我解开了心头的困惑。

渭河被陕西人民视为母亲河、生命河。为了强化渭河治理与管理，2006年7月，陕西省江河水库管理局、陕西省渭河流域管理局在“三管局”的基础上挂牌成立，真正担负起渭河代言人的全新使命，做到了真正意义上的“三位一体”。

作为管理局的当家人，蒋建军感到肩头总是沉甸甸的。“我是渭河养育大的，我对渭河有着深厚的感情，现在我的肩头有了一层更加沉重的责任，只有把渭河治理好，才对得起这条河流，才对得起与我一样被渭河养育的关中人民。”

从1981年到三门峡库区管理局参加工作开始，蒋建军已经在这里工作了26年。从最初的测绘员到工程管理员再到今天的渭河流域管理局局长，对渭河、对渭河局这个单位，他都有着很深的感情。谈及这26年的感受，蒋建军用了一个“感激”。他感激渭河养育了他，同时也感激事业培养了他。

蒋建军是个喜欢思考的人。他认为从事现代水利工作的关键就是要转变理念，摒弃固有的传统观念。蒋建军反复强调首先要了解水利工作的规律，然后去顺应规律。

他至今还记得2003年渭河洪水时，面对4000多立方米每秒的洪水流量，3000多名武警官兵与决堤而出的洪水搏斗。“如果当时跳下去能堵住决口，我会第一个跳下去，我相信在场的每一个人都会毫不犹豫地跳进水中。可是，在那种人力不可抗拒的情况下，跳下去多少人都无济于事。”他说，在防洪方面，应该从传统的控制洪水向洪水管理转变。防重于抢，重在如何做好防。如果洪峰到来造成堤防决口时，在人力不可抗拒的情况下，应该首先考虑转移群众、保护受灾群众生命财产安全，在这个前提下，尽量把洪水利用起来。“全流域应该合理承担洪水风险，应该给洪水以出路，而不是一味地靠人墙去堵。”

“转变理念，做好河流代言人不只是一句空话，不那么简单。”蒋建军深深地感受到肩负的责任和压力。目前，虽然工作取得了一些成效，但是渭河面临的诸多问题还未能得到切实解决。蒋建军说，“我干了26年水利工作，当局长也10年了。不管是晴天还是雨天，晚上11点以后，只要电话响，我都会一下子紧张起来”。面对压力，蒋建军更多表现出的是一种冷静与果敢。他提出了“理念调整是前提，防汛是纽带，水资源管理与调度是核心，技术工作是基础，水政是窗口，工程管理是形象，项目建设是支撑，信息化建设应用是平台，人才培养是关键，外围环境是保障，适应形势的改革是动力”的思路。

采访临近结束时，蒋建军再次和我谈到了此次跨度为五年的“渭河健康生命行活动”，他希望能借助这次活动让更多的人来“关注渭河、了解渭河、保护渭河”，也希望能够借助民众的参与，推动渭河流域综合治理尽快有效地实施。

“希望我们的后人能感激我们，因为我们留下的是一条健康的渭河。”蒋建军的眼中充满自信。

对话▶▶

"上游水干了、中游污染了、下游淤满了",人类需求与渭河生存的矛盾空前尖锐

现代水利周刊:作为陕西人民的母亲河,渭河近年来颇受社会重视。确切地说,她在陕西省经济社会可持续发展中发挥着怎样的作用?

蒋建军:应该说渭河是陕西省经济社会发展的命脉。历史上"一水养十三朝、泽千万人",渭河不仅孕育形成了富庶的"八百里秦川",哺育了千百万三秦人民,更是奠基了源远流长的中华文明。

在陕西境内,渭河灌溉着关中平原1400万亩良田,渭河流域占全省1/3的面积,集聚着全省64%的人口、56%的耕地、75%的灌溉面积和65%以上的国内生产总值,是陕西省经济的核心地带,也是陕西省委、省政府提出的加快"一线两带"建设的重点区域。"一线两带"就是以西安为中心,以陇海铁路陕西段和宝潼高速公路为轴线,以线串点、以点带面,形成涵盖整个关中地区的以高新技术和先进技术为特点的产业经济体系,使关中地区率先崛起,以关中带动陕南、陕北,进而实现全省经济跨越式发展。渭河流域是全国重要的工业、农业、国防和科教基地,也是连接我国东西南北的交通枢纽,在陕西乃至西部经济社会发展中都具有十分重要的战略地位。可以说,没有渭河水资源的支撑,就没有陕西省经济社会的可持续发展。

现代水利周刊:长期以来渭河流域的水资源情况又是什么样的?

蒋建军:渭河流域水资源严重短缺,供需矛盾突出,河道生态用水没有保证。渭河流域人均、亩均水资源量仅相当于全国平均水平的13%和18%,属资源性缺水地区。渭河干支流自20世纪60年代以来,年径流量总体上呈现下降趋势。特别是1990年代以来,渭河及其支流实测的年径流量锐减至最低值。与多年平均值相比,陕西渭河流域入境水量、自产水量及出境水量分别减少了51%、19%和42%。水的时空分布极不均匀,加之流域内缺乏控制性工程,调蓄能力低,部分河段年年发生断流,造成供需矛盾尖锐。社会经济发展用水主要靠挤占农业、生态用水及过度开采地下水来维持。水资源严重短缺,供需矛盾突出,严重制约了区域经济社会的发展。

现代水利周刊:您能简单概括一下渭河目前存在的主要问题吗?让您最头疼的又是什么?

蒋建军：渭河的问题，以“上游水干了、中游污染了、下游淤满了”为主要标志，人类需求与河流生存的矛盾已激化到了空前尖锐的程度。与此同时，渭河是黄河的最大支流，又是一条河情特殊、极其复杂难治的河流，可谓“小黄河”。主要问题有：一是地表径流呈现萎缩，水资源短缺明显；二是水污染严重；三是地下水超采严重；四是泥沙淤积严重，洪涝灾害加剧。其中防洪减灾问题最为突出。

现代水利周刊：那么管理局解决这些问题的基本思路和根本途径是什么？

蒋建军：解决的思路是在进一步消除水害、合理开发水资源的同时，统筹考虑经济社会发展与河流自身生存的要求，强化对河流的管理和保护职能，维护河流健康生命，真正做到以水资源的可持续利用支持经济社会的可持续发展，实现人与河流的和谐相处。一是转变防洪理念，按照治水新理念的要求，从控制洪水向洪水管理转变。二是防重于抢，重在如何做好防。

治理途径我也简单总结为以下几句话：上拦、蓄，就是上游水库修建和水土保持两个方面。中固、减、保，就是中游固河岸、减少堤防、保重点（城防）。下固、疏、放、归、冲，就是下游要抓好堤防的内在质量，做好重点部位主要是淤临淤背及河口疏浚、放淤以及南山支流归并和调水调沙等工作。

作为河流代言人，我们将承担起维护渭河健康生命的神圣职责，努力促进人水和谐，支撑陕西省经济社会可持续发展

现代水利周刊：渭河流域管理局刚刚成立不久，却迅速展开一系列活动。请您介绍一下近期的工作亮点。

蒋建军：陕西省渭河流域管理局是2006年7月1日正式挂牌成立的。成立以来，我们切实感受到了人民赋予我们的一项新的使命，就是要做好河流代言人。作为渭河代言人，我们将承担起维护渭河健康生命的神圣职责，努力促进人水和谐，有力地支撑陕西省经济社会可持续发展。

以此为契机，渭河管理局扎实开展了一系列卓有成效的工作。这个时期，我们的工作重点，也是亮点，就是从水资源入手，开展渭河水资源管理与调度工作，配合省水利厅完成黄河取水总量许可指标细化工作，基本完成了初始水权分配，达到了黄委会的要求。我认为，这也是从工程水利向资源水利转变的一个具体实施过程，这项工作很有意义。

现代水利周刊：被赋予新的职能之后，作为渭河代言人，管理局如何为经济社会的可持续发展服务？

蒋建军：党的十六届六中全会提出了建设社会主义和谐社会的新要求，陕西省委、省政府把解决水资源短缺"瓶颈"制约，摆在全省经济社会发展的突出位置来抓，今后一个时期，对我们而言，核心就是要牢固树立科学发展观，积极践行可持续发展水利新思路，把流域管理放在全省经济社会发展的大局中去思考。

做好河流代言人，就必须在今后的工作中统筹兼顾经济社会发展与渭河自身生存的要求，切实维护渭河健康生命。积极努力做好渭河流域水资源的统一调配。同时做好渭河流域的防洪技术服务、渭河综合治理项目的具体实施等工作，更好地为流域乃至全省经济社会可持续发展服务。

现代水利周刊：对于渭河流域管理局下一步的发展您有什么样的打算和考虑？

蒋建军：我们的目标是，以水资源管理为核心，以工程建设项目为支撑，以防汛工作为纽带，以信息化建设为平台，以水行政执法为保障，实现流域管理与区域管理有机结合；落实职能定位，理顺治水思路，提升管理水平，重视基础研究，发展水利经济，实现业务素质与公众形象全面提升。

管理局下一步的发展战略我总结为"六三"战略，即"实现三步走、成就三个一、开发三种力、做好三个坚持、协调三种关系、实施三项举措"。

实现三步走就是：第一步，发挥现有内外部资源优势，使原有的库区管理职能达到更高的水平；第二步，协调与地方政府、上级管理部门关系，在3～5年内全面实现渭河流域管理的职能；第三步，提高业务素质水平，在"十一五"末，根据授权将业务范围拓展到全省的江河水库技术管理。

成就三个"一"就是：成就一个成功的领导集体，成就一个优秀的党组织，成就一种独具特色的组织文化。

开发三种"力"就是：凝聚力、创新力、组织力。

做好三个坚持就是：坚持领导体制"三位一体"，坚持按劳分配、多劳多得，坚持以人为本。

协调三种关系就是：协调国家、组织与员工三者之间的关系，协调制度创新、管理创新、技术创新三者之间的关系，协调好严格考核、重奖重罚与思想政治工作的关系。

实施三项举措就是：第一，设立渭河流域管理委员会。促成政府联合各相关部门以江河局为主体设立渭河管理委员会，实现渭河流域与区域管理的整体协调。第二，开设渭河论坛。由江河局组织开设渭河论坛，定期举行会议，为渭河流域管理机构、学者和其他关心渭河的人士提供学术交流和商讨的平台，共商渭河治理和管理等方面的重大问题。第三，策划开展“渭河健康生命行”活动。在陕西乃至全国范围内开展“渭河健康生命行”爱护母亲河活动，展现渭河文化历史地位，提高渭河治理的社会影响。

渭河生命的健康是我们赖以生存和发展的基础和保障，关爱渭河就是关爱我们自己。我们要高举渭河代言人的旗帜，做好技术服务工作，树立起良好的公众形象，真正把渭河的事情做好。

水利工作是和自然打交道的工作，自然界有其自身发展的规律，认识自然，遵循其发展规律，与自然界和睦共处，这些需要我们一点一滴去认识、去积累

现代水利周刊：从事水利工作多年，您最大的感触是什么？您如何认识水利工作？

蒋建军：我感激渭河养育了我，同时也感激事业培养了我。

水利工作是一项实实在在、利国利民的工作，需要一群踏踏实实的人来做。需要我们实实在在地做些人民关注、需要的实事，所以理念的转变是关键。水利工作是和自然打交道的工作，自然界有其自身发展的规律，认识自然，遵循其发展规律，与自然界和睦共处，这些需要我们一点一滴去认识、去积累。

要将科学发展观、人水和谐等理念落实到一个区域、一条河流，就要树立协调发展、可持续发展、和谐发展的理念，将渭河的事研究透，才能维护渭河健康生命，才能做好河流代言人。

现代水利周刊：您是如何看待肩负的压力和责任的？

蒋建军：苏轼说过：“古之立大事者，不惟有超世之才，亦必有坚忍不拔之志。”我在这里借陕西省政协原主席安启元的一句话：渭河清了我才心安。

要搞好渭河的事，必须要有长期埋头苦干的精神，协调好各方关系。尤其是渭河防洪方面，虽然我们的职责是做好技术服务和参谋，但仍然长期感觉压力很大，责任很重。

特别是在渭河局成立以后，压力主要来自民众对渭河的日益关注和渭河污染的严重。我们有责任把水资源管理好，做好防汛工作，搞好渭河综合治理和突发水事污染应急处理，不遗余力地维护渭河健康生命。我常常想，只有把渭河的事情做好了，我们才对得起党和人民，才配得上“代言人”的称号。

（原载于2007年4月5日中国水利报现代水利周刊
记者　庞亚斌）

链接文章▶▶

渭河健康生态构建与关中率先发展

由于水的基础资源性和战略资源性地位，决定了其对经济社会发展的极端重要性和发展到一定阶段的制约性。这种极端重要性和制约性，在流域内区域经济的发展表现得尤为明显。因此，分析研究河流生态与环境的变化，对河流影响区的区域经济发展有着十分重要的现实意义和长远意义。

一、渭河的战略地位与关中经济发展的关系

渭河是黄河的最大支流，其流域面积占黄河的17%；其水资源总量占黄河的17.3%；其产沙量占黄河的35%，目前也是黄河干流主要的污水来源区之一。自20世纪60年代初三门峡水库建成蓄水后，从某种意义上讲，渭河还承担了保护华北、华东、黄、淮平原防洪安全的任务——尽管这一重任从实践看是它难以承受的。从这一点说，渭河的生态与环境变化与黄河中下游的生态与环境变化紧密相关，和中国的发展紧密相关，是影响黄河流域生态与环境的重要河流之一。

渭河流域涉及甘肃、宁夏、陕西三省，沿着渭河干流，两岸分布着甘肃的天水和陕西的宝鸡、咸阳、西安、铜川、渭南六个大中城市。由于其特殊的地理位置和其历史价值，被国家确定为西部大开发中优先发展和重点发展的三大板块之一。所以，渭河生态与环境变化是中国西部大开发战略实施的重要影响因素之一。

滑河干流流域面积 13.48 万平方公里，其中陕西境内面积占 49.7%；干流全长 818 公里，其中陕西境内 502 公里，占全长的 61.4%；其中下游河长 388 公里，全部在陕西，这就是自古以来所称“八百里秦川”的关中地区。关中地区人口 2205 万人，占流域总人口的 65%；关中平原区面积占流域的 99%，其中耕地面积 2014 万亩，占流域总耕地面积的 35.2%，关中有效灌溉面积 1372 万亩，占流域总有效灌溉面积的 81.8%。2000 年其粮食产量、工业产值、农业产值、GDP 分别占全流域的 66.7%、84.6%、69.8%、81.5%。这些数据，说明了关中地区是渭河流域经济社会发展的核心区域。

就陕西省来说，关中地区以占全省 1/3 的面积，聚集着全省近 2/3 的人口、56%的耕地和 3/4 以上的国内生产总值。加之区内工业集中，农业发达，旅游资源得天独厚，科技教育文化实力雄厚，还是连接我国东西南北的交通纽带，在陕西经济社会发展中占据着十分重要的战略地位，是陕西实现西部强省目标的关键区域。

渭河在陕西境内塑造和滋润的关中平原，是中华民族文明历史的摇篮。早在6000年前，中华民族的祖先就选择在渭河附近的浐河河畔半坡村定居。我国历史上的第三个奴隶王朝周首先在渭河的武功兴起，随后有了周秦汉唐等 13 个王朝在渭河旁的建都史，影响了中华民族 1100 多年的历史发展进程。

从这些层面上看，渭河塑造和养育了关中平原，关中平原是中华民族文明历史的摇篮。关中平原是渭河流域经济发展的核心区，是西部大开发的重要区域之一，是陕西成为西部强省的关键所在。

二、渭河生态环境存在的主要问题

一是影响渭河防洪的几个基本条件没有变，渭河的防洪形势依然十分严峻。洪水是影响河流生态与环境的重要因素，也是河流的基本特性之一。其有利的一面对渭河来说可以塑造河床、增加地下水补给、稀释污染水质、净化河道等，但不利的一面是对沿河群众的生命财产安全造成威胁，对经济社会的发展造成严重影响，打乱了正常的生产、生活秩序，甚或影响到区域经济发展战略目标的实现。渭河的防洪重点是中下游地区，尤其是咸阳以下三门峡库区。目前影响这一区域防洪的潼关高程仍维持在 328.0 米左右；泥沙淤积 13 亿立方米，且还在加剧的形势没有变化，2 ～ 6 米“悬河”的现状没有改变；黄河西倒夺渭的情势还在发展，汇流区淤积和北洛河入渭形成的渭河拦门沙坎依然存在；在洪水期间，黄河倒灌渭河、渭河倒灌南山支流的程度没有减轻；进入21世纪以来，“南水北移”在渭河流域这个过渡带表现得越来越明显；整体而言，渭河下游干流和众多的南山支流工程内在质量差，防御能力低。另外，在防洪方面，我们的管理理念还没有调整到位，工程措施和非工程措施一时也难以到位，将更加剧这一严峻的防洪形势。

二是水资源严重短缺，严重影响着河流生态与环境和区域经济发展。目前渭河流域尤其是关中地区存在着资源性、工程性、水质性、管理性并存的缺水局面。水资源的严重不足，导致关中50%的农业不能适时适量灌溉，2000年全流域30%的农田失灌；导致地下水的严重超采，关中地区年均地下水超采5亿立方米，造成西安、咸阳、宝鸡等市形成超过400平方公里较严重的地下水漏斗，出现地面下沉最大达2.3米等很多环境地质问题；导致生产、生活用水大量挤占河道生态用水，使渭河部分断面长期断流、干涸，沿河群众、政府意见很大，严重制约了关中乃至陕西整个经济发展的布局。

三是水体污染严重，危及人体健康，影响经济安全、社会安全，使社会不和谐、不稳定因素增大。水体质量是河流生态与环境的决定因素。近10年来，渭河水质污染问题严重，污染体总量不断增大，污染物成分不断增多，在渭河干流，V类、劣V类水质河长占50%以上，咸阳以下河段水质常年处于劣V类状态，已长期丧失了基本的水体功能，渭河成了名副其实的“关中下水道”。另外，汇入渭河的秦岭北麓72峪，是河皆干；灌溉将渭河的污水引向田间地头，使关中从南到北，从东到西形成了一个污染网，随着这个污染网的扩大和时间的推移，地下水的污染，耕地和农作物的污染也进一步加剧。目前，宝鸡、咸阳、西安、渭南等地区地下水水质受到很大影响，西安市地下水污染面积已达470平方公里。地下水的污染可能要影响到数十、数百年甚或上千年，其后果对人类、社会、环境很可能是灾难性的。渭河的污染问题已成为沿河广大人民群众的切肤之痛。

四是水土流失严重，水沙异源问题突出。水土流失和水沙异源使下游泥沙淤积严重，“悬河”态势加剧，生态与环境恶化。

渭河的环境与生态问题是十分严峻的，如果任其发展，在不久的将来将可能造成难以预料的、不可逆转的严重生态灾难，这种灾难对关中的发展可能是毁灭性的，这就和唐以后都城不得不迁一样。进而影响陕西全省的经济发展，影响黄河流域乃至国家西部大开发的整体布局。所以，从现在开始，必须对渭河的生态环境重建高度重视并付诸行动。

三、渭河生态环境的构建设想和行动

目标是打造关中生态渭河，使之成为“陕西省最长、最大的生态走廊和河滨公园”，绿色渭河仅仅是其中的一部分。更重要的是要让渭河始终荡漾着一河清波，鱼翔浅底。这就要求在未来一段时间内，潼关高程不抬升、重要堤防不决口、水质污染不超标、河道基流有保障、生态景观得改善。这是维护渭河健康生命和建设渭河健康生态与环境的重要内涵，也是构建的重要内容和今后的主要工作。

构建渭河健康生态的措施行动：

一是尽快启动实施《渭河流域重点治理规划》。渭河流域重点治理规划是鉴于渭河治理的复杂性和对黄河流域、西部开发、陕甘宁三省区发展的重要性，经过社会各界不懈呼吁、全国政协调研、各级政府、有关部委支持等情况下完成的。该规划已于2005年12月16日由国务院正式批复，规划包括了防洪、节水、水土保持、污染治理、水资源配置、基础技术研究等多项内容，是一个综合解决渭河生态与环境严重问题的规划，规划拟通过10年的综合治理，改善渭河生态。

二是加快新一轮的流域综合规划的修编。以科学发展观为指导，加快新一轮流域统合规划的修编工作，要综合解决渭河的问题，有必要在流域综合规划修编中考虑牢固树立五个理念。

第一，树立水循环是连续的、闭合的，河流也是连续的观点，任何割断这种连续的过程，对自然进而对我们人类都是有害的。

第二，目前河道、水存在的问题并不是单纯由河道、水本身造成的问题。解决这些问题，既要从河道、水本身入手，更要重视从河道以外的社会、经济、政治、人口等层面去着手。

第三，洪水是河流的基本特征，要重视防治其有害的一面，同时更要重视其有利的一面。在渭河及水资源短缺的北方河流，要以留住部分洪水为核心实现洪水的管理，使洪水实现其应有的价值。

第四，河流是人类共同的血脉和财富，水利部门是管理者和代言人，我们应该以更加开放的态度，让社会公众了解河流，认知河流，爱护河流，共同构建渭河健康生态与环境。

第五，树立“度”的观念，“度”就是适度，就是均衡点，任何度的突破，都必将给我们带来无法预料的后果。

人类社会从渔猎文明到农耕文明、再到工业文明，由于工业文明的种种缺失，人类正在从工业文明走向生态文明。生态文明决定了生态与环境是重要的基础的生产力，甚或在某种程度和某个发展阶段上，可能会成为第一生产力，因为它涉及生产力三大要素之一的劳动者，劳动者健康与否是很重要的生产资料，水的自然力的利用，隐含着它的劳动工具价值。如果将关中渭河生态与环境的构建和陕西得天独厚的大秦岭生态线、北山生态线的建设结合起来考虑，形成一个完整的关中生态园，未来的关中将是中国环境最佳、最适宜人类居住的地区之一，也将是西部最好、最漂亮的区域之一，也必将是绿色企业、跨国企业投资的主要区域之一。届时，陕西的经济不仅会在量上有一个大的突破，而且在产业结构升级的质上将有一个大的飞跃。

姚文艺

实实在在为黄河做些事情

20年前，20出头的姚文艺独自踏上了他的云游求学之路。一年后，他编成了全国首本水土保持专业泥沙课程中专教材。

在他看来，黄土高原是世界上最具有吸引力和挑战性的地方，那里凝结着他太多的梦想，他要把足迹留在黄土高原的沟沟壑壑里。

档案

姚文艺，黄河水利科学研究院总工程师。

1957年出生，河海大学水力学及河流动力学专业，博士，教授级高工。主要从事土壤侵蚀与水土保持、水力学及河流动力学研究，由于科研成绩显著，被推选为黄河水利委员会科技委员会委员、黄河研究会理事、中国水利学会泥沙专业委员会副主任委员、河南省水利学会泥沙专业委员会主任委员、国际水土保持协会终身会员等。完成的科研项目曾获水利部大禹水利科技奖两项，河南省科技进步奖两项，黄委科技进步奖三项，其他奖十项。

访谈

采访前，听说姚文艺很随和、热情。果然，几次电话预约后我已深有体会。在一个春风和煦的下午，我们终于有了面对面交流的机会。一进门他就招呼我坐下，沏茶，为了不影响我们的交谈，他还特意拔掉了电话线，关闭了手机。

姚文艺说一口很地道的河南话。他说，他的河南“标准话”是经过中央电视台记者“鉴定”过的。他回忆说，建设小浪底水库需要将库区5万多人移民黄河温孟滩区。为了稳定民心，中央电视台10套专门制作了一期节目，他当时从事温孟滩区河道整治研究，被邀请去参加节目录制。他很自信地讲起了普通话，录了两遍之后，主持人说：“姚总，你还是说河南话吧，我觉得你的河南话说得特标准！”

眼前的他，静静地坐着，白皙的脸庞上挂着笑容，这很难让我与那个经常奔波于黄土高原和黄河上的汉子联系在一起。

执著的云游求学路

姚文艺1957年出生在河南西华县一个工农结合的家庭，父母、祖父母都没有文化，所以他没有一个"体面"的名字，直到读小学，一位酷爱文艺的女教师才给他起了现在的名字——姚文艺。儿时的他就深深体会到了没有文化要吃亏的简单道理。他渴望读书，成为家中的"文化人"。

1978年的高考是他命运的一个转折点，虽然当时他并不知道读大学对一名高中生意味着什么，更不知道报考什么学校与专业，但读书的信念始终没有动摇过。参加完高考，他晚上跑到班主任老师家里，希望老师能指点迷津。他至今无法忘记，是那位朴实的乡村教师推心置腹的一番话让他心里敞亮了许多。老师希望他报考铁路、水利、农业类的院校，老师说，"文革"结束后，国家会加大基础设施建设，并推荐他报考了几所大中专院校，黄河水利学校名列其中。

"只要能够读书，我就心满意足了"，姚文艺这样描述接到黄河水利学校水工专业的录取通知书后的心情。他第一次出远门，来到古都开封读书。

机遇总是会垂青有准备的人。一年后，他考入黄河水利学校为培养师资力量专门设立的师资班，毕业后可以直接留校做教师。在当时看来，这已经是个很好的归宿，但强烈的读书欲望使他渴望再上层楼。一年后，他以委培的形式进入武汉水利电力学院读书，成了一名真正的大学生。但这次，他却学起了泥沙专业，不同专业的涉猎，也为他今后的发展奠定了基础。

1983年，本科毕业后，他重返母校，成了一名中专教师，教水保专业的泥沙课程。他说，教这门课程，是他自己争取到的。对于他，教学不仅是"传道授业解惑"，更是实现自我价值的载体。他认为，水土保持的最终目的是减少水土流失，改善人居环境、生态环境。水土流失的过程就是产沙的过程，泥沙基本理论也应当成为水土保持的理论基础，他得知学校水保教研室开设泥沙课后，主动请缨担当该门课程教师。但当时大中专院校尚无该课程的教材，他说："当时年轻气盛，踌躇满志，想自己编一本教材。"他的想法竟得到了学校的同意。于是，背上行囊，他开始了自己的云游求学路。

黄科院、中科院、各大院校，他一路走访专家、调查、学习。每到一个地方，他都像久旱的树苗，贪婪地吮吸着知识的甘露。直到现在，他还深深地记着当时给予过他莫大帮助的专家们。当时的黄科院叫黄委会泥沙研究所，老所长吴以学、泥沙研究室主任孟庆枚以及高工牟金泽都尽力帮助求知若渴的姚文艺，专门为他腾出来一个办公室研究、阅读资料，并且组织了部分专家审查由他编写的教学大纲。等到他调研结束后，手头上收集的资料已经背不动了……

黄河水利学校的水土保持专业泥沙课程教材就这么跌跌撞撞地编制完成了，姚文艺也开始了他一边授课一边学习的生活。

1989 年，他再次跨入校门，到河海大学攻读水力学及河流动力学硕士研究生，并在毕业论文中做了“坡面流水力学”的研究，首次提出了“坡面流水力学”的概念和定义，为他今后的研究拓宽了思路。毕业后，他调至专门从事黄河科研的黄河水利科学研究院（简称黄科院）工作。

如今回想起来，姚文艺十分感激自己的母校。大学时代的泥沙专业和以后的水土保持专业有了结合点，让他在河床演变和流域水土流失治理研究中另辟蹊径，完成了《黄土高原土壤侵蚀治理的生态环境效应》《水力侵蚀产沙过程及模拟》等著作，并且把不少研究成果运用到了黄河流域的水土保持工作中。

减少入黄泥沙不是梦

姚文艺说，“黄土高原是世界上最具有吸引力和挑战性的地方”。已数不清多少次，他奔走于黄土高原的沟沟壑壑中，有时，甚至一个多月在这里奔走。吸引他的会是什么呢？

有的学者发现，黄土高原曾是秀美山川，汉代以后，黄土高原的自然环境逐渐恶化。特别是从唐代以后，由于气候变化和植被破坏，自然环境恶化加重，土壤侵蚀加剧，原先平坦的黄土高原变得支离破碎，沟壑纵横，大量泥沙随降雨径流涌入黄河，黄河含沙量剧增，土地进入一种广种薄收、越垦越穷、越穷越垦的恶性循环。

黄土高原沟道密度大，很多地方每平方公里至少有 2 公里以上的沟道，有的沟道长度甚至达到 6 ～ 7 公里。黄河 90% 的泥沙来源于黄土高原，全国大部分的贫困县位于黄土高原地区。

对于多年从事土壤侵蚀研究的姚文艺来说，黄土高原是最好的天然试验场，世界上再也没有一片土地令他如此热血沸腾，再没有一片土地上的人们令他如此怜惜。

姚文艺说，土壤侵蚀与水土流失是两个互为联系而又相异的概念，要从根本上控制水土流失，就要从研究土壤侵蚀入手。由于降雨的打击、径流的冲刷、动物的破坏等原因引起土壤扰动的过程称为土壤侵蚀，水土流失则是指在水流作用下，土壤被扰动、搬运和沉淀的整个过程。所以，延缓土壤侵蚀是治理水土流失的根本。

为了研究人类活动对土壤侵蚀的影响，姚文艺曾经一个多月奔走在无定河流域，手拿一把卷尺，丈量农民开垦的荒地。但是很多时候，这种研究往往是吃力不讨好的事情。一次，为了丈量公路指挥部开垦的土方，姚文艺爬到公路边几十米深的沟底下，因为坡度几乎达到40多度，他脚下一滑，连人带东西摔了下去，万幸的是，往下掉时他正好抓住了一棵树，才得以脱险。

有人认为，高山夷平是自然规律，黄土高原的千沟万壑、荒芜贫瘠也是自然规律。但他不这样认为，黄土高原水土流失状况是可以改善的，减少入黄泥沙也是有希望的。黄土高原暴雨强径流量很少，泥沙大部分在这个时间形成，小水带大沙，水沙关系不协调，导致大量泥沙淤积在河道，水土保持可以保土、固沙、富高原。

正是凭着这种韧劲儿和满腔热情，他完善和改进了水土保持减水减沙计算方法，首次从理论和实践的角度论证了土壤侵蚀与产沙的区别和联系，提出了“流域治理措施配置最大效应”的概念，强调了水土保持对河道治理的作用，研究了黄土高原小流域地貌动态发育过程与侵蚀产沙时空变化特征，并归纳出了黄土高原典型类型区治理模式及其措施的优化配置方案，对指导黄土高原水土流失治理提供了新的科学依据。

“模型黄河”建设的排头兵

如今，很多到黄委视察的领导、专家、学者都喜欢到郑州北郊的“模型黄河”试验基地，亲眼目睹在治黄决策中发挥重大作用的“小黄河”，只要你从1号到3号试验大厅走上一遍，即可把黄河下游河道形态、整治工程和小浪底水库、三门峡水库尽收眼底，“模型黄河”既是治黄研究的科研基地，又是爱国主义教育基地和宣传黄河的窗口。

姚文艺常到距离办公室10多公里的“模型黄河”试验基地作研究，他说，一筹莫展的科研问题，放到模型上试验就找到感觉了。看着如今已粗具规模的“模型黄河”，他感触颇多：“水少沙多、水沙关系不协调、河势游荡多变、河床冲淤剧烈”是黄河的特点和治理难点，把黄河搬进实验室可不是件容易的事。“没有实地勘察，就不能建设出精度高的模型。”这是前辈吴以学告诫他的一句话，姚文艺在试验中深刻体会到了这句话的重要。最初在做小浪底水库温孟滩移民安置区河道整治模型试验时，几次试验都以失败告终，等跑到河滩上一看，他才发现，当地河床结构复杂，不仅有砂卵石还有胶泥子儿。为了彻底摸清河道的构造，他和同事们跳进没到脖颈的深水里摸索勘察，最后才提出了利用两种床沙制作一个模型的方法。

作为主要主持人，2002年就负责《“模型黄河”建设规划》编制的姚文艺见证了“模型黄河”的成长，也同时利用“模型黄河”这个辅助手段，完成了他一项项研究成果，对“模型黄河”，他已经有了一种难以割舍的情结。

在姚文艺的办公桌上放着一本《国家自然科学基金项目申请书》，项目名为《坡面土壤侵蚀与产沙实体比尺模型相似率研究》，当我问起项目申请缘由时，他说：

“2006 年，黄委把‘模型黄土高原’作为‘三条黄河’建设的重要内容正式启动，它的建设为解决黄土高原问题搭建了科学有效的试验研究平台，其中有很多关键技术和理论问题有待研究解决，我想献上自己的一点绵薄之力，探索建设‘黄土高原实体模型’亟待解决的相似率问题。”

已过知天命之年的姚文艺心态更加平和，他只想实实在在地为黄河做些事情。他说，今后他会把主要精力投入到“模型黄土高原”建设中，看到自己的研究成果运用于生产实践是他最大的心愿。

当我问起他做科研工作的感受是什么，他坦诚地说，累也快乐。作为黄科院的总工，经常要审查科研成果，来不得半点马虎，但他已经习惯了这种忙碌，工作着的充实也是一种幸福。他认为科技成果是科研单位生存的根本，必须严把成果质量关，科研离不开人才，他积极支持年轻人参与项目，通过科研实践锻炼，有助于他们的成长，他会为年轻人创造更多的锻炼机会。

对话▶▶

水土保持要“多管齐下”

现代水利周刊：您多年从事土壤侵蚀与水土流失治理的研究，并经常奔走于黄土高原，您觉得减少入黄泥沙最根本的措施是什么？

姚文艺：我认为最根本的措施是搞水土保持。主要是以小流域为单元，以县为基本单位，以修建水平梯田和沟坝地等基本农田为突破口，综合运用工程措施、生物措施和耕作措施。但治理过程中，要多管齐下，协调治理，我认为还有三个方面的问题值得关注。

首先，“三大措施”的合理配置是水土保持急待研究的课题，措施间不同的配置比例和空间配置方式对减水减沙效益影响不同。目前，我们常用治理面积与流域面积的比值来表述治理程度，但在治理程度相同的情况下减水减沙效果却不同，流域治理度还与三大措施配置有关。

其次，在黄土高原多沙粗沙区，水土保持不仅要以沟道治理为主，坡面治理也不能忽视，虽然在一些地区坡面侵蚀只占土壤侵蚀的40%左右，但侵蚀基数大，而且坡面与沟道之间是相互关联的，沟道的大量径流来自坡面。

如果仅采取沟道措施，虽然拦蓄了泥沙，但侵蚀并未减少，坡地中的养分大量流失，人民群众愈加贫穷，沟道也终究会淤满，到时就无法发挥拦沙效益。

第三，水土保持对治理黄河的作用不仅仅是减少入黄泥沙，也会减少入黄粗泥沙，改变入黄泥沙级配，发挥水沙调控的作用。黄河的主要问题是“水少沙多、水沙关系不协调”，过去我们主要是采取水库调节措施控制水沙，这并不能从根本上解决问题，也应该把水土保持纳入水沙调控体系中。但要实现从水土保持的层面上搭配好黄河泥沙，要把三大治理措施结合好，合理搭配各措施空间上的布局和相互比例，当然，要做到这一点，难度很大，还要研究、实践。

现代水利周刊：除了您刚才提到的三大措施，还有其他减少入黄泥沙的措施么？

姚文艺：我一直在思考简单、经济、适用的水土保持措施，特别是看了国外有关的报道后，我想是否可以利用一种没有污染负效应的高分子材料制成的喷洒剂，喷洒于水土易于流失的地区的土壤表面，达到降雨时固结水土，而又不影响植物生长的效果。目前，我和我的同事已做了这方面的基础研究，但研究中也发现了很多问题。比如，针对黄土高原沟壑纵横的状况，如何开展大面积的喷洒，并保证喷洒的均匀；在坡度较陡的地方，重力侵蚀尤其严重，采用什么材料才能对重力侵蚀起到更好的防止作用等。这些都是目前没有攻克的难关。

现代水利周刊：您曾主持完成了我国首部大型实体模型试验工程建设项目《“模型黄河”工程规划》的制定工作，请问建设“模型黄河”的意义在哪里？

姚文艺：“模型黄河”是“三条黄河”的重要组成部分，它在黄河治理开发中的作用大，其他科研手段不可完全替代。黄河的问题异常复杂，具有其他河流所不具有的特殊问题。由于原型观测、试验存在多种制约因素，往往无法得到全面的观测资料；数学模型的预测预报要建立在对河流演变规律了解的基础上，同时，也需要实体模型提供有关物理参数，加之数学模型的理论及技术发展水平限制，目前也只能解决部分问题；实体模型也存在不足，但它毕竟是一条“河流”，可以在一定程度上弥补原型观测和数学模拟的不足，观测也比较方便，所以，“模型黄河”是我们研究的最重要的辅助工具。

现代水利周刊:“模型黄河”与“黄河模型”的区别在哪里呢?

姚文艺:“模型黄河”并不简单等同于“黄河模型”,“模型黄河”是利用现代模拟理论和量测技术,以信息技术为纽带,将各个单一的黄河局部河段模型和野外侵蚀产沙试验场(区)集成为一个模型体系,是一个各子模型之间相互关联、整体功能强大、可与“数字黄河”耦合并与“原型黄河”信息系统相集成的实体模型体系。

“模型黄河”有两个明显的特点:一是能系统联系影响黄河治理开发的各种因素,并直观反映它们之间的相互关系;二是可以直观呈现不同条件下各种治黄方案的效果,使决策更为便捷、准确。

现代水利周刊:“模型黄土高原”作为“三条黄河”建设的重要组成部分,截至目前,还没有建立类似模拟黄土高原水土流失重力侵蚀现象的物理模型,那么,我们是怎样把握“模型黄土高原”的建设节奏的?

姚文艺:建设“模型黄土高原”的确有很多难题,按照规划,“模型黄土高原”分三个层面建设:一是试验观测设施,这是“模型黄土高原”建设的基础;二是室内实体模型;三是水土流失预测预报数学模型,这是技术支撑平台,是建设“模型黄土高原”的归宿,将直接服务于黄土高原水土流失治理决策。

黄土高原水土流失预测预报数学模型体系开发建设时间大约需要20年,近期将选择合适的代表性流域,用五年时间先期建成黄土丘陵沟壑第一副区代表性中等流域的年产沙经验模型、小流域次暴雨产流产沙模型和小流域分布式机理模型各一套。

实体模型建设还存在很多难点,这是一项开创性的工作。正如你提到的,目前国内外还没有建立起具有严格比尺意义的土壤侵蚀与产沙实体模型,由于黄土高原土壤侵蚀的边界条件和降雨径流输入条件非常复杂,模型相似率的确定是很困难的,而相似率是建设模型的基础。但是,预计通过不断研究探索,是可以建成试验技术与方法居世界先进水平、数据采集和处理实现自动化、室内试验与野外试验并行、比尺模型与概化模型共存的流域侵蚀产沙实体模型体系的。

(原载于2007年4月12日中国水利报现代水利周刊
通讯员　王静琳)

链接文章▶▶

站在国家战略层面上加强黄河水资源问题研究

黄河是我国西北、华北地区和黄淮海平原主要水源。黄河流域面积占全国国土面积的8.3%，以其仅占全国河川径流量2%的有限水资源，承担着黄河流域及其相关地区占全国15%的耕地面积、12%人口及50多座大中城市的供水任务，同时，还要向天津、河北等流域外部分地区远距离调水，供水任务十分繁重；另外，黄河流域土地资源丰富，矿产资源尤其是能源和有色金属资源优势明显，具有巨大发展潜力，迫切需要黄河水资源的支撑。在我国经济发展的战略格局中，黄河流域经济带的开发与长江经济带、沿海经济带一起，形成支撑我国经济增长的"π"形生产力布局。可见，有限的黄河水资源已成为黄河流域及相关供水地区的经济社会发展的一项重要战略资源，黄河在我国的经济社会发展总体布局中起着重大的战略作用，黄河水资源安全维系着中华民族大厦的安全。

随着流域内及相关供水地区经济快速发展和城镇人口增加，黄河水资源供需矛盾及由此引发的水资源安全问题日趋尖锐。自20世纪90年代以来，黄河年平均天然径流量450亿立方米，可实际耗用量已达350亿立方米，水资源利用率达80%，远远超出国际通行的河流水资源利用率不超过40%的警戒线，黄河水资源超承载的突出表现为黄河下游河道萎缩、"二级悬河"形势加剧；干支流断流；入海水量锐减，河道内生态环境用水被严重挤占；地下水开采量迅速增加，已接近地下水承载能力极限；水污染严重，河段水质恶化；黄河河口及三角洲生态环境变化异常。据预测，到2010年，遇到正常来水年份，黄河用水缺口达40亿立方米；中等偏枯年份，缺口将达100亿立方米，黄河支持流域社会经济发展的功能已到极限。

因此，如何保障黄河水资源安全已经成为我国经济社会发展需要解决的极为迫切的问题。为此，我们必须站在国家战略层面上对黄河水资源合理利用、科学保护及其解决对策等重大科学问题开展研究，为决策层提供科学的决策依据。

一、黄河水资源问题的特殊性

黄河流经著名的黄土高原，其土地疏松，抗蚀能力极差，每遇暴雨，水土流失严重，大量泥沙泻入黄河，使黄河年输沙量和水流含沙量均居世界之首；而另一方面，黄河流域上中游属于干旱半干旱气候，降水偏少，多年平均降水总量仅有3701亿立方米，只占全国年均降水总量的6%，而下游又属于地上悬河，基本无径流入汇。这种特殊的区域地理环境和水环境，导致水少沙多、水沙关系不协调，并由此造成河道严重淤积的黄河河情，从而使得黄河水资源问题也就较其他大江大河有着一定的特殊性。

（1）保障输沙用水是最基本的要求。据1919—1969年实测资料统计，黄河多年平均输沙量约16亿吨，尽管自20世纪70年代以来，随着大规模水利水土保持措施治理，多年平均减少入黄泥沙3亿吨左右，但下游河床总体仍处于淤积抬升状态。为减缓河床淤积，保障防洪安全，在考虑流域经济社会发展用水需求的同时，必须把输沙用水作为最基本的要求。

（2）黄河水安全保障受到多方掣肘。黄河天然径流少，但经济社会发展用水却不断增加；黄河流域经济发展水平相对落后，虽然水资源相当匮乏，但节水投入无力，加之缺乏激励机制，用水浪费现象极为严重，如全流域灌溉面积1.2亿亩，而达到节水标准的灌溉面积只有20%；水污染治理受多方利益制约，久治不止，不断加剧了水资源的短缺；黄河不少河段为地上悬河，两岸地下水超采严重，直接减少了地表河川径流量，但目前却仍未将地下水纳入黄河水量统一管理的范畴；支流径流量缺乏统一管理，使干流水量统一调度成为治标之策；开矿等人类活动势头不减，由此造成的地下水循环破坏程度已相当严重，使不少支流地表水"丢失"现象不断加重，不仅直接减少了入黄径流，而且还直接造成了农村饮水安全问题，但由于当地的经济发展的欲望，却又难以有效改观这种严重破坏环境的现状，如此等等。

（3）时空分布不均、来水用水空间分异。黄河流域是典型的季风气候区，降水季节性强，径流年内分配集中，干流7～10月径流量占全年的60%左右。同时，暴雨洪水形成的径流量往往占有很大比例，但此期间不少洪水却难以有效利用。黄河河川径流大部分来自兰州以上地区，年径流量占全河的55.6%；龙门至三门峡区间的径流量占全河的19.5%；黄河下游长达800余公里的河段入汇径流极少。而在用水方面，黄河下游用水量又占有相当大的比例，如根据国务院批准的黄河可供水量分配方案，位于黄河下游的河南、山东两省及津冀地区的可供水量占总供水量370亿立方米的近40%，黄河来水、用水存在着空间上的明显差异。降水时空分布不均、来水用水空间分异必然造成水资源管理的困难，成为黄河水资源问题的特殊性之一。

(4) 黄河水资源存在连续的枯水段和径流减少的趋势。黄河流域自有实测资料以来，相继出现了1922—1932年、1969—1974年、1990—2000年的连续枯水段，3个枯水段平均天然河川径流量分别相当于多年平均值的74%、84%和83%。近20年来由于气候和人类活动的影响，黄河水资源情势发生了变化，尤其是黄河中游变化尤为突出，水资源数量明显减少，与1980—2000年和第一次水资源评价的1956—1979年两个时段水文系列相比，黄河流域平均降水总量减少了7.2%，而天然径流量和水资源总量分别减少了18.1%和12.4%。

(5)黄河为资源性缺水河流，必须考虑外流域调水。黄河是一条资源性缺水的河流，黄河水资源安全保障问题的解决，仅依靠流域自身产水能力是困难的，必须考虑外流域的调水措施。

二、关于黄河水资源问题研究的若干建议

尽管黄河水资源研究已经有了相当大的进展，但由于黄河流域及相关供水地区经济社会发展和流域内人类活动的无序干预，水资源安全保障问题愈来愈突出，国家在解决黄河流域水资源缺水、遏制生态退化措施和对策方面迫切需要深层次的基础研究和科学依据。目前，针对黄河水资源问题的特殊性，黄河水资源问题研究亟待解决如下关键课题：

(1)黄河流域来水减少的成因。1986—1997年，花园口站以上地区降水较多年平均值偏少6.7%，而天然年径流量却减少11.0%。尤其近年来，仍呈不断减少趋势，如2002年平均降水量较常年减少10.1%，但水资源总量较常年却减少36.4%；2005年降水较多年减少3.6%情况下，花园口径流量较多年减少了34.2%。那么，黄河水资源量的衰减原因是什么，是人类活动所为还是气候影响所致？影响程度多大？这些都是不十分清楚的问题。

(2) 水利水土保持措施对水资源量的影响。黄河流域已建设了众多的水利水土保持措施，这些措施在水循环中到底起到了什么作用，起到多大作用？水土保持生态建设与水循环到底什么关系？水土保持措施在拦沙减蚀作用的同时，对产流到底有何影响，尤其是对暴雨产沙产洪能力有何影响及对暴雨洪水泥沙有何作用，在黄河流域水资源量变化过程中到底起什么作

用？对于这些影响黄河水资源的内在原因和机制应作深入分析。

(3) 开矿等典型人类活动对地下水循环影响分析。以开矿等典型人类活动为研究对象，利用水资源水文学及水文地质学理论与方法，通过查勘调研，建立产汇流模型，分析开矿等人类活动对地表水、地下水的水文地质影响，分析地下水循环的变化，揭示河川基流变化的原因。

(4) 黄河河源区径流变化原因分析。从气候变化、生态环境变化等方面的相互作用，分析河源区降雨过程（包括雨强）、径流变化特点，从降雨—径流关系揭示近年来径流减少的机理，综合分析河源区径流锐减的原因；分析未来河源区径流变化趋势。

(5) 黄河流域地下水开采对黄河河川径流量的影响研究。1980 年以来，随着流域社会经济发展，黄河流域地下水开采量呈不断增加的趋势，到 2001 年地下水开采量增加了 44.8 亿立方米，地下水开采量的增加袭夺了黄河河川径流量，直接导致河川径流量的减少。但是，地下水开采对黄河河川径流袭夺的机理、袭夺的数量和影响范围等，目前是黄河水资源管理调度中的空白，迫切需要开展研究，为黄河水资源管理调度提供技术支撑。

(6)维持黄河健康的多维调控阈值分析。重点内容包括在满足黄河健康目标要求下河道生态用水、输沙用水的阈值研究，以及黄河水资源空间、时间的合理调控指标，防止海水入侵和海岸蚀退的入海水量、泥沙量，防止因地下水过度开采导致地下水漏斗的形成与发展的地下水耗水量等多维调控阈值。这些是目前研究不够的问题。

(7) 入黄支流耗水规律及水量统一调控的机制研究。目前，不少入黄支流人类活动极为强烈，支流耗水量极大，不少已近于长年枯河，如何将支流水量同干流水量进行统一调控和管理已成为迫切需要研究的重大课题，同时，应开展支流耗水规律研究，提出调控对策。

(8)黄河流域高强度人类活动作用下流域水循环模型及耗水评价模型研究。尽管流域水循环理论得到较大发展，但目前仍没有建立起描述高强度人类活动作用下水循环的数学模型，同时也缺乏解决流域水资源综合调控决策支撑问题方面的水循环变化和水生态演化耦合的综合集成评价系统。

(9)南水北调工程实施对黄河水资源安全保障的科学基础研究有待进一步加强，包括南水北调对解决黄河资源性缺水的作用，黄河流域地下水、地表水及外调水的综合配置，南水北调对保障黄河流域经济社会发展、保障黄河生态安全及黄河水供安全的综合效益，南水北调水量调配及管理的机制等。

(10)经济社会快速发展期“降水—产水—耗水”规律研究。在黄河流域经济社会快速发展状况下，生活、生态用水与流域降水、产水应有个什么样的适应格局，如何合理确定流域耗水的需求目标，这是当前应重视的问题。

(11)黄河水资源管理和调度研究。黄河水资源目前面临的问题，除了迫切需要针对黄河水资源出现的新情况、新问题加强基础性研究外，同时也迫切需要重视水资源管理和调度的体制和机制研究，包括水资源管理政策研究、机制研究和水权水市场建立等。

河流是一个复杂的、多层次的开放的巨大系统，水资源问题是一个涉及自然科学、社会科学的重大命题，尤其是对于黄河而言，其水资源问题的特殊性，决定了黄河水资源问题研究的困难性。黄河水资源问题研究涉及更多的学科，包括水文、泥沙、地质、环境、水土保持、气象、经济、社会、管理等众多学科，因此，黄河水资源问题研究需要组织多学科、多部门的联合攻关，需要在国家需求层面上提出保障黄河水安全的重大决策和科技支撑。

肖帆

我们应该做好文化的传承者

4月5日，一年一度的中国都江堰放水节在千年古堰举行。都江堰，这个世界上迄今为止年代最久、唯一留存、以无坝引水为特征的宏大水利工程又一次以她独有的文化魅力吸引着人们的目光。这座闻名世界的伟大杰作、造福人民的伟大水利工程，在新一代都江堰人的手里担负着文化传承的重任。

都江堰管理局的党委书记肖帆对都江堰的历史和灿烂文化进行了深入研究。与他对话，就像畅游在都江堰2200多年的历史长河中；与他交流，就如享用一顿文化的饕餮大餐；与他面对，将更明白新一代都江堰人肩上的重任。

档案

肖帆，四川省都江堰管理局党委书记、副局长。

1955年6月出生，四川省成都市人，研究生学历。1980年毕业于四川大学哲学系，2004年于四川大学工商学院研究生毕业，高级政工师。

《都江堰水利可持续发展战略研究》课题组负责人，执笔编著了《都江堰水利可持续发展战略》。

对话

对于都江堰，要在保护中求发展，在发展中去保护

现代水利周刊：都江堰不仅是一座水利工程，更是人类宝贵的文化遗产。作为水利工程，都江堰应该持续发挥效益；作为文化遗产，都江堰应该得到有效保护。那么，如何处

理好保护与发展的关系呢？

肖帆：在历史与现代、发展与继承的交叉点上，文化遗产是一个充满魅力而又让人感到沉重的话题。如何在进行现代化建设的同时传承古代文明，既对得起子孙又无愧于祖先，值得我们每一个人去思考和探索。就都江堰来说，如何解决好两者之间的关系也是我们必须解决好的一个重大课题。

世界遗产委员会曾对都江堰做出这样的评价："全世界至今为止，年代最久、唯一留存、以无坝引水为特征的宏大水利工程。2200多年来，至今仍发挥巨大效益，李冰治水，功在当代，利在千秋，不愧为文明世界的伟大杰作，造福人民的伟大水利工程。"这段话对我们准确解读都江堰作为世界文化遗产的特殊性很有帮助：一方面它是一座年代最久、唯一留存、以无坝引水为特征的水利工程，另一方面它是一座至今仍发挥巨大效益和造福于民的水利工程。由此可见，都江堰作为世界文化遗产，不是作为单纯的文化景观而存在的，它与长城、故宫等有所不同，它是在任何年代、任何时刻都"正在使用着的水利工程"，它是有着维系灌区数千万人民群众生存和发展需要的现实功能的"活文物"。因此，在都江堰保护和发展的问题上，既要重视"天人合一""人水和谐"的理性化目标，又要考虑社会经济发展对水的需求的现实性目标，在维护历史文化神韵的同时，更加充分地发挥其现实功能。

唯有这样，都江堰才有存在的现实合理性，才能真正地永远拥有世界文化遗产的桂冠。正如全国政协原副主席钱正英所讲，"都江堰渠首真正存在水利文物价值，它是实实在在发挥着社会经济作用的水利工程，没有水利，文物也就失去了价值。"事实上，千百年来，历代水利人为保护和建设都江堰作出了不可磨灭的贡献。

现代水利周刊：那么今天的都江堰人又是如何做的呢？

肖帆：新中国成立后，国家对都江堰建设和发展高度重视。从20世纪50年代开始，为了适应迅速增加的农业、工业和生活用水需求，对都江堰渠首工程进行了大规模维护和整治，在平原老灌区掀起了轰轰烈烈的渠系改造和灌区拓展工作。70年代以后，灌区开始向"十年九旱"的川中丘陵区拓展，都江堰的滚滚清流穿越横亘于成都平原以东的龙泉山脉，"长藤结瓜，蓄水灌溉"，使近400万亩土地脱离了苦旱，为560万人口告别贫穷和1.2万多平方公里地区的生态与环境改善提供了水资源保证。从20世纪80年代中期到21世纪初的20年间，灌区开始从规模扩张型向资源节约型转化。高标准的扩建改建与续建配套，使灌区工程运行更安全，输水更高效；"数字都江堰”的实施，使灌区水利进入了信息化时代；民主协商用水，用水户参与管理和计量用水的推广，拉开了节水型灌区建设的帷幕。

在发展灌区和扩大效益的同时，都江堰的管理保护机制不断完善，进一步向制度化、规范化、科学化迈进。特别是《四川省都江堰水利工程管理条例》的颁布施行，标志着都江堰的管理保护步入了法制化的轨道。该《条例》是我国第一部专门为大型灌区而制定的管理保护法规，也是都江堰运行2000多年来的首部法规，它为都江堰申报世界文化遗产奠定了法律基础，也为强化都江堰的建设、管理和保护提供了法律依据。

作为都江堰新一代的守护者和管理人，我们不会忘记历代治水先贤的丰功伟业，也不会忘记新中国成立以来都江堰水利人和灌区广大民众的杰出贡献，是他们用智慧和汗水，将源源不断的活力灌注给古堰，从而保持了它的生机，使千秋万代能够共享荫庇。作为历史，已经渐行渐远；展望未来，我们任重道远。都江堰作为文化遗产理应得到保护，作为水利工程理应继续发展。在保护中求发展，在发展中去保护，让古堰的科学精神和人文精神发扬光大，代代传承，是我们这一代水利人的神圣使命。

发扬古堰精神，当好文化传承者

现代水利周刊：都江堰不仅是一座水利工程，更是一个文化载体。都江堰人是如何发扬和传承这种文化的？

肖帆：1994年，在纪念都江堰建堰2250周年的时候，我曾与其他同志合写过一篇论文《都江堰：一种文化现象》。首先，我们认为，作为集我国古代水利科学精华于一体的都江堰，其建构和治水思想，也不可避免地打上时代的文化烙印，蕴含着这个时期丰富的哲学思想，“道法自然”，就是其深刻的内涵。其次，都江堰的沧桑历史表明，水运系乎国运是都江堰的历史底蕴。经济的繁荣、政治的昌明、社会的稳定和官吏的勤廉，是水利发展的前提条件，即“邦有道，水运昌”。第三，当都江堰阅尽人间沧桑，步入世纪之交并将向更高层次跃进时，水资源紧缺、水质污染等新的困惑和挑战来临。对此，我们不仅需要种种技术上的对策和方案，而且更需要从文化发展战略上，以一种新的视野，对都江堰未来发展的主题寻找一个新的思路。我们认为，都江堰的发展需要一种回复，即向“道法自然”哲学观的回复。这种回复，不但符合事物发展呈螺旋上升趋势的辩证法，也正如老子所讲的，是在“万物并作”“夫物芸芸”的高度发展基础上的“复归”，因此，这也是在科学空前繁荣的基础上，重新提出对“人与自然和谐”这一理性认识的观照。唯有如此，都江堰才能走出水的困扰，实现人与水的和谐。

都江堰经久不衰的奥秘之一，就在于不断地适应社会变革与发展的需求之中，与时俱进地发展自己。2000多年来，都江堰在漫长的历史进程中有过恩波浩荡的辉煌，也有过堰塌渠崩的低落。但是，在社会需求这个内在动力的作用下，都江堰得以在漫长的历史跨越中，经历了秦烟汉火，见证了无数王朝的更迭，屡废屡兴，始终处于持续的发展之中。

当人类进入21世纪以后，水利事业面临着新的机遇和挑战。为了实现水资源的优化配置和可持续利用，都江堰水利人把水的问题放到人口、资源和环境协调发展的社会大背景下进行重新审视，努力建设民主化、数字化、法制化和节水型灌区，寻求一个既满足当代人的需要，又不对满足后代人需求的能力构成危害的可持续发展水利的新模式，在更高的层面上营造出人水和谐的新境界。

这里需要强调一点，都江堰水利现代化是一个历史过程，这是一个都江堰的哲学内涵和历史底蕴将在当代发展主题中得到充分体现的过程，因此，现代化不是要割断传统的脐带，而是从传统中走过来并与传统水乳交融的。

建立都江堰可持续发展水利的战略框架、实施对策和评价体系，应对四大挑战

现代水利周刊：在可持续发展已成为人类社会共同选择的战略目标之后，走可持续发展水利之路就成为历史的必然。都江堰是否也提出了自己的可持续发展战略？

肖帆：是的，早在1996年，都江堰管理局就提出了研究都江堰可持续发展水利战略的设想，并与河海大学共同成立了课题攻关组。

现代水利周刊：那么，当时是在什么背景下提出这个发展战略的呢？

肖帆：都江堰创建于公元前256年，至今已经持续发展2260多年了，而且作用还越来越大，这不能不说是一个奇迹。2260年在人类历史的长河中只是弹指一挥间，但对于一座水利工程来说，这个时间确实长得足以令人叹为观止了。对比一下早已湮灭在历史尘沙中的古巴比伦灌溉渠系和只留下断壁残垣的古罗马输水道，都江堰作为当今世界上人水和谐、持续发展的光

辉典范是当之无愧的。

然而，2260年的辉煌作为历史已经渐行渐远。当我们站在历史与未来的交叉点上，理性地展望下一个2260年的时候，我们还能不能轻松地说出“持续发展”这句话呢？换句话说，李冰及其治水先贤们留给了我们一个持续发展的都江堰，我们能否将一个生命永驻的都江堰传给后世呢？这并不是一个杞人忧天的问题。与全国水利一样，都江堰同样面临着水多、水少、水浑、水脏四大水问题的严峻挑战。如何应对这些挑战，直接关系到都江堰能否持续发展这一重大问题。因此，课题研究的主要任务是在对都江堰灌区水资源、经济社会发展和水生态环境的历史现状分析评价的基础上，依据可持续发展的理论，建立起都江堰可持续发展水利的战略框架、实施对策和评价体系。作为水利部重点研究项目，该课题于2000年12月正式通过部级鉴定，并于2002年获得了四川省人民政府科技进步三等奖。

现代水利周刊：从创新的角度看，这个发展战略有什么特点？

肖帆：可持续发展战略的一个显著特点，就是把都江堰水利的发展放到中国社会历史发展的大背景中去考察，提出了社会的技术经济形态决定水利发展模式的论断，认为水利低发展阶段是与自给自足的农业经济相适应的，高发展阶段则是与现代工业经济同步，而在信息时代和知识经济悄然来临的时候，水利进入可持续发展阶段就成为历史的必然。在战略框架的建构上，我们正是围绕水资源的管理、保护、开发和利用，把以岷江上游为中心的生态系统和灌区水环境系统结合起来，从资源的承载能力、工程的生产能力、环境的缓冲能力和管理的调控能力入手，逐步建立起灌区水利的基础支持系统、发展支持系统、环境支持系统和智力支持系统。

另一个特点就是把理论创新和技术创新与都江堰水利发展的历史经验和现实状况紧密结合起来，具有很强的可操作性。比如，在数字都江堰的总体构想中，根据水资源供求现状及发展趋势，提出了在灌区层面上构建基础信息、专业服务和综合决策三个平台建设的技术方案，并在应用系统的开发研究上，采用了大型数据库技术、地理信息系统和虚拟仿真技术，为以数字化手段研究、模拟、再现和处理都江堰水利的有关信息和决策提供了技术支撑。在都江堰可持续发展评价体系的建立上，我们依据系统性与层次性相结合、全面性与概括性相结合、可行性与可操作性相结合、动态性与静态性相结合的原则，以水资源为主要控制因素，并全面地考虑了社会各个领域和层面的各种因素，从协调人与自然、人与社会、人与环境的高度出发，把握可持续发展中资源利用、经济社会系统运行、污染防治与生态维护三个主要过程，重点测试都江堰水利的“可持续发展度”“发展协调度”和“发展水平度”，选择相应的量化指标，利用静态评价和动态评价两种方法以确定都江堰灌区人口、社会、经济、资源环境各系统综合发展的状况，给出可持续发展每个阶段的符合实际的评价结果。

为四川经济和社会发展提供有力支撑，达到水资源量与质的发展需求保障，营造一个新的人水关系

现代水利周刊：根据这个规划，都江堰可持续发展战略的目标设计是什么样的？

肖帆：我们当时根据国家的可持续发展战略，设计了三个阶段的目标。

一是近期在建成上游水源工程的基础上，全面完成灌区续建配套与节水改造工程，基本实现灌区水利自动化，实现新增灌溉面积180万亩，农业节水23.6亿立方米，年均新增城市工业和生活供水11亿立方米左右。届时，整个灌区初步建立起了能适应社会主义市场经济体制的水利基础设施体系、水资源管理和保护体系，水利经营管理体系，水利社会化服务体系和水利法制体系，水环境恶化的趋势得到初步控制。

二是中期在实现都江堰灌区最终规模以后，农业用水稳定在49亿立方米左右，并开始进入零增长甚至负增长阶段，但工业、生活和环境用水量将继续缓慢增长。灌区用水总量达到110亿～120亿立方米，至此，都江堰灌区水利发展基本结束了量的扩张阶段，完成了由工程建设主导型向资源管理主导型的转变，水资源的配置更加优化，利用效率进一步提高，灌区水利基本进入良性运行阶段，水环境和生态退化的趋势基本得到控制。

三是远期将全面实现灌区需水的零增长，基础设施、资源管理、产业经营、社会服务和法制体系的建立趋于完备，灌区水利现代化基本实现，水环境和生态得到全面的恢复和改善，都江堰水利至此开始步入可持续发展阶段。

现代水利周刊：您是如何评价都江堰可持续发展水利战略的？

肖帆：都江堰可持续发展水利战略是在特定的时空范围内，实现以水资源为特定对象的生产与消费的良性循环，其过程包括物质生产、人的生产和环境生产协调与和谐，其目的就是要为四川经济和社会发展提供有力支撑，

达到水资源量与质的发展需求保障，营造一个新的人水关系。

播种思想，收获行动；播种行动，收获习惯；播种习惯，收获性格；播种性格，收获命运

现代水利周刊：作为都江堰管理局的主要领导者之一，您认为这个团队多年来取得辉煌成绩主要靠的是什么？

肖帆：这些年来，我们全体职工务实求真，开拓进取，不辱使命，勤奋工作，使都江堰水利事业进入了历史上最好的发展时期。

搞好都江堰水利工作，必须要团结和谐谋发展。为了给都江堰水利事业的发展创造一个良好的人际环境，我们大力倡导“风正、心齐、和谐、进取”之风，开展了对内使水利职工满意、对外使灌区群众满意的“双满意工程”。在管理局内部，通过坚持民主集中制原则，注意搞好班子内部的团结，在不断提升了班子的整体形象和效能的同时，通过发展经济不断改善职工的工作生活条件，妥善协调好不同群体职工的利益关系，正确处理好改革、发展、稳定的关系和各种内部矛盾，充分尊重职工参与民主管理的权利，从而激发了广大职工的主人翁精神，其积极性、主动性和创造性得到了充分发挥。

在灌区范围内，通过狠抓作风建设，搞好服务工作，增强了局机关与灌区各水行政主管部门、水管单位和用水户的凝聚力和向心力，协调好管理局与灌区各级党政部门的关系。在灌区各级水利部门之间、水管单位与各级党委政府之间，形成了关系和谐、工作协调的良好局面，保证了灌区各项水利工作的顺利完成。

现代水利周刊：对于局里的年轻水利人来说，您最看重的是他们身上的什么品质？年轻水利人应该提高自己哪方面的素质？

肖帆：推进水利现代化，实现水利的持续发展，是一个较长的历史过程，希望最终寄托在年轻的水利人身上。而在现实的水利实践中，他们也确实起到了生力军的作用。在他们身上，我最看重的是他们思想活跃、进取心强、接受新东西快、动手能力强的品质，这正是水利事业兴旺发达的希望所在。但我们也应看到，当前市场经济和价值观念多元化的冲击，对年轻的水利人多少也产生了某些负面影响。为了适应建设现代水利的新要求，年轻水利人应认清形势，按照汪恕诚部长“热爱水利、志存高远，追求真理、不畏艰险，脚踏实地、负责求实”的厚望，着重在提高以下素质方面下工夫。

一是要确认自己的人生使命和生活目标。一个人只有知道了自己需要什么和要干什么，并把个人的愿景和建设现代水利的共同愿景结合起来，才会有高度的历史责任感和使命感，才会有积极向上的精神状态和战胜困难挫折的毅力。

二是要养成终身学习的良好习惯。有人讲，随着科学技术的迅猛发展，现代社会进入了学习型社会，学习已不仅仅是实现个人价值和人生目标的手段和工具，而且是生活的一部分。这话讲得非常正确，通过终身学习，让学习工作化，工作学习化；学习生活化，生活学习化，这样就会使我们自觉为水利事业的发展建功立业，让自己的生命活出意义来。

三是要有协作增效和双赢的意识。要努力发展平等互助的人际关系，抱着人人都能成功的态度，学会理解别人，并争取别人理解自己。通过互利互惠的社交活动，建立起牢固的朋友关系、团结的同事关系、融洽的家庭关系、和睦的邻里关系，为自己创造出一个和谐的发展环境。

四是要培养艰苦奋斗的精神和理性的消费行为。目前，我们国家的经济还不发达，人民群众的生活水平还不高，特别是水利事业的发展还任重道远。因此，青年朋友们一定要按照建设节约型社会的要求，大力提倡有利于身心健康和提升生活品质的生活方式，坚决克服拜物教的思想，物质消费生活要适度，切忌超过经济承受能力搞超前消费，甚至为图虚荣而奢侈浪费。

最后，我想以萨穆尔·斯迈尔的名言与青年朋友们共勉："播种思想，收获行动；播种行动，收获习惯；播种习惯，收获性格；播种性格，收获命运。"

（原载于2007年4月19日中国水利报现代水利周刊
记者　吕娜）

链接文章▶▶

造化与传承——都江堰经久不衰、持续发展的文化动因

2260年之于人类历史的长河，不过是弹指一挥间，但对于一座水利工程来说，这个时间确实长得足以令人叹为观止了。古巴比伦的纳尔—汉谟拉比灌溉渠系和古罗马的远距离输水道，都是人类水利文明的杰作。然而，在

岁月的流逝中，它们不是湮灭在历史的风沙之中，就是只剩下夕阳残照中的断壁残垣。唯有中国的都江堰，历时2260多年而不衰，至今仍生机勃勃地发挥着滋润大地、惠泽苍生的作用，当之无愧地成为当今世界上人水和谐、持续发展的光辉典范。因此，当人们在论及水资源的可持续利用问题时，就不能不把目光投向都江堰。因为，弄清都江堰经久不衰、持续发展的文化动因，对于传承这一人类文明的造化，解决当今人类所面临的严峻水危机，将会得到有益的启迪与借鉴。

一、治水之道必须合于自然之道

自从人类逐水而居，就开始了与水打交道的历史。而水利工程的出现，则标志着一直在人水关系中处于被动地位的人开始占据了主动。尽管这种主动后来曾一度打破了人水和谐的平衡关系，但这种人水关系的革命性变化却是人类主体意识觉醒的必然结果。春秋战国，是中国历史上生产力大发展、社会大变革和文化空前繁荣的时代，“自强不息”的主体精神和“道法自然”的天道观念，已经成为时代精神的主流。都江堰的创建与传承，正是以李冰为代表的治水先贤，在总结前人治水经验的基础上，“参天地之造化”，遵循“道法自然”的原则，根据特殊的地理环境和水流态势，度势建堰，成就了人类科学治水的光辉典范。

都江堰所蕴含的“道法自然”“天人合一”的哲学理念，集中表现在工程的选址和营构上。都江堰选址在岷江上游和中游的交汇处，这里恰好是岷江上游“自然之区”和岷江中游“人文之区”的联结点。岷江上游幅员达2.3037万平方公里，是资源蕴含丰富的水源涵养区；岷江中游面积为2.86万平方公里，是有着数千年历史底蕴的古蜀文明发祥地，岷江抚育出了灿烂的古蜀文明，但同时又常常泛滥成灾。著名的三星堆、宝墩、鱼凫等古城，都是遭到岷江猝不及防的洪水而突然消失的。都江堰的创建，成功地在流域层面上实现了“自然之区”与“人文之区”的互补和联结，使成都平原成为“水旱从人，不知饥馑，时无荒年”的天府之国，从而促进了区域文明的持续发展。

都江堰渠首枢纽布置在岷江出山口处，这里群山环抱，大江中行，形成了环状的地势和环流的水势，又由于730米的海拔高程，使这里对处于海拔500～450米的成都平原和川中丘陵区具有居高临下的建瓴之势，为修建无坝引水、自流灌溉的水利工程提供了得天独厚的自然条件。渠首三大主体工程的设置巧妙地用了地形、地势，河流弯道和水流势态，利用“凹岸取水”

“凸岸排沙”的原理，以“鱼嘴”分流分沙，筑“飞沙堰”泄洪排沙，凿“宝瓶口”限洪引水，三大工程相辅相成，浑然一体，协调运行，达到引水灌溉、分洪减灾、排沙防淤的神奇功效。灌区内各级渠道的分布，也都采用渠首枢纽的模式，形成了一个庞大的系统工程，把岷江的水资源有效地分配到灌区各地，进而达到了全灌区均衡受益的目的。

漫步千年古堰，似乎难以看到当年建设的历史痕迹，但是从三大工程首尾呼应、势若蟠龙的宏伟营构中，从有条不紊、一气呵成的神奇功效中，从“水顺则无败，无败则可久”的治水思路中，我们完全可以体味出都江堰那一以贯之的与自然节奏一线情牵的神韵，以及它对“道法自然”崇高境界的孜孜追求。这种把科学的“真”、哲学的“善”、艺术的“美”统一于自然的造化之中，浑然天成、不露痕迹地演绎着人水和谐的基本理念，正是都江堰持续发展的精髓所在。

二、治水之道必须合于人文之道

如果说在对河流的尊重、对自然的利用和合理改造中体现出了都江堰的科学精神的话，那么，以人为本、与时俱进地满足灌区人民生存与发展的需要，则是都江堰的人文精神之所在。

都江堰创建于公元前3世纪中叶，此际正是中国历史上社会、经济和文化的变革时期，在当时生机勃勃的集权政治推动下，使都江堰的诞生成为中原文化与古蜀文化融合的标志。最早记载都江堰的史料是西汉史家司马迁的《史记·河渠书》:“于蜀，蜀守冰凿离堆，辟沫水之害。穿二江成都之中。此渠皆可行舟，有余则用溉浸，百姓飨其利，至于所过，往往引其水益用，溉田畴之渠以万亿计，然莫足数也”。都江堰“避害”“航运”和“灌溉”三个方面的功能恰与秦王朝实现统一大业的基本国策不谋而合，这说明都江堰的产生绝非偶然，它是文化融合的产物，也是社会进步的产物，更是社会发展对水利基础设施的强烈需求的产物。

水运系乎国运，水运也催兴国运。社会的稳定和发展促进了对都江堰的保护和发展；都江堰的完善和发展，又为社会的稳定和发展提供了保障，这是历史的辩证法。都江堰经久不衰的奥秘之一，就在于它能够依据这一历史法则，在不断地适应社会变革与发展的需求之中，与时俱进地发展自己。2000多年来，都江堰在漫长的历史进程中有过恩波浩荡的辉煌，也有过堰塌渠崩的低落。但是，在社会需求这个内在动力的作用下，都江堰得以在漫长的历史跨越中，经历了秦烟汉火，见证了无数王朝的更迭，屡废屡兴，始终处于持续的发展之中。

在漫长的农业文明时代，社会生产力水平的相对落后和长期停滞，使社会对水资源的需求处于低水平状态，社会对水利的需求主要表现为防洪、灌溉和水运，自流灌溉是水利在这一时代的主要表现形式。都江堰2000多年发展的轨迹，都是沿着这样一个需求的模式承传延续，以竹笼、杩槎等水工技术满足了成都平原的用水需要，催生了美丽富饶的天府之国，从而为中国辉煌的农业文明创造了千古奇功。李冰修建都江堰，为秦国统一天下奠定了强大的物质基础。楚汉相争，汉高祖刘邦“出三秦伐楚，萧何发蜀汉粟万船而给军粮”，进而建立了大汉政权。三国时期的刘备也凭藉四川丰富的人力财力，建立蜀汉政权，与魏、吴鼎足而立。因都江堰而形成的“天府之国”不仅在中华民族几个重要的转折点上书写了历史，而且，自汉代开始，就作为全国重要的粮仓，赈济全国的灾荒。《汉书》中记载：“汉兴，接秦之敝，诸侯并起，民失作业而大饥，人相食，死者过半，高祖乃命民卖子，就食蜀汉”。武帝时山东河水泛滥，“乃岁不登数年，人或相食，方一、二千里，……下巴蜀粟赈之”。元鼎二年，“水獠移于江南……下巴蜀之粟致之江陵。”长期受到都江堰润育的历史文化名城成都，早在汉代就成为全国著名的五大都城之一；到了隋代，已经是“水陆所辏，货殖所萃”的大都市；唐时更发展为全国最繁华的商业中心，时称“扬一益二”。在满足社会发展需求的同时，都江堰独具特色的传统工程构建模式也在2000多年的发展中得到丰富和完善，并成为令后人景仰的典范。

历史在发展，人类在进步。20世纪中叶，中国结束了长期封建和半封建半殖民地的历史，迎来了独立自主地与世界各国共同进步和发展的新时代。随着工业文明时代的到来和灌区社会经济的迅猛发展，都江堰水资源的需求目标也发生了巨大的变化。为了适应不断扩大的用水需求，都江堰利用现代技术，以机械化的水闸和标准化的渠系取代了传统的工程技术，水资源利用效率大幅度提高。经过50多年的建设和发展，都江堰浇灌了四川1/3的农田，生产了四川1/3的粮食，养活了四川1/3的人口，同时还担负着灌区内城镇供水、防洪、发电、水产、种植、旅游、生态、环保等多目标综合服务。对此，人们形象地说：天府之国的美誉靠都江堰，四川农业大省地位的支撑靠都江堰，成都中心城市的地位靠都江堰。这“三靠”，恰如其分地印证了都江堰作为民生工程的那种厚德载物的人文关怀。

当人类进入21世纪以后，信息时代悄然而至。面对中国实现全面建设小康社会和现代化的目标，面对人口过度增长、粮食需求增加和生态、环境质量下降的压力，水利事业面临着新的机遇和挑战。为了实现水资源的优化配置和可持续利用，都江堰水利人桴鼓世界大潮流，以期站在时代的高度，把水的问题放到人口、资源和环境协调发展的社会大背景下进行重新审视，努力建设民主化、数字化、法制化和节水型灌区，寻求一个既满足当代人的需要，又不对满足后代人需求的能力构成危害的可持续发展水利的新模式，在更高的层面上营造出人水和谐的新境界。

透过历史表象，我们可以清楚地看到，都江堰以其富有创造力的科学精神和博大精深的人文精神，在担负起为人类谋福利责任的同时，也使自己得到了持续的发展。虽然都江堰的结构和功能在不同的历史时期随着社会文明的进步在不断的变化中，但是它所秉持的“道法自然”、“人水和谐”的基本理念依然不变。正因为如此，都江堰成功地在2000年被联合国列为世界文化遗产，成为中国人永远的骄傲。

三、治水之道必须合于保护与发展并重之道

在历史与现代、发展与继承的交叉点上，文化遗产是个充满魅力而又让人感到沉重的话题。如何在进行现代化建设的同时传承古代文明，如何既对得起子孙又无愧于祖先，值得我们每一个人去思考和探索。作为水利工程，都江堰应该得到持续发展；作为文化遗产，都江堰应该得到有效保护。然而，如何处理好保护与发展的关系，是我们必须解决好的一个重大问题。

世界遗产委员会曾对都江堰作出了这样的评价：“全世界至今为止，年代最久、唯一留存、以无坝引水为特征的宏大水利工程。2000多年来，至今仍发挥巨大效益，李冰治水，功在当代，利在千秋，不愧为文明世界的伟大杰作，造福人民的伟大水利工程。”这段话对我们准确解读都江堰作为世界文化遗产的特殊性很有帮助：一方面它是一座年代最久、唯一留存、以无坝引水为特征的水利工程。另一方面它是一座至今仍发挥巨大效益和造福于民的水利工程。由此可见，都江堰作为世界文化遗产，不是作为单纯的文化景观而存在的，它与长城、故宫等早已失去现实功能的“死文物”有着本质的不同，它是在任何年代、任何时刻都“正在使用着的水利工程”，它是有着维系灌区数千万人民群众生存和发展需要的现实功能的“活文物”。因此，在都江堰保护和发展的问题上，既要重视“天人合一”“人水和谐”的理性化目标，

又要考虑社会经济的发展对水的需求的功利性目标，在维护历史文化神韵的同时，更加充分地发挥其现实功能，唯有这样，都江堰才有存在的现实合理性，才能真正地永远拥有世界文化遗产的桂冠。正如全国政协原副主席钱正英所讲，“都江堰渠首真正存在水利文物价值，它是实实在在发挥着社会经济作用的水利工程，没有水利，文物也就失去了价值。”

千百年来，历代水利人为保护和建设都江堰作出了不可磨灭的贡献。西汉蜀郡太守文翁主持复修都江堰，并穿湔江口，“灌溉繁田千七百顷”，率先扩大了都江堰灌区，为蜀中“世平道治，民物阜康”打下了基础；三国时期蜀汉丞相诸葛亮“调丁千二百人主护之，且设堰官焉”，加强了维护与管理；唐代时高俭、章仇兼琼、刘易从、高骈等在维修都江堰和发展灌区方面均作出了特殊的贡献；宋代赵不主持修复都江堰水毁工程，灌田数郡，为民称颂；元代吉当普铸铁龟以镇其源，明代施千祥铸铁牛以当堰口，均是渠首分水枢纽鱼嘴结构和材料改革上的重大尝试；明末清初，双流县三圣寺主持大郎和尚托钵乞募修建了大郎堰，被后世传为佳话；清道光年间，强望泰先后八次任水利同知，坚持遵循“深淘滩、低作堰”的经验，“蓄泄得宜”，成绩斐然，使都江堰灌溉范围达到14个县，创造了历史上的最高水平。

中华人民共和国成立后，国家对都江堰建设和发展高度重视。从20世纪50年代开始，为了适应迅速增加的农业、工业和生活用水需求，对都江堰渠首工程进行了大规模维护和整治，在平原老灌区掀起了轰轰烈烈的渠系改造和灌区拓展工作。到60年代末，整个成都平原的土地得到了全部灌溉，灌区灌溉面积达到了678万亩。70年代以后，灌区开始向“十年九旱”的川中丘陵区拓展，都江堰的滚滚清流穿越横亘于成都平原以东的龙泉山脉，“长藤结瓜，蓄水灌溉”，使近400万亩土地脱离了苦旱，为560万人口告别贫穷和1.2万多平方公里地区的生态与环境改善提供了水资源保证。从80年代中期到本世纪初的20年间，灌区开始从规模扩张型向资源节约型转化。高标准的扩建改建与续建配套，使灌区工程运行更安全，输水更高效；“数字都江堰”的实施，使灌区水利进入了信息化时代；民主协商用水，用水户参与管理和计量用水的推广，拉开了节水型灌区建设的帷幕。

在发展灌区和扩大效益的同时，都江堰的管理保护机制不断完善，进一步向制度化、规范化、科学化迈进。特别是《四川省都江堰水利工程管理条例》的颁布施行，标志着都江堰的管理保护步入了法制化的轨道。该条例是我国第一部专门为大型水利灌区而制定的管理保护法规，也是都江堰2000

多年来迎来的首部法规，它为都江堰申报世界文化遗产奠定了法律基础，也为强化都江堰的建设、管理和保护提供了法律依据。由四川省第九届人民代表大会常务委员会第二十七次会议于2002年1月18日通过的《四川省世界遗产保护条例》第二十五条明确规定："都江堰水利工程的建设、管理和保护按《四川省都江堰水利工程管理条例》的规定执行。"

"今日之都江，尤古堰，非古堰也"。都江堰的建设、管理和发展，在建构上成功地继承和运用了中国古代科学的整体观和统一观，把顺应自然、改造自然和利用自然巧妙地融为一体，实现了人与自然的和谐发展，创造了费省效宏、效益持续发展的千古奇迹。出于以人为本的文化诉求，都江堰为四川经济和社会全面、协调和持续发展提供了可靠的支撑和保障；作为人与自然和谐的典范，都江堰无愧为世界文化遗产的光荣称号。

2260年的历史正在远离我们而去，下一个2260年的脚步正在向我们走近。作为都江堰新一代的守护者和管理人，我们不会忘记历代治水先贤的丰功伟业，也不会忘记新中国成立以来都江堰水利人和灌区广大民众的杰出贡献，是他们用智慧和汗水，将源源不断的活力灌注给古堰，从而保持了它的生机，使千秋万代能够共享荫庇。作为历史，已经渐行渐远；展望未来，我们任重道远。都江堰作为文化遗产理应得到保护，作为水利工程理应继续发展。在保护中求发展，在发展中去保护，让古堰的科学精神和人文精神发扬光大，代代承传，是我们这一代水利人的神圣使命，也是我们纪念都江堰建堰2260周年的意图所在。

陈进

学者应以国家重大需求为己任

现为长江科学院副院长。目前还担任中国自然资源学会水资源专业委员会委员、中国土木工程学会结构可靠度专业委员会副主任委员、中国岩石力学与工程学会岩体物理数学模拟专业委员会委员、湖北省力学学会副理事长、长江水利委员会科学技术委员会委员、浙江大学和华中科技大学兼职教授、河海大学博士生导师、水利部建设项目水资源论证评审专家等职。曾获1996年“全国水利系统先进科技青年”称号。

访谈

和陈进聊天是从人们对他的一些不解，甚至是非议谈起的。陈进是学水工结构的。2005年5月，在首届长江论坛上，他作了题为“未来长江流域水资源配置的思考”的发言，而这篇发言后来引起了全国政协原副主席钱正英的高度重视。以后，陈进对媒体大谈湿地保护，俨然一个湿地保护专家，引来业内很多人的侧目。

走自己的路让别人说去

据我的观察，陈进是一个很随和的人。他看上去更像个学生，眼睛里没有城府县至深邃，干净单

档案

陈进，长江科学院副院长。

1959年8月30日出生于上海市，教授级高级工程师。本科和硕士分别于1982年和1985年毕业于武汉水利电力学院水利工程专业；1996年至2001年，博士毕业于清华大学水利工程专业；1988年到美国INTERGRAPH公司进修3个月工程计算机软件；2002年分别赴瑞典和印度参加为期3个月由Sida组织的“流域水资源管理”高级培训项目；2006年10月至2007年4月到加拿大Regina大学做访问学者。

纯，让我想起比尔·盖茨那张孩子般的脸庞上嵌着的单纯的眼。他爱笑。真不知道他听到别人的非议、不解后，内心会有怎样的感受。

陈进咧嘴笑着说："我知道这些议论啊，还有人直接就说我是不务正业呢。刚开始听到还是觉得很委屈，很有压力的。但是我是个学者，应该研究国家的重大需求，学者根据国家的重大需求来调整研究方向是一个学者的职责本分，而不只是完成几篇论文，作一些没有前瞻性的研究，炒作几个概念。中央提出建立和谐社会的要求，对我们水利来讲，就是要研究人与自然的一些问题，解决好开发与保护中的和谐问题。"

毕业于清华大学水利工程专业的陈进，荣幸地成为两院院士潘家铮的博士，并得到导师的亲自指导。陈进至今还保留着潘家铮亲自为他修改的博士论文。但在陈进拿到博士毕业证时，他坦诚地告诉自己的恩师，自己可能要去研究相反的方向了，即水利工程对生态与环境的影响。记得潘家铮也曾说过水利工程专业里不仅要研究水利工程有利的一面，也要研究有害的一面，应该成立一门水害学。

陈进向潘院士说明了想转变研究方向的原因。他说："第一，您已经在水利工程方面作出了重大贡献，这个学科已经很成熟，我可能很难再有所突破。第二，2000年我参加水利部司局长考试，尽管我进入复试，但是我认为考得一塌糊涂，因为我对水利部的治水新思路根本不了解，自己从事的研究与水利部未来的发展方向也不是很一致。"

2000年7月陈进博士论文答辩一结束，就立即去买了大量的水资源方面的书，并着手收集相关资料开始研读学习。"我没有什么业余爱好，不过是把别人打麻将的时间用来读书。"

环境与水利在某些人眼里好像水火不容。2002年，陈进在美国考察时，专门考察了土木与水利学科。他发现在美国所有的水资源和水环境专业一般都是在土木工程系里，美国没有单纯的水利学，很多当年搞土木工程的都已经转到生态与环境方面的研究。美国学者认为，从某种意义上讲，土木工程系里环境学科甚至超出了土木工程专业本身对社会的贡献。而在我国，搞环境的人不太了解水利工程，搞水利工程的又往往忽略对生态与环境的研究，渐渐地，人们把水利工程与生态和环境对立起来，觉得这是两个完全不同的学科。

陈进完全转到研究水资源与水利工程至今已有七年，在陈进已经发表的90多篇论文里，有40篇是关于水资源的。将近一半的水资源论文是陈进在短短的7年时间里完成的，其水资源论文在学术界的影响力要大过以往在水工结构方面的论文。

陈进在水资源领域里的研究逐渐被许多专家认可，他也和许多这方面的专家建立了联系，并成为中国自然资源学会水资源专业委员会委员。2002年，水利部准备组织系统内做"973"项目时，经过推选比较，陈进成为水利部"973"项目的备用首席科学家。

前不久，陈进再次被世界自然基金会聘请为未来五年水资源综合管理的核心专家，与陈宜渝院士等在一个组里共同开展项目研究。同时，陈进还参加了欧盟第六框架流域管理的一个课题研究。

2000 年，陈进回到他担任所长的长江科学院材料结构所，正式向院里提出要成立水资源室。许多人不解，当时的老院长也很不解。陈进据理力争，他说："这与我们院现有专业不矛盾，别人没想到，我先想到，为什么不能先走一步呢。"后来终于得到领导的支持，他一边继续担任着材料结构所所长，一边兼起了水资源室的主任。为了找生源，他跑到河海大学、南京大学等高校去找学水资源或环境的学生。现在的长江科学院水资源所已经成为长江委三级单位中博士拥有率最高的单位。他们除了承担长江委的健康长江指标体系研究外，同时也承担着国家自然科学基金、科技部、水利部等部委项目，水资源所人均发表的论文数量也是全院最高的。

陈进的教授职称还是在水工结构专业中评的，可是转到水资源管理研究领域后，陈进觉得这个领域是广阔而有意思的。"有人说我赶时髦，不务正业。我后来也想通了，让别人说，走自己的路。因为我在努力做我最感兴趣的事，而且是对后代有意义的事，我的感觉非常好。我是有委屈，但是我会加快我的努力，我要用自己的成绩来说话。"

河流代言人应该是代言那些不能说话的水生生物和生境

陈进正在准备写一本书，书名暂定为"人类活动与河流生态环境的影响"。他的目的是想回顾我国治江 2000 多年来的经验教训，归纳他的一些新认识。

他说："都江堰、灵渠是我们老祖宗的杰作，这些水利工程对自然的干扰比较少。人们逐水而居是很自然的，交通方便、取水方便，但这正好占用了洪泛区，洪泛区容易发生水灾，为了防水灾，就要建闸、修堤。大禹治水，疏通河道，河道整治，这些思路都是对的，但现在反过来看，这里面都有些问题。所以我想分得细一些，所有的水利工程带来的影响我都准备归纳出来，如最早土地的利用方式，在坡耕地、洪泛区的开垦，把洪泛区变成人居住区的地方，而不断修筑堤防。还有城市化的问题，因为大面积的硬化路面，降雨无法渗入土地，径流就大，成为发生洪水概率不断增大原因之一。还有河道整治中采用的裁弯取直，看似能加大河道的下泄流量，但是也带来了一系列的问题。此外农田灌溉、堤防护坡、河道整治和渠化，河道外引水、大坝、水污染、城市化，采砂等一系列问题，都要进行一些反思。

"我们不能简单地否定前人所做的工作，但是我们现在的水资源开发可能对将来生态与环境产生什么样的影响，是需要认真进行分析的。未来再开发时要采取更好的方法，在开发中减少对生态与环境的影响。

"堤防能保证防洪安全，同时也隔断了河道的横向联系，把河道、湿地、洪泛区分隔开了，洪水来了它只能在河道里走，洪水的压力不断加大的同时湿地也无法得到补水。我在奥地利时看到有一段堤防就不修防渗墙，他们说，防渗墙修了，河流与地下水的联系就切断了。真正的大洪水还是少，小洪水来，堤也不会垮，而切断后，湿地、植被受影响，生态与环境也受影响，而中小型洪水，可以有意引进湿地。河道渠化有很多问题，过去航运从水能开发来讲是好，但自然的河流、弯弯的河流比笔直的河流、混凝土护岸的河流要好。堤防的衬砌工艺也不应全部硬化，对无脊椎动物等水生生物的栖息地都有影响，这些理念都要转变。

“我提倡堤防闸口要常开。过去闸口完全为了防汛，一年四季大多时间都关着，周围的湿地得不到水的补充，环境也会受到影响。过去认为防洪只要修了水库就能解决问题，实际上不是这样，因为水库一般建在高处。所以我主张洞庭湖、鄱阳湖不能建闸，就要让它分蓄洪水，洞庭湖的防洪作用非常大，千万不要低估，因为它在低处，洪水放在低处总比放在高处安全。

“现在我们遇到的洪水风险，实际上很多都转成了水利工程的风险，每次洪水来临都是守坝守堤。1993 年密西西比河大洪水后，美国找了很多一流的专家评估后发现，过去的防洪工程投入很大，损失更大，看来防洪思路有问题，应更多地重视非工程防洪措施，重视分蓄洪区的规划和使用、防洪的预警、洪水风险图的应用以及洪水保险。这些措施，在减小洪灾损失方面的作用已经超过堤防，所以他们的思路很快转变过来。现在即使有大洪水，洪灾损失也小了。而我们一到防汛，所有水利工程全部一级警备，这是被动防洪，而不是主动防洪。还有河道外用水的问题，过去长江的水量是丰富的，即使像湖南、江西两省，年均降水量 2000 毫米，还是每年都旱，原因一是来水时间分布不均；二是缺乏蓄水条件，来多少走多少；三是缺乏长期的洪水和干旱预报，把水库放空，结果洪水没来，旱灾来了。现在，长江多年旱灾累积造成的损失往往比洪灾的损失更大。”

谈到未来应如何处理好两湖与长江的关系时，陈进主张江湖自然连通，要充分认识两湖的作用。洞庭湖在汛期时，长江水位比它高，长江水要进去，枯期时湘、资、沅、澧可以通过它流进长江。如果没有洞庭湖，再建一个三峡工程也没用，因此它的防洪作用是很大的。洞庭湖也是国际重要湿地，应该好好保护，从体制机制上按流域综合管理的方法，把它保护好，不要简单地用工程措施来改变它的现状。鄱阳湖与洞庭湖有所不同，它主要起调蓄作用，它的水位一般比长江高，可以缓解江西洪水对长江中下游的防洪压力。未来应加强观测，用数据说话，目前应以保护为主。

三峡工程对长江中下游的影响是长期的，目前还只是凭一维数学模型的推测，主要得到的是定性成果，还没有系统和可靠的定量成果，三峡水库才蓄水几年，还没有到设计水位，现在所谓的影响只能说是一种预测，它对生态影响是长期的，而生态学的反映是缓慢的，包括物种演替，有时需要几千年，不要没弄清前就采取措施，那会更容易加大对生态系统的干扰。

"您为什么会认为传统水资源的愿望是好的，但不能满足未来的水资源可持续利用的要求。"

他说，传统的水资源配置主要为了满足供给，建水库、大坝、调水工程，没有考虑节水和需求管理。国外最主要的水资源配置首先从需求管理入手，需求管理中就包括节水，需求管理可以节约很多水。我国70%的水用于农业灌溉，稍微采用点先进的节水技术，就可以节约很多水。而现在大家热衷于上项目、上工程，以工程为目标，扩大供给能力，而考虑节约不够，这个思路是不对的。因此调水工程要慎之又慎。学者要有自己的见解，不能盲目服从一些利益集团，而不服从国家利益。

"汪恕诚部长要我们做河流的代言人，我们应高举保护的旗帜，坚持做好河流的代言人。河流代言人给谁代言，不仅为那些企业代言，而更重要的是为不能说话的鱼及众多的水生生物、自然生态与环境代言，为公权代言。我在瑞典看到，为了使鲑鱼能上溯，瑞典在一些河流重新做鱼道，这样水量和水头都要受损失，后来说服电力公司，每年少发10%～20%的电，也要让鲑鱼能上溯。长江委应该高举保护的大旗，真正做好河流的代言人。过去的《长江流域综合开发利用规划》没有更多从流域生态与环境保护的角度去考虑，主要从技术角度考虑，要用好每一米水头。梯级开发，河道渠化，这样的水能利用确实好（这就是传统水利观念存在的一些问题），但没有想到这些地方还有一些文物古迹，还有一些产卵场，还有生物栖息地。"

"这次长江中华鲟放流影响很大，说明我们国家对自然资源保护的认识逐步提高。美国观鸟收入每年可达150亿美元，自然资源的价值是非常大的。黑龙江的北大荒都是从湿地改造成农田的，后来发现种粮食的价值还不到原有湿地价值的四分之一。湿地别说旅游了，光是割芦苇，比种粮食的价值要大多了。当你看到湖泊里有野生的鱼类、野生的天鹅，这样的美学和精神上的价值是无法用金钱估量的。而它们被破坏后就再也回不来了。"

"因此我们的教育要带头改变，生态与环境效应的认识也要从娃娃抓起，树立全民环保意识，包括我们专家的知识面也要扩大，不能仅仅从技术的角度去考虑。要从环境、可持续发展、环境伦理、文化等方面去理解。"

创新的源泉来自人文的功底

陈进坦言，自己之所以有持续的干劲，是来源于自己的人文功底。这大概也是他为什么从水工结构转到水资源管理研究上的原因吧。

陈进中小学都喜欢历史、文学，还做过作家梦。"文革"期间母亲被打成"反革命"，高考恢复后母亲坚持反对他学文科，怕再犯错误。后来从事专业技术领域研究，他慢慢领悟了人文与自然科学之间的内在逻辑。一些著名科学家往往最后成为哲学家，主要是在世界观上有了深刻的认识，因此才能在自身的领域站得更高。

这样的喜爱无疑为陈进的研究提供了丰富的底蕴。他说："自然环境也有着重要的社会属性，洪水当然也有自然属性和社会属性，水资源的社会属性在某种意义上甚至还起着重要作用。所有人类面临的水问题都是人们对水的认识问题，是管理问题，是世界观的一种认识。所以我正在写的这本书里，专门有一章写了伦理和水利规划。做水利规划的人一定要有自然环境的伦理观，不站在这个角度就不可能有公正、客观，富有远见的认识。"

他说，如果一个人人文功底不好，他在科学技术上也不可能有建树。工程师只产生了300年，而300年前就已经产生了大量的哲学家、宗教和学者，文化是在300年前就形成了的。"我非常赞同在大学里提倡人文精神，没有人文精神，科研的路最后会越走越窄，没有创新的想法了，遇到困难了就不能从容地克服。有好的人文精神，你就会每天都有新的思想产生。在加拿大时，我除了看技术的书以外，还看了很多中国文化、中国历史方面的书。读书破万卷，下笔如有神。必须多读书才会到一个境界。"

的确，做一个科学家，要有人文的功底。特别是做流域规划这样战略性的研究，没有人文的功底是做不好的。

陈进寄语年轻的科技工作者："不要急于想找个'安稳饭'，想到机关去，我觉得年轻人首先要学会'讨饭'的本领。当然受良好的教育也是给自己创造条件，最主要还是要通过丰富的经验或经历，在工作中去实践、去学习。一个人的痛苦经历对他的成长是很有帮助的。我觉得最值得称赞的成功是白手起家，一步步地成长，而不是在已有的较好的环境下去成长。成长的环境就是要经过磨炼，经过思考和挫折，在工作中成长，不管你有多高的学历，关键是你现在能不能转换知识，成就品牌。有些人是把数据变成信息，而我们科研人员就是要在信息爆炸时代，聚焦知识，善于把信息变成知识，你有转换的这种能力了，你就是成功的。学了那么多东西，不能转化知识，不能为社会服务，你就是失败的。"

陈进现在最大的愿望是希望我国有更好的科研环境和创新体系。真正的学者要有真正的平台。"我现在当了副院长，可以安心做自己更感兴趣的东西，但由于体制的问题，我现在还是不得不去跑项目。我回国后跑北京跑了三次，都是为了申请项目。1/3 时间申请，1/3 时间验收，还有不到 1/3 的时间和精力来做项目本身，干事的时间太少。这个体制要改，能不能不要有那么多程序、那么多的评审，只要有实力就应该马上拿到课题，能多出些原创性的科技成果。不要让做学问的人天天在外面跑项目，耗费一些不必要的精力。随着市场经济的体制不断完善，我希望这个步伐应该快一点。"

（原载于2007年5月24日中国水利报现代水利周刊
记者　李真　摄影　刘小康）

链接文章▶▶

长江流域水资源配置的思考

陈进

传统的水资源配置思路通常是根据流域历史和现状缺水情况，预测未来用水需求，然后规划修建新的水库、引水、提水和灌渠等工程，不断增加供水能力，试图减小或消灭干旱，将大多数耕地变成旱涝保收的良田。从目前的情况来看，这种配置的愿望是好的，实际执行起来存在很多问题，这种规划思路已经不能够满足未来水资源可持续利用的要求，而采用需求管理和应急水量分配方案可能更经济合理。为了水资源可持续利用，必须调整水资源配置的思路，配置工作的重点应该由单纯提高供水能力向用水需求管理过渡，加强水资源保护和节水，提高用水效率。

长江流域已经进入用水量总体增长缓慢阶段

1949年，我国用水总量仅1000亿立方米左右，用水水平很低。新中国成立后，国家稳定，人民安居乐业，解决粮食供应是头等大事，供水能力也迅速增加。1949—1980年为用水高速增长期，人均年用水量从187立方米增长到450立方米，1980年全国用水总量达到4437亿立方米。据此，在20世纪80年代初，有关部门曾经预计未来20年用水需求年均增长率将达4%左右。事实上，1980—2000年全国实际用水量年均增长率仅1%左右，说明当时的需求预测估计过高。

从1980—2000年，长江流域人口从3.485亿增加到4.27亿，增加了22.5%，年增长率约1.2%；而同期GDP增长了8.26倍，年增长率达到11.1%；耕地面积和有效灌溉面积分别从31582万亩和19651万亩增加到33554万亩和21837万亩，分别增加了6%和11%。但用水量仅增长了3%，年增长率仅1.3%，同期农业用水比例也从70%降到59%，明显低于全国平均水平，工业和生活用水比例逐步提高，这一时期属于用水量小幅增长期。2000—2005年，长江流域用水总量变化不大。2005年流域总用水量1840.21亿立方米，其中农业用水占52.9%，工业用水占37.2%，生活用水占9.9%。从以上数据可以看出，长江流域已经进入用水量总体增长缓慢阶段，虽然工业和生活用水有所增加，但农业用水有减少的趋势，用水总量增加较少。

用水量与国家经济发展水平密切相关

再来看看世界发达国家的用水量变化：如荷兰工业用水，自1970年达到用水量零增长后呈稳定下降的趋势，但与此同时，1957—1982年，荷兰的工业产值却增加了3倍。日本工业用水量自1973年达到零增长后也基本呈下降的趋势，而在1965—1997年，日本国民生产总值增长了4.5倍，自1992年后，日本的总用水量也开始呈下降趋势。瑞典通过水质法令后，强制生产用水再循环利用，工业需水量急剧下降，1970年即达到了零增长，此后出现了负增长。从以上几个发达国家的用水量变化过程可以看出，用水量的增长在经济发展水平较低时，是与经济增长同步的，但随经济的不断发展和人们生活水平提高，对水资源的有限性认识水平和生态、环境保护要求不断的提高，全社会节水意识普遍提高，用水量的增长速度逐步减缓，最终达到零增长，甚至是负增长。

用水量增加的直接原因是人口增加和经济发展，人口增加使粮食需求增加，在过去主要通过扩大耕地面积和灌溉面积来解决，工业发展和人们生活质量提高也会增加用水量。根据发达国家已有的经验，当经济发展到一定水平，农业用水技术和效率提高很快，发达国家已经不从增加耕地面积或灌溉面积来增加粮食产量，主要通过精细和高效农业提高产量和产值，有了一定的资本积累和农田规模后，开始采用滴灌、喷灌和提高渠系水利用系数等节水措施提高用水效率，使农业用水量呈不断下降趋势。农业节水同时也减少了面源污染，对保护水环境有利。对于工业用水，由于排污量限制等环保法律法规的约束，迫使工业用水重复利用率提高，所以，一般工业用水量不但不增加，甚至还出现下降。人口增加，生活用水量自然需要增加。生活用水中公共用水（如绿化）并不与人口成比例增加，所以用水量真正增加的是居民生活用水。即使在发达国家，保持较高的生活水平，采用节水技术后，居民生活用水在200升/日左右也足够，年用水量仅73立方米左右。如果大力发展用水量较少的高新技术产业和第三产业，GDP增加较快，万元GDP用水量会明显减小。如果地区水资源自然条件差，还可以通过购买粮食引进“虚拟水”解决水资源短缺或保护自然生态与环境。目前许多发达国家已经进入用水量和污水排放量稳定或略有下降阶段，保证了水资源和水环境承载力不断提高，维持了良好的生态和环境。

长江流域需水预测

水资源配置的基础是准确的需水预测，它取决于人口的变化、经济发展速度和方式、节水潜力和人们对生活质量的要求等因素。虽然准确预测比较困难，但根据长江流域水资源利用现状和发达国家的经验，可以对未来流域需水情况作出一些初步的估计和判断。

定量估计可以采用两种简单方法估算：一种方法是假定2030年长江流域人口达到最高峰，按年均增长率0.8%（2000年全国平均增长率），2030年长江流域人口达到5.6亿，以2003年的人均用水指标计算，流域用水量将达到2219亿立方米，考虑到南水北调448亿立方米，总用水量将达到2667亿立方米，流域水资源利用率将达到26.7%。另一算法是假设农业和环境用水维持不变，工业用水量和人口按年均增加率0.8%（全国人口平均增长率）增加，到2030年总用水量将达到2010亿立方米，考虑南水北调后，总用水量将达到2458亿立方米，流域水资源利用率达到24.7%。前者采用的人口增长率不变，按现在的用水指标，结果可能偏大，可以作为上限；后者仅增加新增人口基本生活用水，并按城市生活用水标准考虑，结果可能更接近实际，可以作为下限。到2000年，长江流域现有水利设施供水能力已经达到2470亿立方米，从供水能力的总量上基本满足流域未来需求。

以上仅仅从长江流域整体分析未来流域用水量，由于长江流域是典型的大河流域，流域上中下游自然条件和社会经济发展水平相差较大，局部地区在枯水季节、枯水年份常常会出现干旱缺水，但从整体上讲不存在资源型缺水。长江流域未来水资源短缺最主要的问题是水质型缺水。改革开放以来，随着用水量的增加，排污量也大幅增加，再加上农业大量使用农药和化肥造成日益严重的面源污染，有毒害的固体废弃物随意堆放造成地下水的污染等等，使长江流域大多数湖泊、长江干流沿城市岸边和相当多支流水质污染严重，水质日益下降或恶化，因此，未来长江流域水质型缺水比工程性缺水问题更加突出。

长江流域水资源配置的工作重点

长江流域1956—2000年多年平均降水深1087毫米，折合降水总量为19370亿立方米，水资源总量9960亿立方米，其中地表水资源量9857亿立方米，不重复的地下水资源量为102.3亿立方米。2000年长江流域水资源开发利用率为15.2%，与我国北方地区比较，水资源利用率比较低，具有进一步开发利用的潜力。但长江与其他河流不同，水资源可利用量和生态、环境基流决不能与北方河流相比，河道需要的生态基流比例应该更大。水资源配置的思路不应该、也没有必要将剩余可开发利用水量都利用完，而应该将重点放在水资源保护、节约用水和解决水质型缺水问题上来。要解决这些问题首先是转变水资源配置的思路，提高水资源的管理水平。转变思路的对象包括三个层次，第一层次针对水利专业人员，在进行流域规划时不仅要从技术角度分析问题，还要从技术、经济、社会和生态、环境等角度综合考虑，提出科学和可行的规划，供政府部门和公众决策；第二层次是各级政府官员，应该树立科学发展观，要认识到并不是工程上得越多越好，良好的生态、环境和科学的管理才是可持续发展的动力。第三层次是对于广大公众，要提高公众对水的全面认识，节约用水和保护水环境只有全体人民参与才能成功。

基于此，未来长江流域水资源配置的工作重点可以考虑从以下几方面进行：①全面加强水资源保护，采用法律、经济、管理和技术多种手段减少废污水排放，严格按水功能区目标进行管理，对一般工业用水采用更严格的环保措施，实现达标排放和排放总量控制，保证生产、生活和生态用水安全。②配合做好南水北调工程，解决北方地区资源型缺水问题。但西线调水工程除需要解决工程技术难题外，还存在一些问题需要解决，如工程投资和运行管理体制、生态与环境保护、协调水资源调出地区和水资源调入地区水资源利用中的利益分配与补偿问题等。③在保护和解决好城市居民生活用水的同时，逐步改善农村农民的生活用水，使他们在未来能够得到安全的饮用水。④对于局部地区的缺水问题，首先要进行科学的需水预测和节水潜力的分析，慎重使用大规模的引调水工程。如果需水预测不准，建设和运行成本高或调水收益太低，不仅造成浪费，又影响了生态与环境。在解决好上述问题后，再考虑新建引调水工程。⑤长江流域水资源条件比较好，农业节水动力不强，但要引导农民调整农产品种植结构，逐步推广精细和高效农业，提高单位产值，提高用水效率。同时指导农民科学使用化肥和农药，减少面源污染。⑥改造和完善现有水利设施，逐步实现流域范围内水利工程联合调度运行。针对洪水出现机遇小的干旱季节和干旱年，流域和各地区应该分别制定应急水量分配方案和需求管理方案。⑦加强水文、水资源和生态、环境监测和科学研究，定期修改和完善流域水资源规划和水量分配方案。

赵卫民

黄河是一本大书

与国际及国内众多流域相比，黄河水文情报预报极为困难。为了实现水文工作的现代化，赵卫民与他的团队不懈努力，他认为，未来的水文发展，应该是多学科的融合。

访谈▶▶

采访黄委水文局总工程师赵卫民已经是第二次了。之前做黄委留学归国人员系列访谈时，我们有过一次接触，他给我的印象是真诚、睿智、幽默。而此次采访我意外发现了这个水文预报专家的另一面——嗜书如命。我看到，他的办公桌上堆满了各种科研报告与文件，而在电脑旁还放有《红楼梦》《读书》等书刊，于是，我们的谈话就从书说起。

梦想“读万卷书，行万里路”

对书情有独钟的他与水利结缘，并在这条路上乐此不疲地走下去。在他看来，万里黄河就是一本大书，穷尽一生也不一定能读懂它。

“每个人从小就会立志，您的梦想是什么？”“读万卷书，行万里路。”他脱口而出。但为什么对书情有独钟的他却与水利结缘，并在这条路上乐此不疲地走下去呢？在他看来，万里黄河就是一本大书，穷尽一生也不一定能读懂它。

档案◀

赵卫民，黄委水文局总工程师。

1963 年出生。教授级高工。河海大学水资源水文系研究生毕业，2002 年 10 月，受黄委委派赴荷兰国际水利学院(IHE)学习一年，获工程硕士学位。曾获“治黄科技拔尖人才”、黄委首届“优秀青年科技工作者”等称号。

长期从事黄河水文情报预报、水文水资源规律研究等工作。曾参加国家“八五”攻关重点科技项目、“国家防汛指挥系统工程”、水利部重点科研项目、国家自然科学基金项目、国家重点基础研究发展规划项目(973) 等研究工作。主持多项重大生产性项目。

赵卫民在豫西南的一个县城长大，父亲曾是军人，转业后在教育系统工作，母亲文化程度不高但酷爱读书，母亲读书的习惯潜移默化地影响着孩子。他兄妹5个，个个是“小书虫”，以至于吃饭的时候也会捧一本书，津津有味地读着。他坦言，直到现在，吃饭看小说的“坏”习惯还没改掉。

读书是他的爱好，也是他汲取知识的重要来源。他说自己学习成绩一直不错，是老师、家长眼中的“乖孩子”。读初中的时候，他有时会因为考试不理想而哗哗地掉眼泪，更多的时候是因为得了满分而暗自欣喜。他是班里唯一考入重点高中的学生。

他至今无法忘记收到华东水利学院（河海大学前身）录取通知书时的情景。“通知书是午饭时候收到的。一接到通知，全家人立即放下碗筷，开始按照报到须知的要求为我准备上学要带的必需品，把吃饭都给忘了……”他不好意思地笑了笑，“当时全家人是真高兴，对我来说，读大学是我‘行万里路’的开始，南京又是诗书里描写得最多的江南重镇……”

后来，他的中学同学说他是看着《红楼梦》考进大学的，他说这是“杜撰”；现在，他的同事说他旅游不进风景区，蹲在外面看小说，他说那是因为景点以前去过了。但说他是“书迷”，他却不否认。

在水文领域不懈前行

他30岁就被破格晋升为高工。但他很少谈自己的成绩，只是轻描淡写地把成绩看做是一种经历。

1980年9月，赵卫民踏入了他向往已久的南京，进入华东水利学院的校门，从此，也踏上了对水文领域不懈追求的征程。

他大学读的是当时华东水利学院的强势专业——陆地水文，毕业分配至黄委会水文局工作。怀着对母亲河的向往与敬仰，他忐忑不安地翻开了黄河这本大书的第一页，并深深地为黄河深厚的文化底蕴和雄浑的气势所折服。然而真正走近黄河，了解到黄河复杂的水文情势，触摸到黄河的脉搏气息，他困惑了。那随流而下的滚滚泥沙，那狂躁的中游暴雨洪水，那摇摆不定的下游冲淤河床，那分布密集的滩区人口……令他深深地感到黄河这本书的难读。他深知，要想读懂黄河，必须掌握更多的理论知识和专业技术才行。于是，1985年他再次来到华东水利学院，师从水文预报专家赵人俊，实现了读研的梦想。

硕士毕业后，赵卫民重回黄委水文局，用知识和热情再次投入黄河水文情报预报研究工作。由于成绩显著，在30岁那年，他被破格晋升为高工。但他却很少谈及自己的成绩，只是轻描淡写地把成绩看作是一种经历，总觉得跟更优秀的人比，相差还很远。和他共事多年的同事对他的评价是：踏实、爱钻研、知识面广、做事低调。

黄河防洪是关系到国家经济建设和社会安定的大事。“黄河防洪防凌决策支持系统”是“八五”国家重点科技攻关、水利部“十年减灾”科研项目，也是中国和芬兰政府合作的国际项目。该系统利用现代电子信息技术及时地为决策提供所需的各类信息，支持防汛指挥机构迅速、准确、高效地作出防洪决策。

20多岁的赵卫民作为该项目副设计总工程师，在黄委原副总工辛国荣等老领导、老专家的带领下，参与了项目建设的全过程，并主持完成了“暴雨、洪水预报模型”子专题。主要编写完成的“黄河防洪情报预报和调度系统软件需求分析说明书”，经与芬兰专家协商完善后成为该系统建设的基本依据。这次经历使他在黄河水文情报预报和计算机应用系统研究开发领域崭露头角。

之后不久，他来到北京，参加“国家防汛指挥系统工程”设计工作，主要参加完成了《中央决策支持系统总体设计报告》的编写。随后，又参加了《全国水文事业发展规划》的编制、《全国水情管理办法》的修改等工作。

他作为一个青年科技工作者，“小试牛刀”就得到了同行的认可，并多次被委以重任，我想，这些成功背后，是他长期读书思考、学习钻研的积淀过程。

很多人对“黄河小花间暴雨洪水预警预报系统”（简称小花项目）并不陌生，它是黄河水文由传统水文迈向现代水文的标志性项目。2001年，已是黄委水文局副总工的赵卫民负责项目的前期技术工作。项目建设之初，他工作非常繁忙，压力也很大。同事说，他经常工作至深夜，有时甚至整夜不休息。我问他，支撑他彻夜工作的动力是什么，他平淡而真诚地说：“工作起来时间过得很快，我怕一休息思路就断了。”

正当他踌躇满志地投入“小花项目”时，他接到了黄委青年科技人员出国留学的通知，这本该是令他异常兴奋的事情，可他却犹豫了。“出国就意味着要暂时离开小花项目，当时项目前期立项工作正处于关键时期，实在不忍一走了之。庆幸的是，我回国后又继续参与了这个项目。”

2002年，赵卫民作为黄委首批出国留学人员之一，踏上了前往荷兰的航班，在荷兰德尔伏特国际水利学院度过了一年的美好时光。

在荷兰的日子

在荷兰的日子是忙碌和愉悦的，收获也是丰厚的，除了专业和学术上的收获外，对荷兰及其他欧洲国家文明程度、管理模式、水资源政策的感触也相当深。

赵卫民曾在他的博客里这样描述在荷兰留学的日子：“在荷兰的日子是忙碌和愉悦的。300多个日子学习了近40门课程，参加了30次考试，完成了难以计数的作业，遇障碍时的烦恼，考试前的紧张，这一切熟悉而又陌生，两次当学生间的15个年头竟似无有，仿佛日子一直就是这么过的。”

赵卫民在荷兰读的是水文专业硕士研究生。由于特殊的自然环境，荷兰在洪水演进、农业水文等方面的研究较为先进，水文计算、洪水分析的思路值得借鉴。他说，除了专业和学术上的收获外，对荷兰及其他欧洲国家文明程度、管理模式、水资源政策的感触也相当深。

后来，缘于中芬"黄河下游防洪减灾系统"、中荷"建立基于卫星遥感的黄河水监测和径流预报系统"等合作项目，赵卫民作为中方代表，多次踏访欧洲各国。如今，他练就了较高的英语水平和国际交流能力，连续多年参加黄委高级职称评审英语考核工作。工作中，他常会通过各种渠道，快速了解国内外水文研究和生产前沿资讯，成为黄河水文现代化的引领者之一。

水文精神感动着我

在20多年的黄河水文职业生涯中，从河源到尾闾，他的足迹几乎踏遍了整个黄河。

为了更深层次地读懂黄河，赵卫民多年来坚持深入黄河水文基层调查研究。他感受到了基层职工不畏艰苦、无私奉献的黄河水文精神，他说："多年来自己一直被这种精神感动着和激励着。"

调查研究中，赵卫民常会和基层职工一起聊天、吃饭，有时还畅饮地方小酒，真实感受基层职工辛苦、孤寂的生活状况与奉献并快乐着的精神面貌。情至深处，他也会写点东西，记录水文人的真实生活。他说："水文人工作与生活的确艰苦、单调，但他们大都有着坚定的生活信念和坚强的水文精神支撑，心情是愉快的。他们有自己的一片天地，在那里他们就是国王，就是王后。"

谈及黄河水文人和在艰苦环境下乐于奉献的水文精神，作为黄河水文行业的技术负责人，赵卫民深感自己肩上的责任更加沉重了。如何大幅度提高黄河水文测报技术水平与测站自动化程度，最大限度地减轻测站职工的劳动强度，改善基层测站的工作条件和环境就成了他当前致力研究与不懈追求的重要目标。

从1993年开始做技术管理工作，直到现在担任黄委水文局总工程师，他始终以从容淡定的心态不断学习，且一步步地靠近国际先进的水文领域交流与合作平台。或许，这也是黄河水文精神在他身上的另一种体现。

他喜欢思考。他爱静静地坐在电脑前，编一些实用的小程序，也会参与黄委重大的系统软件研发。采访中，他饶有兴致地向我展示他编制的音乐短片《我的千山和万水》，里面收藏了他游历各国的照片和心情记录。

他喜欢独处。他的办公室紧邻郑州市的一条热闹而不繁华的街道，工作累了，他就坐在窗边看风景，他认为自己的性格属于被动型，他总想写篇文章，把文章的题目定为"我的被动人生"。

他处处留心。他喜欢一个人的旅行，独自背上背包，欣赏美景，体味人生，累了就拿出随身携带的书，有滋有味地读着。他经常会翻译一些自己喜欢的书，他认为这也是一种消遣方式。他会在与其他专家合作中认真总结、学习，他认为和高手同行，并能发现高手的秘诀，才会最快地提高自己。

关于赵卫民的故事还有很多，我只是描写了他的一个侧面，他不希望自己每天仅忙于撰写、审阅各种技术报告，更愿做些水文前沿研究工作，所以几年前他选择了我国著名的刘昌明院士为博士生导师，向着更深广的水文研究领域又迈进了一大步。我想，在未来的岁月里，他会得到读懂黄河这本大书的更多解码，因为他拥有知识、激情和追求。

对话▶▶

水文现代化是一个进程

现代水利周刊：水文情报预报是防洪减灾的一项重要的非工程措施。它在治理黄河中处于什么地位？目前黄河水文情报预报发展到了什么水平？

赵卫民：具体地说，水文情报预报工作是向管理、决策部门和社会各界提供各种水文情报和相关分析、预测、预报的基础性社会公益工作。

水文情报预报工作在黄河治理开发中作用十分重大。

首先，它能为黄河防洪减灾提供决策支持。黄河暴雨洪水具有突发性，而且来势迅猛，必须加强对暴雨、洪水的监视、监测，并能及时、准确地提供预报信息，才能实施好各项防洪减灾措施。

其次，它为黄河水量统一分配、调度和管理提供信息支持。只有了解完整、准确的降雨、河道径流、工程蓄水、取退水、需水等信息及来水预测，才能提出科学合理的水资源调度方案并在实施过程中进行调整。

最后，它是开展水土保持、水环境保护和生态系统建设的前提条件和检验依据。对流域规划及水工程设计、运行、科研等也具有不可替代的基础性作用。

黄河水文情报预报工作发展很迅速，目前已经建立了包括卫星、手机短信、电话、计算机网络在内的水情信息传输系统，建立了黄河洪水预报系统、径流预报系统、降雨预报系统和气温预报系统，还建立了各类数据库系统和水文信息服务平台。当然，由于黄河的问题十分复杂，这些系统都有待进一步提高。特别是水文信息服务系统，目前已成为水文向各界服务的制约瓶颈，亟待加强。

现代水利周刊：黄河是多泥沙河流，与清水河流相比，会对水文情报预报带来一定难度，我们是如何保证情报、预报及时、准确的？

赵卫民：与国际及国内众多流域相比，黄河水文情报预报确实极为困难。存在洪水突发性大、高含沙洪水演进过程复杂、干流河道冲淤变化频繁、公共服务设施水平低、人类活动频繁等很多制约因素。

我们正在建设的小花间（小浪底—花园口区间）暴雨洪水预警预报系统是我们解决这些问题的一个缩影。为提高水文情报的时效，我们采用自动化传感器和北斗卫星、手机短信等手段自动采集、传输雨量和水位信息。为解决洪水预报预见期短的问题，我们采用暴雨预报和洪水预报耦合的方法，利用高分辨率中尺度降雨预报模式、卫星、雷达等手段，使花园口洪水预报预见期由当前的16小时左右延长至30小时以上。为提高洪水预报精度，我们在三花间（三门峡—花园口区间）采用分布式水文模型，加密、改造报汛雨量站，利用雷达、卫星获取降雨的空间分布，采用遥感信息获取下垫面状况并对模型参数进行分析、率定。水位预报采用水位流量关系分析、水力学模型、人工神经网络系统等综合方法。

现代水利周刊：我们常说，水文是水利工作的基础，实现水利现代化首先要实现水文现代化，您是如何理解水文现代化的？

赵卫民：我认为水文现代化是一个进程，它的基本标志包括水文自动化、数字化、网络化。其实这几个方面是很难区分清的。可以这样说，水文自动化偏重指利用先进的水文仪器，实现水文信息自动、实时在线采集。自动化也包括后期处理、预报等自动化和智能化。

数字化的核心是信息的定量化和可计算化。水文数字化的基础很好，因为几乎所有水文信息都是定量的，现在的主要问题是由于含沙量大等原因，一次仪表（传感器）采集信息（即直接通过与水接触进行水文测验）的比例还比较高。从数字化本身的理念来说，首先要实现空间地理信息的自动采集和管理，即对象的背景或环境信息。离开相对“连续”的空间信息，很难称为数字化，这就涉及遥感定位系统、数据库、地理信息系统、互联网等。其次要实现数据分析、过去情景再现和未来情景模拟，即反映对象运动规律的数学或数学物理模型体系，再者是信息服务的网络化，即随处可及的信息服务体系。所以，数字化实际也涵盖了水文现代化的各个方面。

网络化不仅指信息服务的网络化，也包括从采集到传输、处理、预测预报、信息服务等各个环节的信息、指令等自动流转，它是由传感器、通信、计算网络、计算控制平台、应用软件系统等构成的体系，其中计算机网络是核心或基础。如我们在白马寺站实现了测流的远程控制化，在洛阳或郑州均可通过网络实时在线控制测流过程。这也是自动化、数字化问题。

现代水利周刊：您参与了很多中外合作水利项目，您认为中外合作的意义在哪里？未来黄河水文研究的发展方向是什么？

赵卫民：我认为中外合作就是一个取长补短的过程。世界各国有各自的优势，荷兰偏重于水网航运和灌溉，所以对降雨、水位关注较多，测流量少；美国主要关注水位与流量关系；我国水文的优势在于站网密集，测量频次多，资料丰富、需求旺盛，水文队伍强大，基础理论研究也比较领先，我们国家水文前辈赵人俊先生开发的新安江模型和超渗产流模型至今很多国家还在用。

在中外合作中，不仅要学习国外的先进技术，其在各方面体现出来的基本理念、管理思想和模式也很值得我们借鉴。如先进国家各方面的制度化、有序性、敬业精神等，我们向管理要效率和效益的空间很大。

过去，对水文的要求是要测得准、报得出，要不惜一切代价。现在，观念已有所转变，要求以人为本，强调通过技术进步，实现一次仪表到二次仪表的转变，保证测报安全。未来的水文发展，应该是多学科的融合，包括量测技术的进步、实时在线测验仪器的研究开发，“点、线、面、体、质”五元结合，更清楚地给出水循环的物理图景。同时，利用遥感技术、地理信息系统等找到空间信息与水文模型结构和参数之间的关系。总之，未来水文的发展热点将包括数字化和智能化二次仪表研发、分布式水文模型应用研究、水文气象耦合系统、遥感水文研究等。

（原载于2007年6月28日中国水利报现代水利周刊

通讯员 王静琳　　摄影 龙虎）

链接文章▶▶

交叉、分叉、交融：水文学的困境与出路

以初学哲学的水文工作者的眼光来看，水文学是研究学科交叉命题的极佳焦点。本文围绕水文学的定义、研究范围、研究方法，在学科交叉、分叉、交融的语境下就水文学科进行一些剖析。需要指出的是，学科的发展受社会需求、整体科技发展水平、学科内在因素和国家科技政策共同制约，有极其复杂的社会、历史原因，但限于篇幅和才力，本文的剖析只限于部分表象。

虽然《中国水利百科全书》把水文学定义为研究地球水圈的存在与运动的科学，是地球科学中一门独立的基础科学，主要研究地球上水的形成、循环、时空分布、化学和物理性质以及水与环境的相互关系，但上述定义下的水文学实际上相当大的部分被肢解到海洋学、气象学中，水文学仅限于陆地水文的研究，即所谓的陆地水文学。当然，也可以得出相反的结论：学科的交叉与发展构成了水文学的方方面面，因为从古到今，并没有一个大而全的水文学科在那里等着被肢解。事实也确实如此。问题是，水在地球上存在于大气、海洋、陆地（含地下）和生物体中，经降雨、径流、蒸发、水汽输送形成一个完整的大循环。而在大循环中，由于雨既可降落到陆地，也可降落到海洋，水既可由海面蒸发到海洋上空，亦可自陆地蒸腾到陆地上空，而水汽同样既向陆地方向运动也向海洋方向运动，所以大循环中常套着小循环。参与循环的有质量、能量、化学、生物等。当水文学研究范围被限定在陆地水时，谁来统领水文学？或者水文循环的全貌谁来描绘？

即便对陆地上的水，水文学也无力作出全景式的描述。陆地上的水均要经植物（或不经植物）以散发（蒸发）的形式向空中运动。影响蒸发的除了水分的供应程度外，还有辐射、风、气温、空气湿度，因此蒸发基本上是气象学问题。而散发还与作物（植物）的种类、生长季节有很大关系。在农学家的眼里，作物的散发量即是作物生长的耗水量。水进入土壤后向下、向旁侧的运动受制于地表水供水程度、岩土性质、地下水位位置、岩土孔隙中原有水分含量。但严格按数学物理方法研究水流在有孔介质中运动的是流体力学、水力学和水文地质学等。而水沿毛细管及植物根系上升的研究成果大多由土壤学和农学研究完成。水汇入河道后沿河流向下游、向海洋运动。以

质量、能量、动量守恒体系建立偏微分方程组研究水流运动的是流体力学、水力学、泥沙运动学、河流动力学等，对河流形态、河床演变等进行大尺度研究的是地理学、地质学和地貌学。研究水的各种物理、化学性质、水中各种生物、微生物、营养成分、重金属离子及其他微粒污染物、光热作用等的是化学家、环境学家、生物学家。关于水出现的研究已基本置换为水事件出现的频率研究。在此领域，水文学的作用一是在数学家给出的分布函数群中作出选择并确定参数，按照概率理论、统计理论确定水事件的出现频率或给定频率的水事件，二是建立不同事件之间的关系，如将一定频率的降雨量转化为相应的水，并给出降雨或水在时程上的分配。因此，部分问题又转了回去：水如何由降落到地面的雨循环为河道里的水。

考察水文学科结构及其发展还能看到另一个现象：交叉后的分叉与变异。当代水文学发展过程中出现了两次分叉变异。第一次是随着环境问题的突出，水质研究呈现出活跃趋势，当这种趋势演化到具有一定实力时，水质研究便从水文学中分化出去，加入环境科学的队伍。第二次则随着社会对资源问题的重视，全国乃至全球的水文院、系、所均已演变为水文水资源院、系、所，或者干脆把水文扔掉，只留水资源。从水文学变异到水文水资源学或水资源学，提升的是水文学解决社会突出问题的能力，变异的是水文学研究的方向。水文学的基本问题并没有很好地解决，但关注这些问题的人却越来越少。

剥离了其他学科，便可以考察水文学或水文学家究竟在研究什么及如何研究。首先，降雨在时间和空间上的分布。其次，蒸发或蒸发参数在时间和空间的分布。第三，降雨落到地面以后如何表现：被植物截留、填储洼地、渗入土壤、沿坡面运动。第四，进入土壤的水分如何向下、向旁侧运动，并在河道中表现出来。第五，坡面上的水流如何汇入河网。第六，河道里的水流如何向下游演进。第七，各种频率的水(含降水)事件及其关联。第八，环境变化(主要是人类活动如伐林造林、修筑堤坝、铺路造桥、雨水储留、耕作放牧等)产生的水文效应。水文学在这几个方面的研究都有一个共同特征：抓大放小、重两头轻中间。水文学不追求过程的详尽数学物理描述，而强调利用有限的观察、观测来构造具有一定物理背景的中间环节，以实现水现象之间的转换。观测观察、概化假定、检验验证是水文研究的基本思想，系统理论是水文学的主要工具。概念性水文模型是实践这一方法论的成功范例。

作为一门以观测观察为最基本支撑的学科，水文学的发展始终受量测技术发展的瓶颈制约。反过来，量测技术的每一次进步都促进了水文学的极大发展。15世纪以前，没有现代意义的观测技术，水文也只停留在模糊意识、朴素思想阶段。15世纪后，随着雨量计、蒸发器、流速仪等的问世，以定量计算为标志的近代或现代水文学出现并得到发展。现代水文学以现代量测技术为基础，主要特征是大量概化、简化的经验水文公式和水文方程的出现。如前所述，水文学家守在有限的“灯下”，做着“麻袋上绣花的工作”。水的存在和变化具有空间广域性、空间时间连续性和众多环节的不可见、不可测性。降雨在空间和时间上存在巨大的差异，蒸发、下渗、产流、汇流（含地下水汇流）极大程度上受地质、地貌、植被及人类活动制约，同样具有空间差异性和渐变或突变的时间差异性。现代技术只能提供有限空间点和时间点的量测值，而地表以下部分水的运动变化基本上无法直接量测，因此，水文学研究长期停留在较为粗浅的水平上。给现代水文学带来第一个本质变化的是上世纪中后期的计算机技术和雨量自动观测传输技术。计算机的出现使水文学家或水文工作者从数学用表、计算尺中解放出来，巨量、复杂的计算成为可能，于是带来了水文模型发展的高潮。大量具有更多物理背景、更复杂数学计算的水文模型如雨后春笋般涌现。水文模型不仅使水文预报、水文规划等生产部门受益，作为研究水文过程、验证各种假说的工具更使水文学家受益匪浅。同时也正是计算机技术的出现，使分布式水文模型萌芽、成长。如前所述，由于量测及计算技术的限制，以前的水文模型处理的是几百、几千平方公里的区域并假定该区域内降雨、土壤水分、蒸发、下渗统统不变，与实际相去甚远。计算机的出现理论上可使这种水文模拟区域缩小到以平方公里计。降雨的自动测量、存储、传输技术至少可以使局部区域的降雨（主要是暴雨）的空间分布和时间分布得到控制。

真正可能使水文学得到质的飞跃的是近二三十年迅猛发展的当代信息技术。这里首先是3S技术。遥感技术、全球定位系统和地理信息系统终于使水文学可以处理空间差异问题了。至少，通过遥感可以得到极高分辨率（可以以米为单位计）的地貌、植被、土壤水分的状态或状况。当然，利用遥感获取信息还有很长的路要走，如遥感探测的只是各种电磁波谱，必须经过转换才能表述为实际的物理量值，而这又必然离不开地面的观测。对水文学而言，同样重要的是雷达测雨技术。雷达测雨真正实现了降雨的空间分布控制。核技术的应用使土壤水分的观测、地下水运动的追踪成为可能。其他，如水位、流量、水质、泥沙、蒸发等定点在线自动观测技术均已开始走入生产实践，其意义同样不亚于3S技术。当代卫星通信技术同样功不可没。

无数水文试验的成果表明，尺度不同，展现在我们面前的物理图景也不同。即便是点研究，由于时间尺度的不同，得出的结果也会大相迥异。以分、秒为时间单位研究试验小流域的降雨径流关系可以得出极佳的效果。但随着时间尺度或空间尺度的增大，这种关系便会被掩盖住。当代信息技术的种种发展将使水文学可以从经典的点研究走向面研究，也使时间尺度缩短很多，必将对水文科学带来质的飞跃。但这种飞跃何时能完成尚是未知数，如何实现这种飞跃尚需进一步实践和研究。但有一点可以肯定，仅有学科的交叉是不够的。学科的交叉只能为学科的发展作准备，交叉后的融合才是真正的关键。

分析至此，我们可以从几个层面认识水文学。第一，水文学是众多学科交叉形成的大学科；第二，水文学还没有形成完整的思想与体系，众多的交叉点仍粗糙地堆积在一起，没有很好地整合和熔融；第三，迄今为止，在大水文学的框架下，水文学家的贡献偏少；第四，水文学只有依托当代信息技术（含量测技术）并融合其他学科的成果才能有较大发展。

透过水文学也可以粗略地审视整个科学技术。可以看到，学科交叉仍是当前科学发展的兴奋点，但学科交叉之后，却有两条路可走，一是分叉，作为新的学科往前走，二是交融整合，壮大本底学科后往前走。相对而言，前一条路风险稍大。新的交叉学科可能会黑马般异军突起，也可能逐渐销声匿迹或不了了之。因此，交叉后可以分叉，但分叉后必须适时回归。用河流来形容学科的这种发展最恰当不过。河纳百川，奔流入海，才能成功辉煌，而河行分叉，虽在所难免，但若不及时汇合，便必然有部分水流会消散于空中。

刘学敬

站在高处谋水利

邯郸，一座悠久的历史文化古城，一个重度资源型缺水地区。现如今这里却有了“江北水乡”的风韵，清水流了起来，城市美了起来，百姓乐了起来。水利局长刘学敬告诉我们，其实这一切的变化都源于能从全局的角度思考水利，跳出水利看水利。

档案

刘学敬，河北省邯郸市水利局局长。

1953年8月生于河北省肥乡县，中共党员。1977年毕业于河北农业大学水利系，1977年9月至1990年2月在肥乡县生产指挥部、肥乡县政府任干事、科长、副主任、主任职务，1990年3月至1995年3月任肥乡县副县长，1995年4月至1998年1月任磁县县委副书记、县长，1998年1月至2006年4月任磁县县委书记，2006年4月至今任邯郸市水利局党组书记、局长。

记者手记

但求无愧于心

“但求无愧于心，这就是我做人的准则。上对得起党，下对得起百姓，对得起自己的工资，如此而已。”铿锵有力，掷地有声，让我们对刘学敬这位刚上任一年多的邯郸水利局长有了最初的认识。

初见刘学敬，你会误以为他是行伍出身，因为他魁梧的身材、响亮的嗓音、爽快的性格，确实有着军人般的豪气。

刘学敬是在前任老局长退休后接手水利局工作的。对他而言，水利是个既熟悉又陌生的行当。刘学敬是土生土长的邯郸人，学水利出身，但毕业后却一天水利也没有干过，而是一头扎到了基层。没想到，这一去就是近30年。2006年4月，刘学敬从磁县县委书记的岗位上调任邯郸水利局局长。用他的话说，“30 年，终于回归了水利”。

刘学敬坦言自己是从农村走出来的，祖祖辈辈都是本分的农民，对农村有着深厚的感情，也深知水利对农民的重要。因此，尽管已经 54 岁，依然雄心勃勃，要为邯郸水利做些事情，为邯郸老百姓谋点福利。

邯郸缺水，如何解决邯郸的水问题，让刘学敬费尽了心机。“我就是想让老天赐给邯郸的水，一滴都不浪费，要让水在邯郸大地上流动起来。”

新官上任三把火。刘学敬的第一把火就是搞“生态水网”。“东蓄、中调、西治”的三部曲，实现了他让水在邯郸大地上流动起来的愿望。

做生态水网只是初步设想，刘学敬告诉我们他要把邯郸的水资源先管理起来，把现有的水利工程都疏通好，让邯郸因水而兴、百姓因水而富、城市因水而美。如今，生态水网工程已经初见成效，来参观取经的同行络绎不绝，上级领导更是对水利部门的工作给予了肯定。邯郸人民对水利有了全新的认识。

在这么短短的时间内取得如此令人瞩目的成绩，没有一支吃苦耐劳的团队，就不能实现。刘学敬深知这一点，因此他把改善职工待遇作为自己的另一项重要工作。“当时我来水利局的时候就说过这么一句话，我要让这个系统的职工过得最好。”“我所向往的一件事情，就是对国家、对社会、对我们本单位的职工都有利的‘三个有利于’。”

刘学敬是忙碌的，在这个没有休息日的周末，他信心满怀地向我们承诺：请你们相信，生态水网要再继续推进两年，邯郸将发生巨变，成为中原宝地。可以想象，几年以后邯郸市 15 平方公里的水面将是多么壮观的景象，邯郸将成为名副其实的北方水城。

对话 ▶▶

建设生态水网，促进人水和谐，为邯郸百姓谋福祉

现代水利周刊：邯郸是著名的历史文化名城，我们大家并不陌生。但是对于邯郸的水资源情况了解得还不甚多。您能简单介绍一下邯郸的水资源情况吗？

刘学敬：与海河流域大多数城市一样，邯郸面临三大水问题，即水多（洪涝灾害）、水少（干旱缺水）、水脏（水环境恶化）。

邯郸市水资源总量 16.7 亿立方米，人均水资源量 191.6 立方米，是全省平均水平的 61%，全国人均水量的 7%，属重度资源型缺水地区。

邯郸市是确保河北省乃至京津地区防洪安全的第一道屏障。流域内的漳河、滏阳河、洺河等众多河流呈扇形分布。上游山高坡陡，植被稀少，源短流急；下游河窄坡缓，村镇聚集，一遇洪水，常因宣泄不及而溃堤或漫溢。汛期（6～9月）降雨占全年的75%，且主要发生在“七下八上”的主汛期，境内又有京广铁路，107、106、309国道和京深高速等众多国家交通、通信干线，防汛任务十分艰巨。

在2006年生态水网通水之前，大多数浅层地下水已达不到饮用水源标准。改善水环境与生态的压力很大。

现代水利周刊：我们了解到，邯郸水利目前有两大亮点：生态水网工程和“村村通自来水工程”。您能简单介绍一下这两大亮点吗？

刘学敬：邯郸缺水，这是客观事实。但另一个事实是，多年来，邯郸市境内的地表水资源并未得到充分利用。2006年，我上任市水利局局长后，按照市委、市政府的部署，针对如何解决这一问题开展了大量调查研究，经过数十次高层次、大范围的论证修改，结合邯郸市水系条件以及东部平原区、中部主城区和西部山区丘陵区的地理特点，最终形成了“东蓄、中调、西治”的邯郸生态水网工程实施方案。工程目前正在实施，并且已取得了初步效果。

2006年12月31日，邯郸东部平原生态水系工程实现了通水。截至今年7月1日，按照“空网迎汛”的调度原则，东部水系暂停供水。本次输水时间共182天，我市东部平原13个县境内的870公里骨干河渠首次实现了长时间、高水位过水，其中1/2的河渠是干涸30多年后首次通水，创下了各排灌渠道通水的历史记录。据统计，水网累计供水3.54亿立方米，取得了良好效益，受到广大人民群众和各级领导的交口称赞。同时，生态水网共补充地下水约9000万立方米，据设在水网沿线22个地下水观测断面数据显示，水网干线范围内地下水位自20世纪80年代以来首次止跌回升，平均上升0.7米，最大上升了2.51米。

现代水利周刊：生态水网建设对于邯郸的意义在哪里？要达到怎样的效果？建设的指导理念是什么？

刘学敬：生态水网工程由于其切入点准确，以较少的投入，可产生巨大的生态、经济和社会效益。

首先是生态效益。邯郸生态水网建成之后，一是改善主城区环境。把水源源不断地引入规划中的五河四湖。经过3～5年城市水系建设，使整个城市水系“活起来、流起来、清起来”。二是修复平原水生态。通过东部平原水网工程，既可改变多数河渠常年干涸的局面，又可基本满足小城镇生态用水。通过对地表水的不断补充，可形成河渠、坑塘、洼地等70多平方公里的“天然水库”。三是有效补充地下水。用地表水置换地下水，同时补给地下水，可有效地减缓地下水下降速度，改善地下水生态与环境。四是优化配置水资源。基本达到蓄住天上水、涵养生态水、回补地下水，改善邯郸小气候。

其次是经济效益。一是通过“两引工程”的实施，将为西部重工业区发展和“四大”建设提供足够的备用水源，并逐步实现工业用水资源的优化配置。二是向东部13个县提供农业用水，两年后可将灌溉面积扩大到150万～200万亩，可增产粮食约3800万公斤，减少农民浇地成本1亿元以上。沿河渠群众还可调整种植结构，开展特色农产品种植，提高农民收入。三是通过绿网工程，渠岸植树900万株，除改善生态与环境外，每年还可给农民带来一笔十分可观的收入。四是路网工程建设，不仅给群众通行带来方便，还将形成纵横交错的水路风景，促进乡村经济和旅游业的发展。

最后是社会效益。生态水网建成运行后，政府出资为群众买水，体现了工业反哺农业、城市支持农村和“多予、少取、放活”的方针。这将是继减免农业税费之后，给农民带来的又一巨大福祉，为社会主义新农村建设添上浓墨重彩的一笔。特别是将形成一个水景秀美的邯郸城，改善邯郸市的人居环境，提升城市品位和综合竞争力。

我们建设生态水网，始终坚持一个理念，就是促进人水和谐，为邯郸百姓谋福祉。

搞集中式供水站不仅供水保证率高、水质好，而且可以解决长效管理难的问题。实践证明这条路是可行的，政府投资少，群众得实惠，投资者有收益

现代水利周刊：我国其他省市也在实施“村村通自来水工程”，邯郸有什么亮点吗？

刘学敬：“村村通自来水工程”是邯郸在实施国债农村饮水安全工程的基础上，为加快解决农村饮水问题而提出的。如果说亮点，主要体现在两个方面：一是市县级财政全面投入，体现了各级党委和政府对农民的关爱；二是坚持以集中供水站为主要形式，推行市场化的建设和运行管理模式。

现代水利周刊：在“村村通自来水工程”实施期间遇到的最大问题是什

么？邯郸水利局是如何解决的？

刘学敬：巧妇难为无米之炊，最大的问题还是资金。让几百万人用上自来水，资金总需求量很大，只靠国债资金是远远不够的。但是我们通过实践，认定搞集中式供水站不仅供水保证率高、水质好，而且由于有规模效应，可以实现市场化运作，既解决筹资的问题，又能解决长效管理难的问题。因此，邯郸市水利局在全市大力推广集中供水站建设，把国债资金合起来用，不仅投资省，而且能扩大供水范围。同时，还谋划了市财政以奖代补的方法，引导、吸纳社会资金投入。实践证明这条路是可行的，政府投资少，群众得实惠，投资者有收益，各方都满意。

现代水利周刊：“村村通自来水工程”应该说是一项惠民工程，通自来水前的景象是什么？自来水通了以后发生了什么变化？有什么让您印象深刻的事情？

刘学敬：我来自农民家庭，对农村吃水难有切身感受。直到现在，仍有许多农民不能用上方便清洁的自来水。可以这么说，饮水问题未解决是邯郸社会主义新农村建设中的一个不和谐音符。饮水不安全严重影响农民健康，因水致病的群众很多，在其他方面也降低了农民的生活质量。举个例子，洗澡、洗脸都是你用完了我用，用成黑水还舍不得倒掉。我在磁县任职时，有一次老家村里来了几位长者，他们是受乡亲之托，希望我能帮助他们解决村里的吃水问题。我正好下乡了，他们就在门口等了一天。这件事对我触动很大，乡亲们的要求并不高，吃上干净水而已，但就这要求也难以达到，我心里很不是滋味。就任水利局长后，恰逢水利部提出把解决农村饮水安全问题作为今后一段时间的首要任务，愿望与职责不谋而合，我就下决心在解决父老乡亲吃水问题上做点实事。

从今年开始，在国家投资的基础上，邯郸市政府每年增加投资3000万元，计划用五年时间，让1180个村146万人用上安全、方便的自来水。今年我们已经开工了42处集中供水站，可使30余万人用上自来水。

通上自来水的村庄，农民们用水能像城里人一样，水龙头里24小时有水，而且水质有保证，老百姓非常满意，许多人家都安上了太阳能淋浴器，买了洗衣机。不但饮水问题解决了，农民的生活质量也提高了。老百姓是真心高兴，真心感谢党和政府。

现代水利周刊：您认为当前邯郸水利还存在哪些问题？

刘学敬：首先是水资源短缺的问题。其次是水利工程老化失修问题。第三是水利自身发展问题。

现代水利周刊：解决这些问题的基本思路和途径是什么？

刘学敬：解决缺水的问题，要开源、节流、治污并重。开源方面，继续抓好生态水网工程的建设和管理，充分利用漳河、卫河、滏阳河水源；打通境内外水路，谋划实施引黄工程等跨境引水工程；积极配合推进南水北调工程建设；抓好雨洪水、中水的利用等。节流方面，要以节水型社会建设为抓手，促进水资源的高效配置，提高水资源利用效率和效益。治污方面，以水网建设为契机，出台水资源管理条例和生态水网管理办法，加强排污口管理和水质监测工作，加强与环保部门的配合，共同促进水环境改善。

解决水利工程建设和管理问题，关键在于体制和机制的创新。要在积极争取上级投资的同时，改革水利工程的管理体制和运行机制，如水库管理权的下放，桥闸涵管理权的移交，末级渠系用水者协会建设，民营水利发展等。

解决水利自身发展问题，关键在于解放思想，用市场经济的思路去培育水市场，开拓水市场。我来到水利局之后，始终向职工强调这样一条思路，即水利不能只是提供单纯的行政性服务，要注重经营性服务，要牢固树立水产业的观念。我们目前正在做几项工作：一是结合邯郸市正在规划的两条工业走廊和市、县工业园区建设，谋划工业供水工程新格局；二是培育农村集中供水站市场，这是一个几百万人的巨大潜在市场，是水利部门的新阵地；三是由市水利部门控股，筹资兴建五座小型水电站，同时加强农村电网建设，扩大郊区供电范围；四是勘测设计和施工单位实行内部改革和改制。目前邯郸的水利设计院是甲级院，已走出国门承揽了多项境外设计任务，年设计费收入达1000万元，他们的职工收入在全系统领先，这也是我一贯提倡的责权利相配套，贡献与获得成正比的观点。

围绕中心干水利，有为方有位；科学发展谋水利，人水要和谐

现代水利周刊：作为邯郸市水利工作的“带头人”，您认为水利工作如何为经济社会可持续发展服务？

刘学敬：我当过多年县长、县委书记，大局意识、中心意识较强，对抓经济促发展也有比较丰富的经验。

我认为，作为水行政主管部门，要围绕水做文章，但做好这篇文章就不能眼睛只盯着水，而要做到跳出水利看水利，站在高处谋水利，要有政治上

的敏感性，也要有市场经济的头脑。既要围绕水利行业的安排部署去开展工作，又要围绕本省、本市经济社会发展大局去谋篇布局。

要干好水利工作，就要把科学发展观的理念贯穿始终，围绕中央治水方针谋划工作，并一点一滴落到实处。生态水网工程是这样实施的，村村通自来水工程也是这样实践的，防汛抗旱要实现两个转变，生态水土流失治理要充分发挥大自然修复能力，以水权水市场理论为指导建设节水型社会等，这些理念的落实都要立足邯郸市情，一步步地扎实推进。

可以概括成两句话：围绕中心干水利，有为方有位；科学发展谋水利，人水要和谐。

现代水利周刊：从事水利工作以后，您最大的感触是什么？

刘学敬：我的感触是三句话，水利责任重大，水利任务艰巨，水利大有可为！

说责任重大，防洪安全、供水安全、生态安全，哪一项也离不开水利；说任务艰巨，邯郸面临的三大水问题，没有一项是能够在短期内解决的；说大有可为，从中央到地方，对水利的关注度在不断提高，就说邯郸市，今年仅市级财政就安排了两个多亿的水利工程资金，争取到的上级资金预计也有这个数字。这么多投资下去，想不见成效都难。

现代水利周刊：您是如何看待肩负的压力和责任的？

刘学敬：压力源于责任，作为一个市水利局长，尽管官职不高，但也要对得起领导的信任，对得起人大代表的选票。我总是说，要认认真真谋事，坦坦荡荡共事，实实在在干事，堂堂正正做人，清清白白做官。用一句话说：要对得起良心。

首先要把中央的治水方针贯彻下去，同时，要让水利部门为邯郸经济社会发展做好服务。我真心地想为邯郸市的老百姓干点实事，想为我们的水利职工干点实事，让他们得到实实在在的好处。我今年54岁，别的不说，等我退休时，回头想想，在任几年干成了几件事，老百姓有人说水利部门的好话，职工大体上满意，就可以了。

（原载于2007年8月9日中国水利报现代水利周刊

记者　吕娜　刘艳飞　贾君洋）

链接文章▶▶

做活"水文章" 打造人水和谐城市

刘学敬

邯郸市地处晋、冀、鲁、豫四省交界，近年来经济发展势头强劲，全市财政总收入和国民经济生产总值在2005年就突破了百亿、千亿元关口，并以每年超过10%的较快速度增长。"十一五"期间，全市上下齐心协力，为实现河北省建设沿海经济强省和邯郸市建设四省交界区域经济中心城市的目标而奋斗。作为水行政主管部门，必须围绕全市的战略目标去谋划工作，保障全市防洪安全、供水安全、生态安全，并站在以人为本的高度，谋划如何为建设生态宜居城市提供保障。这就必须要做活"水"文章，并且以人水和谐的理念开展水利建设。

一、邯郸市水利基本情况简介及问题分析

邯郸市位于河北省最南部，太行山东麓。全市辖区总面积12047平方公里，其中京广铁路以西山丘区面积为4460平方公里，全市共辖14县1市4区214个乡镇5402个行政村，总人口884.1万。

(一)水资源基本情况

邯郸市地处暖温带半湿润半干旱大陆性季风气候区，多年平均降雨量为548.9毫米（1956—2000年系列）。根据河北省水资源第二次普查结果，邯郸市年均可用水资源量16.7亿立方米，人均占有量191.6立方米，仅为全省平均水平的62%、全国平均水平的9%，远远低于联合国规定的人均500立方米的严重缺水线标准，属于重度资源型缺水地区。在2006年底生态水网通水之前，东部平原深、浅层地下水位平均每年下降1.49米和0.52米，形成5184平方公里的超采区和1549平方公里的降落漏斗。

深层地下水超采区主要分布在邯郸市东部平原咸水微咸水分布区，集中在馆陶、曲周、邱县、鸡泽、广平等地，浅层地下水超采区主要分布在浅层淡水分布区，集中分布在成安、临漳、肥乡、魏县、大名等地。西部山区中小型水库较多，地下水入渗回补条件较好，但多数地上河流只在汛期过水。

(二)水利建设基本情况

经过多年的建设，邯郸市建成了较为完善的防洪、抗旱、生态保障体系，

全市水利工程每年供水总量约20亿立方米，为经济社会的发展输送了源源不断的“血液”，为构建和谐社会奠定了基础。境内河流属海河流域南系，分属漳卫河、子牙河、黑龙港、马颊河四大河系，主要行洪排涝河渠有漳河、卫河、卫运河、滏阳河、洺河、留垒河、马颊河、老沙河、支漳河以及东风渠、魏大馆排渠等，堤防长1058.06公里，现状防洪标准5～50年一遇；有大名泛区和永年洼两处国家级蓄滞洪区。

截止到2006年底，全市建有水库83座，其中大型水库2座，中型水库6座，小型水库75座，总库容15.89亿方；建水闸137座；机电井保有量97512眼；万亩以上灌区19处；全市总耕地面积976.52万亩，有效灌溉面积达到808.53万亩，节水灌溉面积达到360万亩；累计治理水土流失面积2373.7平方公里；水电总装机容量51106千瓦，设计年发电量1.63亿千瓦·时。

（三）存在的主要问题

水多、水少、水生态恶化这三大水问题邯郸市都不同程度存在，其中以缺水问题最为突出。近年来，全市水资源的供需矛盾日益尖锐：随着人口持续增长并向城市集中，城市供水压力巨大；二、三产业挤占农业用水和生态用水，农业用水靠超采地下水维持；用水结构不合理和水污染进一步加剧了水资源紧缺程度。水资源短缺已成为制约全市经济社会发展的“瓶颈”因素。按现有GDP增长速度和单位耗水量测算，供需缺口将进一步扩大，如不及早采取措施，水资源将无法支撑全市经济社会持续发展；防洪方面，城市防洪标准偏低，制约了经济社会发展，山区小水库和山地灾害地区的管理急需加强，主要行洪河道需实施统一治理；水生态方面，水污染问题较为普遍，需要与有关部门联合加强治理，西部山区2700多平方公里的水土流失区和东部平原800多平方公里的沙化区需长期不懈地实施治理；解决农村人口饮水安全任务非常艰巨。

二、做活“水文章”，破解“水问题”

（一）做足“水网”文章

邯郸市去年启动实施了以“东蓄、中调、西治”为内容的生态水网工程，已收到初步成效。目前“东蓄”即东部平原河渠水系疏通拦蓄工程已试通水半年，输水3.4亿立方米，今年10月底即可全部完成；“中调”即向主城区引水的“两引”工程明年6月份通水；“西治”即西部山区水源涵养工程是一项长期工程，包括水土保持、水源调蓄（水库和小型集雨设施）、城镇生态、河道治理工程等内容，目前已全面展开。下一步要继续抓好生态水网工程的建设和管理，充分利用过境的漳河、卫（运）河以及境内的滏阳河水源，并涵养境内水资源，尽最大可能将水留在邯郸、流在邯郸。建成1200公里长的生态水网，形成70平方公里的生态水面，为全市经济社会发展提供水源支撑。

（二）做大“调水”文章

一是谋划“引黄”工程，积极争取6亿立方米的引黄指标，通过河南省将黄河水调入本市，不仅可大大补充邯郸市水资源，还可通过东风渠工程向邢台、衡水、沧州等下游城市供水。

二是做好南水北调中线工程各项前期工作，争取工程尽早开工。邯郸段年设计分配水量3.9亿立方米。这两项工程实施后，可使邯郸市实现长江水、黄河水、漳河水、卫（运）河水和滏阳河等多水源联合调度，加上现有的岳城、东武仕两大水库水源，将形成南北互济、东西贯通、地上地下互补的“一网两库五河”新的供水保障体系。

三是灵活开展境内外调水。对跃峰渠等现有工程加以完善，从上游山西调水，开展“引漳济洺”跨流域调水，在水网工程的基础上谋划项目，为正在形成的邯郸市—武安市和成安县—峰峰矿区工业走廊供水等。

（三）做好“生态”文章

加大水土保持、水污染防治和地下水保护工作力度。“十一五”期间，要大力推进水土保持项目建设，工矿区要抓好预防监管，深山区推行封育禁牧，逐步恢复自然生态。计划每年治理水土流失面积150平方公里。以水网建设为契机，出台水资源管理条例和生态水网管理办法，加强排污口管理和水质监测工作，加强与环保部门的配合，共同促进水环境改善。严格限制超采地下水，特别是漏斗区和灌区范围内，除饮水井外一律停止新打深井，争取到“十一五”末，每年限采地下水2000万立方米，有效地改善邯郸市地下水资源环境。

（四）做透“节水”文章

邯郸市水资源总量16.7亿立方米，目前水利工程年供水20多亿立方米，缺口约6亿立方米。按现有用水水平预测，10年后水资源需求量将超过40亿立方米，即使“引黄”和南水北调工程通水，也依然无法满足要求。因此，节水是解决邯郸水资源供需矛盾的根本性措施，必须从现在开始抓紧抓实。邯郸市将以节水型社会建设为抓手，在试点建设的基础上，不断总结经验并向全市推广，综合利用经济、法律、工程、政策、管理等各类手段，建立全民自发节水机制，促进工农业用水结构优化，并大力抓好雨洪水、中水、矿井疏干水等非常规水资源的利用。

（五）做实"饮水"文章

截至2006年底，邯郸全市共有饮水不安全村庄3303个、401.6万人口，严重饮水不安全村庄1180个、146.0万人。全市达到饮水安全和基本安全的人口仅占农村总人口的40%。这是邯郸市构建和谐社会和社会主义新农村急需解决的民生大事。为此，邯郸市启动了"村村通自来水工程"，计划从2007年起，利用5年时间，以建设集中供水工程为主体，先期解决高氟水、严重苦咸水和特别缺乏饮用水村的饮水问题，让1180个村、146万农村人口用上安全、方便的自来水。到2011年底使全市农村自来水普及率达到83%，自来水受益人口达到559万。

（六）做新"防洪"文章

目前邯郸市主城区的发展空间已受到制约，西部有邯钢工业区，北部有黄梁梦洼蓄滞洪区，东南部受高速公路和支漳河分洪道限制。由于西部和北部已无发展余地，邯郸市只能向东南部要发展空间。为此，在做邯郸市城市防洪规划方案时，水利、规划等部门充分考虑拓展城市发展空间的因素，为城市防洪规划赋予了新的内涵。计划近期实施支漳河分洪道整治和在上游新开马头分洪道工程接入团结渠等，通过实施上述工程，使邯郸市主城区和东部城区防洪标准提高到100年一遇，马头生态工业城防洪标准提高到50年一遇，并可增加规划城区面积80余平方公里，为建设区域经济中心城市赢得了宝贵空间。

（七）做深"水景"文章

邯郸市水利旅游资源丰富，目前，口上水库（京娘湖）和东武仕水库（滏泉湖）已被确定为国家级水利风景区，口上水库还被确定为国家AAAA级景区。主城区正在规划建设以"五河四湖"为内容的水景城市，各县（市）区也纷纷与城镇建设结合开展水景建设，如武安的洺湖，涉县的玉带湖、补天湖，峰峰矿区实施的"二山、一河、十园"工程等。生态水网和南水北调工程建设也将形成纵横交错的"水网＋绿网＋路网"的水景走廊。此外，在城镇段的河道治理、水利工程建设中，要注入浓厚的人文精神，着力体现水的神韵，力求使每一座水利工程都成为人水和谐的亮点景观。

总之，要千方百计把邯郸市的“水文章”做活，为建设四省交界区域经济中心提供有力保障，推动邯郸经济社会可持续发展。让邯郸的城乡依水而建，百姓临水而居，经济因水而盛，让古赵大地享用水的滋养，浸染水的灵气，激荡水的活力，实现人水和谐，把邯郸打造成中国北方的一块风水宝地。

于万春

将水文事业做大做强

青岛水文，从1990年代在全省排名倒数第一，到如今一跃成为全国水利系统的先进单位；从毫无章法到如今凸显的“青岛模式”。超过1亿元的资产让青岛水文做大做强的目标一步步实现。在这条高速度、超常规、跨越式的发展道路上，几代水文人开始圆梦，辉煌的背后饱含着艰难苦痛。

➔档案

于万春，青岛水文局局长。

1955年出生。1995年获全省多种经营突出贡献奖。1997年，组建了第一个县级局——胶南水文局，将水文改革进一步深化。2000年被评为全国水文系统先进个人，提出创建水文文化。从2001年开始大规模整合社会资源建设县级水文局，2003年被评为青岛市劳动模范。2005年青岛水文局升格为正处级单位，随后组建了市水文局党委，被省水利厅党组任命为省水文局党委成员，2006年成立全国地市级第一支队——青岛水文监察支队。

记者手记▶▶

享受思考

2006年8月，我与青岛水文局就有了耳渲之缘，那是在采访水利部水文局局长邓坚时，他曾提及青岛水文局创新的事迹，但一直苦于没有机会走近青岛水文局，对青岛水文局的印象便只停留在那一闻上。

2007年8月，我参加了水利部办公厅在青岛开班的全国水利系统新闻培训班，时隔一年，这个偶然的机会，让我与青岛水文局有了目染之缘。

在高楼林立的青岛市区，水文大厦矗立其中，这在全国也是首屈一指的。青岛水文局局长于万春抓住此次协办的机会，利用午饭前的几十分钟时间，为来参会的全国水利系统宣传口的同志们展示了青岛水文的辉煌成绩和良好前景，以及水文行业需要做大做强的迫切愿望。我第一次见到这个出色团队的领头人。

一个典型的开拓者形象，在台上讲话的几十分钟，引经据典、涉猎中外，青岛水文局几十年的创业史与发展历程生动地被他勾勒出来，不难发现在他闪光的言语背后是多年实践与深厚理论支撑的结合。

我对青岛水文局发展历程的巨变产生了浓厚的兴趣。青岛水文局经过近 20 年的改革创新，已经实现了双重领导、双重财政、分级管理、行使职能、规模发展的模式。不但有市水文局，还拥有六个区(市)水文局，八个法人单位，更将青岛水文的目标放眼于做大做强上。

8 月 12 日，我们在青岛国际啤酒节举办的日子里，再次来到青岛正式采访于万春。青岛刚刚结束了连续几天的暴雨，在采访于局长的同时，我们感受着他们工作的紧张。办公室里有床，有餐桌，这俨然就是家，就在昨天青岛水文人都寸步未离这个“家”。

尽管在这么紧急的时刻，我们的交谈还是进行了近三个小时，我强烈地感觉到于万春局长不仅仅是个开拓者，还是个勤于思考、善于思考并乐于交流思考所得的人。

青岛水文的今天得益于思考。发展需要改革，改革需要创新，创新离不开思考，思考的源泉在于不断学习。是思考让于万春将青岛水文发展初期的切入点定在了抓发展上。

20 世纪 90 年代初，青岛水文还只是个水文分站，在这种情况下水文的出路在哪里？“何以发展，唯有改革”。1988 年于局长从胶州闸子水文站调到山东省水文总站青岛分站抓发展，经过近 20 年的努力，青岛水文局的资产从 300 万元发展到现在的 1 亿元，基建规模从 1990 年的 500 平方米发展到 2007 年的 20000 平方米。

如今的青岛水文事业得到了飞速发展，并探索出了一条全新的水文发展之路。于万春又在思考拐点的问题，事物发展到一定阶段就需要研究今后的发展需求。如今他们正朝着更高目标努力，将水文作为一项事业来经营，打造一个品牌，我们期待着有一天青岛水文如青岛海尔一样，也成为一个城市的品牌。

在未来的发展规划中，拟建的水文科技馆是他们正努力的项目。一个行业需要一种文化，水文科技馆正是一个行业做大做强的象征，是弘扬水文文化，发展水文事业的重要阵地。

巨变来自于创新，来自于改革，21 世纪初所说的创新已从单纯的经济学概念变为含义宽广的哲学概念，包括思想理论创新、科学技术创新、管理创新、经营创新、机制创新、制度创新、知识创新等。青岛水文局正在全方位地思考，在各方面进行努力地创新。

思考不停歇，创新无止境。为发展而思考，为创新而思考，为事业而思考，当思考成为定式，成为习惯，便是一种享受。

机遇、理念、改革、创新成就了青岛水文质的飞跃

现代水利周刊：1991年，青岛水文还借住在市水利局一间房子里办公，所辖11个水文站都住在山沟、河畔、村边，站房不如一个中等水平的农户，测报设施原始落后，工作环境极差。现在，青岛市区高楼林立中的水文大厦可以见证这一天翻地覆的变化。您认为，发生这种巨变的最主要的原因是什么？

于万春：当青岛水文一无所有、一穷二白的时候，我们认识到事物发展的一般规律——穷则思变。借用以色列"一无所有，只有沙子"的经验，我们唯一拥有的就是青岛水文这块牌子，自此，我们开始在这块牌子上描绘今天的蓝图。

原因分主、客观两个方面。主观上我和我的同事们都愿意实现人生价值，想干点事，想为更多的人干更多的事。我们想让水文人得到张扬，想让更多人从水文的发展中，感受到水文给他们、给社会带来的实惠。客观上，水文的发展赶上了改革开放的好时机，再加上我们这个很有凝聚力的团队。在这些因素的共同作用下，我们选取经济作为切入点，让青岛水文事业从此起步。

现代水利周刊：您认为，有什么先进的理念，哪些改革与创新，让青岛水文走在了全国水文系统的前列？

于万春：青岛水文的发展理念是"经营水文，服务社会"。我们工作的始发点是为政府，一路都提倡经营，最终落脚点是为社会。经营为水文，水文为社会。这些年来，我们经营了水文品牌，用好水文政策、水文环境、水文资产，经营了能够经营的一切。把水文做大了，水文有了实力，也就有能力回报社会了。

2005年，我们对口帮扶莱西市日庄镇河北夼村，帮扶期五年，投入了150万元。另外，青岛水文已聘用40余人（不含临时工），占在职人员的50%，为社会人员就业分忧解难，这些都是水文为社会作贡献的最好证明。

何以解忧，唯有改革；何以进步，唯有创新。青岛水文改革年年有，月月

翻新，创新成为青岛水文的生命，这些是我们的真实感受。自1993年起，连续十几年改革创新的几十项举措，让我们受益很大。

我们在管理工作中制订的60余个规章规定，保证了青岛水文的正常运行。但管理无定式，制度管理是基础，随机管理是关键。把规章规定用足、用活、用好才是最重要的。

“青岛模式”探索出一条全新的水文发展之路

现代水利周刊：青岛水文的特色是什么？

于万春：青岛水文的特色就是“双重领导、双重财政、分级管理、行使职能、规模发展”。

“双重领导”主要解决了“我是谁、为了谁、归属谁”的问题。水文局是省驻青单位，有事情可向政府反映，但水文行业90%的工作是直接为当地政府服务的。所以，水文应该实行双重领导。

“双重财政”主要解决了资金投入问题。行业投入资金不足不止水文一家，这是个社会问题，但水文尤为突出，所以，水文必须形成多层次、多渠道、多元化的投入机制。现在，我们市县两级都不同程度地得到多方面的资金支持，这为水文事业的长足发展奠定了坚实的经费保障。

“分级管理”就是通常所说的组织结构。日本高层管理人员讲，“要实施什么样的战略，就应该有什么样的组织结构”。结构紧随战略，我国经济社会发展的现实迫切需要我们设立县级水文局了。

“行使职能”是水文行业发挥最佳效能的必然选择。尽管水文数据准确真实，但少数人就是不用；水文成果科学，少数单位也不用。水文工作是科学发展的基础支撑，人们未必重视。所以，水文要发展，法规要先行。6月1日颁布施行的《中华人民共和国水文条例》为水文执法拉开了序幕。实际上，我们早在2006年就组建了水文监察支队，在各区（市）组建了水文监察大队，组建了28人的水文执法队伍，水文执法在青岛开展得有声有色。

“规模发展”，就是用基建规模的扩张和裂变把水文做大。为什么叫扩张与裂变？因为我们整合社会资源的速度快、力度大、效果好。如机构规模，六年建起了六个区（市）水文局，组建了八个法人单位。资产规模，全市水文系统从1990年的账面资产300万元发展到现在的评估资产1亿元。基建规模由1990年的500平方米发展到今年的20000平方米。站网规模，实现了国家、省、市、县四级投入机制，建立了四级水文站网，水文站网密度达到万分之二十一，雨量站网密度达到了万分之二百，水质监测站网密度达到万分之三百，全面达到了发达国家的站网控制标准。科技规模，2005 年投资 150 万元建成了视频会议系统，实现了防汛指挥在线，决策效率提前。全市重点水文站实现了远程监控，用科技手段确保了多站的同步靠前指挥。总之，青岛水文的发展充分说明只有垒大堆，才能自然起。

青岛水文的另一大特色是，青岛水文人会学理论、会用理论，如“农村包围城市”“三个世界划分”“五个统筹”“三个有利于”等哲学精髓都在水文各阶段的发展中得到了有效应用。

现代水利周刊：去年全国水文工作会议提出的发展思路是拓展水文的服务领域，您如何理解这一思路？

于万春：如果水文固守传统，不思进取，必将被社会淘汰。要存在就要拓展。拓展是发展的一种形式，拓展为了发展，拓展就是发展，所以，拓展是必需的。水文拓展服务领域也是必然的。

要拓展，就要把握方向，提高速度，深度拓展，这是摆在水文人面前的一道新课题。要拓展，首先要研究拓展的定位。既要向传统的领域拓展，又要向现代的领域拓展；既要向熟悉的领域拓展，又要善于向未曾涉及的新领域拓展；既要向眼前能做的领域拓展，又要向未来未曾看得见的领域探索。青岛水文在拓展领域上已开始向纵深推进。

人事工作就是人的工作，是一切工作的起源

现代水利周刊：2001—2007 年，由地方市委配备的四名优秀干部分别担任了区(市)水文局局长，开了水文行业从地方引进干部之先河。以往，咱们水文部门是如何启用干部的？这样做，对促进水文发展起到哪些作用？有哪些启示？

于万春：水文系统干部任免一般是传统式的内部评议推荐，考察任免，很少引进。原因有多方面，主要是因为干部岗位太少，内部需要照顾的人太多。

实践证明，干部本地化在水文系统是符合要求的。本地干部的优势是熟悉当地的人文环境、地理环境，了解当地的社会状况、经济状况、资源状况，尤其是权力资源配置状况，加上多年来形成的人脉和市委、市政府的支

持，这些都是水文出来的干部所不具备的，恰好也是做好工作的基础条件。

现代水利周刊：青岛水文局在人才培养与使用、干部任免方面还采取了哪些措施，取得了哪些成效？

于万春：人事工作就是人的工作，是一切工作的起源，做不好人事工作，其他一切工作无从谈起。我们在人事工作上的具体做法是：

开通“内招”渠道，广招社会人才，为内招人员签协议、投保险、落户口，帮助提职称，允许公平竞争干部岗位，允许参与市局的各项活动，让“内招”人员有归属感、安全感。开通外出渠道。让水文人员有机会出国进行专业学习和考察，让他们在世界范围内放眼界、长见识、学新知。

开启干部诫勉、请辞机制。对在每年评议中末位的干部，按规定检查、警告甚至淘汰，对个别干部因种种原因不能胜任现有岗位的，提倡请辞。采取干部任免二元制，即规范运作与随机运用相结合，省管规定与市管规定相结合，这是挖掘干部潜能的最好方法。

把岗位意识变舞台意识，在舞台的背景中上演水文现代戏，即党委搭舞台，能人来唱戏。大唱的有大舞台，小唱的有小舞台，愿意唱的都有舞台。用“三株”总裁的话说，是只猴子就给它一棵枣树，让它抱着；是只老虎就给它一座山头，让它守着；是条蛟龙就给它一条江河，让它游着。用我们的话讲，能者用之，进者扶之，民者养之。

我们的初衷就是想为水文做点事

现代水利周刊：这么多年的水文工作，带给您最大的感触是什么？

于万春：最大的感触是水文选择了我，选择我的时候，水文单位小、金钱少、地位低、形象差、被人遗忘；我选择了水文，经历了开始的“昨夜西风凋碧树，独上高楼，望尽天涯路”的茫然，期间经过“衣带渐宽终不悔”的历练，到今天有了“蓦然回首，那人却在灯火阑珊处”的境界。

现代水利周刊：回顾局里的发展历程，您如何看待工作中肩负的压力和责任？

于万春：压力是把双刃剑，对强者是通向成功的垫脚石，对弱者却是把你推向深渊的刽子手。所以，没有压力必须找压力。换句话说，没有事做就要主动、积极找事做。我们这些年找了很多事，如为了全面发展水文事业，更好地服务于社会，增强服务力量，建六个县级局是主动争取的，建8500平方米综合楼是主动争取的，建公司和中心是自己找的，建水厂是自己找的，为政府更积极主动服务是自己找的，为社会扶贫投资是自己找的，建水文监察支队是自己找的，若干项目也是自己找的。有的甚至是在大家不理解的情况下找的，直到做好了大家才认同。随着自我的加压，责任也跟随压力悄悄加大。

最近，我们争取到土地100亩，要建水文科技馆，总投资计划3个亿，这也是我们自己找的，我们的初衷就是想为水文做点事。

探索水文发展理论、创建水文文化、筹建水文科技馆是未来三件大事

现代水利周刊：局里的事业步入良性循环的轨道中后，还有哪些需要重视、解决的问题？

于万春：探索水文发展理论是当务之急。一个有远大志向的行业，必须有正确的理论作指导。一个以温饱为目标的行业，看到的是眼前的利益；一个以做大做强为目标的行业，争取的是未来。所以，水文的发展定位必须放在全社会的大环境中去审视。

我们还要创建水文文化。水文就要很多人都来参与，很多行业来配合和支持，还包括政府的支持和帮助。所以，水文行业需要文化来支撑。青岛水文文化是一种精神、一种习惯、一种氛围、一种品位、一种创新。它集我们的学习、教育、工作和管理于一体，是长期积累形成的规范与理念，是水文发展的前提和条件，蕴含着水文走向未来的持续发展的基因，是水文发展的内在依据。《青岛水文文化语言集锦》是青岛水文文化的代表作。水文文化一旦缺失，必然导致水文精神的断裂，而水文精神的断裂则会导致水文发展方向的迷失。

为普及水文知识，展现水文科技的发展轨迹，展示水文人吃苦耐劳、无私奉献的精神，我们想建一个水文科技馆。日前，我们已经与胶南市政府协调一致，由胶南市政府在胶南水城无偿划拨土地100亩，建设水文科技馆。该项目建成后，将作为重要科研场所，重要科普教育和爱国主义教育基地，将对弘扬水文文化，开展国际交流与合作，发展水文事业，提高城市综合竞争力起到举足轻重的作用。

现代水利周刊：在水文事业不断拓展的今天，作为“一把手”，您对青岛水文局今后的工作有何设想？

于万春：记得三国时期，曹操讲，“推弱以克强，处小而擒大”。青岛水文正致力于“推弱以做强，处小而做大”。何为大？以基建规模的扩张与裂变把水文做大。何为强？以行业职能的到位与行使把水文做强。具体奋斗目标是协助上级领导部门，把水文科技馆建好。认真研究法规，把水文执法权用好。争取政府支持，把“双重领导、双重财政”工作做好。调动各方面的积极性，把“十一五”期间的水文楼建好。

（原载于2007年8月30日中国水利报现代水利周刊
记者　肖丹　张灯林）

链接文章▶▶

经营水文　服务社会

日本松下的名言：“国家需要经营，家庭需要经营，一个人要完成人生目标也需要经营”。青岛水文更需要经营。我们要经营水文的品牌、水文的资产资源、水文的政策、水文的环境以及一切水文可以经营的。在水文的宏观经营中，我们以“农村包围城市”的战略思想创建了县级局；以整合社会资源的运作方式实现了规模扩张；以克林顿关于“企业化政府”的管理理念，引入了竞争，下放了权力，搞活了机制，调整了政策，构建了现代化的管理体系。

在“经营水文，服务社会”的实践中，我们重点抓了以下三个方面。

一、准确把握前进方向，科学指导水文发展

方向就是旗帜，方向就是力量，方向至关重要。一个航海远行的人，必先定个目的地，中途的指针总是指着这个方向走，才能到达目的地。若是方向不定，随风飘转，恐怕永无到达的日子。（契诃夫手记）中讲“在你高喊着‘向前进’的时候，必须指明前进的是哪一个方向。如果不指明方向，把这句话同时向一个僧侣和革命者乱喊一通，那么他们是会朝着完全不同的方向前进的”。

水文前进的方向就是部水文局邓坚局长在全国水文会上所号召的“坚定不移地走大水文之路”，具体到青岛水文就是“双重领导，双重财政，分级管理，行使职能，规模发展”的发展模式。这些年来，因为有了这个正确的发展方向，使我们变迷惘为清晰，变复杂为简单，变困难为办法，变贫困为富强。一个行业的发展方向正确与否与领导人的眼界息息相关，《红顶商人胡雪岩》有一段话“如果你拥有一县的眼界，那么你可以做一县的生意；如果你有一省的眼光，那么你就能做一省的生意；如果你有天下的眼界，那么你就能做天下的生意。”也曾有人这样说过，“美国人卖的是脑子里想出来的东西，日本人卖的是手里做出来的东西，中国人卖的则是地里种出来的东西。”这话虽失之偏颇，但也说明一个道理，经营眼界往往决定发展的成败。曾有研究者这样说过，富人与穷人的区别在于穷人在家看电视，富人在外跑市场；穷人攒钱，富人投资；穷人走亲戚，富人交朋友；穷人专注领工资，富人考虑发工资；穷人学手艺，富人学管理；穷人听消息，富人听演讲；穷人把电脑当玩具，富人用电脑做生意。由此可以看出，思维观念的不同带来的一切都不同，发展完全是一种观念。邓小平曾说过“改革是一场观念的革命。”拿破仑也说过“一切的成就都始于一个意念。”青岛水文越做越大，说明我们执行上级的路线方针是坚决而彻底的，说明我们的发展纲要是正确的。

纲要提出双重领导，这是由我国的基本国情所决定的。我国是一个发展中国家，是一个法制尚不健全，由计划向市场转型的且人情关系特浓的国家。在这样的环境中，协调是做好工作的第一选择。水文的主要协调对象是政府及各职能部门，要与他们搞好协调必须了解他们、关注他们、接近他们、联系他们，赢得他们的理解与支持。只要与政府开通了联系的正常渠道，就有了大量的信息资源、政策资源、人才资源及社会资源，这些资源正是水文发展所迫切需要的，资源是一切事物生存与发展的基础条件，谁赢得了资源，谁就赢得了发展的主动权。所以，未实现双重领导的区（市）局要加紧工作，尽早实现双重领导。已实行双重领导的区（市）局要主动联系，争取更多了解和更大支持。

纲要提出双重财政。水文长期以来一直走的是单一的、专线的财政之路，由省厅到省局到市局再到县局，层层分解，层层留成，只有吃饭钱，少有发展款。我们先期认识到了这个问题，在上世纪末就提出了双重财政，并于2001年首先由胶州水文局争取到设站资金、测站维持费和水资源切块经费。随后，即墨、胶南、莱西局都陆续争取到了水资源切块费或测站维护费，城区和平度两局也从不同的渠道争取到了部分发展资金。目前，各区（市）局发展势头良好，但应注意到，一是双重财政的发展空间很大，要积极联系，有效工作，全力争取，让地方财政投入不断增加，保证水文发展的物质基础条件；二是双重财政任重道远。好在《中华人民共和国水文条例》已颁布实施，这为我们争取双重计划财务提供了法制依据，影响极大，作用不小。

纲要提出规模发展，这是由水文行业的特定条件所决定的。青岛水文的发展与我国整体的发展轨迹一样，在贫穷的基础上起步，先走粗放规模式。我国 2006 年 GDP 增长速度高达 10%，但有技术进步所促进的 GDP 增长仅占 0.5 个百分点，其余都是来自投资与劳动力的转移，青岛水文也是如此。传统水文的全部工作是测、算、报、整，传统水文站的最大特点是离群索居，传统水文人是可以关起门来生活的，个别水文单位现在还是这个样子，由此导致水文的地位低、形象差、名气小，不为人看好。青岛水文从 20 世纪 90 年代就深刻认识到了这一点，并及时提出了整合资源、高建楼宇、扩大规模、推进发展的战略构想。

经过 10 年的不懈努力，水文体制基本理顺，县局建设基本完成，发展模式基本形成，水文地位基本确立。现在，青岛水文算是走在全国水文的前列，可谓是做大做强了。但是我们的工作离既定目标还有很大距离，还有很多工作要做，还有很多事情要干。

二、持续经营水文，不断增强水文的综合实力

早在 20 世纪末，我们就提出两个转变，一是从传统水文向现代水文转变，二是从管理水文向经营水文转变。这些年来，我们用现代的思维、现代的做法，创出了现代的业绩，并从根本上颠覆了传统意义上的水文思维。

在创建水文品牌上，多层面打造，多媒体宣传。平度局连续六个月滚动播发水文实况，胶州局投入 1.5 万制作宣传片，即墨局有雨之日即播信息等，都为水文品牌涂上了浓墨重彩的一笔。在行业以外了解水文的人越来越多，凡是了解水文的人都说水文发展得太好了。在行业以内都说青岛水文做得好。2003 年全国水文会议在胶州召开了现场会。由于青岛水文品牌效应的支撑，到 2006 年底，各区（市）水文局的双重领导、双重财政、法人登记、监察大队组建等重大事件都顺利完成。创建品牌是一项系统工程，既要有硬件，如市、县的办公大楼、视频会议、四级站网、科技平台、办公车辆、监测系统，等等；又要有软件，如科技成果、水文文化、职工素质、赛场成绩以及人人都

是软环境等内容。好的品牌是有价值的，是有综合效益的，这些效益主要体现在办事情的广度上、深度上和力度上。胶州水文局局长能坐到胶州市党代会的主席台上去，这就是胶州水文品牌的长期效应。

在经营水文政策上“以正合，以奇胜”，数年如一日，取得显著成效。例如，根据国家政策划拨土地、依据当地政策减免收费、把握发展形势、整合社会资源、县级水文局及各类水文站共建共管，等等。近年来，水文基建规模膨胀性扩张，固定资产每年成倍增加，水文在资源整合上创出了奇迹。

在水文经济发展上，我们一直坚持“计划经济做基础，政策经济保改建，市场经济促发展”的三经济原则，始终贯彻“三外”方针和“六字”策略。回顾青岛水文的发展历程，前进的每一步都是水文经济在支撑着运转，总是计划外经济在发展的层面上发挥作用，所以对水文来讲，市场经济不可或缺，水文公司功不可没。再说胶州兴文公司，说是搞项目挣钱，实际它的意义同样远远不止于此，每年合同额一千万这对所有来访者是一个爆炸性新闻，足以使他们惊叹、惊讶、敬佩，胶州水文的品牌也就在这一刻被完全确立了。

这些年，科技咨询也在发挥着越来越明显的作用，但是科技咨询不能取代工程公司，因为，科技咨询一般都是在水利行业内开展有其局限性，长期习惯了这种局限性，就是对水文意识的一种自我封杀。水文一定要看重自己，要坚信水文拥有独一无二的价值，水文能自强，这是一种最可贵的顿悟。

希望从地方选配的干部要把地方上的好东西带进来，做“干水文”的内行，但不一定做水文业务的内行。

三、认清服务形势，把握服务定位，做好服务工作

青岛水文在“四一六抓”发展纲要中强调“服务是关键”，关键在哪里，就在服务的定位上。水文有水质、水量、水污染的监测权，资料审查及汇交权，水资源评价及评价管理权等，所以，水文和其他行业一样，既有服务的属性，也有管理的职能。只讲服务，不讲职能，不妥；先讲服务，后讲职能，不当。既讲服务，又讲职能，以服务扩大职能，以职能强化服务，这是做好水文服务的最佳路径。

水文服务既是经济社会发展的需求，也是水文自身发展的需要。部水文局邓坚局长在全国水文会议上指出，“当前，我们要在继续深入为防汛抗旱、水利工程规划、建设、运行管理服好务的前提下，重点围绕水资源管理、水土保持、饮水安全、水环境保护以及为社会公众服务等方面做好工作”。

要做好水文服务，必须要有服务意识、服务技能、服务领域、服务措施、服务品牌和服务效益。其中，服务意识、服务领域、服务品牌是应突出解决的问题。

要有服务意识。水文是公益性事业单位，是经济社会发展的基础性行业，服务自然是水文的本份。服务有其主动性与被动性，用户找上门来的就是被动的，自己找上门去的就是主动的，主动服务自当是水文服务的要旨。早在2002年，我们就提出了“让政府满意、社会满意、水利满意、用户满意”的服务宗旨，提出了“千道理，万道理，服务才是硬道理”的服务理念。水文只有做好服务才能支撑水文，只有主动服务才能发展水文，只有全面服务才能干出大水文。

要明确服务领域。水文服务首先是为政府及政府所属的各部门，其次是为社会（包括对社会公众和社会有关部门与机构），例如为防指做好防汛服务，为政府及各部门（包括水利）做好前期规划、水信息、水市场、水资源的调查评价服务，为社会公众及时提供雨情和水情信息服务，为社会各界全面提供水文资料及成果、水文科技咨询服务，等等。在服务上既要做好传统性的服务，又要做好当前经济社会需要的服务，还要做好前瞻性、开发性的服务。既要服务我们熟悉的领域，又要服务我们不曾熟悉的领域，更要善于服务未曾涉及而完全应该涉及的边缘领域。水文服务要在广度上、力度上、深度上、精度上狠下工夫。

树立服务品牌。水文服务要树一个品牌，青岛水文的服务品牌是“水情在线”，即：水文的雨情、汛情、凌情、水情、旱情、污情、真情、实时情、需求情、资源情，水文情，情情连线。在服务品牌建设上，重点突出了“政府有课题，水文就解题。政府若‘无题’，水文就‘出题’。社会有需求，水文就追求。社会若‘不求’，水文就‘引求’。”的进取创新意识。

近年来，“水情在线”在行动，品牌建设不放松。我们就是要把这个品牌创出来、推出去。行业铸造品牌，品牌带动行业。服务随品牌而拓展，品牌因服务而驰名。让服务打造品牌，让品牌成就水文。

常崇信

深情投入民生水利

他没有西北人高大粗犷的外在气质，这个闻惯了柴烟、牛粪、泥土气息的农家孩子，从出生到上学再到工作，一直没有离开生他养他育他的土地。不论职务如何变化，他都一直没有忘记，自己是一个农民的儿子，他的血管中流淌着农民的血，他为他们干点实事，他心里觉得坦然、踏实。

档案

常崇信，陕西省宝鸡市水利局局长。

1954年11月生，陕西凤翔人，高级工程师。1979年毕业于西北农学院，2000年读完西北农林科技大学农业经济管理研究生。2006年8月任宝鸡市水利局党组书记、局长。陕西省十届人大代表。

曾获陕西省科技进步二等奖，省农业区划成果一等奖和科技部"全国先进科技工作者"称号。

记者手记

深深地爱着这片土地

第一次看到宝鸡市水利局局长常崇信的信息是去年11月，在同事的办公桌上，我偶然看到一本名为《沃野拾穗》的书。按照看书的习惯，我从后边往前翻，突然被一篇《深秋的思念》吸引住了眼球。对母亲同有感念的我，被那朴实无华和行云流水的文字深深地吸引了，我一口气看完了这篇长达6000多字的散文，感觉文章写得很真情、感人。随后我又翻阅了几篇文章，感觉这位局长很不简单，因为在我熟知的陕西所有县市水利局长中，还没有写散文出书的局长。看文如看人，那平淡朴实、看问题一针见血的文字让我对这位局长不得不另眼相看，很想拜访他。

他出生在农民家庭，是从黄土地上走出来的。他当过干事、记者、官员，他不仅是一名官员、一名专家，更是一名文人。他的文章在我的脑海里刻下了深深的印痕。

第二次我有幸亲眼目睹了这位局长的“庐山真面目”。

今年4月，我去参加宝鸡市农村饮水工程建设现场会。一米七的个头，宽边近视镜后一双睿智的眼睛，一张具有关中农民传统风格的脸。虽然其貌不扬，但是看着这张让岁月风尘刻满脸面的密密折痕，我就知道，他为什么那么热爱水利、钟情于土地了。会议间隙中我们简单聊了几句，但因为时间仓促，我们匆匆告别。

在一个阳光温和的下午，我去采访常局长，这是我们的第三次见面。在市政府一座灰色的陈旧得几乎快要发霉的办公楼内，一间只放了两个柜子、一张桌子、两对沙发的小房间就是常崇信的办公室。当时看了这办公环境，让我很是吃惊。虽然办公室狭小得连过人都困难，但整个办公室里却充满了书卷气息，那柜子里、桌上放的都是书，既有水利专业的，还有其他的理论性专著。

虽然常局长没有西北人高大粗犷的外在气质，但当你和他交谈时，或者读过他的书或某一篇文章时，都能被他感染。这个闻惯了柴烟、牛粪、泥土气息的农家孩子，从出生到上学再到工作，一直没有离开生他养他育他的土地。对于一个从黄土地上走出来的人，他深知农民生活的艰辛。无论是做农机工作，还是当县长、城市管理综合执法局局长、水利局局长，他认为他所做的这些工作都是应该的。不因为碌碌无为而抱憾终生，在别人打牌玩乐的间隙去思考工作中的问题，并把思考的内容整理记录，这是他对自己生活的最好注解，也是他在繁忙的工作中仍能笔耕不辍，发表上百万字文章的原因所在。其实，我想，促使他一直钟情、服务于农业领域的原因，主要还是他对这片土地朴实无间的感情，有了这种感情，他才会在这涉农的领域里干出这样的成果，正如他在自己的文章中所说：“老家的院里有个土地堂，是敬土地神的。我不信神，但这不妨碍我对土地的崇拜。更多的时候，我会想起诗人艾青的名句来：‘为什么我的眼里常含泪水，因为我对这土地爱得深沉’。”

对话 ▶▶

现代水利周刊：宝鸡市素有“关中水龙头”之称。2006年宝鸡市提出建设节水型城市，是继西安市后陕西第二个申报建设国家节水型城市的城市，那么宝鸡市目前的水资源状况是怎么样的？面临最大的水问题是什么？解决的思路是什么？

常崇信：宝鸡被称为“关中水龙头”，这是一个地理学概念。陕西西高东低，渭河从宝鸡开始进入陕西。秦岭北麓，千山山区的一些河流多是从宝鸡发源汇入渭河。宝鸡虽然水多但大都是客水，仍面临缺水问题。全市除太白、凤县外，位于黄河流域的七县三区人均水资源量706立方米，低于国际社会公认的最低需水线人均1000立方米的水平。市区的水资源形势更是不容乐观，人均水资源量仅495立方米，低于国际公认的人均500立方米的绝对缺水线标准。

和其他城市一样，宝鸡市目前面临的最大水问题主要表现为：一是水资源总量不足且时空分布不均。全市水资源量总体呈南丰北欠之势，且与人口和经济发展极不协调。二是开发利用不平衡，综合保证率低。三是水资源污染严重。四是用水效率不高，浪费严重。

因此，解决水资源短缺已成为保障宝鸡市经济社会可持续发展的首要问题。我们的治水思路是“南水北调、东水西用、西水东引、客水利用、协调发展”。所谓“南水北调”，就是引嘉陵江水济清姜河。“东水西用”就是把位于秦岭北麓的石头河水引入宝鸡市区，解决沿线区县（蔡家坡镇、阳平镇等）及城市三区发展用水问题。“西水东引”就是充分发挥库容4亿多立方米的冯家山水库的潜力，扩大宝鸡东部农灌面积，解决渭北县城及村镇供水问题。“客水利用”就是加强渭河水和雨水的利用，充分高效地利用水资源。“协调发展”就是大力开展节水型社会建设，形成节水型工业、节水型农业、节水型城市的体系构架，促进经济社会又好又快发展。

现代水利周刊：您原来一直从事农口工作，农口与水利密不可分，作为市水利局局长，您又是如何做好水利服务于农业和整个国民经济建设的？

常崇信：20世纪70年代初，当时只有十五六岁的我就离家20多里地去修水渠。白天挖渠道，拉石头，喝白开水吃干粮，晚上睡地铺。这是我参加的最早的水利工程建设，当时的感悟就是搞水利是个苦活、累活。

20世纪90年代初，在宝鸡市政府办公室工作，经常和市领导下乡搞调研，抓抗旱防汛、农田水利基本建设和水土流失治理等，这让我对全市120多座大小水库和众多河流有了更深的认识。

1997年到2005年我到岐山县任县长。虽然主政一方，但我却深知水利对农业和经济社会发展至关重要。在县领导这个平台上，我尽我所能将水利这部大戏演绎得科学而鲜活。水利产权制度改革，农村集中供水，农田水利建设，连续八年成为全省先进，被国家评为全国百强水利先进县。

2005年7月，离开岐山县到宝鸡市工作时，我的愿望就是搞水利。今天终于如愿以偿。

宝鸡市委提出，要在省内率先实现工业化、城市化和全面小康的目标。我们提出了水利要在"实现三个率先"中创新发展：一是率先实现工业化，在发挥好保障作用中创新发展。宝鸡市是西北工业重镇，工业是全市的用水大户。做到用最低的水成本换取最大的工业效益。二是率先建成现代化大城市，在发挥好支撑作用中创新发展。根据宝鸡市发展，水利必须适度超前建设，加快城市水利建设步伐。在城市规划与建设中，严格执行城市河道制导线和河道宽度，注重城市水生态系统保护和水环境、水文化、水景观等多种功能的建设。三是率先实现全面小康，在发挥好基础作用中创新发展。通过优化配置水资源，不断满足经济社会发展对水资源的需求。"十一五"期间，全市增加1.5亿立方米的水源建设，使全市供水能力达到5亿立方米。同时加快农村水利建设步伐，提高农业承载能力。新增灌溉面积10万亩，改善50万亩，解决全市农村50万人生活饮用水不安全问题。

现代水利周刊：您从一县之长，到宝鸡市综合执法局任职，又从执法局调到市水利局，有人说当执法局长是手握一把"执法的利剑"，而现在是手持一枝"甘霖的柳叶"，您听到此话后有何感想？

常崇信：县长主持县域经济、社会事业的发展，为一方百姓服务。城管执法局长主要是通过法律和行政手段规范城市秩序和市民的行为规范，不论是县长还是局长，都是人民的公仆，都是在不同的岗位上为民干事。不论职务如何变化，但我一直没有忘记，我是一个农民的儿子，我的血管中流淌着农民的血，能为他们做一点事情，我心里觉得坦然。

到水利局工作后，我用两周时间，跑遍了全市12个区(县)，看到在边远山区还有那么多穷困的农民没有水吃或吃的水不安全，我的心灵受到强烈的震撼。国家决定以政府投资为主、农民投工投劳投资为辅，解决农村饮水困难，这体现了党和国家以人为本，建设和谐社会的决心和信心，体现了执政理念更加人性化，对农民来说，真是一件幸事，是他们多年的企盼。对水利工作者来说，解决农村饮水问题的新机遇既是责任，又是担子。如何把这件惠及农民的水利建设搞好，我们感到肩上的担子沉甸甸的，决心决定行动，我和同事们一起搞调研、定规划、争项目。今年全市农村饮水安全资金达8000多万元，解决15万人的饮水困难，这使我感到充实。

现代水利周刊：您特别重视水利宣传工作，先后组织参与多次“陈仓网谈”，通过互联网，与广大群众和网民互动，来宣传宝鸡市治水方针，这样做您是怎么想的？

常崇信：水利建设的政策性和群众性决定了水利宣传需要广泛性，需要形成共知共识，共同参与。过去，我们只干不说，或干得多、说得少。群众对我们的一些工作不了解，有时也不理解，使得发动群众干水利难度很大，而水利大部分工作内容又是直接与农民打交道的。如何与群众开诚布公地面对面地解决工作中的问题，一直是我们的困惑。后来，我想到了我们当地主要媒体宝鸡门户网站——“陈仓网谈”。一年多时间我们先后参与了九期“陈仓网谈”，内容涉及河道整治、水保生态治理、水资源配置、农村饮水、农田基建、病险水库治理等各个方面。网民踊跃发帖，有问题直接反映，对我们水利工作进行直接监督。

我们通过这个平台将国家和省上的治水政策、法规很好地给予宣讲。之后，我们又在《宝鸡日报》开设了水利专刊，现已举办五期，实现了从一般性政务公开向政策公开转变，促进了水利工作走向公开、公正、高效有序的轨道。

通过宣传，促进了社会各界进一步关注水利、支持和参与水利建设。例如，通过宣传饮水安全，群众自觉地把集资款拿到了县水利局，排队要求安排安全饮水工程，安排流域治理，群众自觉举报违犯水法的人和事；人大政协领导组织人员视察工程，呼吁解决水利中的问题；市委、市政府领导多次议水事、抓水政，给水利建设出题目、压担子、给投资等。

现代水利周刊：宝鸡市是国家卫生城市，这两年的生态与环境有很大改善，而水利工作在这中间扮演的是什么角色，都做了哪些工作？

常崇信：在宝鸡市创建国家卫生城市、国家环保模范城市的过程中，水利工作担负着极其重要的任务。这是因为渭河穿宝鸡城区而过，流域面积占全市总面积的三分之二，渭河的生态面貌对宝鸡整个城市环境品位的提升至关重要。“双创”前，市区河道“三乱”现象屡禁不止，河道“千疮百孔”，垃圾成堆，成为市区面貌一大顽疾。

从2003年宝鸡提出“双创”后，全市先从渭河综合整治抓起，下大力气啃这块硬骨头。市委书记、市长亲自挂帅，水利部门牵头负责，集中力量实施了市区段防洪暨生态治理工程，在渭河市区段形成了140万平方米的生态水面。针对市区地下水超采严重现象，加大力度关闭市区自备水源井，使居民吃上卫生安全的自来水。根据宝鸡市地形特点，我们在南山、北坡实施城市水保治理工程，与其他部门和区县建成了20公里长的绿色生态长廊，构成了“两条林带，一片水面，城在林中，水在城中，依山傍水”的生态城市景观，率先在西北地区建成国家卫生城市、国家环保模范城市、国家园林城市。

现代水利周刊：您是一位官员、一位专家，又是一位文人，如何处理好这之间的关系？您的人生历程对您所从事的工作有什么影响？

常崇信：用官员的政治责任感和事业心，用专家科学和严谨的治学精神，用文人的激情和豪放来搞好工作，是我的追求。事实上我既不是官员，充其量是个公务员，也不能算做专家，而是一个实际工作者，也不是个文人，只能算是个文学爱好者。我毕业于西北农学院，从基层一点点干起，工作给我提供了施展才能的平台。在这些岗位上，我比别人有更多机会了解“三农”问题。我不是一个专门的理论工作者，但我喜欢理论，更乐于在正确理论指导下实践。逐渐对很多工作有了自己的体会和思考，特别对一些棘手问题总爱寻根追底，探寻个究竟来。于是就派生出工作的副产品，一些研究性、探索性的文章见诸报纸杂志，搜集起来大约有200多篇。

我是农民的儿子，生在农村，长在农村，与“三农”有割不断的情结，这样的经历为我实践、探索提供了土壤和条件。我认为，水利是一个很有文化内涵的工作，中华民族五千年文明史是与兴水利、除水害密不可分的。“智者乐水”“上善若水”是古人赞美水的绝唱。《管子》一书中将水概括为仁、诚、正、义、谦卑五种品性，使水具有人格化的灵性。在工作之余，我先后探访了黄河、渭河、泾河、嘉陵江、千河等河源地区，并把自己的感受形成文字记录下来，呼吁全社会保护河源，保护我们中华民族的“血脉”。

现代水利周刊：在解决宝鸡市水问题过程中，您有什么经验和感悟？

常崇信：我认为解决宝鸡水的问题关键在人。不是讲"事在人为"吗？从自己做起，从干部队伍建设中抓起，我们提出了水利工作者要抓好"四种能力"建设：一是基础承载能力。要按照城乡统筹协调发展的要求，把水利发展成果惠及广大农村，以促进生产发展，乡村文明是农村水利的主要任务。不断提高水利承载新农村建设的能力是水利工作新时期的历史使命。我们要因地制宜，科学规划，扎实推进，努力把农村水利推向一个新高度。

二是长效供给能力。加快推进各类水源、引水工程建设，全面优化配置水资源，建设节水型社会，切实保障工业、农业和其他产业的合理用水需要，提高水资源的长效供给能力，实现水资源的可持续利用是全市率先实现工业化、现代化大城市和小康社会的重要保障。

三是安全保障能力。在提高全市防御洪水能力的同时，还要提高粮食等农产品抗旱减灾能力和城乡居民用水安全保障能力。

四是管护执法能力。要按照人水和谐相处的要求，进一步加大城乡河道的整治力度，加快水土保持"进城入市"步伐，将城市与农村水环境整治协调推进，认真履行法律法规所赋予的职责，依法严肃查处各类涉及水环境的违法案件，要通过全社会齐抓共管，保护好、维护好宝鸡的青山绿水。

（原载于2007年9月6日中国水利报现代水利周刊
记者　秦延安　　通讯员　邢阔　陈洁）

链接文章▶▶

试论宝鸡治水方略

水是生命之源，水是万物之本，水是国民经济的基础，水关系着经济的发展和社会的文明与进步。宝鸡要在西部地区率先实现工业化、率先建成大城市、率先实现全面小康，水利如何为其提供服务和强有力的保障，是摆在我们面前的一个重要任务。从创新治水思路入手，研究宝鸡治水方略问题，是宝鸡水利发展中亟待回答和解决的一个战略性问题。

一、宝鸡面临的水问题

从地理学概念上讲，宝鸡是关中的“水龙头”，渭河从宝鸡西陲进入关中，许多支流从宝鸡汇入渭河，贯穿陕西中部，流进黄河。宝鸡水资源量较丰富，但地表径流大多是客水，从可利用量上来说仍存在缺水问题。宝鸡全市多年平均降水量692毫米，水资源总量37.09亿立方米，2006年，人均水资源量994立方米，亩均占有水资源量740立方米。全市除太白、凤县外，黄河流域七县三区人均水资源量706立方米，低于国际社会公认的严重缺水线人均1000立方米的水平，亩均水资源量740立方米。市区人均水资源量仅495立方米，低于国际公认的人均500立方米的极度缺水线标准。

宝鸡市目前面临的最大水问题主要表现在这样几个方面：一是地表水资源时空分布不均；二是开发利用不平衡；三是水资源污染严重；四是用水效率不高；五是水源工程建设滞后，等等。宝鸡市未来水问题不可忽视。2006年，全市总人口376万，生产总值477亿元，“十一五”期间年均增长12%，全市生产总值将达800亿元，到2020年，生产总值将比“十五”末翻两番，达到1500亿元。宝鸡要在经济社会发展上领跑关中，在西部地区率先实现工业化，率先建成现代化大城市，率先实现全面小康，把宝鸡建设成为工业强市、畜牧大市、旅游名市、现代化生态园林大城市。按目前宝鸡市13.4亿立方米的总供水能力计算，预计到2010年，全市年缺水2.38亿立方米，到2020年，缺水将达到6.18亿立方米，解决水问题，已成为“三个率先”不可逾越的障碍。

二、解决宝鸡水问题的方略

运用新的治水理念，创新治水思路，是解决宝鸡水问题的正确抉择。我们认为宝鸡的治水新思路及方略是：以科学发展观为指导，建设水资源配置优化、水生态环境良好、水安全保障有力、水文化特色明显的现代化水利，为宝鸡在西部地区率先实现工业化、率先建成大城市、率先全面实现小康提供良好的服务，促进宝鸡经济社会的可持续发展。

一是搞好水资源的优化配置。把水当作自然资源中最稀缺的资源之一，对其进行开发、利用、治理、配置、节约和保护。资源水利的思想基础是可持续发展，其核心是水资源的优化配置。宝鸡建设资源水利就是依托宝鸡水资源实际，最大限度地发掘水资源潜能，做到可持续利用。主要内容就是“南水北调、东水西用、西水东引、开发泾水、突出节水、优化配置”，以满足经济社会发展对水的需求。

二是建设良好的水生态环境。按照生态学原理，遵循生态平衡规律的法则和要求，建立满足良性循环和可持续利用的水生态体系。这个体系不是单一的、局部的水利，而是整体的、系统的、科学的、可持续发展的水利。建设生态水利，以河流生态用水的基本满足为前提，加强生态治理，促进人水和谐。

三是提供有力的水安全保障。除水害、兴水利，为城乡生产、生活、粮食以及农产品提供用水安全保障，为人民群众生命财产和社会经济发展提供防洪安全保障是当代水利的重要任务。

四是建设特色明显的水文化。水是流动的经济，也是流动的文化，最大限度地发掘水的文化属性，需要把水的人文属性放在现代水利的核心要素这个高度去认识，使其在物质文明和精神文明建设中发挥更大的作用。水利文化是民族文化的一个组成部分，是以水利活动为轴心的各种文化现象的总和。水利文化不仅是历史的文化，也是未来的文化；不仅是传统的文化，也是先进的文化；不仅是继承的文化，也是创新的文化。

三、实现宝鸡治水方略的措施

要实现新的治水思路，必须采取以下措施：

（一）深化体制改革，促进水利建设良性发展

科学划分水资源管理责任，实现城乡水务一体化管理。明晰管理权限，合理设置机构，建立健全管理制度，建立以水行政主管部门为主体、协调有序的水资源管理体制和工作机制，完成城乡水务一体化改革，初步建立以水权、水市场理论为基础的水资源调配和补偿制度，发挥市场在水资源配置上的调节作用。协调好与相关部门的关系，加强协作，坚持“统一管理、团结治水”，共同做好水务工作。建立区域防洪、供水、排水、节水、污水处理及再生水利用等涉水事务的高效管理体制。

建立水源地补偿机制。水源地和库区湿地等一般都限制工业，特别是化工等工业发展，这些地区一般都财政弱小，群众生活困难，国家和地方政府应当建立涵养水源的补偿机制，用于水源地保护和群众生活困难的补助。

进一步深化水价改革。二、三产业、城市公用事业及城乡生活用水，其

价格要按满足运行成本和费用，获得合理利润和缴纳相应税金的标准核定。对超计划用水实行超定额累进加价，促进节约用水，保证水利工程建设和管理良性循环。实行分质供水和阶梯水价，克服水价在一些地方存在的既不反映成本，又不反映供求关系的问题。

(二)完善投融资机制，推动水利事业发展

加大政府水利投入。建立水利工程项目前期资金投入制度。地方政府应保证辖区重大水利工程项目前期资金，建立项目储备库，为工程建设奠定基础。对公益性水利单位及水库等承担公共水利职能的事务，要由政府“埋单”，解决目前水库等单位公益性事业政府投入不足，水库经营管理困难的问题。对堤防、防汛等涉及公共安全的水利工程，对涉及重大水生态问题的工程，要建立以国家投入为主的机制，满足建设需要。

建立市场融资机制。以经营性为主的水利工程，要建立放活市场、政府监控、多渠道融资的建设体制。积极依靠市场机制筹集水利建设资金，在推动供水、水电产业走向市场中，通过河道整治、改善环境、土地升值、开发房地产等市场运作方式，筹集水利建设资金。

调动社会各方办水积极性。深化“五小”水利工程产权制度改革，建立“自行筹资、自行建设、自行管理、自定水价、自行还贷”的“五自”机制，加快以拍卖、租赁、股份合作制为重点的“五小”水利工程产权制度改革和“五荒”拍卖步伐，引导群众及社会各界筹资兴办小型水利工程，建设水保生态设施。

(三)坚持依法治水，规范水事秩序

认真贯彻涉水法律法规，实行依法治水。要依法实施对水资源、河道、水库、水产及水土流失的预防、治理和监督，构造分级管理、关系协调、监督到位、运行有效的水法制体系。

完善水资源有偿使用和河道采沙补偿等制度。全面推进建设项目水资源论证制度，建立和完善取水单位和个人的公示制度，接受社会监督。按照水资源紧缺程度，分不同类型和地区适当拉大水资源收费标准，做到应征尽征。进一步加强河道采沙以及水污染防治管理和监督，划定采沙范围和采沙时限，根据各水功能区的纳污能力，建立纳污总量控制指标制度，确保河道行洪安全和水体环境质量。

实行水政综合执法。整合水政执法队伍，强化执法力量，实行全方位、大覆盖的综合执法。加强执法队伍培训，提高队伍素质，严格执法程序，加大工作力度，及时查处各种违反水法规的案件，打击破坏水利设施的犯罪行为，创造良好的水事环境。

(四)实施科技兴水，提高水工程质量和品位

积极实施科技兴水战略，把水利发展真正转变到依靠科技进步，提高科技含量和科学管理水平上来。加强对水资源开发、利用、保护、管理及优化配置等方面的研究，加强水利科技成果的推广应用工作。积极引进新技术、新工艺、新设备、新材料，用新规范、新标准指导各项水利设施的建设和管理。进一步加强对水利干部职工的科技培训和对广大群众的科普宣传，不断提高干部职工的科技水平和管理水平，促进全市水利建设更快地发展，推动传统水利向现代水利转变。

堵凤春

保障首都供水是第一要务

怀柔位于北京市的东北部，是北京重要的饮用水水源地、生态涵养发展区。怀柔的水质和水量直接影响着北京市的供水安全，怀柔水务人为保护好首都的“一盆水”、缓解首都日益紧张的供水压力努力着。面对明年的北京奥运会和长久以来的保障北京供水的任务，怀柔水务的“带头人”——堵凤春告诉我们，保障首都供水安全是他们义不容辞的责任。

档案

堵凤春，北京市怀柔区水利局局长。

1961 年 5 月出生，北京市怀柔区人。1978 年 3 月参加工作。2005 年 1 月 29 日，怀柔区水务局成立后任党委副书记、局长。

在他的带领下，怀柔区水务局在 2006 年北京市水务综合评比中获得了“综合奖第一名”，节水、治污、安全饮水、清洁小流域建设等工作也在全市进入先进行列。

记者手记

卸不下套的牛

“我是属牛的，下午五点出生。在我小的时候奶奶就经常说，傍晚的牛已卸下套了，可以歇着了，说我应该不会是劳累的命。”堵凤春这样风趣地介绍着自己。但是实际上，从 17 岁参加工作开始，他就鲜有闲下来的时间，尤其是成为怀柔区水务局局长以后，面对保障首都供水这一被他称为是政治任务的时候，堵凤春深感自己肩上的责任重大，着实成了“卸不下套的牛”。

堵凤春的眼睛非常有神，从他的眼睛中你可

以读出牛的真诚、耐心和韧性。

“我这个人，一生爱水是改变不了的。”从参加工作那天起，堵凤春就与水结下了不解之缘。1978 年，年仅 17 岁的堵凤春成为怀柔县崎峰茶乡的一名水利员，在山区修建水力发电站、引水渠、大口井的时候，经常很长时间都不能回家。“当时一心想把工作干好。”回忆以前的生活，堵凤春依然激情飞扬。

参与最基础的水利工作让堵凤春开始了解水利。1989 年，堵凤春成了崎峰茶乡水管站站长，然后是副乡长、党委副书记……2004 年堵凤春成为怀柔区水资源局局长，2005 年水务改革，堵凤春又当选怀柔区水务局局长。用他的话说，是到乡里“绕了一圈”，最后又回归了水利。

从北京山区出来的堵凤春深知水资源的珍贵。“知道杏核油是怎么攥的吗？把杏核砸开掏出杏仁、捣碎，然后用锅煲，煲到一定程度，就用农民带有老茧的手使劲攥，最后滴到锅里那么几点，然后再收集起来，整个过程就是这样。”小时候看母亲攥杏核油的记忆，被堵凤春用来比喻北京水资源是何等珍贵、来之不易。

深知水比油还珍贵的堵凤春，在水务局成立以后，带领全局职工以保护首都饮用水源、促进区域经济发展、助推新农村建设为己任，积极推进水务一体化管理。现在农民的饮水有了进一步保障，农业蓄水节水工作加强，节水灌溉水平不断提高，防汛抗旱能力进一步增强……全区基本实现了水务一体化管理。

堵凤春很“牛”，特别是说起水务现代化的时候，他的话语中充满了自豪。他领我们参观了防汛抗旱及水资源指挥调度系统、区管水库的视频监控系统及 24 个视频会议系统，这些设备可以实时监控水库蓄水水位、大坝坝体等情况，及时会商调度。他向我们介绍了怀柔的高效节水示范基地、先进的污水处理厂、具有文化特色的中水公园，这些都是令堵凤春非常满意的成果。

堵凤春把成绩归功于团队，“如果没有一支吃苦耐劳的团队，不可能取得这些成绩”。我们踏进怀柔水务局时，看到水务局员工衣着整齐，精神面貌很好。第一印象就是这是一个有凝聚力、有文化的单位。

堵凤春确实“卸不下套”，怀柔水资源紧缺的问题、安全供水的问题，等等，都需要深入思考，新的工作模式还要继续探索、创新……每天“水务窗口”都会送来一摞文件让他批阅。而每一个文件的背后，都要牵扯到区域经济社会发展，都需要深入分析和论证，来不得半点马虎和大意，面对如此繁重的任务，“牛”也会有累的时候，“平时也没什么业余爱好，要说有兴趣就是去看山看水”。累的时候他就自己驾车到山里去，登山看景，看看治理后的优美的水环境，心会放松下来，轻松许多。

对话▶▶

怀柔全区97.1%以上地区属北京饮用水水源保护区。因此，保障首都的供水安全是我们怀柔水务人的第一要务

现代水利周刊：怀柔位于北京东北部，请您介绍一下怀柔的水资源情况。对于北京市的用水，需要怀柔水务承担什么任务？

堵凤春：怀柔总面积2128.7平方公里，其中97.1%的面积是首都一、二、三级饮用水水源保护区，全区多年平均水资源总量3.56亿立方米，所以怀柔的水资源对整个北京来说是非常重要的。怀柔平原区是北京市水源八厂的主要补水区，也是北京市怀柔应急备用水源工程的水源地。京密引水渠穿越怀柔，怀柔境内的怀柔水库、北台上水库、大水峪水库直接为北京供水。

一提到北京的"一盆水"大家很自然地就想到了密云水库，但是很少有人知道怀柔北部的五个乡镇是密云水库的重要水源地。怀柔全区总面积60%以上的水都往密云水库里流，而且白河上游——河北省的水需要流经怀柔才能进入密云水库。可以说，密云水库对北京的供水有多重要，怀柔对密云水库的作用就有多重要。保守地估计，怀柔每年向北京供水超过了3亿立方米，为北京的供水安全承担着非常重要的责任，也为北京的供水安全付出了很大的代价。对于保障北京市的供水安全，怀柔水务局的目标就是，北京要多少水给多少水，什么时候要水就什么时候给，要哪里的水就给哪里的水。

现代水利周刊：作为北京市饮用水的重要水源地之一，为了保护好怀柔水库的水，怀柔水务人都做了哪些工作？

堵凤春：怀柔水库是境内唯一的大型水库，同时又是北京饮用水生命线——京密引水渠的中间调节水库和水量补给水库，怀柔水库的水质和水量直接影响北京市的用水安全。

近年来，我们通过"怀柔水库一级保护区水源保护工程""怀柔水库一、二级保护区水源保护工程""京津风沙源治理工程"以及先进的污水处理工程等对怀柔水库一、二级保护区以及上游的怀沙河、怀九河进行了生态、湿地、环境治理和水源保护工程建设，基本解决了怀柔水库的水污染问题，提高了河流自净能力，改善了整个区域内水环境，保护了首都饮用水源。现在我可以负责任地说：进出怀柔水库的水，水质绝对是优良的。

现代水利周刊：围绕“生态涵养发展区”的定位，怀柔水务局还做了哪些工作？

堵凤春：北京市给怀柔区的定位是生态涵养发展区，因此保护生态与环境是我们的一项重要任务，而水土保持是生态建设和环境保护的重要方面。根据怀柔的水资源特点，我们提出了“建设清洁小流域，保护首都饮用水水源”的目标，并且构筑了包括“生态修复、生态治理和生态保护”在内的水土保持“三道防线”，建设生态清洁小流域。我们按照不同的区域，将全区划分成怀沙河、怀九河、雁栖河、大沙河、玻璃河、汤河、天河、渣汰河八条流域，按照“三道防线”的理念，一个一个地进行生态综合治理，集中各方面的资金、政策、技术、人力，在洪水、节水、治污、治垃圾、雨污利用、生态治河、拦沙、护地、防洪、封山育林10个关键环节，打攻坚战。今年，怀柔区实施了怀柔水库上游一级保护区生态综合治理、百公里绿色生态谷、京津风沙源治理、生态河道治理和保护，以及废弃矿山治理等工程，有效地保护了水源，改善了生态与环境。

另外，防污治污也是我们工作的重点。现在我们怀柔区在不引进污染特别严重的企业的同时，加大治污力度，构建了“治污四级网络”。

第一级网络是区级污水处理系统。主要利用怀柔区现有的怀柔污水处理厂处理城区、新城、雁栖经济开发区及平原部分乡镇的污水。目前，我们正采取分流城区主街主路雨污、升级改造污水处理系统等措施，解决因经济发展导致的污水处理能力不足的问题。

第二级网络是镇乡政府所在地污水处理系统。全区14个乡镇政府所在地，除平原5个镇所在地的污水进入一级污水处理管网外，其余半山区、深山区9个乡镇政府所在地都已建成了小型污水处理厂，解决政府所在地的污水处理问题。

第三级网络是村级污水处理系统。是指在人口比较集中的大村、生态搬迁村和市、区两级新农村建设小型污水处理厂或安装污水处理设备。几年来，我们安装的100余套小型污水处理设备，对于改善生态与环境、提升宜居指数、促进怀柔区农村的可持续发展起到了巨大的作用。

第四级网络是分散点源污水处理系统。我们在旅游沿线村庄、景点安装小型污水处理设施200余套，推动了民俗旅游业、生态观光农业等文化创意产业的蓬勃发展。

现在，治污四级网络正在怀柔区逐步建成和完善，目前怀柔的污水日处理能力近10万吨，城市污水处理率达到了100%，农村地区也达到了40%以上。

在区政府的行政大厅，有为水务局专门设立的“水务窗口”，对涉水项目的审批非常严格，所有的建设项目，都必须有污水处理设施，没有污水处理设施的不允许动工和营业

现代水利周刊：现在有些地区治理了老的污染源，接着会产生新的污染源，在这方面怀柔区是如何解决的？

堵凤春：在治理老污染源的同时，必须控制新污染源的出现，否则子子孙孙都别想把污染根治了。在政府的行政大厅，有为水务局专门设立的“水务窗口”，行政审批的有31项，涉水项目的审批都非常严格，所有的建设项目，都必须有污水处理设施，没有污水处理设施的不允许动工和营业。

我们的“水务窗口”有4个人专门负责，对污水达标排放进行前置审批。我们要求审批人员服务态度热情，办事效率高，当日能解决的问题，绝对不能拖到第二天办。大型项目我们还派人过去专门进行污水达标排放的审批和节水的平衡测试。因此，我们被区政府评为“红旗窗口”。这方面的经验还在北京市得到了推广。

现代水利周刊：治理了老的污染源，限制了新污染源的出现，保障了怀柔的水质。那么，在雨洪水和中水利用方面，怀柔区水务局是怎么做的，都收到了哪些成效？

堵凤春：随着城市化进程的加快，干旱缺水这一问题逐渐凸显出来。

2005年以来，我们经过深入调研多方探究，本着“节流、开源、保护并重，以节流为主”的思想，利用坡面集雨、路面集雨等工艺，充分收集雨水资源。在收集过程中，采用活动式截污装置截留径流污染物，从源头上避免对水质影响，并在山区启动了沿河拦沙工程、沿河沟岸边坡水土保持工程、沿路集雨集泉工程。截至2006年底，全区已建成并投入运行的集雨、集泉工程共175处，每年可收集雨、泉水4.2万多立方米，灌溉粮田和果园1.26万亩。

自2007年开始，我们又在全区新建20处雨洪利用工程。在今年主汛期有效积蓄雨洪水近22万立方米。

最近几年，我们把怀柔污水处理厂、北房污水资源化工程、雁栖污水处理中心和七座新建污水处理厂的达标中水作为景观用水，在怀河、雁栖河等主要河流节点河段营造出“千亩中水公园”、雁栖河阶梯形水面等亮丽水景观，从而推进怀柔东区新城、影视基地等相关产业进一步发展。

从水资源局到水务局并不是简单的单位名称的更换，而是包括我们工作职能的拓展以及对其他方方面面工作的创新

现代水利周刊：污水排放审批权是在怀柔区设立水务局时就开始行使的职能。现在水务局成立已经两年多了。通过这两年多的水务工作，您最大的感触是什么？

堵凤春：我最大的感触是随着水资源越来越重要，水务地位也越来越重要，水务在区域经济发展中承担的责任也越来越大。由“水资源局”到“水务局”，不是简单地“更名换牌”，而是要从根本上实现“两个转变”：把原来由市政管委管理的城镇供水、排水和污水处理、再生水利用等责任划入水务局职责，初步实现由农村水利向统筹城乡的水务转变；机构的设置加强了对水资源的监管职能，初步实现了由工程水利向资源水利的转变。实现“两个转变”的过程，实际上就是我们服务区域经济发展不断加压、主动承担责任的过程。

现代水利周刊：为适应这种转变，怀柔区水务局在职工培训和单位建设上都做了哪些工作？

堵凤春：从水利向水务的转变，是一个不断学习和创新的过程，因为有很多东西我们之前没有涉及，或者说涉及很少，所以需要我们不断学习和培训来适应这种角色转变的需要。当然，在不断的学习和工作中，我们的干部和职工的凝聚力和战斗力也得到了增强。

现代水利周刊：2007年初，北京万名农村管水员上岗，据我们了解，怀柔区有千名以上的农村管水员，这也是适应水务改革的一种创新，怀柔区农村管水员作用发挥如何？

堵凤春：为了加大全区水源和水务设施的保护、管理力度，我们于去年年底按照北京市政府的统一部署，在镇（乡）建立了14个农民用水者协会，在284个村建立了村分会，并组建了1000名的农村管水员队伍。农村管水员队伍的成立，可以确保水源地保护区有人看管，发现问题可以及时上报，

可以防止往河里倒垃圾、挖砂、河边滥建等行为。有人看着我们的河流，保护我们的水源地，才是最保险、最实际的。组建农村管水员队伍，可以解决村级涉水事务管理缺位的问题，将农村水务建设与社会主义新农村建设紧密结合，逐步建立起保障农村水务建设管理健康发展的长效机制。成立管水员队伍，可以说把水管到了源头，管到了根上。

对于明年的奥运会，我们坚持“决战奥运”的理念，紧紧围绕首都生态涵养发展区的功能定位，以保护首都饮用水源，促进区域经济发展为己任，立足水务，服务奥运

现代水利周刊：怀柔区作为2008年奥运旅游的延伸地，面对奥运会的到来，怀柔水利要做哪些工作？您如何看待奥运会带来的压力和责任？

堵凤春：怀柔作为北京生态涵养发展区和奥运旅游接待基地，我们将承担的责任和压力是非常巨大的。但是，我们将这种压力和责任看做是前所未有的机遇和挑战。因此，我们按照市水务局和怀柔区委、区政府的要求，坚持“决战奥运”的理念，紧紧围绕首都生态涵养发展区的功能定位，以保护首都饮用水水源、促进区域经济发展为己任，立足水务，服务奥运。

为此，我们要努力做好以下几方面工作：第一，保障首都防汛安全。由于2008年奥运会正值汛期，因此，我们承担的防汛任务很繁重，我们将加强防汛责任落实和防汛物资人员储备，确保防洪安全。第二，首都安全供水工作。通过生态治河及新增、改造污水治理工程设备，完善业已形成的“治污四级网络”，提升怀柔污水处理能力，降低水污染，确保为首都提供安全洁净的饮用水。第三，首都水资源保护。依法取缔区内涉水违章建筑，确保水质清洁。每年治理水土流失面积60平方公里，建设首都水资源生态屏障。第四，建设节水城市工程。厉行节约用水，提高用水效率。第五，建设雨水和再生水利用工程。通过严格的水行政审批和水行政执法，确保区内新建项目全部建设雨水、再生水利用工程，原有建筑进行雨水、再生水利用改造。第六，推进水利现代化工程。对防汛应急视频会议系统、防汛抗旱指挥系统等进行科学的保养和维修，完成与之相配套的水利技术装备的更新改造。实施人才培养计划，建立一支高素质的水利工程、技术、管理人才队伍。第七，搞好涉水矛盾排查处理工程。责成专门领导负责奥运期间的涉水矛盾排查，一旦有问题出现，将严格依照相关法律规定给予化解，避免矛盾扩大。第八，加强基层水务组织建设。通过和区内相关部门理顺关系，加快农民用水者协会和村分会的组建速度，对区内千名管水员进行技术技能培训，最大限度地发挥基层水务组织的作用。为成功举办第二十九届奥运盛会作出自己的贡献。

现代水利周刊：那么，“十一五”期间怀柔水务有哪些目标，发展的基本思路是什么？

堵凤春：“十一五”期间怀柔水务建设总目标是坚持“以人为本、人水和谐、循环水务”的理念统领水务工作的全局，实现“构建和谐水务，服务怀柔和北京发展”。

“十一五”期间怀柔水利建设基本思路是初步建成八大体系：一是逐步建立安全饮水保障体系，二是逐步建立高效节水体系，三是逐步建立水循环利用体系，四是逐步建立生态水环境保护体系，五是建立和完善防洪减灾体系，六是建立和完善水经济带动体系，七是建立和完善现代化水务管理体系，八是建立和完善水文化建设体系。

现代水利周刊：请您畅想一下怀柔水务发展的未来。

堵凤春：未来几年，我们会根据怀柔区生态涵养发展区的功能定位，继续在水环境的打造、生态治河、安全供水、治污、节水、水资源保护和小流域治理等各个方面下工夫。相信通过我们的努力一定会把怀柔打造成一个“水清、岸绿、天蓝、景美”的宜居名城。

（原载于2007年9月13日中国水利报现代水利周刊
记者　郑秋丽 吴頔 刘艳飞 肖丹　通讯员 郭宏斌　摄影 段连红）

链接文章▶▶

全力以赴保护首都的饮用水水源

北京市怀柔区总面积2128.7平方公里，其中97.1%的面积在首都一、

二、三级饮用水源保护区内。区内有四级以上河流17条，大中小型水库19座，地表水质量达到国家饮用水二级标准。为了保护好怀柔区有限而宝贵的水资源，为首都服务，为怀柔经济社会战略大发展服务，我们今后将继续加大水资源的管理和保护的力度，具体的思路可以概括为：树立一个思想，坚持一个目标，确保两个安全，突出三个围绕，加速四个推进，做到六个结合，建设八大体系。

一、树立一个思想

坚持以人为本和全面协调可持续的科学发展观，统筹城乡发展，统筹区域发展，统筹经济社会发展，统筹人与自然和谐发展，以富裕农民和支撑经济社会发展为目标，以水资源优化配置高效利用为中心，坚持人口、资源、环境协调发展和水资源可持续利用的原则，坚持高标准、高科技、高效益，以保护水资源、建设抵御各种风险的水资源屏障、治理水污染、改善生态水环境、保障供水安全为重点，实行最严格的水资源管理制度，努力建设节水防污型社会，为怀柔区经济社会战略大发展和加速农村城市化进程提供水资源和水环境支持。

二、坚持一个目标

坚持一个总的目标：做到雨水、地表水、地下水和中水四水联动，循环利用，实现水资源保护、供水、节水、治污、中水利用、治河、治沟、治坡、防汛、抗旱科学化、现代化，使污水处理率提高到90%，水土流失治理率达到90%以上，水利设施完好率达到100%，农业用水负增长，城镇居民人均用水适度增长，工业万元产值耗水量逐年下降，创建节水型社会，实现水资源的供需平衡。

三、确保两个安全

一是确保首都北京供水安全。当首都北京出现用水困难的时候，为北京调水是政治任务，是我们怀柔的义务和责任。在确保水量的同时，我们还要千方百计地增加投入，保证水质安全，确保将纯净优质的水源供给北京。二是确保怀柔自身的供水安全。在确保首都供水安全的同时，也要确保怀柔城乡居民饮水和经济社会发展用水。确保老百姓吃上水，浇上地，确保当地的经济发展，保持社会稳定。

四、突出三个围绕

一是紧紧围绕怀柔区97.1%的水源保护区做文章，保护水源，涵养水源，富裕百姓。二是紧紧围绕社会主义新农村建设做文章，为新农村建设提供水资源保障和生态水环境支持。三是紧紧围绕"向观念要水、向机制要水、向科技要水"做文章，为首都北京提供更多的优质水源。

五、加速四个推进

一是以水的保护和发展为题，加大水源保护区范围内的京津风沙源、清洁小流域综合治理力度，推进新农村水务基础设施建设步伐；二是以水的开发和利用为题，加速集中供水厂和深井水源供水工程建设，推进城乡基础设施和居民安全饮水的建设步伐；三是以水的治理和涵养为题，加速主干河道的生态治理，改善水环境，营造水景观，推进怀柔山水城市和新兴产业的建设步伐；四是以水的处理和净化为题，加速城区雨污分流和再生水回用，推进城市基础设施的建设步伐。

六、做到六个结合

一是水利建设与生态建设紧密结合。要对水利工程进行合理、科学的规划，要通过水利先行和小流域综合治理，带动山、水、林、田、路、污、垃综合整治水平的提高和发展，使山区植被进一步增加，实现乔、灌、草、花综合的、立体的、高度的绿化美化，改善环境和大气质量。按照"生态修复、生态治理、生态保护"三道水土保持防线的理念，在全区分五大板块进行生态清洁小流域综合治理，通过水利工程建设，实现对山、水、林、田、路的综合整治，以此带动山区的市政建设和整个环境水平的提高。通过环境的改善，为城乡居民提供一个非常舒适、非常优雅、空气清新的美好的人居环境，达到提高城乡居民的生活质量，实现身心愉悦，健康长寿的目的。

二是水利建设与改善农村地区的生产、生活条件和治脏、治乱、治污、治患"四位一体"紧密结合。通过水利带动，治理农村地区的生态与环境，实现农村地区的可持续和综合发展。结合农村城市化建设，在乡镇政府所在地和人口聚集的大村，建设小型污水处理厂。另外，还要加大对水患的治理力度，为城乡居民的防汛安全提供保障。

三是水利建设与节约用水紧密结合。首先，需要我们加大宣传力度，改变人们的传统观念；第二，在加大宣传力度的同时，要采取严格的措施开展节水工作；第三，加大雨洪利用力度，将珍贵的雨洪水留在境内，在城镇地区积极推广透水砖，建设透水路面；第四，加大中水回用力度，提高中水利用率；第五，在对入区企业的审批上，要严格把关，严禁高耗水的项目落户。

四是水利建设与资源综合开发、产业结构调整和农民增收紧密结合。在水利工作中充分考虑到全区一、二、三产业发展对水资源的需求，提出合理化建议，保护好、开发好、利用好现有的水资源，让有限的水资源为全区一、二、三产业的发展提供保障。在水利工程建设中，结合农业产业结构调整，大力支持和培育符合怀柔区优势的农业主导产业，为高效农业、特色养殖业和农业观光旅游业等提供水资源支持，为逐步在全区形成“一村一品、一镇（乡）一业”区域经济特色明显的产业格局作出贡献。农村的水利建设必须把农民增收作为根本出发点和落脚点。我们搞水利工程的目的就是要改善生产、生活条件，最终达到富裕当地农民的目标，这是我们工作的主线。

五是水利建设与历史文化和风土民情紧密结合。在水利工程的规划设计理念中，要充分体现出怀柔区悠久的历史文化背景，体现出较浓的文化气息、丰富的文化内涵和底蕴。在水利工程建设中，要以保护古文化、古文物、古建筑、古树名木为前提，要充分挖掘各种文化资源，最大限度地在水利工程中体现出来，与怀柔区历史文化背景和风土民情相互协调，相互统一，做到和谐、自然、高雅、流畅、源远流长。

六是水利建设与新农村建设紧密结合。第一，从思想上融入到新农村建设进程之中，全局上下将高度统一思想，认清形势，形成共识，深刻认识水利工作在新农村建设中的重要作用，始终保持清醒头脑，明确水利工作者在新农村建设中的职责和肩负的重任，找准工作的突破口和重心，为新农村建设贡献力量；第二，将水利融入到新农村基础设施建设中来，高标准做好供水、节水、排水、污水治理、中水利用、垃圾治理、水环境改善、防汛抗旱、水土保持等水利基础性工作；第三，将水利融入到一、二、三产业的发展中；第四从组织保障上融入到新农村建设之中，成立新农村建设规划项目办公室，具体跟踪负责新农村建设中相关的水利重点项目的研究、设计、规划、立项、申报、施工等工作。

七、建设八大水利体系

一是建设安全饮水保障体系。建立完善的安全饮水保障体系，平原实现集中供水，达到城市化供水标准；山区人畜饮水安全得到有效保证，大旱之年不出现人畜饮水困难。新增改善受益人口16.64万。

二是建设高效节水体系。全区年农业用水总量控制在5000万立方米以内，到2005年完成灌溉面积的节水工程配套，农业灌溉基本实现节水化；2006年进入综合节水阶段，充分利用雨洪和再生水，逐渐向资源节水阶段发展，使农业用水实现负增长，水资源得到优化配置。

三是建设水循环利用体系。以水源保护为中心，以流域水系污染治理为主线，从集中式城镇污水治理、分散点源控制等多个层面全面改善水环境，水源保护区的乡镇、开发区、工矿企业全部实现污水达标安全排放，旅游点、养殖小区建立污水和粪污处理设施，使污水处理率由15%提高到90%，污水资源化利用率由目前不足10%提高到80%。到2008年，全区工业企业、旅游景点、冷水鱼养殖、餐饮服务、宾馆饭店等污水实现达标安全排放。

四是建设生态水环境保护体系。从河道生态治理、建设清洁小流域、饮用水源保护等方面改善生态与环境，水土流失治理率达到90%以上，人为水土流失得到有效控制，形成"封河育草、生态保护和自然修复"三道水土保持防线，实现水清、岸绿、流畅。

五是建设防洪减灾安全体系。建立完善的防洪减灾体系，主要闸坝、河流、中小型水库全部达到国家防洪标准，山区泥石流易发区、采空区群众安全度汛，促进和保障人口、资源、环境和经济的协调发展。

六是建设水经济带动体系。努力改善水环境，促进资源升值，加快第一产业向第二、三产业的转移，推动生产性服务业、文化创意产业、旅游休闲产业以及绿色种养业的发展，促进产业联动，拓展农民的就业渠道，增加农民收入，为早日实现小康社会奠定基础，为"文化新都、宜居名城、和谐怀柔"战略目标的实现和加速新农村建设进程提供强有力的水资源保障和水环境支持。

七是建设现代化水务管理体系。以基层水务建设为中心，实现市区水务局、水务站防汛抗旱与水资源调度管理三级联网，使大中专以上学历人员达到职工总数的80%，达到人才专业化、办公自动化、信息网络化、管理科学化、工程建设现代化的目标。在水务管理体制上，积极探索新的方式方法，实现水务管理市场化、企业化和经营化的现代管理机制。

八是建设水文化体系。研究、挖掘、记录水对怀柔发展的历史贡献和水害的历史；研究、挖掘、记录怀柔人民在治山治水过程中形成的凝聚力、创造力、奋斗精神和聪明才智；研究、挖掘、记录水与怀柔风土民情、民俗民风，水与社会经济发展的规律及内在关系。

杨立

经济越发展 水利越先行

西安市是千年古都。进入21世纪，西安市提出了建设人文西安、活力西安、和谐西安的奋斗目标。在这个过程中，水利扮演着什么角色？下一步如何将“八水绕长安”变成“八水进西安”，构建城市水系新格局，使城在河湖中，河湖在城中？西安市水务局局长有着自己的一番思考。

记者手记▶▶

➔档案

杨立，陕西省西安市水务局局长。

1957年7月生，陕西临潼人。1976年12月参加工作，大学学历。曾任临潼县委整党办副主任，零口乡党委副书记、乡长、党委书记，临潼县秦陵镇党委书记，临潼县副县长，西安市临潼区委常委、副区长，西安市长安区委副书记、副区长、代区长、区长。2007年3月任西安市水务局党委书记、局长。

态度决定一切

很早以前就从陕西省内外的有关新闻媒体上看到西安市原长安区区长，现西安市水务局党委书记、局长杨立的有关信息。给我印象最深的是他在《华商报》接听群众热线时说的一句话：“我也是农民的儿子，你们有问题可以大胆地说。”在长安区当区长期间，杨立将长安区的发展推上了快车道，很快成为西安市新兴发展区县的一颗新星，在西安的经济发展中占有了一席之地。这让我感觉他是一位不简单的领导者，特别是他经常深入一线调研，强调用事实说话，是一位很务实的领导。

今年5月，看到西安市水务局发的一期简报，上面报道了以杨立为首的西安市水务局新一届领导班子提出了“三水联动”，即按照“截留雨洪水、调蓄地表水、涵养地下水、调剂生态水、用足再生水、用好地热水”的治水新思路，在遵循客观规律的基础上，积极实施以“三引、四蓄、五排”为重点的“三水联动”方略，为营造生态城市，构建适应城市可持续发展，开创西安大都市的水系新格局。“三水联动”方案不仅使进水、用水、出水都有了着落，而且使得西安以前的“一潭死水”变成了“一渠活水”，很有超前性，我们很想当面聆听杨立局长的诠释。

在一个秋雨纷飞的上午，我们总算约到杨立。在主持召开完封井工作会议后，他接待了我们。简朴的办公室里，一床、一桌、一对沙发、一张柜子拥挤在狭小的空间里，最引人注目的是窗台上的两盆君子兰，一盆已经开出了灿烂的花朵，使得整个屋子都透出一股朝气。办公桌上放着一沓《中国水利报》和一堆水利杂志。

这是一张看起来很具有关中人风格的脸，岁月沧桑中写着朴实、厚道、实在。虽然并非水利科班出身，但几十年的基层工作经验使得杨立具有很强的宏观把握能力。说起西安新的治水思路及“三水联动”方案的初衷和过程时，他滔滔不绝。“把宏观与专业结合起来，融会贯通，将西安水务做大，我想这是我的职责。”

对于自己不是水利专业出身的“缺陷”，杨立信奉的座右铭是多学习、多调研。不仅向专业人士、前辈、基层学习，还要多向书本学习。办公桌上每一期的《中国水利报》《中国水利》杂志，他都看得特别仔细，遇到值得学习和借鉴的做法、理论，他都会用彩笔画出来，重要的，他还用笔记本摘录下来，在学习与调研中，他思索着西安如何构造大都市水系新格局。

最让人佩服的还是他深入一线的调研作风。什么事他都喜欢去一线看一看。“看与不看是完全不同的。”杨立说。今年6月，针对沣惠渠灌区因城市扩展而灌溉面积出现不断萎缩的情况，当时局里提出将富余的水资源可以引到西郊供一些工厂企业使用，问此方案是否可行。一位负责人说，没问题，水顺渠而下可以直接引到。“能引到，就去看一看。”杨立说，结果一看全愣住了，原先的渠道部分被一些单位占用、一些被毁，管线根本不通。还有一件事是，某科室负责人汇报说，兴庆湖的供水是用大峪河的水。结果一调研发现，大峪河的水在雁塔区孟村受到污染，分水闸坏了也没人管，实际上兴庆湖早就没用大峪河的水了。深入现场实际调研的结果让这位负责人面红耳赤，也坚定了杨立的务实作风。

“态度决定一切，干水务，必须要有个好的态度和吃苦的精神。”杨立是这样说的也是这样做的，他务实的作风深深地影响着周围的同事。

对话▶▶

恢复“八水绕长安”的盛景

现代水利周刊：西安是千年古都，20世纪中叶曾经出现过水荒，那么西安现在的水资源是什么情况？

杨立：西安是一个资源型缺水城市，多年平均降水总量74.25亿立方米，多年平均水资源总量26.66亿立方米，人均水资源占有量仅有375立方米，再加之水资源时空分布不均、污染严重，更加剧了供需矛盾。20个世纪90年代中期，西安城市的水荒，震动全国，那时的西安，宾馆无水洗澡，公务员上班用塑料桶装了水带回家，大街上消防车后居民排队接水，全国政协原副主席钱正英呼吁“抢救西安”。

随着黑河金盆水库建成后，优质的地表水通过输水管渠流入西安，目前基本解决了城市生活用水问题。同时，我们抓住修建西康高速公路的机遇，建成了引乾（乾祐河）济石（石砭峪）南水北调工程，打通18公里长的秦岭输水隧洞，将水引入西安，作为西安的储备水源。即便如此，据《西安市水中长期供求计划》分析预测，随着人口的增加和城市的发展，到2030年全市年总需水量将达到50亿立方米，缺水近24亿立方米。

现代水利周刊：西安曾经有“八水绕长安”之称，“八水”现在是个什么情况？西安市提出“恢复八水绕长安”的目的是什么？都采取了什么措施？

杨立：“八水绕长安”的昔日盛景，使国人从此对西安有了印象，有了向往。今非昔比，今天的沣河、涝河、滈河、潏河、灞河、浐河、渭河、泾河等八条河流，无论是在水量、水质上，还是在水环境上，都与古代的“八水”不可同日而语了。尽管政府近年来在关闭造纸厂、限制高耗水污染企业经营方面下了很大工夫，取得一定成绩，但是目前渭河污染依然严重。

忧中有喜，渭河作为西安最大的过境河流和陕西的母亲河，国务院已批准通过了《渭河流域综合治理规划》，最近省委书记赵乐际明确提出西安要进一步做好山水文章，这里的山指的是秦岭北麓，水指的就是渭河。在西安市第十一次党代会上，更是把恢复“八水绕长安”写入了市委书记孙清云所作的工作报告里。本届政府主要领导多次听取汇报、研究水问题。我们很受鼓舞，似乎看到了“八水”的美好前景，同时也深感肩上的担子不轻。

我个人理解，西安市提出恢复“八水绕长安”的目的，一是通过改善水环境，来带动周边环境的改善，间接地改善投资环境，有利于招商引资，拉动经济增长；二是实现西安国际化、市场化、人文化、生态化“四化”理念，实现“人文西安、活力西安、和谐西安”的奋斗目标。

为了恢复“八水”盛景，西安市提出了实施“大水大绿”工程科学决策。“大水”工程是以生态与环境治理为主题，坚持“统一规划、合理开发”的原则，主要在城市周边河道上建设橡胶坝形成水面，使治理区域生态与环境得到彻底改善。根据“大水”工程规划，市政府专门成立了浐灞管委会，积极争取项目、资金，出台优惠政策吸引各方投资治理河流。

稳步推进节水型社会建设

现代水利周刊：西安建设节水型社会三年来都采取了什么措施？取得哪些成就？还存在什么问题？

杨立：围绕建设节水型社会，西安市采取的措施：一是强化资源属性，大力推进涉水事务统一管理。市水务局成立后，对全市水资源实行统一规划，统一调度，统一发放取水许可证，统一征收水资源费，统一管理水量、水质。将原隶属于市政部门管理的节约用水办公室整建制划入市水务局，城郊10个区（县）相继组建了水务局，大大推进了涉水事务一体化管理步伐。二是科学制订规划，建立健全法律保障。编制完成了《西安市水资源保护规划》《西安市节约用水规划》《西安市雨水利用规划》《西安市再生水利用规划》《西安市“十一五”节水型社会建设规划》等多部专业规划，为水资源的合理开发、有效利用和节约保护提供了科学依据。颁布实行了《西安市黑河引水系统保护条例》和《西安市城市节约用水条例》，起草上报了《西安市地下水保护条例》，起草完成了《西安市计划用水管理办法》《西安市节约用水以奖代补暂行办法》，为水资源的节约、保护和有效利用提供了法规保障。三是完善用水管理机制，积极推进水价改革，以水权、水市场理论为指导，建立了“总量控制、定额管理、超用加价、市场调节、政府指导、群众监督”的用水管理机制，制订了《西安市城市供水价格改革五年规划》，为以经济手段促进节水工作奠定了基础。四是加大宣传力度，广泛动员社会参与，增强了市民的节水意识，为节水型社会建设营造了良好的氛围。五是实施节水工程，科学构建节水技术体系。依靠项目和典型带动，建设节水灌溉示范工程，全面推行工业节水和中水利用，提高了水的重复利用率，全市工业水的重复利用率达到80%。六是坚持建管并重，综合治理，全面改善水环境。累计封停、封填市区自备井、违章黑井900多眼，有效地遏制了地面沉降、地裂缝等地质灾害。投资近10亿元对浥河、漕运明渠等排污河道综合治理工程进行了全面整治；通过招商引资实施浐灞河综合治理工程，已加固堤防53公里，建设橡胶坝9座，形成水面1.5万亩，有效改善了周边人居环境。

同时，西安市还在建设资源节约型、环境友好型社会方面加大了工作力度。在节能降耗治污上，把关闭小造纸企业作为一项大事来抓，从2004年至今已经关闭了200余家小造纸企业，年减少污水排放量7000万立方米。加快了污水处理厂的建设步伐。市第三污水处理厂已建成，第四污水处理厂在建，市区日处理污水能力已达41万吨。纺织城、临潼区污水处理厂相继建成投产，户县、长安区等污水处理厂陆续开工，其他区县污水处理厂正在做前期工作。到2010年，全市各区（县）都将建成污水处理厂，市区污水处理率将达到70%以上。与此同时，中水管网建设不断延伸，使有限的水资源得到合理配置和高效利用。

开展节水型社会建设试点工作以来，本市在节水制度建设、水环境治理、节水立法和典型带动方面做了大量突破性工作，取得了年节水1.2亿立方米以上的显著成绩，有效地缓解了水资源供需矛盾。西安市节水型社会建设不仅可以从根本上缓解水资源供需矛盾，改善西安水环境和生态，实现人水和谐，促进经济社会持续快速发展，而且为陕西乃至北方干旱缺水地区开展节水型社会试点工作进行了有益的探索，积累了丰富的经验，从而加快全省和全国节水型社会建设的进程。

目前，工作中还存在水资源管理体制不顺、节水投资力度不够、节水制度建设相对滞后以及各区（县）、各部门工作进展不平衡等问题，针对这些问题，我们将在今后的工作中高度重视，采取措施，努力改进。

现代水利周刊：西安是西北的一个大都市，水利不仅为农业服务，也为城市发展服务，西安水利在城市发展中都做了哪些工作？

杨立：西安水利为城市发展作出了突出贡献。最早为给城市提供生态用水，将大峪水库水引入兴庆湖。20世纪90年代中期，城市地下水供不应求，出现水荒，西安建设了黑河引水工程，将秦岭北麓地表水引入西安，目前已形成110万立方米日供水能力。

在缓解西安水荒后，水利部门考虑到水不只是要想方设法引进来，还要解决排出去的问题。当时西安西北郊地区、城市低洼地带常出现因大雨遭淹的状况，引起群众不满、上访。市委、市政府针对这一新的情况，决定由市水务部门实施城市排洪工程建设，市国土、财政、建设、市政、规划、文物等部门予以积极配合。从2002年元月至今，已建成27.3公里浐河综合治理工程，10.54公里漕运明渠综合治理工程，目前，太平河综合治理工程、团结水库综合治理工程及幸福渠综合治理工程正在建设中。

同时，不断加强城区内地下水保护工作。市里成立了由主管副市长挂帅的封井工作领导小组，由市水务局牵头，黑河供水工程管理局、市自来水公司共同参与，成立市封井办公室，组成强有力的封井工作队伍，分片包干，加大封井工作力度，减少地下水开采量，据统计自今年7月市封井办成立以来，已关闭城区自备井61眼，日置换自来水量达6500立方米。同时水务局积极开展地下水回灌试验、自来水管网测漏工作，促使地下水水位尽快回升。我们还把建设节水型社会作为城市建设的一项主要内容，加强领导，明确责任分工，按照节水型社会建设方案要求稳步推进，迎接水利部明年组织的阶段验收。

下一步，我们还考虑如何将"八水绕长安"变成为"八水进西安"的问题。构建城市水系格局，使城在河湖中，河湖在城中。

水利扮演着排头兵的角色

现代水利周刊：在建设人文西安、活力西安、和谐西安的过程中，水利扮演着什么角色？将做好哪些工作？

杨立：水利不仅是防洪保平安、抗旱保丰收的公益性事业，也是城市建设和经济社会发展不可缺少的先导性基础产业。在建设人文西安、活力西安、和谐西安的过程中，水利扮演着排头兵的角色。经济越发展，水利越要先行。西安市的水务工作要置身于全市乃至全省发展的大格局中，必须努力走在全省水利发展的前列，起到表率作用。

建设人文西安、活力西安、和谐西安，水务部门责无旁贷。水务工作必须把解决好关系群众切身利益的水问题放在更加优先的位置，把解决好干旱缺水和水环境治理问题摆到更加突出的位置，把解决好城乡防洪、供水和生态安全问题放在更加重要的位置。要全面推进重点水利工程、水资源管理、防汛抗旱、农村水利、节水型社会等各项水务工作，努力打破制约现代化建设、制约经济社会可持续发展、制约国计民生的水资源"瓶颈"。

现代水利周刊：西安市提出以"三引、四蓄、五排"为重点的"三水联动"

方案，对构造大都市水系有什么意义？

杨立：西安市提出以“三引、四蓄、五排”为重点的“三水联动”方案，其目的在于努力构建适应城市可持续发展的水系新格局，为城市发展增添活力。

一是构建三大引水体系。构建黑河水库引水体系、石砭峪水库引水体系和李家河水库引水体系，完善城市供水功能。二是构建四大蓄水工程。构建以浐灞河为重点的城市河道蓄水工程，以兴庆湖、护城河、南湖、团结水库等为重点的城市水景观蓄水工程，以秦岭北麓近百座水库为重点的水库蓄水工程和与“引汉济渭”调水工程相配套的平原水库蓄水工程，维系城市水生态功能。三是构建五大排水体系。构建皂河、太平河排水体系，漕运明渠排水体系，幸福渠排水体系，浐河排水体系，灞河排水体系为核心的城市排水体系，增强城市防洪排水功能。通过引水、蓄水、排水体系建设，实现变“八水绕长安”为“八水进西安”的战略构想。

抓大不放小 建城不忘乡

现代水利周刊：从一名区长到市水务局局长，您对这些年来的基层工作有什么感触？

杨立：我是个农民的儿子，我的老家在临潼区，闻名世界的秦始皇兵马俑博物馆就坐落在临潼骊山脚下。我在乡镇的十多年从政工作经历，使我对农民有着亲切深厚的感情，亲眼目睹了农村群众吃水的困难，生活条件的艰辛，也感受到水利工作对于农村、农业和农民的重要性。这些年来的基层工作，使我对水利工作有了一定的认识和了解，不至于是门外汉。

到市水务局工作后，抓紧向书本学习，向专家请教，到基层去调研，使自己能够尽快转换角色，熟悉工作。要说经验，我认为就是要“抓大不放小，建城不忘乡”。我到市水务局局长任上最先提出的也是这一条原则。一是抓大不放小。就是要在做好关系经济社会发展的水利重点工程建设和管理的同时，坚持做好和老百姓生活息息相关的每一件涉水事务，关注民生，确保城乡供水安全，防洪安全和水生态安全。二是建城不忘乡。在大力推进都市水利，努力完善城市防洪、供水、水环境等诸多功能，服务城市发展的同时，不能放松农村水利工作，不能忘记农民群众，要不断提高农村水利基础设施水平，切实增强农业的防灾抗灾能力。

现代水利周刊：西安的发展，对水利工作提出了更高的要求，你有什么感想？现在最想做的是什么事？

杨立：西安的发展，对水利工作提出了更高的要求，不仅要满足城市用水的需求，而且城市生态景观对水的要求也越来越高。近几年来，我们一直强调以水资源的可持续利用，促进西安经济社会的可持续发展，充分发挥其支撑保障作用。

要说感想，作为新任水务局局长，就是要不辜负组织的信任和群众的期望，在工作中不断完善发展治水思路，实现西安水务工作的新跨越。科学审视西安市所面临的水问题，新一届局领导班子确立了"截留雨洪水、调蓄地表水、涵养地下水、调剂生态水、用足再生水、用好地热水"这一新的治水思路，得到大家的认可和赞同。

现在最想做的事，就是既然已经接过了前任的接力棒，就要在自己的手里继续向前冲刺。靠制度、靠规章办事，调动大家的积极性，团结共事，让每个人能发挥其长，尽其所能，进一步把水务工作做好，进一步加快发展，力求有所创新、有所突破、有所超越。

（原载于2007年9月20日中国水利报现代水利周刊
记者 秦延安 通讯员 孙满江 陈洁 摄影 梁长生）

链接文章▶▶

践行科学发展观 实现人水相和谐

党的十七大要求全党同志要全面把握科学发展观的科学内涵和精神实质，增强贯彻落实科学发展观的自觉性和坚定性，把科学发展观贯彻落实到经济社会发展各个方面，提出建设生态文明，为我们指明了工作的方向。陕西省委赵乐际书记在省委常委会专题研究西安问题的讲话中明确要"进一步做好山水文章"、"实施大水工程"、"搞好秦岭北麓生态环境建设"、"实施渭河西安段综合治理"等涉及水务方面的内容，是对我们做好水务工作的激励和鞭策，西安市委、市政府把建设人文西安、活力西安、和谐西安作为奋斗目标，水务部门深感机遇难得，责任重大。西安水务工作如何实现人水和谐，这是西安水务人不得不深入思考的问题。

一、根据西安水资源特点与状况，进一步完善发展思路

水资源是基础性的自然资源、战略性的经济资源，是生态与环境的控制性要素。西安是一个资源性缺水城市，多年平均水资源总量26.66亿立方米，人均水资源占有量仅有350立方米，是全省人均的1/3，全国人均的1/6，且时空分布不均，冬春干旱少雨，秋季降雨集中，易形成暴雨灾害。包括“长安八水”在内，境内有中小河流54条，临潼骊山温泉、蓝田汤峪温泉、长安东大温泉闻名于世，地热水资源较为丰富。城市河流不同程度地受到污染，政府决心关闭污染严重的造纸企业、封停自来水到达地区的自备井，污水处理基础设施建设步伐加快。基于此，新一届市水务局领导班子从战略资源的高度，现代化建设的全局和关注民生的现实出发，按照科学发展观的要求思考解决西安的水问题，提出了“截留雨洪水、调蓄地表水、涵养地下水、调剂生态水、用足再生水、用好地热水”这一新的治水思路，用以指导处理和化解水资源短缺和用水浪费并存，防洪能力总体提高与洪水风险不断加大并存，水生态和水环境局部好转与整体形势依然严峻并存的矛盾。变“八水绕长安”为“八水进西安”，让西安的水清起来、流起来、活起来、亮起来。

二、通盘考虑城市供水与排水，使地表水引得进排得出

20世纪90年代中期，西安出现严重水荒，到了“抢救西安”的地步，震撼全国。随着黑河引水工程的兴建，曲江水厂、南郊水厂的陆续建成，城市供水形势好转。目前，仅黑河引水系统日供水能力在110万吨，与曲江水厂、南郊水厂合起来日处理水能力持平，基本可满足现状城市供水需求。随着城市规模的扩大，供水量的增加，城市排水管渠排洪不畅的弊端逐渐显现。尽管西安城区自西向东有皂河、漕运明渠、幸福渠、浐河、灞河等五大排水系统，但由于排水不畅，每遇大雨，城区三四十个积水点积水严重，改造前的昆明路遇雨积水被群众戏称为“昆明湖”，曾经有因积水引起的伤亡事情发生。在城市西北郊地区，排洪渠拥堵狭窄，排洪不畅，导致河道渠道两侧村民地遭淹、村进水，引起村民的埋怨和不满。市委、市政府科学决策，市水务、市政等部门把解决排水难列为一项重点工程，从2001年起，市里多渠道总投

资30多亿元，实施水环境综合治理工程，改善城市排水系统。市水务部门先后组织实施了浐河、漕运明渠等河、堤、林、路、桥为一体的综合治理工程，目前正在实施太平河、幸福渠和团结库综合治理工程，有望从根本上改变西安排水难的状况。

三、统筹兼顾生活生产生态用水，实现人水和谐

在工作中，我们体会到，水务工作必须坚持以人为本，关注民生，切实解决好群众生产生活用水的各种实际困难，让全体市民共享水务发展成果。一是完善城市供水体系。在保证黑河引水系统正常运转的基础上，实施完成南水北调“引乾济石”调水工程，在建“引湑济黑”调水工程，积极开展石砭峪水库向西安供水复线工程前期工作，争取李家河水库立项，为西安储备充足战略水源。二是在全市积极实施农村集中供水工程、“百村饮水解困工程”，加快解决西安市农村群众的饮水安全问题。三是加快农田水利基本建设，利用沣惠渠给沿线企业单位供水，加快污水处理设施建设和中水管网建设，中水回用，提高工业用水的重复利用率，不断满足工农业生产用水需求，提高经济效益。四是实施“大水工程”，加大浐灞渭等城市生态水系建设。目前在浐灞生态区浐河、灞河上已建橡胶坝9座，今年新增水面1000亩，河堤范围内新增绿化面积500亩。浐灞生态区累计可形成水面1.5万亩。正在做引沣河水济团结库和引大峪水入兴庆湖、护城河工程调研论证工作，以满足人工湖、蓄水池等水景观生态用水需求。西安市认真落实陕西省委主要领导讲话精神，把渭河城市段综合治理工程列入工作的重中之重，编制完成了渭河城市段综合治理规划。规划治理渭河城市段28.65公里，到2011年建成1.5万亩生态水面、4.5万亩湿地、3万亩林带。水务部门积极争取这一项目尽快实施，为西安新添一道亮丽的风景线。

四、依法治水，建设节水型社会

近年来，西安市把水利立法作为依法治水的前提。市人大常委会先后批准通过了《西安市黑河引水系统保护条例》《西安市城市节约用水条例》《西安市地下水资源管理条例》，加强了以法律手段对水资源的保护。通过开展水法规宣传活动，提高全社会的水资源保护意识。以黑河水源地保护为重点，加强对秦岭北麓水源地保护。成立了黑河公安分局，加大巡查力度。

从秦岭南麓洋县至秦岭北麓黑河金盆水库，沿108国道旁建立了11块保护水源地、禁止装载有毒化学危险品车辆通行的广告标语警示牌。确定了黑河南站安全检查站设置方案，实施了西安市水环境监测中心项目。强化水资源统一调度，印发了《2007年度西安市区供水调度计划》，确保了城市供水安全。加强了水资源日常管理，严格执行取水许可和建设项目水资源论证制度，加大了水资源费征收力度，水资源管理手段得到提高。投资1000多万元初步建成了地下水位自动监测、山区雨量自动测报、大坝自动监测系统，全面开展了城市水资源实时监控与管理系统的建设，已取得阶段性成效。

为认真贯彻落实科学发展观和可持续发展战略，有效保护地下水资源，西安市水务局针对部分用水户受利益驱使，随意取水、排水，造成水资源浪费，同时也增加了污水排放量，不利于资源的节约和环境的保护这一状况，今年7月起采取果断有效措施，成立市封井办开展"百日突击封井活动"，一百天封井120眼，日减少地下水开采、置换自来水量1万吨。从1999年起，全市累计封停自备井1000多眼，遏制了地下水位下降趋势，保护了西安的地质环境。

西安是全国节水型社会建设试点城市，近年来一直在积极探索古城建设节水型社会之路。全市认真贯彻《西安市城市节约用水条例》，各成员单位抓紧实施《西安市节水型社会建设实施方案》。利用报纸专版、电子屏幕、知识竞赛等形式，开展了丰富多样的节水宣传活动。加强了计划用水和定额管理，严格用水指标审核。加大了节水新技术、新产品、新器具的推广力度，提高了节水的科技含量。在全市造纸行业专项整顿过程中，累计关停小造纸厂自备井200多眼，仅此一项，年减少地下水开采量7000万立方米。强化了节水监管职能，充分利用经济手段加快推进节水基础设施建设，提高了城市水资源利用水平。加强污水处理、中水回用等基础设施建设，逐年扩大中水利用量。目前，西安市区日处理污水能力41万立方米，日生产中水5万立方米，日利用中水约1万吨。今年开展了排污口调查工作，共调查污水排放口1000处，其中城区480处；完善了排污口设置审批手续；实现了浐河全段截污，每天减少排污量10万吨。全市累计建成300多万亩农业节水灌溉面积，农业用水实现零增长；规模以上工业用水重复利用率达到78%，全市在高校、酒店、大中型企业涌现出一批节水典型。开展了不同层次的节水型社会建设调研，积极推动区县节水型社会建设均衡发展。节水型社会建设工作走在全省前列。

人水和谐是和谐社会的一个重要标志。西安水务人决心在十七大精神的指引下，坚持人与自然和谐相处理念，从确保防洪安全、饮水安全、粮食安全和水生态安全角度考虑，努力维护河流的健康生命，加强水资源保护与管理力度，保护好秦岭北麓生态环境，治理水土流失，大力实施水环境综合治理，建设生态文明。加快节水型社会建设，为水资源和水利工程的可持续利用，为实现人文西安、活力西安、和谐西安的奋斗目标提供支撑和保障，为建设资源节约型、环境友好型社会作出应有的更大贡献。

李春国

打造"五个水利"保障新扬州建设

历史上的扬州因"州界多水，水扬波"而得名，今天的扬州提出了建设富裕、秀美、和谐、文明、法治新扬州的奋斗目标。扬州水利审时度势，提出了打造"五个水利"，即平安水利、环境水利、资源水利、文化水利和法治水利的新思路。"水之幸，城之幸"，扬州市水利局局长有着强烈的自豪感和责任感。

档案

李春国，江苏省扬州市水利局局长。

1964 年出生，1986 年毕业于江苏农学院，大学学历，工学学士，工程师。2006 年 5 月起任扬州市水利局党组书记、局长。多篇文章被市级以上刊物采用。主持或参与研究的水利科技课题先后获得国家科技进步三等奖一项，江苏省政府科技进步二等奖一项、省政府第一届科技兴农推广二等奖一项，江苏省水利科技进步一等奖两项、二等奖两项，推广应用以来取得明显成效。

记者手记

以水为镜

没有去过扬州的人，可以从众多文人墨客的诗词歌赋中找到扬州的影子。"二十四桥明月夜，玉人何处教吹箫。""舟依浅岸参差合，桥映晴虹上下连。" 到了扬州的人可以在扬州的任何一个角落，不经意地俯拾到唐诗宋词的余韵和意趣，览水千条，看扬州的历史与今天。

水是扬州兴衰的一面镜子，承载着扬州历史，经营着扬州的明天。

我在初秋时来到扬州，但这里的暑气仍未消。

因水多，燥热中又多了分潮气、闷热，让习惯了北方干热的我很不适应。但水乡的温柔之气多少冲淡些闷热的烦躁，看到水便觉清凉，便感宁静，而水无处不在。

盈盈细水始自2500年前，吴王夫差开邗沟，筑邗城始有扬州，扬州因水而生。扬州的水系以邗沟为起点，运河在扬州城内沟通邗沟、漕河、小秦淮河、二道河、宋夹城河等河道，北接茱萸湾、邵伯湖、凤凰岛，南经瓜洲汇入长江。到隋代，隋炀帝在邗沟的基础上南延北扩，全线开凿大运河，最终连通海河、黄河、淮河、长江、钱塘江五大水系。到唐代，扬州成为中国东南第一大都会、世界上对外开放的四大港埠之一。扬州的水成就了扬州的交通枢纽地位，成就了扬州的鼎盛经济，也成就了扬州的几度繁华。

水可载舟，亦可覆舟。扬州地势低洼，水患频繁，历史上几度缘水而衰。扬州地当南北要冲，处于黄河、淮河和长江的下游，三水汇流，河湖棋布，有洪水走廊之称。扬州西北的洪泽湖，拦堵黄、淮上游的洪水，面积越来越大，湖面越来越高，明清两代在湖上筑高堰大堤。每当夏秋，洪水涨满洪泽湖，入江宣泄不及，官府为保运河漕运、保扬州城，往往下令开放高堰大堤上的大坝以分水势。洪水立即倾注里下河，一夜之间淹田没地数千里，地面水深数丈，房屋倒塌，人为鱼鳖，哀号呼救之声惊天动地。不仅仅是水患，由于重要的交通枢纽地位和繁荣的经济，扬州还战祸连年，在数次兵燹、数度血光中，几度衰败。

2006年5月，李春国接任扬州市水利局局长，在当地从事治水工作20年的他，深知"水之幸，城之幸"。扬州治城必先治水，安澜之后方可言兴。扬州的水利自古就受到重视，而水患则是地方的重大问题。今天的扬州水利依然把防洪保安澜作为第一要务。

防洪措施进一步完善，三大体系保障水安澜，地处洪水走廊的扬州更多了几分安心与踏实，也再一次有了由水而兴的理由。5000公里长的各类堤防，星罗棋布的涵闸站，在众多水利工程的保护下，上游滚滚而来、气势汹汹的洪水一入扬州境内，便海阔天空，安详静谧了，顺着江堤缓缓前行，连洪水进入这温柔之乡，都收敛了那霸气。城市依然是滨水而建、临水而筑。还是历史上"千户人家尽枕河、万户商埠向水开"的水城风情。

扬州水利人现在仍在不断思考，在"建设新扬州"的今天，如何更好地传承历史，发挥出这满城温柔水的功效。水贵在流动，为有一城活水，为扬州城的兴旺，他们在不停地努力着。

扬州襟江枕淮、洪水走廊的地理位置决定了扬州水利特殊的地位，洪、涝、旱、风、暴、潮等灾害频发，特殊的气候条件与复杂的地貌丰富了扬州水利的内容

现代水利周刊：扬州是闻名的水乡，古时候航运发达富甲一方，现在不但有京杭运河等古代遗留的水利工程，还有南水北调等新时期的大工程。请您谈谈扬州水利的地方特色、扬州的水资源特点。

李春国：扬州地处江淮交汇处、南北气候过渡带，长江依境东流，淮河入江水道、京杭运河纵贯南北，邵伯湖、高邮湖、宝应湖、白马湖等湖泊由南而北依次排开，南水北调东线工程源头亦在扬州市境内，全市70%以上的地面处于历史洪水位以下，承受长江、淮河流域近200万平方公里来水，素有洪水走廊之称。特殊的地理位置和气候条件，决定了洪、涝、旱、风、暴、潮等灾害发生的概率较高。从历史上讲，黄河夺淮以后，扬州就是洪水走廊。今年从7月4日开始行洪，到现在已有两个多月，目前每天大约还有3000个流量的洪水在继续过境。

扬州的地形地势比较复杂，山区、平原区、圩区在这里都有体现。从资源来讲，扬州本地的水资源并不丰富，过境水多、本地水少，夏季水资源多、冬季水资源少，圩区水多、山区水少。前一段时间"节水中国行"记者团到扬州时，我也讲到了扬州缺水的特点，现在还有水污染引起的水质型缺水。

对扬州来说，水多、水少、水脏、水土流失四大水问题都存在，可以说扬州水利在一定程度上也是江苏水利的一个缩影。

现代水利周刊：扬州水利部门根据自己的特点，为推进水利事业都从哪些方面进行了考虑，提出了哪些新思路？

李春国：从历史上看，扬州因水而生，缘水而衰，由水而兴。根据特殊的地理位置，我们依然把防洪保安澜放在首位。安澜之后，人们对水环境提出了更高的要求，要保证饮水安全，要有良好的水质，要能够给人们提供亲水平台。良好的水环境离不开对水资源的科学管理、调度、利用，这需要我们研究水资源问题。要管好水、用好水，就必须科学治水、依法治水。同时，扬州2000多年的治水史，积淀了深厚的水文化，需要我们不断地去发扬、去传承。

在这样的新形势下，我们结合多年的水利实践，提出了打造“五个水利”，即平安水利、环境水利、资源水利、文化水利和法治水利的新思路。这“五个水利”也是相互联系、相互依存、相互推动的，都做好了才能造福一方百姓。

围绕“富裕新扬州”建设，打造平安水利。扬州的防洪没有惊天动地，是“此地无声胜有声”。不决一个口，不死一个人，5000 公里的堤防，一“米”不苟

现代水利周刊：历史上的扬州水患不断，经过这么多年的水利建设，今天扬州水利如何打造平安水利，保障一方人民的安澜？

李春国：最近去水利部汇报时见到陈雷部长，对于今年淮河的洪水，他对我说的第一句话是“感谢扬州，扬州承担了很大的压力”。

事实是这样的，扬州的防洪可以说是“此地无声胜有声”。我们的防洪第一线堤防好好的，没有抢险的镜头，这太平的背后，扬州人民付出了多少艰辛的努力，是很多人想象不到、感受不到的。

打造平安水利不是一句空话。我们重点完善了防洪排涝工程、灾害预防预警、科学调度三个体系。具体工作中我们十分重视科学规划，通过规划指导建设，这么多年来，我们从没中断过规划工作，并一年一年逐步发展。

挡得住、排得出、灌得上、降得下是工程措施要达到的目标。扬州地区防洪堤防有 5000 多公里，骨干堤防 600 公里，整个淮河入江水道有 157 公里，在扬州就有 114 公里，这对我们的防洪要求必然很高。这么长的防洪战线，要做到一“米”不苟，除了规划，工程技术也是关键。河道、堤防、涵闸、河道、水库方方面面的水利工程，都需要好的技术。

对于防洪，灾害预防、预警体系也很重要，我们根据省防汛抗旱指挥部的指挥调度，针对不同的区域特点，利用现代化的信息技术，建立洪、涝、旱、风等灾害预防预警系统。同时，在防洪保安和水资源调度运用上建立了科学的调度体系。

平安水利的内容，除了防洪安全以外，还有饮水安全。在饮水安全方面，我们加强监测，控制排污，保障人民的饮水安全。

这两年主要是推进区域供水，扬州还有五六十万人的饮用水不安全，分布在山区和里下河等偏远地区。目前主要是把城镇的自来水引到农村，包括把县城的自来水引到乡下。乡镇水厂、村里水厂的消毒检测还是跟不上，我们要逐步淘汰这些小厂，推进区域供水。

水利部新的饮用水指标体系出来后，对我们提出了更高的要求。现在我们在考虑备用水源的问题，如果出现突发情况，要有应急能力。

围绕“秀美新扬州”建设，打造环境水利。碧水工程、村庄河塘疏浚整治工作使河清了、水畅了。一城秀水使扬州有了宜居的资本

现代水利周刊：说一个城市美，我们通常会说山清水秀，来扬州看到的确实也是秀水，良好的水环境是一个城市宜居的资本，扬州水利部门是怎样打造良好水环境的？

李春国：扬州获“联合国人居奖”，与良好的水环境是分不开的，扬州水利局也因此受到市政府的表彰。

对于水环境问题，我们抓得不晚。对水污染预防为先，我们更多的是对这1700平方公里的水面积进行保护。

从2002年底开始实施了以县乡河道整治为主的碧水工程。通过实施碧水工程，河道环境得到改善，河道调蓄能力也提高了。这两年又深入开展了村庄河塘疏浚整治工作，打造碧水之乡。结合农村环境综合整治，以点带面，典型引路，努力实现“一清二集三平四光五统一”的目标。通过大、中、小河道齐抓，点、线、面环境共治，沟通了水系、改善了水质、优化了环境、提升了引排功能，这项工作受到了广大人民群众的欢迎，甚至有不少村的群众主动要求搞碧水工程，这也是典型引路的作用。

在乡村河道管护上，我们提出要综合治理，提出了“五成”，即“河成、渠成、堤成、路成、绿化成”，通过在堤防岸线上种植树木，不但保护了堤防，还美化了环境。

在搞河道疏浚时，我们通过创新机制，既解决了资金投入的问题，还解决了河道的淤积问题，同时增加了职工的收入。

另外就是科学地制订冲污换水计划，在枯水期拦蓄洪水资源，确保“细水长流、流水不腐”，我们一年通常能调度6亿立方米到8亿立方米的水，即使干旱年份也调度4亿立方米的水，保证城区水环境用水。

围绕“和谐新扬州”建设，打造资源水利。抓好水资源与水利资源的管理、保护、利用。保障城市生产、生活、环境用水

现代水利周刊：扬州是著名的水乡，水资源丰富，在打造资源水利方面，我们有哪些好做法呢？

李春国：准确地说，扬州本地的水资源并不丰富，客水多，留不住，夏秋季水多，冬春季水少，山区缺水，圩区水多。

就水资源来讲，我们从以往的工程水利向资源水利转变，同时抓好水资源与水利资源的管理、保护、利用。

在实践洪水利用方面，通过高邮湖拦蓄上游来水，利用现有的湖泊进行调蓄，以保障整个城市水环境换水、生活、生产等各方面用水的需求。对已有的水利工程进行科学调度，利用好水利资源。我们争取省里的支持，也充分发挥了江都水利枢纽的优势。

水岸线是不可再生的水利资源，我们通过行政、经济、法制等手段来加强监管。从我们把关的角度来看，对需要占用水岸线的企业，要做防洪影响报告，影响防洪安全的是不允许的。

为节约水资源，我们持续开展了节水型企业创建工作。通过大力开展节约用水活动，仅在去年，扬州市就有16家企业通过省、市节水技改项目验收，7家企业获得“省级节水型企业”称号，两所高校获得“省级节水型高校”称号。同时，我们还加大灌区改造和节水工程建设力度。目前，高邮灌区、江都灌区正在往“国际先进、国内一流”的品牌灌区、节水型灌区方向努力。

围绕“文明新扬州”建设，打造文化水利。水承载着扬州2000多年的文化，我们不仅要守护这些历史，还有传承的责任，我们的今天也将成为历史

现代水利周刊：扬州的水承载这个地域2000多年的文化，请您谈谈扬州水利人是如何打造“文化水利”的。

李春国：文化是人的感知物质和精神的总和。我们提出的文化水利，既包括可以感知的水利设施等具体事物，也包括水利精神财富。从特定的角

度来看，扬州的历史也是一部治水史，在治水的历史长河中，先后涌现了一批知名人物、积淀了一批文化古迹。水也是文化的载体，正因有了文化，才赋予水以生命，才得以传承几千年来的治水精髓。

从吴王夫差开邗沟筑邗城到大运河的开槽，整个大运河对整个流域沿线都带来了很好的发展，黄河夺淮前这个地区是富饶美丽的，是迁客骚人、商贾大吏、丽人走夫必往之处，留下了不少的佳话，有水的地方就有一段历史。黄河夺淮后，三年有两年都会有大水，非涝即旱，又给扬州留下不少治水的历史。

扬州历史上2000多年的文化积淀，需要我们今天更好地发现、发扬、传承。我们不仅要守护这些历史，还有传承的责任，我们的今天也将成为历史。

今天扬州的水利建设，在建设具备防洪、抗旱、排涝等传统功能水利工程的基础上，我们注重研究扬州水利发展中积累的经验。争取建一处水利工程，留下一处历史印迹。去年我们与市儒商研究会和邮政部门配合，出版了《古运河·千秋风》邮册，目前正着手水利文化公园和运河博物馆的规划工作，今年还出版了反映水利工作特色的水利画册、水利年记，提升水利的文化内涵。

围绕“法治新扬州”建设，打造法治水利。依法治水、文明执法，保护水资源、水利资源，水利人责无旁贷

现代水利周刊：扬州地处长江三角地区，沿江、沿运河开发的任务都很重，前面您也讲到这些岸线资源又是有限的，我们水利部门如何管理好这些资源呢？

李春国：这也是为什么我们要提法治水利的原因了。现在资源非常宝贵，大家都想利用、占用这些资源，必然就有非法侵占资源的行为，就有违反我们《水法》或《防洪法》的事件。水利部门要努力通过依法治水来减少这些非法行为。

对非法占用的清理，难度很大。各级河道、堤防管理的交叉部门比较多。比如，一些乡村河道被占用，但有其他部门核发的占用河道的证照，取缔时就会发生利益冲突，工作难度非常大。我们现在加强与各相关部门联合执法，从大局着眼，把防洪保安澜放在首位。

另一个是长江采砂的情况，非法采砂屡打不绝。非法取砂，对堤防产生直接威胁。扬州有80多公里的岸线，这增加了我们执法的难度。我们联合了公安、海事等有关部门实行联合执法，部门间配合得很好，力度相当大。

在执法上，我们坚持依法治水、文明执法、阳光行政、规范事权，严格行政许可程序，加强水工程管理范围内建设项目管理，依法对涉水工程项目进行防洪评价、审批及监督管理。

建设一支善于学习、勇于创新、服务优良、清正廉洁、团结和谐的扬州水利队伍，踏踏实实、一步一个脚印地实现水利事业的新发展

现代水利周刊：作为市水利局的“一把手”，您如何看待扬州水利这支队伍？您如何看待工作中肩负的压力和责任？

李春国：扬州是历史文化名城，在历史上的地位很高。扬州的水利人很有自豪感，同时更多的是责任感。水利这个行业是个需要吃苦的行业，我们这支队伍是支肯干事、能干事，也能干成事的集体。大家热爱这个行业，工作有激情、有热情、有真情。大家对水利工作很有感情，许多年的优良传统得到了很好的传承，工作氛围很好。

我从大学毕业就到局里，一直干到现在，知道年轻人在想什么，也尽量给年轻人的发展创造有利条件，尽量发挥他们的才干，让每个人在不同的岗位能找准自己的定位，发挥应有的作用。培养年轻人我们责无旁贷。我们很重视培养大家的学习意识、服务意识、责任意识和廉政意识。一是增强善于学习的意识。把学习作为自身建设的重要内容，通过学习提升综合素质，提高服务水平。二是提高服务意识。做到一切相信人民、一切为了人民、一切依靠人民，向人民学习、为人民办事、受人民监督、让人民满意，牢固树立为人民服务、以民为本的理念。三是增强责任意识。做到顾大局、识大体，认真履行岗位职责。坚决反对办事推诿、不负责任的行为。四是提高廉政意识。形成心往一处想、劲往一处使的工作氛围，培养善于学习、勇于创新、清正廉洁的良好风尚，营造敢干大事、会干实事、善干人民满意事的机关作风，建立办事便捷、运转协调、管理规范、服务高效的良好机制。

压力源于责任，也释于责任。前者自不必多说，没有较强的责任意识也就没有什么压力；就后者而言，我的理解是，正因为平时多了几分责任感、多

了几分事业心，才会把工夫下在平时、下在实践中、下在每个关键点上，也才可以踏踏实实、一步一个脚印地实现水利事业的新发展。

（原载于2007年9月27日中国水利报现代水利周刊

记者 张灯林 通讯员 闫伟）

链接文章▶▶

以新突破支撑新跨越

进入“十一五”，扬州将步入跨越发展、科学发展、和谐发展的新阶段。在新的历史条件下，水利作为国民经济和社会发展的重要支撑，如何更好地落实科学发展观的要求，为改革开放服务，是一项必须认真思考、亟待破解的重大课题。

一、深入调查分析，明确解放思想是水利发展的迫切要求

回顾水利发展历程，从古代的大禹治水到都江堰的建成，从新中国成立后江都水利枢纽工程的实施到葛洲坝的耸起，每一次重大发展的推进和辉煌成就的取得，无不是以思想解放为先导、观念更新为引领、思路创新为突破。解放思想、创新思路，不仅是经济主管部门特有的，也是扬州市水利发展的必然要求。

扬州市地处江淮交汇点，长江依境东流，淮河入江水道、京杭大运河纵贯南北，全市70%以上的地面处于历史洪水位以下，水旱灾害频繁，南水北调东线工程源头及江都水利枢纽也都位于扬州市。特殊的地理位置和气候特点，决定了水利工作在扬州市经济社会发展中处于重要的基础地位。

“十五”期间，全市先后实施了南水北调三阳河潼河宝应站工程、淮河流域灾后重建应急工程、城市防洪沿山河综合整治工程、农村碧水工程等一大批水利重点工程，投入达到18亿元，是“九五”的五倍多。但是通过专题调研，我们进一步认识到，水利在总体上仍然滞后于全市经济社会的发展，仍然存在不少问题和薄弱环节，包括思想观念上与科学发展观、市场经济的要求仍有差距，具体工作中存在重大轻小、重建轻管、重骨干轻配套现象，等

等。同时，站在"十一五"这一新的历史起点上，我们还必须保持清醒的认识，随着经济社会的快速发展，水资源供需矛盾更加突出，防洪减灾要求更高，开发与保护的关系更加复杂，破除水利发展的体制性、机制性障碍更为迫切，特别是与实现农村全面建设小康社会、建设社会主义新农村的要求相比，扬州市的水利发展还存在一定差距。因此，无论是扬州市特殊地理位置对水利的要求、当前水利发展中需要解决的问题，还是新时期新任务对水利发展的新要求，都要求我们必须从自身实际出发，认真落实科学发展观的要求，进一步谋求思想的大解放，切实转变传统治水观念，以适应新形势下对水利发展的新要求。

二、把握努力方向，以思想大解放助推水利新突破

无论是扬州"十一五"发展的总体要求，还是调研过程中掌握的具体情况，都要求我们必须坚持一切从实际出发，实事求是，找准着力点和实施载体，树立新理念、开拓新思维、制订新目标，推动思想大解放，并通过把解放思想体现到努力方向和目标任务中，来助推水利工作取得新突破。结合扬州市水利工作实际，主要是结合防洪减灾、水资源供给、水资源保护和水利发展服务四大体系建设，围绕"六个建设"，力求"六大突破"，全面提升水利的支撑保障能力。

一是围绕可持续发展水利建设，力求治水理念新突破。思想是行动的先导。新时期的水利工作，必须按照市委"四大四小"思想解放大讨论的要求，进一步解放思想，进一步创新工作思路，以科学发展观为统领，按照构建和谐扬州的要求，围绕全面建设小康社会和建设社会主义新农村的目标，坚持以人为本，坚持人水和谐，坚持走资源节约、环境友好的路子，确保防洪安全、供水安全和生态安全。具体来说，就是要在已制订的"十一五"水利发展规划的基础上，冲破水利工作的思想阻碍，树立忧患意识、机遇意识和创新意识，努力实现"三个转变"，即传统水利向现代水利转变、工程水利向资源水利转变、农村水利向城乡统筹水利转变，以水资源的可持续利用支撑经济社会的可持续发展。

二是围绕平安水利建设，力求防洪保安能力新突破。"十一五"期间，全市防洪保安工程将继续保持较高的建设强度，力争完成投资30亿元以上，为全市经济社会的快速发展提供安全的水环境保障。通过加快淮河、长江治理，分类加固淮河入江水道骨干堤防和沿湖沿河堤防，全面除险加固病险

涵闸，改善行洪条件，加快长江堤防的扫尾建设，使淮河入江水道、长江堤防达到既定防洪标准，提高流域性工程防洪能力；通过实施病险水库治理和里下河洼地、宝应湖和白马湖洼地、沿江东片地区、仪邗丘陵地区治理，提高区域性工程的防洪减灾能力和水源保障水平；通过建立完善城区防洪圈，完善扬州市东线、南线外围防洪屏障，相应提高临城段周边外围堤防标准，进一步改善城市防洪除涝条件，同时加强工业园区、农村集镇的水利工程建设，为城市、集镇的快速发展提供基础保障；通过充分利用现代科技成果，加强防汛预警应急系统和信息化建设，增强洪水监测、预警预报及调度能力，进一步提高科学调度能力，充分发挥水利工程体系功能，提高防灾减灾综合效益，确保防洪安全。

三是围绕资源水利建设，力求水利管理水平新突破。认真贯彻执行《水法》和《江苏省水资源管理条例》《江苏省湖泊管理条例》等水利法规，不断增强全社会的水资源意识和节约用水意识，促进节水型城市、节水型社会建设。在仪征、高邮、宝应、江都成立水务局的基础上，切实加强水务一体化管理，加强供水、节水、排水和污水处理等涉水事务的服务工作。强化取水口“五个一”管理，全面落实取水许可监督管理措施和水功能区划管理措施，开展用水定额管理和企业节水技改工作，严格控制地下水开采。加大水资源费的征收力度，加强水行政执法，严肃查处违反水法的水事案件。与此同时，加大灌区改造力度和节水工程建设，把高邮灌区、江都灌区建成“国际先进、国内一流”的品牌灌区。进一步加强队伍建设，修订完善各类预案，增强预案的可操作性，建立结构完整、功能全面、反应灵敏、运转高效的水旱灾害应急反应机制，着力提高防灾减灾的非工程措施水平。通过水资源管理、水工程管理水平的提升促进水利整体管理水平的突破，推动资源水利建设。

四是围绕环境水利建设，力求水生态保护工作新突破。坚持科学发展理念，坚持人与自然和谐发展理论，在支持开发、发展的同时，切实重视水环境的保护，加大排污口管理和水土保持工作力度，进一步控制污染源，做好水污染应急处置方案。采取污染治理、水环境容量在空间、时间上的再分配等综合治理及控制管理措施，改善水环境质量，使有限的水资源得到充分利用和有效保护，使水生态系统逐步迈入良性循环的轨道。着力实施高水河整治、沿运灌区用水结构调整等南水北调配套项目，实施丘陵、通南、里下河等区域水源工程和丘陵区补水线工程，改善水资源调配条件，保证送水能力。全面疏浚淤积严重的县乡级河道，进而带动村、组河道的疏浚，改善农村的生产、生活和生态、环境。当前，重点是大搞农村碧水工程和村庄河塘疏浚整治，建立河道长效管理机制，还老百姓一个小河潺潺、流水清清、岸美景绿的优美环境。不仅如此，还要注重古运河、瓜洲古渡、高邮宝应湖、邵伯湖和里下河湖荡的资源优势，创建扬州水利特色品牌。

五是围绕文化水利建设，力求水利精神文明新突破。随着时代的进步和发展，人们对水文化的要求正在不断提高，仅仅具备防洪、抗旱、排涝等传统功能的水利工程已经落后于时代。这一方面要求我们注重研究扬州水利发展中积累的思想精髓，继承发扬传统优秀水利文化和水利精神；另一方面，更要求我们必须勇于创新、善于创新，在水利工作中充分体现现代扬州的水文化特色。我们要通过水利志等载体，将对扬州水利发展作出突出贡献的老领导、老专家、老工程师的先进事迹记载下来，发扬光大，激励后人。注重研究水、水利在扬州发展中的定位，充分发挥扬州水利的独特优势，充分挖掘扬州水利的文化内涵，力争做到建一个工程、留下一片印迹。

六是围绕和谐水利建设，力求水利综合发展新突破。建设和谐水利，在正确认识和处理人与自然关系的同时，还必须正确认识和处理水利系统人与人之间的关系，必须紧密结合水利工作实际，强化队伍管理，促进系统和睦安定高效，为构建和谐社会作出贡献。

三、落实工作举措，推动水利事业持续发展

扎实有效的工作举措是实现工作目标的支撑和保障，具体来说就是要做到以下几点：

一是必须坚持领导带头，率先垂范。打铁需要自身硬，领导的思想影响着本部门、本单位人员的思想，制约着工作的方方面面。我们必须以身作则、身体力行，当好表率，带头树立新的思想观念，创新工作思路，把扬州市水利系统干部职工的思想统一到市委四届九次全会精神上来，把市委四届九次全会精神落到实处，推动水利事业更快更好地发展。

二是必须科学开展前期工作。规划和前期工作是开展水利工程建设的前提条件和重要依据。我们要坚持全面规划、统筹兼顾、标本兼治、综合治理的规划原则，突出经济社会发展对防洪保安、生态、环境等方面的水安全需求，突出从传统水利向现代水利、可持续发展水利的转变，突出流域性工程和区域性工程的结合。

三是必须积极创新水利投入机制。针对农村税费改革取消“两工”政策

以后的新情况，我们必须积极探索和创新农村水利建设的投入机制，推广“以河养河”、“一土多用”、“一水多用”、“以土换资”等做法，逐步形成以政府出资为主导，受益农民投工筹资为基础，市场化投资为补充的多渠道、社会化农村水利建设投融资的新机制。

四是必须提高水利工作的组织水平。对照水利工作取得新突破的目标要求，我们必须切实加强领导，不断提高新形势下水利工作的组织水平。加强建设管理，按照“工程安全、资金安全、干部安全”的要求，完善制度，规范运作。加大协调力度，在统一规划的前提下，加强上下游、左右岸的协调，促进团结治水。注重宣传发动，尊重群众的意愿，体现群众的利益，充分发挥广大群众大搞水利事业的积极性，变“要我干”为“我要干”，大力推进现代水利建设。严格考核奖惩，推动全市水利工作全面、协调、持续发展。

姜铁兵

群众的事就是天大的事

“江城”武汉被称做“百湖之市”，这里水资源条件得天独厚。武汉最大的优势是水，最令人担忧的也是水。防洪安全、供水安全、生态安全等问题在武汉市不同程度地存在。结合市情，武汉市水务工作的带头人——市水务局局长姜铁兵认为，在新的历史时期，要发挥好自身水资源优势，促进武汉市经济社会可持续发展，做好这篇水文章，首先必须关注民生，把老百姓的事情办好。

档案

姜铁兵，湖北省武汉市水务局局长。

1966 年 12 月出生，华中理工大学水力发电工程专业博士。1996 年 6 月至 2000 年 12 月，任华中理工大学教授、博士生导师。2000 年 12 月，到武汉市汉阳区挂职锻炼，任副区长。2003 年 5 月任武汉市水务局（防汛办）副局长（副主任）、党组成员。2007 年 2 月，任局长（主任）。

记者手记

匆匆的身影

7月的武汉，日最低气温已经达到摄氏 29 度。太阳烘烤着江城大地，闷热的天气让人喘不上气。正值汛期，采访武汉市水务局党组书记、局长，武汉市防汛指挥部办公室主任姜铁兵的时间始终未能敲定，几次反复后，我们终于在汉口江滩控制中心见到了这位行色匆匆的水官，此时，他刚从地方检查防汛回来。

在来武汉之前，我们仔细阅读了姜铁兵的资料。从大学教授到政府官员，再到今天武汉水务工作的领军人物。与我们所接触过的许多水官相比，他的经历可谓丰富。姜铁兵说："我的经历是不断学习的经历，而学习的过程就是一个不断吸取新知识、丰富自己的过程。"求学的过程，从河海大学、清华大学，到华中科技大学，再到美国佐治亚理工学院，姜铁兵走的是一条不断追求科学真理的求学轨迹。学者的身份，让他养成了客观、严谨、求真、务实的工作态度。作为政府一名优秀的领导者和决策者，他还要面临上上下下社会民生的大小水务问题，姜铁兵坦言："作为行政领导，作为与老百姓生活息息相关的水务官员，我天天面临着压力与挑战，还需要不断充实新的知识和能力。"

党的十六届六中全会提出了促进经济又好又快发展、改善民生、构建社会主义和谐社会的思路。武汉市委、市政府确定了把武汉市建设成"滨江滨湖现代化城市""和谐武汉""创新武汉"的目标。在水资源优势得天独厚的武汉，如何做好水文章，支撑这些目标的实现？姜铁兵特别强调，要关注民生。"作为武汉市水行政主管部门，水务部门必须进一步贯彻落实科学发展观，把人民群众利益放在首位，完善发展思路，转变发展模式，加快发展步伐，构建更加牢固的水安全保障体系、更加优美的水环境保障体系、更加合理的水资源保障体系，让广大人民群众真正享受到水务改革发展创造的成果。"在他的意识中，民生，是水务人矢志不渝的追求。

怎样才能真正做到关注民生，真正把人民群众的利益放在首位？姜铁兵说，心中要时刻装着群众的冷暖，行动上要实实在在为老百姓办好事、办实事，工作中要始终坚持以人为本的科学发展观。

武汉市湖泊众多，有"百湖之市"的美誉。但是湖泊污染严重，百姓要求治理的呼声非常强烈。在姜铁兵的主持下，武汉市水务局加大了湖泊综合整治和湖泊排污口截污的力度。从2006年起，制订并推进实施"清水入湖"计划。目前，全市中心城区有一半以上的湖泊已完成截污，"清水入湖湖水更清，清水入江健康长江"的宏伟蓝图已着手描绘。

老百姓的事是天大的事，解决老百姓迫切要求解决的问题一刻也不能等。水务工作与老百姓的切身利益相关，防汛安全是天大的事，饮水安全也是天大的事，这些事情丝毫不能麻痹大意。从2007年起，武汉市水务部门启动实施改水大手笔，计划在未来四年内投资18.19亿元，形成以"59座水厂、65座转压站"为主体的集中供水体系，到2010年全面解决农村饮水不安全问题，百万群众将直接受益……

原定的访谈时间被大大压缩，姜铁兵和我们匆匆道别："汉江水位高，我要去现场看看。"虽然只是一次短暂的会面，姜铁兵却给我们留下了很深的印象。这印象缘于他颇为丰富的人生经历，缘于他身上散发出的儒雅书香气息，缘于他坚定自信的眼神以及他匆匆来去的身影。

对话▶▶

民生，是水务人矢志不渝的追求。作为人民公务员，心中要时刻装着群众的冷暖，行动上要实实在在为老百姓办好事、办实事，工作中要始终坚持以人为本的科学发展观

现代水利周刊：武汉市的水资源特点是怎样的？武汉市经济社会发展对水的需求有哪些？您认为武汉最大的水问题是什么？

姜铁兵：武汉素有“江城”和“百湖之市”之称，水资源总量丰富。对于武汉市水资源的特点以及经济社会发展对水的需求，武汉市委、市政府主要领导都有高度的概括。市委书记苗圩指出，水文章是武汉市特有的文章，必须大力做好。李宪生市长多次阐述，武汉市最大的特点是水，最大的优势是水，最大的发展后劲是水，最令人担忧的也是水。概括地说，武汉市是“优于水而忧于水”。

具体讲，长江、汉水穿越并交汇于城市中心，市内另有160多条中小河流和数百条港渠；城市湖泊星罗棋布，大小湖泊共166个；273座各类水库分布市郊，江、河、湖、库交错，水量较为充沛，水系比较发达。全市水域面积达2117.6平方公里，占国土面积1/4左右，在全国省会城市中居于首位。武汉市的水优势不言而喻。

如何充分利用优势促进武汉市经济社会可持续发展，我们必须结合市情在水安全、水环境、水资源上做文章。水安全所涵盖的防洪安全、供水安全、生态安全等问题在武汉市不同程度地存在。“防汛是天大的事”，作为全国防洪重点城市，武汉市在这一点上丝毫不能松懈。近几年，武汉市防江河洪水的能力有了很大提高，但在城市排渍、水库防汛、山洪防治等方面相对薄弱。总之，防汛安全始终是武汉市的头等大事之一。供水安全问题的关键是农村饮用水安全以及城市应急保供问题。生态安全是一个新的课题，它关系到城市可持续发展的大业，目前我们正在水利部的指导下努力探索。

水环境关乎民生，关乎城市形象，关乎城市品牌，随着经济社会的发展，百姓对水环境的要求越来越高，呼声越来越大，愿望越来越强烈。近几年，武汉市城市集中污水处理率跳跃式发展，从2003年的6.4%逐年跨大步至2006年底的71.1%，为水环境改善打下了很好的基础。同时，以汉口江滩为代表的“两江四岸”已经成为武汉市的名片。但是湖泊富营养化、中心城区港渠水体黑臭亟须改善。

水资源问题的关键是要居安思危，做好水资源保护。要大力推进节水型社会建设，树立丰水城市也要节水的意识，做好雨洪资源、中水等非常规水资源的利用工作，必须“先天下之忧而忧”，方可走可持续发展之路。

现代水利周刊：在解决各种水问题的过程中，您常说，民生，是水务人矢志不渝的追求。那么，怎样才能真正做到关注民生，真正把人民群众利益放在首位？

姜铁兵：胡锦涛总书记在中央党校发表重要讲话时指出，全党同志特别是各级领导干部要更加自觉地坚持求真务实精神，更加自觉地坚持全心全意为人民服务的宗旨，更加自觉地坚持党的群众路线。要坚持权为民所用、情为民所系、利为民所谋，真诚倾听群众呼声，真实反映群众愿望，真情关心群众疾苦，多为群众办好事，办实事。

作为全市水行政主管部门，我们必须进一步贯彻落实科学发展观，把人民群众利益放在首位，完善发展思路，转变发展模式，加快发展步伐，构建更加牢固的水安全保障体系、更加优美的水环境保障体系、更加合理的水资源保障体系，让广大人民群众真正享受到水务改革发展创造的成果。谋求人水和谐，以人水和谐促进和谐社会的建设，努力解决广大群众最关心、最直接、最现实的利益问题，将水务公共服务的触角伸向最基层的人民群众，将涉水公共资源的覆盖面最大化，实现利益共享，最终才能达到人水和谐，这样才能真正做到把人民群众利益放在首位。

从社区排水的改造，到江滩建设提供给市民的宜居环境，再到推进汉阳、武昌两个江湖连通工程，改善水生态，是市委、市政府的决策，体现了民意的要求。

继续构建保障有力的水安全体系、和谐优美的水环境体系、配置优化的水资源体系，支撑武汉市经济社会的可持续发展，以人水和谐促进和谐社会建设

现代水利周刊：您认为武汉市水务工作近年来的亮点有哪些？取得了哪些成就？

姜铁兵：近几年来，武汉市围绕人水和谐和滨江滨湖现代化城市建设目标，“强固水安全之根，力护水资源之本，彰显水环境之美，重塑水生态之

魂”，堤防建设、“两江四岸”环境综合整治、社区排水改造、清水入湖计划、水生态试点城市建设、农村安全饮水等取得显著成效，呈现出三个特点：

一是创新治水观念。在抓牢防汛保安的同时，将水环境水生态建设和水资源保护作为工作重点，一方面抓好防汛，确保社会稳定，另一方面将老百姓最关心、最直接、最现实的湖泊保护、水资源保护、饮水安全、水环境改善等工作列为重中之重。江堤整险、江滩建设、污水处理率大幅度提升、水生态城市有序推进、社区排水改造等工作都得到了社会的认可。尤其是江滩已经成为武汉市新的名片，得到全社会好评。

二是创新制度建设。面对新的发展形势和广大群众更高的要求，必须提高服务水平，强化监管职能，探索发展模式，在这些方面必须依靠制度创新。比如在投资建设方面，政府要从主力的位置上升到主导的位置，我们作了尝试，开辟了吸引社会资金参与建设的渠道，即以BOT方式融资4.6亿建设了华中地区最大的污水处理厂——汉西污水处理厂，一期日处理能力达40万吨，现已投入正常运营。同时我们也在引入民营资本建设远城区乡镇水厂方面进行了探索。

三是创新工作方式。充分发挥水务一体化优势，坚持依法行政和规划先行，连续出台多部涉水法规，促使水务事业更加有法可依。完善一系列涉水规划，为水务发展提供指导。

现代水利周刊：党的十六届六中全会提出了到2020年构建社会主义和谐社会的指导思想、目标任务、工作原则和重大部署。构建社会主义和谐社会对水务工作提出了新任务、新要求。您对于武汉市的水务工作是如何规划的？

姜铁兵：胡锦涛总书记曾经强调，社会建设与广大人民群众的切身利益紧密相连，必须摆在更加突出的位置。

未来，武汉市的水务工作将继续构建保障有力的水安全体系、和谐优美的水环境体系、配置优化的水资源体系，支撑武汉市经济社会的可持续发展，以人水和谐促进和谐社会建设。

健全防洪减灾体系。密切关注三峡工程建成后的河势变化，确保长江、汉江干堤防汛安全；加快连江支堤建设步伐；加强蓄滞洪区建设管理；基本完成病险水库加固；初步建立山洪防灾减灾体系。加大投入进一步完善排渍排涝体系，到2010年城市排水管网密度达到10公里每平方公里左右（现状为7.45公里每平方公里），增加抽排能力300立方米每秒。解决重点易渍水地区排渍问题。

完善水资源供给保障体系。基本解决全市饮用水水源安全保障问题。建立健全水源地保护监测体系和应急预案。到2010年,中心城区城市安全饮用水普及率达到100%,解决农村饮水安全问题。加大投入建设农业灌溉基础设施,灌溉保证率达到75%以上。推进节约用水,中水回用率达到20%,万元GDP取水量下降20%。

推进水环境保障体系。挖掘城市文化内涵,彰显城市滨江、滨湖生态特色,全面推进中心城区"两江四岸"综合整治。到2010年,中心城区污水管网收集率达到80%以上,城市污水集中处理率达到80%以上,远城区重点镇、中心镇污水处理率达到50%。中心城区湖泊水生态系统逐步恢复,远城区湖泊生态得到有效保护和合理开发利用。

从水利到水务,一字之差就是体制之变。其根本区别在于形成了水务工作管理一体化的机制和体制

现代水利周刊:从水利局到水务局,仅仅一字之差,您认为根本区别在哪里?

姜铁兵:一字之差就是体制之变,从水利局到水务局,根本区别就在于形成了水务工作一体化管理的机制和体制。2001年10月,武汉市水务局挂牌成立,为全市涉水事务的统一管理奠定了良好的基础。近几年,通过思想整合、资源整合、目标整合,我们逐渐树立起了大水务观,水务一体化的优势在取水—供水—排水—治污等水务工作的各个环节中都体现了系统性、高效率。我个人认为,水务统一管理是一个科学的体制,符合现代社会管理体系和武汉市情的要求。

现代水利周刊:您认为,当前武汉市水务工作中还面临哪些问题?

姜铁兵:水务事业的快速发展恰逢武汉经济社会发展步入快车道,也恰逢实现中部崛起的历史战略机遇,一方面我们要满足经济社会发展对水务工作提出加快发展的客观要求,同时又面临加速发展和资金投入有限的问题;另一方面,我们要面对经济快速发展对水环境造成的压力和影响。因此,我们必须加快速度,刻不容缓地加强水资源保护,在确保水安全的同时,加强水资源的管理,进一步改善水环境,修复水生态,要让武汉市的水特色凸显出来。

无论是学者还是政府官员，都是在不断学习、不断累积、不断追求真理，在不同的岗位为人民服务

现代水利周刊：经历是人生最大的财富，能谈谈您的人生历程吗？

姜铁兵：我的人生经历很平常，从6岁上学开始，一直到拿到博士学位以及担任教授，20多年可以说一直在书海遨游。后来到美国以学者身份搞了一年研究，到地方政府挂职锻炼当了一年多副区长，2003年来到水务局工作直到现在。总地来说，我的经历是不断学习的经历，是不断接受党和人民培养和教育的经历，也是我作为一名共产党员，立志报效祖国刚刚起步的经历。

现代水利周刊：从学士、硕士到博士，再到大学教授，您的学者身份对您今天的工作有什么影响或者帮助么？

姜铁兵：学习的过程就是一个不断吸取新知识、丰富自己的过程。求学的过程，让我逐步树立了自己的人生观和世界观，教会了我做人做事的原则，追求科学真理让我养成了求真务实的做事态度。无论是学者还是政府官员，都是在不断学习、不断累积、不断追求真理，在不同的岗位为人民服务。学者的身份让我累积了较为丰富的专业知识，但作为水务局局长，要成为一名优秀的政府行政部门的领导者和决策者，还要面临全新的挑战，还需要不断充实新的知识和能力。

老百姓的事是天大的事，解决老百姓迫切要求解决的问题一刻也不能等

现代水利周刊：您到水务局工作的时间并不是很长，从事水利工作以后，您最大的感触是什么？有什么事情让您记忆深刻？

姜铁兵：最大的感触就是老百姓的事是天大的事，解决老百姓迫切要求解决的问题一刻也不能等。水务工作与老百姓的切身利益相关，防汛安全是天大的事，丝毫不能麻痹大意，它关系千千万万老百姓的生命财产安全；饮水安全更是与老百姓的健康紧密相连，我们正在积极推进的水环境治理也好、水生态修复也好，每一项都与百姓休戚相关，都直接关系到老百姓的幸福感。

有件事情让我记忆深刻。那是2005年，当时我分管排水工作，其中有

一项重点工作就是对社区排水管网进行改造，这也是政府为民办实事的承诺。有一个老社区，晴天污水漫溢，粪水横流，百姓苦不堪言。这一年，我们克服重重困难解决了这一难题，大大改善了社区环境，还了百姓一个安宁的生活环境。在市领导检查工作时，该社区一位80多岁的太婆双膝跪地，热泪满面，拉着市领导的手一个劲儿地说“感谢共产党”，这一跪，让我觉得身上即便有千斤重担，也要把它扛起来，要不然良心不安啊。

现代水利周刊：您是如何看待肩负的压力和责任的？您是如何评价自己的？

姜铁兵：两个字：回报。压力和责任是历史赋予我们的使命，是老百姓对我们的信任。老百姓就是我们的父老乡亲、兄弟姐妹，我要像农民热爱自己的土地、百姓守望着自己的家园一样，将我毕生的心血和智慧奉献给党的事业，奉献给人民群众，争做人民满意的公务员。

“雄关漫道真如铁，而今迈步从头越”，群众期盼的事情一刻也不能耽误，我将把每一天都当做一个新的开始，全力以赴、勤勤恳恳为百姓做事。

（原载于2007年10月11日中国水利报现代水利周刊
记者　果天廓　庞亚斌　段连红　通讯员　高山　摄影　邹幼勤）

链接文章▶▶

民生，水文章的主旋律

党的十六届六中全会提出了促进经济又好又快发展、改善民生、构建社会主义和谐社会的思路，市委、市政府确定把武汉市建设成“滨江滨湖现代化城市”与“和谐武汉”、“创新武汉”的目标。在水资源优势明显，得水独厚的武汉，如何做好水文章，促进完成这一历史性的任务，市委、市政府高屋建瓴，指明了水文章的主题——关注民生。水务部门作为全市水行政主管部门，必须进一步贯彻落实科学发展观，把人民群众利益放在首位，完善发展思路，转变发展模式，加快发展步伐，构建更加牢固的水安全保障体系、更加优美的水环境保障体系、更加合理的水资源保障体系，让广大人民群众真正享受到水务改革发展创造的成果。民生，已成为水务人矢志不渝的追求。

水安民安

水安全是民生大计，历史的经验和教训告诉我们，没有水的安全，人民生命财产的安全将无从保障，防汛安全、供水安全、生态安全直接关系群众最直接、最现实、最根本的问题。

防汛安全是水安全的头等大事，也是民生之基。近几年，在国家、省里有关部门的指导下，在市委、市政府的正确领导下，在市人大、市政协的监督指导下，武汉市水务部门紧抓国家开展大规模堤防整险加固的历史机遇，对全市397公里的长江、汉江干堤进行了全面整险加固，达到了“长流规”确定的超高1954年洪水位1.5～2米的标准，城市防洪能力增强。2003年启动连江支堤建设，完成127公里堤段土方加培任务，2006年底，开始利用世行贷款高标准实施部分连江支堤整险加固工程建设，计划投资7.09亿元，全部工程将于2008年完工，武汉市的整体防洪能力届时将有进一步的提高。

饮水安全重要性不言而喻。在武汉市，进一步改善农村饮水状况、解决农村饮水安全问题成为重点。市委、市政府将该项工作放在战略的高度，列入政府工作的重要内容，2005年武汉市政府把改扩建10座乡镇水厂列为为民办10件实事之一，2006年继续实施，到目前各方投资已逾亿元，解决了农村32万人安全饮水问题。按照市政府去年年底批准的《武汉市农村饮用水安全工程规划》，今年起，计划在未来四年内投资18.19亿元，按照“集中供水为主、分散供水为辅”的基本原则，到2010年全面解决农村饮水安全问题。今年，解决20万人饮水安全问题被列入政府10件实事，确保年底完成。

生态安全是在科学发展观指导下实现水安全的新课题。武汉市于2005年底成功争取到为期三年的全国水生态系统保护与修复试点，成为全国三家试点城市之一。围绕水生态城市试点工作，从老百姓最关心的水污染这一直接的现实问题入手，重点开展“六大工程”和“一个体系”建设，即清水入湖、生态水网构建、污水处理设施建设、滨江滨渠综合整治、水土保持生态与环境建设和自然湿地风景区保护六大工程和水生态系统管理、监测和评估体系。生态安全得到重视和加强，“江湖相济、河渠通连、水质达标、生物多样、系统稳定、景观优美、人水和谐”的滨水生态城市蓝图已着手描绘，并初显成效。

水美民美

改善水环境，建设滨水美景，为民造福，是我们努力追求的目标。几年来，武汉市把防洪工程建设与环境创新紧密结合起来，坚持以人为本，建成了总长20多公里、总面积260万平方米的汉口、武昌、汉阳江滩。开园以来，共接待国内外游客约5000万人次，多次接待中央国家级领导人和外国元首政要。“江滩正成为市民休闲娱乐的好去处、江城亮丽的风景线、武汉城市的新‘名片’。”未来，我们将继续扩大江滩亲水的休闲空间，使城市与江河相互融合的生态长廊不断向两江四岸延伸。

湖泊截污是美化湖泊环境的基础性工作。市政府于2006年制订了“清水入湖计划”，准备用三年的时间，对中心城区尚未完全实施截污的20个湖泊实施截污。2006年，后襄河、月湖、黄家湖、喻家湖、南湖、后官湖等八个湖泊截污工程已经全面完工，2007年汤逊湖等七个湖泊截污正按计划加快实施。23个湖泊纳入“一区一湖”试点工程，取得阶段性成果；“一湖一景”湖泊环境综合整治取得实质进展，已有21个湖泊建成景点或公园；武昌“大东湖”生态水网构建工程开始启动，汉阳江湖生态水网修复工程稳步推进，初步形成了龙阳湖、三角湖、墨水湖、南太子湖之间的动态水网，生态通廊初见成效。未来，武汉市将进一步彰显滨江、滨湖城市的生态特色，改善人居环境，保护武汉“江、湖、山、田”的自然生态格局，构建复合自然生态网络体系，营造“一山一画、一水一景”的城市景观特色，体现“三镇鼎立、拥江抱湖”的现代化生态城市格局，将武汉建设成为“山川秀美、湖泊清澈、绿色掩映、城郭井然”的人水和谐的生态城市，让市民充分享受到滨水宜居城市的快乐。

水利民利

兴水利，除水患，水利基础设施建设是关键。近几年来，全市农田水利建设保持较大规模的投入，每年市级投资在6000万元左右。其中，2002年兴建“十大”骨干抗旱补源工程，惠及我市远城区26个乡镇场、61.5万亩农田、15.3万农村人口。在水利部和省水利厅的大力支持下，武汉市大型泵站改造、水库整险和灌区改造积极推进。2006年起，用三年时间继续对市郊155～800千瓦机组进行更新改造。2007年，我们又启动了重点易旱地区工程建设，本着“建一处，成一片”的思路，已开始实施沙河橡胶坝、红岗山引水隧道等大型水利工程项目。通过今后几年的努力，武汉市农业的抗灾能力会显著提高，农业增产、农民增收将更有保障。

从2004年起，武汉市结合883社区行动计划，连续三年，共投资2.6亿元，完成了819个社区的排水管网改造，共改造排水管网530余公里，社区污水漫溢现象得到有效治理，社区环境大大改善，400多万居民从中受益。2007年，又启动了城中村及社区遗留排水管网改造工作，进一步强化长效管理，使百姓能长期受益。

水和民和

水资源的科学配置是水务工作的基础性课题。调和防汛与抗旱、枯水与丰水、节水与治污诸如此类的矛盾与促进百姓的和谐生活密不可分。只有保护好水资源，实现水资源的合理配置、科学管理和有效利用，才能调和矛盾，促进百姓生活和谐。

实现“水和”是一项长期的、需要持续努力和开拓创新的任务，必须以法律为保障、规划为指导。武汉市加快了涉水法规的立法进程，先后出台了《武汉市湖泊保护条例》《武汉市城市排水条例》《武汉市节约用水条例》三部重要的地方性法规及多部政府规章。《武汉市水土保持条例》已进入市人大立法程序，《武汉市城市地下水管理办法》于2007年2月1日正式实施。相对完善的涉水法规体系为依法治水提供了最基本的保障。近年来以水法律法规为依托开展的卓有成效的执法工作在保护水资源、防治水污染方面发挥了积极作用。

规划先行，是水务事业不断发展的重要基础。《武汉市水资源综合规划》《武汉市水生态修复与保护规划》《武汉市水务建设“十一五”规划》《武汉市湖泊保护规划》等60多项涉水规划的编制完成为创建“水和”提供了法定图则。

节水即治污。节能减排成为水务系统战略性目标。近年来，我们在水的循环利用方面积极探索，转变思路，在洪水利用、中水回用、雨洪利用等方面积极开展工作，努力推进节水型城市创建工作，节约用水工作力度不断加大，四年来，武汉市共节水6.68亿立方米，发挥了重大的经济效益和社会效益。市政府已确定2008年申报国家节水型城市，我们将不遗余力按照国家标准推进各项创建工作。

水是“江城”独特而珍贵的资源，以构建人水和谐促进和谐社会建设是一项长期而艰苦的工作，我们在治水的进程中还面临着诸多困难和挑战，但全体水务人将在上级部门的指导下，在市委、市政府的坚强领导下，在市人大、市政协的监督和指导下，始终把解决好人民群众最关心、最直接、最现实的利益问题摆在首位，始终将民生作为做大做好水文章不变的主旋律，始终将可持续发展的战略思路贯穿到水务各项工作中，围绕水安全、水环境、水资源、水生态不断创新。认认真真察民情，诚诚恳恳听民意，实实在在助民富，兢兢业业保民安，真正将水务工作取得的成果惠及最广大的人民群众。

李国新

发展“绿色水务”

北京市对顺义区的定位是国家高新技术密集区和城郊型持续高效农业示范区。提起顺义区，很多人首先想到的是燕京啤酒、现代汽车、汇源果汁等品牌产品的生产地。此外，顺义的奥林匹克水上公园是北京奥运会水上项目的比赛地。因此，无论是保障顺义区经济社会可持续发展，还是保障奥运项目在顺义的顺利进行，都离不开顺义水务的支撑、离不开顺义水务人的努力。面对这些，善于思考的顺义区水务局局长李国新提出用“绿色水务”来推动顺义水务工作的开展。

档案

李国新，北京市顺义区水务局局长。

1958年4月生，1976年12月参加工作，研究生学历，中共顺义区第二届党代会、人代会代表。2000年8月到2001年11月，任北京市顺义区水利局局长，党委副书记；2001年12月到2004年12月，任北京市顺义区水资源局局长，党组书记；2005年1月至今，任北京市顺义区水务局党组书记、局长。

记者手记

穿新鞋决不走老路

漫步在顺义区潮白河边，远处一片迷蒙的绿色。目之所及都被绿色覆盖。恍惚间，仿佛徜徉在江南园林。奥林匹克水上公园就在潮白河的旁边，7月28日，顺义建设的奥林匹克水上公园通过了验收。这里将承办北京奥运会赛艇、皮划艇和马拉松游泳项目的比赛，这里也成为目前世界上唯一一个将赛艇、皮划艇的静水赛场和激流皮划艇赛场集于一体的场地。

能在奥运会举办前，一览奥林匹克水上公园的美景对我们来说是一种运气，而这一切也缘于对顺义区水务局局长李国新的采访。在顺义区水务局的会议室，他推掉了所有的日程安排，用了两个多小时，为我们悉心解读了他心中勾画已久的顺义水务的蓝图。

高高扬起的长寿眉展现着李国新不羁的性格，从上任至今，他一直在接受挑战；他从不安于现状，敢于创新的那股子闯劲儿让顺义区的水务工作开展得有声有色。面对从“水利”到“水务”的转变，他说，如果思想观念不转变，水务只是个名，干的还是传统水利的活，名不副实，那我们穿新鞋还是在走老路。

李国新上任之时，恰逢北京申奥成功，同时也面临在潮白河畔建设奥运会水上运动场所的重任。没有接触过水利工作的李国新不甘做一个门外汉，他虚心学习，开动脑筋，组织研讨，发挥集体的智慧，请教专家，听取群众意见，往返于各类不同人群中，寻找一切可以解决问题的途径。

潮白河整治工程历时三年，河道整治后，没水总会是个遗憾。为了给潮白河提供清洁的水源，北京市水务局提出了把温榆河的水引入潮白河的设想，顺义区水务局负责这个设想并使其成为了现实。整修一新的潮白河高处植树种草，低处化为湿地，有水处绿的是水，无水处绿的是植被。李国新想让潮白河成为北京奥运会的一道风景线。再过两年，让它成为贯穿顺义的一条“绿带”，让来这里的游人可以感受到水景、堤景、桥景、灯景、林景移步换景的美妙，让这里的湿地园、生态园、野生动物园、体育休闲园，园园相连。

李国新上任 7 年了，除了自己转变思想外，他还善于发挥团队的力量。“面对压力，首先要树立必胜的信心。然后，把压力分解到每一个职工的身上，让每个人都承担起责任。每个人有了压力，就会产生工作的动力。压力分解后转化为动力，团队的力量就比个人力量大得多。”

正是发挥了顺义区水务局团队的力量，10 万多农村居民结束了饮水不安全的历史，14 万亩农田节水设施得到了改造，水利信息化系统建设起来了……2008 年，顺义区作为第 29 届北京奥运会水上运动项目举办地，李国新又把视角转移到如何保障奥运项目顺利进行上来：供水、排水、设备抢修，一个都不能少。李国新说，要用顺义区万无一失的水务工作来保障奥运比赛的顺利进行。当然，还包括用水务支撑顺义区经济社会可持续发展这个长久的目标。

回首这几年走过的路，从不懂水利到走入水利工作的大门，接着又进入水务这个全新的领域，面对不断变换的客观需要，李国新要求自己不断研究、思考、创新，尤其是创新，创新思路、创新方法，才能适应这种转变。不创新就没有出路，这也是他给自己的挑战，对自己工作的要求。

李国新是一个在工作上追求完美、敢想、敢做并且善于思考的人。当他遇到的难题一个一个被解决的时候，顺义水务也在不断向前发展。

对话▶▶

顺义最大的水问题就是水资源短缺，为此，我们想尽各种办法去节水

现代水利周刊：顺义区位于北京市的东北部，境内的河流很多，相对于北京市的其他区县，应该说顺义的水资源还是比较丰沛的。请您简单介绍一下顺义区水资源的情况，您认为顺义区突出的水问题是什么？

李国新：我是一个土生土长的顺义人，因此，对于顺义水资源的变化还是有发言权的。历史上，顺义是一个水资源相对比较丰沛的区域，潮白河、温榆河等大河都穿区而过。记得小时候我们出门到处可以见到水洼。但是，随着经济社会的发展，加上近年来北方地区，尤其是北京地区连续干旱，现在顺义只有靠地下水维持着城市农村的生产与生活用水，这也造成了地下水的超采。因此，我认为过去到处是水洼的水资源丰沛情况是难以再回来了，这就是顺义水资源的现状。水资源短缺是大的趋势，不可逆转，是目前顺义面临的最大水问题。

当然，我们认识到了水资源的短缺，就要找出路。出路，我认为有三个：首要是节水，第二是污水资源化和中水回用，第三是积蓄雨洪且高效利用。

现代水利周刊：顺义节水工作做得很好，还被评为北京市的先进区县，顺义节水都采取了哪些方法？

李国新：第一是抓好农业节水，从顺义区自身用水情况分析，农业用水约占了2/3。因此，节水潜力最大的还在农业。我们花大力气在农业节水上挖潜力，从20世纪80年代开始，我们就进行了喷灌化，这也让我们成为全国第一个实现喷灌化的区县。但是，随着农业种植结构的调整、农村经营体制的改革，那种模式已不再适合现在的浇灌方式。因此，从2005年开始到现在，我们已重新进行改造，重点还是放在农业的高效用水上。现在，我们追求的是精准灌溉，灌溉作物不是浇灌土地。

第二是加大宣传的力度，动员全社会来节水，提高公众的节水意识。我们利用每年的“世界水日”“中国水周”进行大力宣传，并且入社区、到学校去宣传，让老百姓尤其是小学生能够了解目前我们水资源的状况，让他们逐步养成节约用水的好习惯。同时，把我们脑子里对水的忧患意识传递给他们，让他们理解我们的工作。也只有这样才能让他们自觉地去节水，不会对节水工作产生抵触情绪。宣传有效地促进了节水工作，现在，不管是企业，还

是居民，节水意识都大大提高了。

第三是加强管理。按照北京市政府的要求，施行最严格的取水管理制度。用好审批权，限制高耗水行业的审批，强化用水管理，实行定额管理制度，计量用水。

现代水利周刊：顺义是一个高新技术密集区，对于用水大户的节水，顺义水务局又是怎么做的呢？

李国新：对于一些用水大户，我们帮助他们去做水平衡测试，制定节水的制度和措施。当然，这些都是在我们分配用水指标的前提下做的。比如说，汇源果汁、燕京啤酒厂，我们把用水的指标分配给他们，然后帮助他们在内部制定用水管理制度，厂里再把指标分解给各个部门，层层分解，每一个部门再分解，最终具体到个人。同时采取了一些激励机制，让节水指标与每一个车间、每一个人的经济效益挂钩。

同时，企业内部还在进行小的水权交易，一个部门可以把自己节约下来的用水权转让给用水超标的部门。当然，我们抓典型也推广典型，形成了节水的制度化和规范化。这都是一个潜移默化、相互影响的过程。职工在企业中受到了节水的教育，回家后很自然地就把这种意识带到家里去了。

北京水务发展的"经"念得非常正，我们不能把它念歪。"绿色水务"是我们在北京市水务发展的大方向上结合顺义区的实际情况提出来的

现代水利周刊：从水利局到水务局，很多职能都拓展了，通过这两年水务工作的开展，您最大的感受是什么？

李国新：从水利到水务，我认为最根本的要求是思想观念的转变。根据水资源管理新形势的需要，北京进行了水务体制改革，但要真正履行好水务工作的职能，需要我们转变思想。如果思想观念不转变，水务是名，还是干传统水利的工作，名不副实，那我们还是穿新鞋走老路。

应该说，从水利到水务没有现成的经验可循，应该怎么干，没有可供我们参照的范本。现在，全国各地开展水务工作也是各有各的高招，但还是要结合自己的实际。所以，我们也是在不断地探索之中。我一直强调，只有不断研究、思考、创新，尤其是创新，创新思路、创新方法，才能适应这种转变。不创新就没有出路。当然，这也是我们面临的最大挑战。

水务局成立后，体制上顺了，很多工作做起来很方便。当然，我们要做

的工作多了，责任和挑战也大了。如做“十一五”水务规划，要把供、排、蓄、节等涉及多个环节、多方面工作的事情都统一做起来，这就要求我们在实际工作中各项措施并用，齐头并进，不能出现“捡了芝麻，丢了西瓜”这种顾此失彼的现象。

现代水利周刊：您提出打造“绿色水务”的思路，绿色水务是基于什么提出来的？

李国新：提出“绿色水务”是我们对于水务工作的理解。应该说，北京水务发展的“经”念得非常正，我们不能把它念歪。顺义区经济社会的发展提出了“同心全面建小康，打造绿色国际港”的战略目标。顺义区提出的绿色，是有战略意义的。水务工作是顺义区工作的一个重要组成部分，我们自然也要向“绿色”的方向去努力。所以，根据水利部新时期的治水思路和北京市水务局发展工作的要求，结合我们顺义区的实际情况，我们提出顺义水务应该发展“绿色水务”。

现代水利周刊：请您阐述一下“绿色水务”的内涵。实现“绿色水务”的目标需要做哪些工作？

李国新：绿色代表健康、向上，要实现“绿色”的目标需要做很多工作，尤其是当我们由水利局到水务局，工作涉及的范围越来越大的时候，就更应该把我们的工作尽量地做到“绿色”。“绿色水务”包括两个方面：

第一，“绿色”首先应该体现在我们水务的行政职能上。应该由过去的管理型转向服务型，将管理融于服务之中。关于这种方向的转变，我们还专门在局里进行过一次研讨。有人质疑服务还怎么管理？我认为，如何理解服务和管理之间的关系最重要。这里的服务，应该是我们讲的“大服务”。宏观地来讲，比如给高耗水企业定了用水指标，违规了就处罚，维护了社会公共利益的平衡，对整个社会就是服务。超了指标而不受法律约束是不公平的，维护公平就是为全社会服务，这是一个服务理念问题。

成立水务局以后我们的审批权、审批职能范围增加了，这并不意味着水务部门的权力大了，而是我们的社会服务责任更重了。我们的审批权其实是代表全社会的公众在行使行政审批和行政许可权。因此，我们的审批过程应该是“绿色”的、顺畅的、透明的，高效而便捷。

第二，新的治水思路要求我们建设生态水利、环境水利，这些都应该落实在“绿色”上。顺义区如果水资源用补永远是不平衡的，地下水水位严重下降，生态失衡，能体现出水务是绿色的吗？顺义区如果污水不治理，有水皆污，也不是绿色。市水务局局长焦志忠也提出，我们要做到河道的地表有水则清、无水则绿。河道里有水的时候，不应该被污染；没水的时候，应该形成绿色的植被。这样，我们的河道能对北京空气的质量作贡献，可以防止扬尘。这也就要求我们在工作中应该多一些生态的意识。

所以，针对这样的思路我们提出了工作的重点：一是截污治污，治河先治污。我们把所有的排水口能截的截、能治的治。不能把河道治完以后继续排污。二是保护水资源，涵养水资源，与治河紧密结合起来，恢复植被和绿化。三是以人为本，为群众建设休闲的空间。比如说潮白河河滩地很宽，过去我们的河道不能进人，现在我们给居民营造了亲水的空间、亲水的平台。

现代水利周刊：您上任以后一直在强调思想观念的转变，在这方面您是怎么要求的？顺义的水务工作者是怎么做的？

李国新：转变思想，首先要充实自己，要有丰富的知识，如果没有新知识的支撑，新思想、新理念就都成了口号。我经常讲，我们干工作，工作该干不该干，要问服务对象；而这工作怎么干好，要问专家。从水利局到水务局以后，我们的干部不了解水务，需要我们学习水务的知识，具有驾驭水务工作的能力。因此，我们请专家来讲课，介绍国外水务先进理念，介绍开展水务工作的方法等，加强学习，完善自我，统一思想，共同进步。

此外，我们还针对一些具体的业务进行研讨，而不是以空对空。如针对潮白河的治理，大家都发表意见，最后我们请教专家后，整理大家的意见，采取了宜弯则弯、宜直则直、追求自然的方法。

当然，光学习也是不够的，不掌握实际情况，所学的东西就没用。因此，我们非常重视调查研究。局里上下经常深入到基层去，通过对实际情况的了解、调查、研究，最后形成思路，找到解决问题的办法。

还有，我们非常重视创新，强调要有创新的精神。这种创新不能空，不能是没有实际作基础的瞎想。因此，这些都是相辅相成的，只有把每一个环节做好了，整个事情才能做好。

顺义有奥运会水上项目的场馆，奥运会是北京的奥运会，更是中国的奥运会，保障奥运项目的顺利进行是我们义不容辞的责任

现代水利周刊：顺义是2008北京奥运会水上项目的举办地，水务如何做才能保障奥运项目顺利地进行？

李国新：赛艇、皮划艇、激流回旋等涉及32块金牌的项目都将在顺义的奥林匹克水上公园举行。奥运会对于北京来说是光荣的，同时又给了我们艰巨的任务。奥运代表着中国的形象，代表着首都北京的形象。在我们这里的奥运场馆，也代表了我们顺义——绿色国际港的形象。

刚刚结束的"好运北京"奥运测试赛可以算对我们水务工作者的一次检验，也是一种演练，实践证明我们有能力和信心做好涉水支撑。我们已经做好了充分的准备迎接奥运正式比赛的到来，保证在奥运举办期间，不出任何问题。当然，为了确保明年奥运会的顺利进行，对包括水上公园、供水、机场排水等在内的问题，我们都做了应急预案，在组织、物资、队伍各个方面，都有保障。到了2008年，我们要举全局之力，确保万无一失。

现代水利周刊：请您谈谈对顺义水务未来的发展规划？

李国新：我们的第一个目标是，要通过不懈的努力，到2015年让顺义的水资源达到采补平衡。如果这个都保证不了，那我们就谈不上以水资源的可持续利用支撑顺义经济社会的可持续发展，支撑北京新城经济社会的可持续发展。为此，我们按照水利部的要求，编制了水资源综合规划。

从2004年开始，我们通过节水等多种手段，最大限度地提高了水资源利用效率和效益，最大限度地积蓄雨洪资源。如果按照现在的方式运行，除去气候变化因素，如果降雨量再大一些，在2015年能达到水资源采补的平衡。

第二个目标是营造顺义新城的滨水生态。顺义新城是北京的新城，它的目标是滨水、生态、国际、活力、宜居。滨水的任务责无旁贷属于我们水务工作者。为了实现滨水，我们已经制订了规划，通过三级水系的网络进行互补、互调。现在顺义区内的坑塘一级一级地都在蓄水，然后河道要截蓄，注重大河与小河之间的连通互补，总的目标就是要把水积蓄起来，当然包括中水。除了满足生产生活需求之外，我们需要1亿立方米生态用水，满足河道和景观的用水。我们的水景规划实现以后，你从顺义任何一点出发，到有水的地方，不会超过3公里。

（原载于2007年11月1日中国水利报现代水利周刊

记者　俞亚平 刘艳飞 吴頔 肖丹）

链接文章▶▶

用循环水务理念破解水资源短缺问题

顺义区位于首都北京的东北部30公里处，总面积1021平方公里。根据《北京市总体规划2004—2020年》提出的“两轴两带多中心”的发展格局，顺义是“东部发展带”的核心区，是北京三个重点新城之一，是北京现代制造业基地，2008年奥运会水上运动场所在地。

顺义区境内有中小河道15条，属海河流域北系的潮白河、北运河、蓟运河三个水系。20个世纪80年代以前，顺义区河道常年流水不断，地下水丰沛，是北京市的富水区，是首都重要的水源地之一。但连续九年干旱少雨，出现了河道断流、干涸，地下水位持续下降的趋势，进而导致生态与环境恶化的后果。因此，解决水资源短缺问题已刻不容缓，但如何解决，是摆在我们水务人面前的一道难题。

为解决水资源短缺问题，我们运用北京市水务局提出的建设“循环水务”的新理念，在节水、截蓄大气降雨，治理污水，充分利用再生水，涵养地下水等方面积极探索，取得了一定成效。

一、循环水务，节水为先

水有两个循环，即自然循环和利用循环。人在自身生活和生产活动中用水、形成污水，参与到利用循环之中，进而影响水的自然循环。为减少对水自然循环的影响，首先要抓好节水，提高水的利用效率，管住水的“出口”，少用水。

近年来，我们通过宣传，推广节水技术、器具，健全节水规章制度，向机制要水、向观念要水、向科技要水，把节水放在了突出重要的位置，取得了显著成效。

一是深化改革，理顺管理体制，向机制要水。通过改革，实行水务管理体制，区政府将节水、城乡供水、排污行业管理职能划入到水务局，城乡统筹管理。全区水务管理形成了流域建水务所，镇级设水务员，村级有水管员的新的水务管理体制。为实行最严格的水资源管理制度，水务局对全区用水单位进行了普查，建立了管理档案，为做好节水工作创造了条件。在此基础上，严格打井、取水许可审批，用水户以水资源论证为依据确定用水定额，超定额用水累进加价，按量收取了水资源费，合理调度，优化了水资源的配置。

二是加强节水宣传，向观念要水。每年水务局都要利用"世界水日""中国水周""城市节水宣传周"等契机，在区电视台、广播电台组织节水专题节目，设站点上街发放宣传材料、宣传品数万份；在农村街道两侧刷写标语口号数千条，并联合区教委，在全区中小学校召开节水主题班会等，宣传节水知识、水资源短缺的形势，提高各界珍惜水、爱护水和节约用水的自觉性。现在，顺义区城乡各界原有的"水是取之不尽用之不尽"的观念不见了，特别是农村群众，流传千百年浇地的想法改了，实现了由浇地到灌溉作物的转变。

三是做好技措技改，向科技要水。农业是用水大户，虽然顺义区在20世纪90年代就在全国范围内率先实现了喷灌化，但由于设备使用年限较长，与果树、菜田灌溉模式不配套，全区农田灌溉用水一直在2.2亿立方米的水平居高不下，节水潜力巨大。为此，我们对全区4595眼农用机井进行了调查，用GPS系统进行了卫星定位，安装了水表，实行了计量管理。在此基础上，结合农业种植结构调整，实施了农田节水灌溉工程，更新改造、推广滴灌、渗灌、小管出流、微喷等高效节水技术14.8万亩，全年用水量减少2000多万立方米。

开展节水型社会创建活动，督促企事业单位进行节水技术改造，帮助其做好水平衡测试，查漏洞、健全节水相关制度，推行用水指标管理等。此外，在城乡居民生活用水管理上，严格执行了节水型器具准入制度，免费为老旧小区更换节水器具、马桶配件1万多套。农村在实施安全饮水工程中使用节水龙头，安装IC卡水表等，逐步加大了节水技术的推广力度，杜绝了浪费水的现象。到今年年底，全区共涌现出一批市级节水创建先进小区、先进单位。其中燕京啤酒集团以水的循环利用，9吨水生产1吨啤酒，走在了全国、世界的前列，成为北京市郊区唯一一家市级节水标兵。

节水工作取得了显著成效，从2004年开始，全区在农田灌溉面积不减少，工业企业和生活用水户增加的情况下，用水总量以每年500万立方米的速度递减，呈现出了良好的发展态势。

二、立体截蓄，增加总量

在水的循环中，出口在蒸发和随产品带走的虚拟水，入口主要是大气降雨。水的蒸发是难以控制的，虚拟水的流失是为经济发展付出的代价，只能是开源，截蓄降雨，才能增加地区可用水资源总量。从自然条件来讲，顺义区处在温带季风气候区中，多年平均降雨量为600毫米左右，但时空分布不均，多集中在7～9月，占全年降雨量的80%左右，是截蓄的难点。

俗话说，水没来先挡坝，闸、坝、坑塘、水库等是蓄水的必要条件。为增加区域蓄水能力，我们编制了全区的水系建设规划，在保证行洪安全的条件下，重新定位，用三级水系统筹，凸显其蓄水和环境功能，采取上下齐动、大小结合、政府主导、政策驱动的办法，建设了大量的蓄水设施。

一级骨干水网由潮白河、温榆河、金鸡河三条骨干河道组成，是拦蓄降雨的重点河道。二级水网由一级水网骨干河道的支流组成，主要是拦蓄流域范围内的降雨。三级水网是镇、村主干排水沟、蓄水坑塘。此外，动员居民小区、机关企事业单位庭院内建设的集雨蓄水工程等，也纳入了三级水网，主要作用是拦蓄其周边的降雨，就地回用和回补地下水。在建设上，一、二级水网主要是以政府投资，水务局集中统一管理和调度，三级水网市政府制定鼓励政策，引导镇、村和社会投资建设，谁建设谁管理谁受益，以此来调动全社会集蓄水资源的积极性。到今年年底，我们按照水系规划，共建设中小型橡胶坝20座，钢筋混凝土节制闸18座，修缮小型水库3座，疏挖整治废弃坑塘128处，形成了镇、村坑塘为基础，河道为主体的拦蓄降雨的网络。

现在，顺义区水系建设已初见规模，去年和今年，在极端干旱的枯水年里，全区分别拦蓄雨洪水1500万立方米和2000万立方米，回补的地下水资源，改善了周边环境。今后，我们计划连通三级水网，互为源头，相互补充，优化配置，通过不懈努力，准备好充足的蓄水条件，待到丰水年老天帮忙时，做到“三区四镇皆滨水，五环水系绕新城”，实现“滨水、宜居、国际、生态、绿色”的新城建设目标。

三、污水资源化，改善环境

污水是在人们的生产和生活中形成的废料，属于水的利用循环中的一个链条。“世界上本没有废物，只有放错了位置的财富”。如果我们转变观念看污水，净化处理后就可以成为资源，这是循环水务的关键。我们认为，污水资源化既能降污又可极大地增加总量，拓展“入口”，是解决水资源短缺的基本途径之一。

为推进污水资源化，变废为宝，我们于本世纪初在城区南部建成了日处理能力达到10万吨的污水处理厂，并把城区污水集中起来，用管道输送到污水处理厂处理。目前该处理厂处理的污水已成为首钢轧钢厂冷却水和生态与环境用水的主要来源，年可少开采地下水3000多万立方米。此外，区水务局还联合区环保局，督促用水大户自筹资金建设污水处理站，目前已达到60多个，处理后的污水主要用于单位内部卫生、绿化美化和环境用水。

为增加污水处理能力，经过北京市政府批准，投资近4.3亿元，在温榆河畔建设了顺义新城温榆河水资源利用工程。该工程运用目前世界上最先进的，占地面积小、出水质量高的膜生物反应新工艺，建成了日处理能力10万立方米的北京市顺义新城温榆河水资源利用工程。采用生物膜反应新工艺，将温榆河的劣V类水净化，达到地表水III类标准后，输送到潮白河，变废水为资源，为北京重点规划建设的顺义新城，为奥林匹克水上公园提供环境用水，改善生态与环境，提高城市品质。

为解决面源水污染问题，我们进行了生物、湿地法污水处理技术的试验、示范并取得了成功，并成功地运用到养殖场污水和新农村建设污水处理等方面。到明年年底，全区日污水处理能力已达到35万吨，年增加可用水资源1.2亿立方米，水资源短缺问题将在一定程度上得到缓解。

四、生态治河，涵养水源

顺义区从2003年开始，按照建设循环水务理念，本着“有水则清、无水则绿、人水和谐”的资源水利、环境水利治水新思路，对区域内的河道实施了生态治理工程。在治理中我们坚持了以保障防洪安全为前提，将河道治理同雨洪利用、截污治污、植被恢复、城市景观功能紧密结合，涵养水源，转变功能定位而成为解决水资源短缺问题的主战场。生态治河的思路首先在潮白河、城北减河整治工程中得到了应用。

潮白河是北京市第二条大河，纵贯顺义南北，2008年奥运会水上运动场馆就在潮白河畔，规划中的顺义新城将依河而建。但自1999年以来，由于连年干旱少雨，潮白河常年干涸，风吹沙起，水土流失，生态条件恶化，与“科技奥运、绿色奥运”的理念相悖。为此，我们决定，对潮白河奥运场馆周边地段的12公里，城北减河3.4公里河道进行了综合整治。

随着顺义新城温榆河水资源利用工程引水量的不断加大，潮白河将再现昔日碧波荡漾的美景，将极大改善城区和奥运场馆周边环境，为居民休闲度假提供了良好的场所，带动地区经济的发展。同时，通过蓄水、回补并涵养了地下水资源，对解决水资源短缺问题具有极其重要的作用。

几年水务实践使我们认识到，水的运动是有规律的，只有在认识规律、遵循规律的基础上，将生产和生活用水、污水处理等水的利用循环巧妙地镶嵌在水的自然循环之中，让水源于自然又回归于自然，人水和谐相处。只有这样，才能逐步缓解水资源短缺问题，实现水资源的永续利用，为经济社会又好又快发展服务。

翟学军

让河流回复健康自然状态

如何才能河流水清、岸绿、长流不息，这个问题让漳卫南运河管理局的领军者日思夜想。翟学军说他经常做一个梦，梦见儿时在故乡那条清澈的小河中畅游。

档案

翟学军，海河水利委员会漳卫南运河管理局局长。

1963年3月出生，山东曹县人。大学学历、工程硕士学位，教授级高级工程师。1982年8月在漳卫南运河管理局德州地区管理处工作，1987年10月调漳卫南运河管理局人事劳动处工作，2004年7月任漳卫南运河管理局党委书记、局长。

记者手记

梦回故乡的河

翟学军自己说，他小学只上了三年，汉语拼音没有学好。这位说话时总会微笑看着你的“水官”，偶尔还会幽默一把。

1963年，翟学军出生在山东曹县魏湾镇程庄村，当时村里的小学只设了3～5年级的课程。1971年，已到上学年龄的他只好去邻村念1年级，但刚上了两课，就因为“外村人”的身份而被劝回，无奈之下，他只好半年后回到程庄村直接从3年级下学期学起。此后，勤奋好学的他在求学路上一帆风顺，15岁那年，高中快毕业正打算回家务农的他赶上了全国恢复统一高考的大好时机。凭借优异的成绩，他顺利地考上了武汉水利电力学院的河流力学及治河工程系，学习“治河”专业。

从上大学开始，翟学军就怀揣着建设大型水

利工程的梦想，19 岁大学毕业时却被分配到了漳卫南运河管理局德州地区管理处，干起了“管水”的活儿，年轻的他不免有些失落。

翟学军坦言，对自己的工作也有一个逐步认识的过程。他曾经梦想建设大型水利工程，也一度向往从事水利科学研究，但环境造就人。“这些想法实现不了，就要转变认识。不管是做建设还是做科研，水利工程建成了，最后还是要有人来运行，来管理。总得有人来做这件事情。”

面对面听着他说这番话时，我心里翻动着些许感动，为他这种舍我其谁、勇挑重担的朴实的情怀而感动。屈指算来，他已经在漳卫南运河管理局工作了足足 25 年，也许就是这些朴素的想法支撑着他踏踏实实一路走来。

1998—2002 年，漳卫南运河管理局存在违规进人的问题。一时间，局里人心涣散，群众意见很大，到处告状，而翟学军就在这个时候走马上任了。既要维护局里的稳定团结，又要按照上级组织的要求去揭开这个“盖子”，翟学军面临的压力可想而知，“整夜睡不着觉是常有的事”。后来通过组织处理，开展教育活动，改进工作作风，整顿机关工作秩序，建章立制，翟学军带领着漳卫南局成功度过了这个“最困难”的时期。经过这次人生历练，翟学军说自己最大的收获就是在认识问题上比以前更深刻了。

如今，面对着如何做好防汛抗旱、工程建设和管理、水管体制改革、水生态与环境的修复和保护等方方面面的工作，翟学军感觉责任重、压力大，但千头万绪中让他最头疼的还是河道的水污染问题。从 20 世纪 80 年代中后期开始，在漳卫南运河沿岸建起的大批造纸厂、酿造厂、化工厂、印染厂等企业的排污致使曾经的清流变成“酱油汤”，鱼类和其他水生物在大部分河段绝迹，沿河水生态与环境遭到毁灭性破坏。说起这些，翟学军忧心忡忡，笑容也收了起来，惋惜地感叹“河流无辜，人之过也”。

他说他现在最大的心愿就是将河道的水生态环境治理好，让漳卫南运河回复到健康自然的状态。当然，这也是他带领的漳卫南运河管理局这个团队的第一要务。

采访临近结束了，翟学军跟我们说起他儿时故乡的那条河：“常年有水，河里的鱼虾很多，每到夏季，那条碧水悠悠的河便成为孩子游泳嬉戏的乐园。”

如何才能让漳卫南运河水清、岸绿，长流不息，这个问题让翟学军日思夜想。他说他经常做一个梦，梦见儿时在故乡的那条小河畅游：蜿蜒的身姿、清澈的流水、成群的鱼虾、往来的舟楫，一派生机勃勃的繁荣景象……

对话▶▶

在漳卫南运河流域，现在最严重、最突出、让我们最头疼的就是流域的水污染问题

现代水利周刊：您在漳卫南运河管理局工作已有25年，对漳卫南运河流域状况非常熟悉。您认为，漳卫南运河流域最突出的问题是什么？

翟学军：对漳卫南运河，大家可能既熟悉又陌生。漳河两岸是历史上西门豹治邺除害、革除河伯娶妻陋习的地方。漳卫南运河是世界著名的京杭运河的重要组成部分，它是海河流域五大水系之一。漳卫南运河最突出的特点是一条省（市）边界河流，流经山西、河南、河北、山东四省及天津市，最后入渤海。因为是边界河流，所以引发的边界水事纠纷就多。1958年，成立漳卫南运河管理局，与当时流域内复杂、频繁的边界水事纠纷有很大的关系。

该流域的第二个特点是"易盈易涸"。"易盈"就是水多，洪水灾害在漳卫南运河的历史上非常频繁，漳河从明初到1942年间，较大改道50多次，几乎每十年就改道一次。"易涸"就是流域干旱和河道干枯的年份较多，新中国成立后，漳卫南运河流域几乎年年有旱灾，有些河道甚至断流。

这个流域还有一个特点是几乎没有"中游"地段。流域总的地势是西南高东北低，大致分成山地、平原两种地貌。西部山区与东部平原几乎直接相接，山前丘陵过渡区很短，形成了上下游直接相接的特殊河道。

现代水利周刊：漳卫南运河流域经济社会发展的总体状况和地位是怎样的？

翟学军：漳卫南运河流域面积有37700平方公里，人口2500多万，耕地3400多万亩。上游有重要的能源基地邯郸、长治，历史文化名城安阳等城市，下游有重要的化工基地沧州、重要交通枢纽德州等城市，河口地区经济近年来非常活跃，是环渤海经济圈的重要组成部分。流域内京广、京九、京沪铁路，京深、京福、京开高速公路，104、105、106、107国道等重要交通线横贯南北，与地方公路、铁路交织成网，四通八达。流域所处的地理位置十分重要。

现代水利周刊：流域内水资源的特点是什么？最突出的水问题是什

么?

翟学军:漳卫南运河水系具有典型的北方河流特征,降水时空分布不均,每年降水主要集中在夏季,山区降雨量比较多,平原比较少,年际变化也比较大。水资源占有量为人均440立方米,是全国平均水平的1/6,低于联合国人均1000立方米的最紧缺标准。总体上看,这是一个严重缺水的流域。从20世纪80年代中后期开始,流域内水污染问题也变得异常严重。

"水多、水少、水脏"等水问题在漳卫南运河流域都存在。如果要按照严重程度给它们排排队,第一就是水脏,第二是水少,第三才是水多。现在最严重、最突出、让我们最头疼的就是流域内的水污染问题。

可以说目前整个漳卫南运河流域内水质较好的只有漳河、淇河等少数河流和岳城水库这"一盆儿"清水,其余绝大部分河道、湖泊均受到不同程度的污染,河道水质常年劣于V类,有机污染严重,重污染河段COD浓度高达300毫克每升,丰水期和枯水期水质均污染严重,河流水体多数已丧失使用价值,90%以上的大中城市水域污染严重。

恢复漳卫南运河水生态环境,当好漳卫南运河代言人,这就是我们的第一要务

现代水利周刊:漳卫南运河管理局工作的第一要务是什么?

翟学军:恢复漳卫南运河水生态环境,当好漳卫南运河代言人,这就是我们的第一要务,也是我们工作的出发点和落脚点。

现代水利周刊:恢复漳卫南运河水生态环境具体有哪些内涵?

翟学军:对于水生态修复,我们有一个形象化的目标,希望通过我们的努力,可以使漳卫南运河流域恢复到20世纪60年代末70年代初的良好的水生态状况:河流水量丰沛,断流少有发生,生物种类较多,河流具备供水、航运功能,也就是让河流回复到一种健康的自然状态。

首先是河道里面要有水,河道水量能够满足沿河社会经济可持续发展及生态与环境用水的需要,部分河道要保证不断流,能够满足通航要求,如恢复卫运河、南运河河段的通航。

其次水要干净,河道水质保证在Ⅲ类以上,沿河污水达标排放,不能超过水体的自净能力,不影响河道生态与环境。

第三，保证漳卫南运河流域地下水的开采和补给的平衡。到那时，漳卫南运河流域就会呈现出山清水秀、人水和谐、生机盎然的景象。

现代水利周刊：何时才能实现这个目标？

翟学军：漳卫南运河管理局确立的恢复流域水生态环境这一目标，需要分3步实施。

第一个近期目标是到2010年。在这一阶段水生态环境恢复重点在水污染治理，使城市水环境有所改善，水质污染得到有效控制，河道断流天数减少。我们在具体工作中是要在建立起“三个体系”的基础上，实现“六个目标”。“三个体系”是“水资源管理保护与监督体系”“现代化的工程管理体系”“全面高效的防洪抗旱保障体系”，这三个体系也是水管单位最基本的任务和职能，支撑着水管单位的工作。要达到的“六个目标”是“水资源管理保护工作统一协调”“工程管理科学规范”“防洪能力全面加强”“水利信息化水平明显提高”“职工队伍素质进一步提高”“工作与生活环境显著改善”。这“三大体系、六个目标”，也是为恢复水生态而做的一个最基础的工作。

第二个中长期目标是到2030年。初步恢复水生态环境。南水北调实施之后，水资源的配置会更加优化，这样我们可以充分考虑河流的生态流量；同时，随着治理水污染的力度加大，污水的达标排放，河流水体质量基本达标，河口生态有所恢复。

第三个终极目标是到2050年。漳卫南运河流域内河流水量丰沛，断流少有发生，生物种类较多，河流具备供水、航运功能，也就是让河流回复到一种健康的自然状态，真正实现人水和谐。

当然这些目标的实现也要依靠国家经济实力的增强，生产力、社会的发展和科学技术的进步，依靠环保、水利的合作和公众的参与。目前看来，这些目标在我局对于凝聚人心、凝聚力量起到了很大的作用。这几年我们一直按照这个目标在努力。

现代水利周刊：如何才能实现这些目标？有没有具体的措施？

翟学军：具体对策：一是加强水资源统一管理，保护好现有水资源，控制地下水开采。二是从源头抓水污染治理，以防为主，防治结合，综合运用行政、法律、经济、技术手段，加快水污染治理的进程。三是重点加强对入河排污口的管理，促使污水达标排放。四是积极推进节水措施，建立节水型社会，发展节水农业，生态农业，积极推进工业节水和生活节水。五是积极开展流域内水资源的优化配置及跨流域的调水。六是积极做好洪水资源化的文章。

在流域尺度上优化配置水资源，更加注重不同用水主体之间的协调关系，坚持人与自然和谐相处、走可持续发展水利之路

现代水利周刊：近年来海委漳卫南运河管理局组织实施的“引岳济淀”“引岳入衡”“引岳济沧”，成为水利工作的亮点，引起了社会的广泛关注。这些水资源配置措施的初衷是什么？

翟学军：2004年“引岳济淀”，2005年岳城水库向漳卫南运河下游及南大港湿地输水以及“引岳入衡”输水工程都是通过流域内水资源的优化配置来改善生态与环境，是坚持人与自然和谐相处、走可持续发展水利之路和贯彻落实科学发展观的重要实践。

现代水利周刊：这些努力收到了怎样的效果？

翟学军：生态和环境效益是上述调水工作获得的最大收获。

2004年，“引岳济淀”为白洋淀的水生植物提供良好的生长条件，对于保护白洋淀的物种多样性、改善华北地区的小气候具有重要意义。同时，工程的实施还引起了社会各界对生态与环境问题的广泛关注，促进了公众护水、节水意识的提高。

2005年岳城水库向漳卫南运河下游及南大港湿地输水，部分缓解了漳卫南运河下游地区严重的水生态环境危机，改善了南大港及下游河道水环境状况。

同年实施的“引岳入衡”也改善了衡水湖湿地的生态状况，为保护华北平原唯一保持完整的内陆淡水湿地生态系统发挥了重大作用。

每一次输水在给当地带来宝贵水资源、改善水生态环境的同时，也使调水沿线的地下水得到大量补充，促进调水沿线工农业生产，综合效益显著。比如，据统计，2004年“引岳济淀”，不仅使白洋淀摆脱干淀威胁，维持白洋淀旅游业的繁荣，促进淀区渔业和芦苇生产，保障淀区16万群众的生产生活，同时还使沿线农业增产粮食1.34亿公斤。2005年岳城水库向漳卫南运河下游及南大港湿地输水的同时也为沿岸地区的紧急旱情解了燃眉之急，可

谓一举多得。

现代水利周刊：在这些努力中，漳卫南运河管理局做了哪些工作？

翟学军：在这些调水工程中，漳卫南运河管理局做的主要工作，一是充分考虑现有的水资源量，优水优用，将有限的水资源用到最需要的地方去。二是当好参谋。具体讲，就是为水利部、海河水利委员会调水决策当好参谋。岳城水库是否有足够的水量，输水通道是否可行，送到目的地的水质是否符合用水户的要求，这些都需要我们计算和作出判断。然后才能向上级领导提出建议方案。三是做好输水管理工作。在输水工程具体实施时，管理局要密切关注水情和工情，实时监测水质、水量，精心管理，确保调水成功。

现代水利周刊：开展这些工作取得了哪些经验？还有哪些问题亟待解决？

翟学军：事实证明，这些调水都是成功的。适量补水能够有效缓解目前水系内的生态与环境危机。补水，首先要有水，对于严重缺水的漳卫南运河流域来说，如何利用好岳城水库这一盆清水，如何使它的效益最大化，为流域生态和环境的改善服务，是我们一直在思考的问题。我们的做法是，在汛期，在确保岳城水库防洪安全的前提下，尽量让岳城水库多蓄水，为下游生态用水、工农业用水提供一个最基本的水量；然后是优化调度，如何在保证邯郸、安阳供水的前提下，将富余的水量，选择在合适的时机优化配置给下游有需求的地区。

但目前的问题是，岳城水库还没有摘掉病险的“帽子”，出于安全考虑，我们还不能蓄太多的水。岳城水库病险的问题现在已经列入国家解决病险水库的计划，前期工作正在做，初步设计已经审查，我们盼望着水库能够尽快完成除险加固，为水资源的优化配置、防洪安全和工程管理创造好的基础条件。

水管单位只要是尊重科学，脚踏实地，一步一步地将改革之路走下去，最后总是能收到比较好的结果，我对漳卫南运河管理局的未来充满信心

现代水利周刊：您如何看待这个工作了25年的集体？

翟学军：我觉得这个集体“能吃苦、能战斗、顾大局”。

作为水管单位的职工，说实在的，工作环境、生活环境都比较差，能吃苦耐劳，这是最基本的素质。能战斗，是说工作上一旦交给他什么事，我们的职工都会兢兢业业去干，敬业精神很强，没有什么怨言，工作上不会掉链子。水管单位的工作也是长期与基层打交道，人也都比较朴实，有大局意识，能主动维护单位的团结。

现代水利周刊：您如何看待肩负的压力和责任？

翟学军：有责任就会有压力。这么大一个"摊子"，这么多水利工程，交给你管理，没有压力是不现实的，但重要的是将压力变成动力，要主动思考一些问题，想办法解决这些问题。工作中遇到困难是正常的，关键是你怎样看待困难。我对困难还是看得比较淡，因为困难不会因惧怕而溜走。困难、问题不解决，它总是前进的绊脚石。我也常常激励自己，决不让困难阻碍目标的实现，一旦认准要解决的事我会倾注全力做好。

一个单位的领导人，肩负一方责任，必须要有强烈的责任感。工程管理是水管单位生存和发展的基础，作为局长，首先是要管好工程，带好队伍。

现在看，从漳卫南运河管理局恢复到现在，27年的时间，取得了不少成绩，但也走了不少曲折的路子，直到水管体制改革，才真正解决了水管单位发展的深层次问题。水管体制改革是我们水管单位最盼望的改革，也是我们水管单位受益最多的改革，有这么好的一个政策，我们有什么理由不认认真真抓落实呢？我认为水管体制改革是水管单位发展史上具有里程碑意义的一件事情。

现代水利周刊：漳卫南运河管理局的水管体制改革进展如何？

翟学军：去年是水管体制改革在我局全面铺开的第一年，在工程维修养护经费到位较晚的情况下，要求局属各单位不等不靠，扎扎实实做好工程的维修养护和管理工作。特别是水利工程维修养护经费下达后，各单位全力以赴，认真组织实施，圆满地完成了维修养护任务。经过一年的努力，全局水管体制改革取得了显著成效，职能清晰的管理体制、管理科学的运行机制初步建立，责权利、人财物形成了新的统一，工程面貌得到了明显改观，职工精神状态发生了显著变化。整个水管体制改革工作于去年12月顺利通过了海委组织的验收。

总之，水管单位只要是尊重科学，脚踏实地，一步一步将改革之路走下去，最后总是能收到比较好的结果。明年3月，漳卫南运河管理局将迎来建局50周年，漳卫南运河的水利事业在我们这一代人会做得更好，我对漳卫南运河管理局的未来充满信心。

（原载于2007年11月8日中国水利报现代水利周刊
记者　谢群）

链接文章▶▶

认真贯彻落实科学发展观　维护漳卫南运河健康生命

漳卫南运河是海河流域五大水系之一，发源于太行山东麓，流经晋、冀、鲁、豫、津五省（市），至山东省无棣县大口河汇入渤海。历史上，漳卫南运河洪涝灾害频繁。新中国成立后，党和政府投入大量的人力、物力、财力对漳卫南运河进行治理和建设，特别是在20世纪50年代和70年代的两次大规模的治理，初步形成了由河道堤防、水库、枢纽、水闸和非工程措施组成的防洪、除涝、灌溉、供水体系。

近年来，按照中央水利工作方针和水利部新时期治水思路，漳卫南局在水管体制改革、供水和跨流域调水、洪水资源利用、水生态修复、水土资源开发利用等方面进行了有益的探索和实践，取得了可喜的成果。但是，由于历史欠账较多，漳卫南运河还存在不少问题，主要是：河系整体防洪能力不足；岳城水库仍然是病险水库；水污染严重，水环境状况令人堪忧。尤其是水资源紧缺和水生态环境恶化问题，已成为制约河系经济社会可持续发展的重要因素。

全面建成小康社会和构建和谐社会的奋斗目标对水利工作提出了新的更高的要求。漳卫南运河的水利事业面临着严峻的挑战，同时也迎来了难得的历史发展机遇期。在今后的工作中，漳卫南局将围绕构筑“统一的水资源管理保护与监督体系、现代化的工程管理体系、全面高效的防洪抗旱保障体系”的“三大体系”建设上下工夫，努力实现漳卫南运河的“水资源管理保护统一协调"、"工程管理科学规范"、"防洪能力全面加强"、"水利信息化水平明显提高"、"职工队伍素质进一步提高"、"工作与生活环境显著改善"的六大工作目标。

一、坚持可持续发展的理念，进一步优化水资源的配置

水资源是基础性的自然资源和战略性的经济资源，是经济社会发展的不可替代资源，是生态与环境的控制性要素。以流域为单元对水资源进行管理的模式，是世界公认的先进的管理方式并被广泛采用。要充分发挥漳卫南局在本流域水资源管理中的作用，强化水资源的统一管理，使流域管理和区域管理有机结合，形成水资源统一管理的良性运行机制。

加强水资源统一管理。要以流域为单元，进行统一规划、统一调度、统一管理，建立权威、高效的河系水资源管理体制，提高水资源利用效率。要以取水许可管理为手段，实现水资源的合理配置和有序开发利用。依托海河流域"二纵六横"的水资源配置的规划格局，做好南水北调工程实施条件下的水资源统一配置工作。

积极研究探索实施水权制度，推动漳卫南运河河系水市场的建立。

充分利用洪水资源。在汛期，利用水文预测、预报等先进技术，在确保防洪工程安全的前提下，通过优化调度，使水库、枢纽、水闸多蓄水，使洪水转化为可利用的资源。

二、大力推进漳卫南运河水生态环境修复，打造"生态河流"

针对漳卫南运河污染严重、水资源匮乏和洪水危机并存的客观现实，漳卫南局积极落实将"水生态环境修复作为第一要务"的工作思路，提出了"恢复漳卫南运河水生态环境，当好漳卫南运河代言人"的目标，并以此作为全局的第一要务。为实现这一目标，计划分三个阶段循序渐进地加以推进。到2010年，实现近期目标，即漳卫南运河沿河城乡水环境有所改善，水质污染得到有效控制，河道断流天数减少。到2030年，实现中长期目标，即初步恢复水生态环境，河流的生态流量得到保障，污水达标排放，河流水体质量基本达标，河口生态有所恢复。到2050年，实现终极目标，即漳卫南运河流域内河流水量丰沛，断流少有发生，生物种类较多，河流具备供水、航运功能，漳卫南运河恢复到一种健康的自然状态，实现人水和谐。

这一目标实现的过程，也是漳卫南运河流域生态文明建设的过程。为

实现这一目标，必须标本兼治，切实抓好水污染治理，以防为主，防治结合，综合运用行政、法律、经济、技术手段，加快水污染治理的进程。加强水功能区监督管理，提出漳卫南运河河系纳污能力和限制排污总量及分阶段目标，提出地下水限采方案，建立完善的水质水量监控体系。

实施排污总量控制管理。落实水系保护协作机制及通报制度，健全入河排污口审批制度，强化水功能区重点入河排污口的联合执法监督检查，加强水功能区监测及预警预报，提高应对突发水污染事件的应急反应能力。

以总量控制为原则，通过产业结构调整和生活消费方式的改进，积极推进工业节水和生活节水，推动节水型社会的建设，从源头上减少城乡用水量和排污量，减轻对水环境的压力，同时大力加强污染源治理，改善水质，使漳卫南运河河系生态有质的修复。

近几年，通过引黄穿卫枢纽实施了引黄济津、引黄济冀，通过岳城水库实施了引岳济淀、引岳入衡生态调水和漳卫南运河水质水量联合调度（如引岳济沧）。这些生态修复和水资源保护的实际行动，产生了良好的生态和社会效益。今后，要借鉴已取得的经验，以岳城水库为重点，发挥水库在水生态修复中的作用，积极开展流域内水资源的优化配置及跨流域的调水，建立生态用水、应急调水综合协调机制。

确立河流生态功能，明确生态环境保护与修复目标，确定基本生态水量，逐步恢复漳卫南运河保持生态的基流，实现河道不断流。

三、把民生水利放到工作的首位，确保防洪安全和饮水安全

工作中，要把实现好、维护好、发展好最广大人民群众的根本利益作为工作的出发点和落脚点，把涉及广大人民群众最根本利益的防洪安全和饮水安全放在重中之重的位置认真抓好。

坚持以人为本，以保障沿河广大人民群众生命安全为重点，精心做好防汛的各项工作。认真贯彻《中华人民共和国防洪法》，做到依法防汛。在河系防汛工作中，坚持地方行政首长负责制，层层落实各项责任制，落实群众、企事业号料和防汛抢险队伍。从实战出发，制定防洪预案，增强预案的实用性和可操作性。建立防汛应急响应机制，不断提高应对复杂局面的能力。加强防洪工程的建设和管理，增强工程抗御洪水的能力。进一步加强防洪调度管理的信息化和现代化建设，建设、完善覆盖全局的通信和计算机网络；建设漳卫南运河防汛调度指挥系统。加强防办规范化、正规化、现代化建设，

使防办能力建设得到进一步的提高。

加强洪水预测预报、防汛指挥调度和决策支持系统等非工程措施建设。建立较为完善的防洪管理体系，科学安排洪水出路，有效控制和分散洪水风险。防汛抗旱工作实现由控制洪水向洪水管理转变，由单一抗旱向全面抗旱转变。

全力搞好岳城水库水源地保护。积极落实《岳城水库城市饮用水水源地安全保障规划》，做好岳城水库的水质监测，加强水资源保护的力度，确保邯郸、安阳引用岳城水库的生活用水的安全，让两市的人民群众喝上优质水、放心水。

四、建立有利于水生态恢复的水价体系，促进流域节水防污型社会建设

漳卫南运河水系水资源匮乏，时空分布不均，经济社会的快速发展，需水量的增加，再加上用水浪费严重，水资源供需矛盾突出，必须大力推进节水防污型社会建设。根据水资源的条件，促进地方调整工业布局，加快产业的调整，使工业项目和产业结构符合节能环保的要求，在建设资源节约型、环境友好型社会中水资源利用效率更高。在流域内推广农业节水灌溉技术，如喷灌、微灌、滴灌等技术，提高水的有效使用率。制定科学合理的灌溉定额，推广发展旱作农业。

建立有利于水生态环境恢复的水价体系，保障水生态环境保护与修复工作的顺利进行。由于当地水水价低，外调水水价高，导致河系内水资源的过度开发。要继续大力推动水价改革，合理确定各类用水的水资源费征收标准，改革水费计收方式，逐步推进水利工程供水两部制水价、城镇居民生活用水阶梯式计量水价、生产用水超定额超计划累进加价，推进农业用水计量收费。通过调整水价，使外调水能得到充分利用，河流生态用水有充分保障的长效机制，促进流域节水防污型社会的建设。

五、全面加强防洪工程建设，提高河道的综合防洪能力

按照国务院批复的《关于加强海河流域近期防洪建设的若干意见》，加快工程措施和非工程措施的建设，全面恢复漳卫南运河的防洪设计标准，提高水系的综合防洪能力。尽快实施岳城水库除险加固工程，摘除病险水库的帽子，达到国家规定的防洪标准，消除工程隐患。争取两到三年完成漳卫新河治理任务。加快卫运河治理立项的步伐。工程建设要严格按照基本建设程序的"三制"进行，严格质量、资金的管理，确保工程安全、质量安全、干部安全。

六、进一步深化水管体制改革，实现工程管理水平再上新台阶

从2002年《水利工程管理体制改革实施意见》出台到2006年水管体制改革全面铺开，我们按照"产权清晰、权责明确、管理规范"的原则，建立了以"管养分离"为核心的管理体制和运行机制，工程管理单位和维修养护企业成为独立的法人主体，实现了工程管理养护体制从"群管和专管结合"、"管理养护一体"的传统水管体制向现代的维修养护公司的转变。

通过水管体制改革，工程面貌得到了明显改观，职工精神面貌发生了显著变化，工程管理水平得到全面提高。目前，全局共有五个县级河务局达到部颁二级管理标准。下一步，要通过深化水管体制改革，建立科学规范的维修养护机制，促进工程管理水平实现质的飞跃：27个河道管理单位中，60%的单位达到部颁二级标准，其中部分单位达到一级标准；11个枢纽水闸管理单位中，70%的水闸管理单位达到部颁二级标准，其中四女寺枢纽、祝官屯枢纽达到一级标准。工程管理资料实现数字化管理，水库、枢纽、水闸工程实现自动化监控和运行，工程管理现代化水平有显著的提高。

七、进一步加大水行政执法力度，依法履行好管理职责

认真落实部、委"五五"普法实施规划，搞好《中华人民共和国水法》、《中华人民共和国防洪法》等法律法规的宣传教育，增强公众的法律意识、水忧患意识和遵纪守法的自觉性。按照建设法制型、服务型、效能型、廉洁型政府的要求，提高社会管理和公共服务的能力，做到依法行政，依法、依规办事。加强对基层执法工作的检查和监督，强化各项制度的落实。树立责任主体意识，加大水行政执法力度，加强河道管理，切实当好漳卫南运河代言人。加强水行政执法巡查，将水事违法行为制止在萌芽状态。维护良好的水事秩序，预防水事纠纷的发生。加强涉河建设项目、漳河采砂的管理，着力解决好煤矿在岳城水库库区内采煤问题。

八、践行科学发展观，确保漳卫南运河水生态修复目标的实现

解决好漳卫南运河的水问题，完成水生态修复目标，必须大力践行科学发展观。要强化更高层次的发展意识，促进漳卫南运河各项工作又好又快

发展。新的形势和条件给我们履行职责提出了新的更高层次的要求，要增强更好更快发展的前瞻性、主动性和积极性，特别是要按照科学发展观的要求，转变发展理念，创新发展模式，提高发展质量，切实使漳卫南运河的水利工作走上可持续发展的健康轨道。要树立强烈的改革创新意识，打破因循守旧、固步自封的习惯和思维模式，大胆探索，积极实践，敢闯、敢试、敢担风险，增强工作的主动性、预见性和创造性，不断用改革的办法破解前进中存在的矛盾和问题。要加强体制和机制创新，建立激励创新的制度和办法，鼓励创新和探索，以创新促发展。积极推进科技创新，围绕漳卫南运河水生态修复这一目标，对关键的技术问题组织科技攻关，破解技术难题，为漳卫南运河水利事业又好又快的发展提供强有力的科技支撑。

常瑜

让百姓成为水利发展的最先和最大受益者

记者手记▶▶

选　择

说到毕节，人们也许会想起"高原明珠"威宁草海，"地下天宫"织金洞，"天然公园"百里杜鹃，以"古、野、奇、曲"著称的乌江第一漂……的确，这里山清水秀、平畴幽谷、风光秀美，绝对是旅游的好地方。成就这秀美风光的是典型的岩溶地貌。全区内峰峦重叠、山高坡陡、沟壑纵横、河谷深切、土地破碎。要在这里干水利，可真算是一件"苦差使"。

常瑜在毕节出生，在毕节长大，他的父亲又是在毕节水利局工作了一辈子的"老水利人"，在这里干水利的"苦"，他不会不知道。但20年前，刚刚从贵州工学院水利水电工程建筑专业毕业一年的他，不顾父亲的反对和周围人异样的眼光，毅然放弃了计委基建科的"好工作"，选择去干水利。他说他"只是想学以致用"。

1987年3月，常瑜如愿以偿来到毕节地区水电局下属的水利水电勘测设计队工作。报到的第

档案◀

常瑜，贵州省毕节地区水利局局长。1964年6月出生，河南省开封市人。工学学士，研究生，水工建筑高级工程师。1988—2001年，在毕节地区勘测设计研究院工作，其间曾任设计室副主任、主任，副院长。2001年任毕节地区水利局副局长，党组成员，2003年任党组书记、局长，兼任总工程师，地区大中型灌区管理处处长，地区水利学会理事长等职。

一天，他就被派到毕节县清丰乡蹲点扶贫，当起了一名水利辅导员。在清丰乡和大坡坪村，常瑜独立完成了两个"人饮工程"的勘测设计。虽然每个工程都不大，项目资金只有几万元，但解决了当地几百名村民长期以来的用水难题。当涓涓清泉流进集中供水池时，围观百姓欢呼雀跃，村民们欣喜异常的表情让他终生难忘，"那一刻，我觉得我们的水利工作非常有价值"。

工作中获得的成就感激励着常瑜不懈地努力。在毕节水利水电勘测设计院，常瑜在短短六年时间里，熟悉了水利水电水保业务和全过程的建设管理程序。从最初的乡村水利辅导员，一步步成长为设计室副主任、主任，设计院副院长。1994 年 4 月 21 日，毕节县改市的那一天，不到 30 岁的常瑜当上了设计院院长。但摆在他面前的是几十万元的欠债和"事改企"后 100 多号人（仅有几名大学生，几名中专生，其余均是技工、招工和退休顶替人员）的生存与发展难题。经过思考和研究，常瑜提出了"一业为主，两头延伸，多种经营"的治院主攻方略。随后几年，设计院在他的带领下发生了翻天覆地的变化，从一支只有三名设计师的不起眼儿的队伍，发展到承担着整个毕节地区水利水电建设前期技术工作的专业力量。常瑜觉得这是他做的最有成就感的一件事。

如今，作为毕节地区水利局的"一把手"，全区的农村饮水安全问题、城镇防洪问题、大型灌区改造、病险水库治理、水土流失治理件件工作都让常瑜乐此不疲。虽然面对着长期以来投入少、欠账多、人才缺乏、工程建设任务重的一个大水利摊子，他也会有"头疼"的时候，但他总是笑着说："既然我选择了水利，水利工作又选择了我，我就没有理由不继续，我会尽最大的努力做好本职工作。"

对话 ▶▶

只有加大水利投入，加强水利基础设施建设，才能缓解我区的工程性缺水问题

现代水利周刊： 毕节是中国西部大开发拉开序幕的地方，这一地区的水资源基本情况如何，请您简单介绍一下。

常瑜： 毕节地区分属长江、珠江两大流域。长江流域面积 25609.8 平方公里，包括乌江水系、金沙江石鼓以上水系、宜宾至宜昌水系三个水资源二级分区；珠江流域面积 1243.2 平方公里，只有南北盘江水系二级分区。全区

多年平均水资源总量为134.4亿立方米。

全区共有河长10公里或集水面积20平方公里以上的河流193条，总河长5111.5公里，其中集水面积在100平方公里以上的河流82条。

区内河流均属山区雨源型河流，水资源量主要由降水补给。但全区降水时空分布不均。多年平均年降水量1023毫米，折合年降水量274.789亿立方米。各地降水年内分布不均，降水大多集中在5～8月或6～9月，汛期(5～10月)降水量占年降水的70%～80%以上。

毕节水能资源较为丰富，1982年普查全区水能资源理论蕴藏量为221.9万千瓦，由于当时普查范围未包括地区及省界河流，数据明显偏小。目前我区境内已建成电站装机139.3万千瓦，在建电站装机8.2万千瓦，规划电站装机88.7万千瓦。装机60万千瓦的洪家渡电站就在我区境内，也就是你提到的西部大开发拉开序幕的标志性工程。

现代水利周刊：随着社会经济的发展，您认为目前毕节地区面临着哪些水问题？最突出的水问题是什么？

常瑜：从水资源的现状分析，毕节地区水资源量相对而言算是充沛，全区多年平均降水量1023毫米，多年平均水资源总量134.4亿立方米，但我们面临的现实情况是：整个毕节地区包括7县1市（大方县、纳雍县、黔西县、金沙县、织金县、威宁县、赫章县和毕节市），到2006年底人口总数达到了735万人，全区人均占有水资源量仅1840立方米，庞大的人口基数使得全区人均占有水资源量远低于贵州省2006年底人均2685立方米的平均水平，比全国人均水平也要低。

毕节地区位于贵州省西北部，西邻云南，北接四川，处在云贵高原向东部低山丘陵过渡的斜坡地带，由西向东逐渐降低。地质构造极为复杂，碳酸盐类岩石分布极广，占全区总面积的63%，属典型的喀斯特地区。地质破碎，渗透量大，地表蓄水、保水条件差，严重制约水资源的充分利用。

从地形特征来说，毕节地区境内山峦起伏，山高水低，河谷深切，水资源多分布于河谷地带，人们居住以及耕地大部分在山坡上。因此，即使是住在江边、河边的老百姓，守着江河，也面临着缺水的难题。

由于山高坡陡，水土流失严重，水土流失面积达16830平方公里，占土地面积的62.7%，致使生态、环境日益恶化，水源枯竭。

全区水资源利用效率仅为8.7%，按照以水资源开发利用效率和人均供水量为主要指标来划定的四种缺水类型（资源性缺水、管理性缺水、工程性缺水、综合性缺水)中，我区属于典型的工程性缺水地区。

现代水利周刊：解决这些水问题的基本思路是什么？

常瑜：增加水利投入，加大水利基础设施建设力度，有效拦蓄地表径流，充分利用地下水，才能缓解喀斯特地貌类型区的工程性缺水问题。

毕节地区成为"开发扶贫生态建设"试验区19年来，水利建设着重加快以解决工程性缺水为核心的水利建设步伐，增强了对水资源的调控能力，为试验区经济社会发展起到积极的作用

现代水利周刊：毕节地区从1988年开始成为国家级的"开发扶贫生态建设"试验区，到今年已经足足19年了，这19年来，毕节的水利发生了哪些变化？

常瑜：19年前，毕节地区实属典型的边远、贫困、落后的喀斯特高寒山区，各级政府财力薄弱，人民群众的经济收入低下，地方匹配资金投入额度小，导致水利工程实施难度大，进展缓慢。试验区成立之后，党中央、国务院十分关心试验区的水利基础设施建设，扶贫项目经费多向一类贫困乡(镇)进行倾斜，国家财政下达的工程项目经费成倍增加，促进了试验区水利扶贫事业的发展。有一个很典型的数据比较就是：仅"十五"期间毕节地区水利建设共投入资金8.55亿元，是新中国成立以来前51年全区水利投入7.12亿元的1.2倍。

从1988—2006年，全区水利建设着重加快以解决工程性缺水为核心的水利建设步伐，进一步增强对水资源的调控能力。完成新增有效灌溉面积62.29万亩，保灌面积32.1万亩，在42.77万亩烟地上实施了烟水配套工程，治理水土流失面积7785平方公里，解决农村人饮困难250.17万人，治理病险水库12座，实施了全区五县一市的城市防洪工程，列入国家重点中型骨干水利枢纽的三座中型水库全面开工建设。通过这些项目的实施，我区水利基础设施对水资源的调控能力得到提高，为我区经济社会发展起到一定的积极作用。

现代水利周刊："贵毕公路水土保持大示范区"被列为水利部直接管理、重点投入的全国三个示范区之一，在水土保持方面，你们取得了哪些成绩？有哪些好的经验和做法？

常瑜：早在1989年，毕节地区被列入了长江上游水土保持重点防治区，

18年来，我们围绕“治山治水、脱贫致富”这个目标，以发展农村经济为重点，除实施“长治工程”外，还先后实施了“中央财政专项资金水土保持工程”“水土保持生态修复试点工程”“贵毕公路水土保持大示范工程”，开展大规模的山、水、林、田、路综合治理，在全区336条小流域规划区内治理水土流失面积7785平方公里。全区8县（市）均为重点投入的重点防治县，金沙、黔西被列为全国重点防治示范县，全区有26条小流域被财政部、水利部命名为全国“十百千”示范小流域。

除了抓好贵毕公路水土保持生态建设大示范区实施外，我区从1989年开始实施国家“长治”工程以来，始终坚持以小流域为单位，以水土保持径流调控理论为基础，坡耕地改造为基本农田建设主线，解决项目区工程性缺水为重点，经果林、水保林、种草养畜示范为依托，以改善农业生态、环境和生产条件，夯实农业基础设施为目标，实行工程措施、生物措施与农业耕作措施有机结合，治坡与治沟相结合，治山与治水相结合，山、水、林、田、土、路、畜综合治理，开展大规模的水土保持生态建设，形成多目标、多功能、高效益的水土保持综合体系，取得了巨大的生态、经济和社会效益。

解决全区农村饮水安全问题，对于我区来说是一件惠及千家万户农民的好事、实事，但同时也是对各级政府和水利部门的一次重大考验。我们要千方百计去完成这项光荣的任务

现代水利周刊：当前，毕节地区水利工作的首要任务是什么？

常瑜：毕节地区735万人口中农村人口占90%以上，区内山高坡陡，水土流失严重，农村饮水困难突出。当前，首要的任务就是解决与人民群众关系最密切的农村人口饮水安全问题。

1997年前，我区仅有128.54万农村人口实现饮水安全和基本安全。此后，国家加大了对毕节地区农村饮水困难的帮扶力度，至2004年，先后实施了一、二期“渴望工程”和一、二期“解困工程”，八年累计解决220.17万农村人口饮水困难。2005年和2006年，毕节地区继续实施农村饮水安全工程，共解决16万人的农村饮水安全问题。根据“毕节地区饮水安全规划”，截至2006年底，毕节地区已有364.71万农村人口实现饮水安全和基本安全，但还有294.06万人饮水安全问题没有得到解决。

现代水利周刊：贵州省政府提出了在“十一五”期间，要基本解决毕节地

区农村饮水安全问题。目前，距离这个目标完成的期限还有三年，作为全区水利工作的“带头人”，您是否有信心完成这一任务？

常瑜：毕节地区是贵州省农村饮水安全问题最突出的地区，不安全饮水人数占了全省的20%以上。贵州省委、省政府十分重视，提出在“十一五”期间基本解决毕节地区农村饮水安全问题，把原计划在两个五年规划完成的任务提前在“十一五”期间完成，这对于我区来说是一件惠及千家万户农民的好事、实事，但同时也是对各级政府，尤其是水利部门的一次重大考验。要在三年时间完成200多万人的饮水安全工程建设，同时又要完成每年3亿元左右投入的烟水配套工程和其他水利建设任务，其难度之大可想而知。但为了毕节地区广大农村能早日用上干净水，为了毕节地区经济社会跨越式发展，再难的事我们也得扛下，千方百计去完成这项光荣的任务。

目前，我们已经编制完成了《毕节地区“十一五”基本解决农村饮水安全试点实施方案》，制定了《毕节地区农村饮水安全项目建设管理办法》，由行署出台了《关于“十一五”期间基本解决农村饮水安全试点工作的实施意见》，提出了指导思想、总体要求和目标任务，明确了组织、资金和技术保障措施。在各级政府和上级主管部门的支持下，我们有信心去完成这项艰巨的任务。

现代水利周刊：目前，让您最头疼的问题是什么？

常瑜：是水利管理和技术人才缺乏，水利队伍建制不齐。’98洪水后，国家投入水利基础设施建设的力度逐年加大，去年开始实施的烟水配套工程又是由水利部门承担规划设计和建设任务，明年开始要实施数倍于往年的饮水安全工程，加之水利建设管理程序逐步规范化和质量责任终身制，工作量大大增加。靠地、县水利部门目前的力量难以承担如此重任，必须要有大批高素质的管理和技术人员，但我们的现状是管理、技术人员缺乏，人员和专业结构不合理。多数县（市）仅有县（市）水利局，而无基层水利站，目前只有金沙县按老区范围设置的水利站一直存在，纳雍县在去年的试点中已在每个乡镇全面恢复水利站，其他六县（市）均没有设置。

我区是贫困山区，交通不便，城市居住环境差，经济待遇低，引进人才极其困难，尤其是各县（市）目前的管理和技术人员现状令人担忧。如威宁县水利局，地处乌蒙高原，近20年来没有进过专业技术人员。

现代水利周刊：面对下一阶段大规模的水利工程建设，在技术保障措施方面你们打算怎么解决？

常瑜：针对存在的问题我们采取了五个方面的措施加以解决：一是依托地区勘测设计研究院为完成前期工作的主体。我在设计院当过10年的院长，我深知管理技术人才的重要性，所以一直致力于专业人才的引进和培养。这些年来，设计院进了60余名大学生和专业技术人员，送了10多名在职职工到大学脱产学习，在人才队伍建设方面打下了一定的基础。二是与区外设计单位、科研院所和大专院校积极合作，走市场化的道路，以解燃眉之急。三是千方百计聘用了40多名应届和近几年毕业的相关专业大学生，充实专业技术队伍。四是落实相关业务机构，在地委、行署的支持下，我们成立了“毕节地区农村饮水安全管理与技术服务中心”，指导全区饮水安全工程的前期工作和建设管理；成立了“毕节地区水利工程管理处”，负责饮水安全工程的建后管护等措施的落实；成立了“毕节地区水政监察支队”，负责水行政规费的收缴并用于饮水安全工程的地、县匹配经费；目前正与编办、人事、农业等部门一起工作，恢复成立各乡镇水利站，由县（市）水利局直接管理。五是在全区水利系统开展饮水安全业务技术培训，尤其是对新恢复的乡镇水利站技术人员和“一村一名大学生”进行培训，更好地配合点多面广的饮水安全工程建设。

面临百年难遇的大规模的水利基础设施建设高潮，我会尽最大的努力做好本职工作

现代水利周刊：从事这么多年的水利工作，您感触最深的是什么？

常瑜：我在水利部门已工作了20年，要说感触最深、印象最深刻的应该也是与吃水有关的一件事。1988年我参加地委扶贫工作队，到当时毕节县的清丰乡扶贫一年，那时清丰乡政府所在地和所辖的一个叫大坡坪村的地方吃水很困难，我和乡、村干部一起找水源，独自完成了两个饮水工程的设计工作，跑有关部门找到资金，全程参与施工队伍完成了工程建设。通水的那一天，当涓涓清泉流进集中供水水池，围观百姓欢呼雀跃，村民们欣喜异常的表情让我终生难忘。让我感受到咱们的水利工作最先、最大的受益者就是老百姓，非常有价值。

现代水利周刊：您如何看待肩负的压力与责任？

常瑜：肩负的压力主要来自于管理和专业技术人员的缺乏，当然还有个人的正常生活，现在是没日没夜地一心扑在工作上，而我是一个兴趣爱好比

较广泛的人，我的业余爱好基本上是“牺牲”了。至于责任当然是重大的，作为地区水利部门的“一把手”，面临百年难遇的大规模的水利基础设施建设高潮，如果不带领水利系统的一班人抢抓机遇，又好又快地完成建设任务，那就对不起生我养我的这块土地，对不起广大农民群众。人活一世，草木一春，不求轰轰烈烈，但求问心无愧，我会尽最大的努力做好本职工作。

现代水利周刊：对毕节地区水利局的将来有何设想？

常瑜：毕节试验区的发展任重道远，毕节试验区水利建设的任务繁重艰巨。水利基础设施建设欠账太多，水行政管理能力和公共服务能力有待增强，水资源的利用效率和配置有待提高，水利发展的体制机制有待完善……而这些工作的完成需要一批有责任感、高素质的干部、职工队伍。希望在我的任期内，使毕节地区水利系统各个单位的实力发展壮大，建设一支高素质的水利人才队伍，以适应今后大规模水利建设和管理的需要。

（原载于2007年11月29日中国水利报现代水利周刊
记者　谢群）

链接文章▶▶

新农村建设要从改善农民生产生活条件入手

建设社会主义新农村是解决“三农”问题的根本途径，作为一项长期的战略任务，纳入社会主义现代化进程的重要环节，是全面建设社会主义和谐社会，全面建设小康社会的根本举措，因而，也是各级党委政府，各有关部门工作的重中之重。结合毕节地区“开发扶贫、生态建设、人口控制”试验区的实际，社会主义新农村建设关键要打牢社会主义新农村建设的基础，积极稳步地推进社会主义新农村建设，从根本上改变毕节地区岩溶山区农村贫困落后的面貌，扎实有效地实现“生产发展，生活宽裕，乡风文明，村寨整洁，管理民主”的新农村建设目标。

由于毕节地区农业生产相当落后，农村经济欠发达，农民贫困面大，尚有数十万农民生活在贫困线以下，因此，毕节地区社会主义新农村建设必须从改善农民生产生活条件入手，夯实农村经济、农业生产的基础，稳健地推进社会主义新农村建设。水利作为国民经济的基础、农业的命脉，是改善农民生产生活条件的关键，只有农民生产条件改善了，具备了抗旱、浇灌条件才可能有生产的发展，而生产的发展，才能保障生活的宽裕；农民解决饮水困难，饮水安全问题，生活才能安康，解放农村的生产力，大批富裕的劳动力才能转移到其他劳动生产中，增加农民收入，实现生活宽裕。同时，解决水这个人类赖以生存与发展的基本条件，才能谈得上乡风文明，村寨整洁，才能令农民群众信服，实现民主管理。我们以织金县自强乡为试点，作了一次全面的调查，自强乡的社会经济发展充分地证明社会主义新农村建设必须从改善农民生产生活条件入手，农民在社会主义新农村建设中，才能获得真正的实惠，脱贫致富奔小康就有了坚实的基础。

织金县自强乡是毕节地区20个一类贫困乡（镇）之一，是一个苗族乡，全乡有人口14416，其中农业人口14198，占总人口的98.49%，以苗族为主的少数民族人口11591，占总人口的80.4%。全乡有耕地面积10383亩，人均0.72亩，其中水田仅300亩，其余为旱地；基本农田3772亩，人均0.3亩，其余为25度以上坡耕地，全乡52.7平方公里面积中，大部分为石漠化荒山，境内无矿产资源，农业生产以苞谷、小麦、洋芋为主，结构单一，产量低下，畜牧业、林业生产落后，2003年来，大牲畜存栏2279头，生猪存栏4430头，年人均占有粮食250公斤，年人均纯收入不足千元。实际状况是：自然环境差，气候条件恶劣，干旱情况严重，投入严重不足，基础设施落后，制约经济发展；生态环境恶化，水土流失严重，石漠化加剧，人畜饮水困难；大部分少数民族群众缺知识少文化，思想观念陈旧，生产方式落后等。

针对自强苗族乡贫困落后的实际，地委行署决定将自强乡作为地区水利局扶贫攻坚帮护点，开展结对帮护，自2004年地区水利局与自强乡结成帮扶对子以来，地区水利局针对自强乡的实际，通过认真全面的调查研究，采取加强水利基础设施建设，改善和提高生产生活条件为突破口的帮扶战略，有针对性、有计划步骤地实施帮扶，取得了显著成效。两年来，投入农村人饮工程专项资金173.79万元，修建机电提水工程一处，小水窖1200多个，基本上解决了大部分农民饮水困难问题，投入农田水利建设资金71万元，建水浇地工程两处，新增水浇地900亩，投入水土保持资金127万元，治理水土流失面积18平方公里，坡改梯农田800亩，整治溪沟2.4公里，造水保林2100亩，发展经果林800亩，这些基础设施的建设极大地改善了自强人民群众生产生活条件，有利地促进了社会经济的发展，至2005年底，全乡国民生产总值达3228万元，自强乡年人均拥有粮食422公斤，年人均纯收入1412元，年纯收入625元以下农户从1463户5583人，减少到1180户4435人，自强乡社会经济发展有了长足的进步。

从自强乡的巨大变化，可以充分地说明，从提高和改善农民生产生活条件入手，加强水利基础设施建设，是解决“三农”问题的根本措施，是促进加快社会主义新农村建设的关键，是全面推进小康社会建设，构建社会主义和谐社会的重要环节，没有水利基础设施的建设，社会主义新农村建设的基础就不牢固，就难持续、稳定、健康地发展。

（1）解决农村人畜饮水困难，不仅改善了农民生产生活条件，而且极大地解放农村生产力。原来用于取水劳动的劳动力，有效转移到其他的生产劳动中，有力地推进农村富余劳动力转移。2005年，自强乡就有5000余人外出打工，打工人数占总人口1/3，年打工收入带回来的资金达250万元，不仅改善和提高农民生活质量、生活水平，而且有力地促进了农村商品经济的发展，外出打工带来观念上的转变，加速改变农村落后愚昧状况。

（2）农村人畜饮水、水浇地、雨水集蓄利用和小型农田水利工程建设，改善了农业生产条件，增加了旱涝保收基本农田，增强了抗御自然灾害的能力，提高了粮食产量，才两年时间，自强乡的基本农田由3372亩，人均不足0.3亩，上升到6140亩，人均0.43亩，年人均占有粮食从不足250公斤，上升人均422公斤，人均增长170公斤，年增长率为35%。农田是农民生存与发展的根基，有了旱涝保收的基本农田，社会主义新农村建设才有扎实的基础。

（3）水浇地和雨水集蓄利用工程，促进了产业结构调整，使经济作物种植面积得到扩大，在有水源保障的条件下，自强乡农民因地制宜，种植辣椒、旱烟等经济作物，辣椒每亩可产1000斤，辣椒的当地市场价为每斤1.2～1.4元，亩产经济效益达1200～1400元，旱烟每亩可产烟200斤左右，当地市场价为每斤8～10元，每亩旱烟的经济效益为1600～2000元，效益大大高于种洋芋、苞谷。解决人饮困难后，自强乡畜牧业发展有了重要保障，从传统的自给自足的养畜，向专业户、商品型发展，目前，已有养牛专业户四户，养猪专业户近百户，最多的养猪上百头，产业结构得到有利调整，农民收入明显增加，全乡大牲畜存栏数达4200余头，生猪存栏数7200余头，农民年人均纯收入1412元，人均增长412元，年增长率为20%。

（4）水土流失治理，有效地改善了生态环境，改善农民生存与发展的自然环境，提高了土地质量，保障了生产发展，只有生产发展了，生活才能富裕，生产发展是新农村建设的首要条件和第一标准。坡改梯和溪沟治理，有效增加基本农田，控制山洪危害，保障生产产出。水保林、经果林的发展，不仅改善了生态环境，还为农民创收增加了渠道，自强乡山口村，就是利用水土流失治理的成果，利用地势较低又紧靠东风湖边的优势，种植早熟糯苞谷、洋芋、蔬菜和水果，利用东风湖水运到清镇和东风湖旅游区出售，产生了明显的经济效益，促进了农民脱贫致富。

(5)水利建设促进民主管理。在水利基础设施建设中，水利水保项目主要是民办公助型的项目，因此，在项目实施中，注重尊重农民的意愿，涉及投工投劳的问题，采取一事一议的民主管理办法实施，充分地征求农民群众的意见，在农民自愿要求下，将投工投劳任务进行分解落实，既保护群众的利益，又确保工程顺利实施。一事一议的民主管理办法，将得到农民群众的欢迎和支持。从水利工程建设中采取一事一议民主管理模式和经验，应用到农村工作的各个方面，从而有利地推进了基层民主管理工作。自强乡的民主管理工作，在水利建设中获益颇多，总结了水利建设民主管理之经验，推广应用到农村经济建设各方面，这不能不说水利建设间接地推进了农村民主管理工作。

(6) 水利扶贫有力地促进了农民愚昧落后观念的转变。水利扶贫调研组、扶贫工作队下乡进村，水利工作技术人员走村串寨与广大农民群众座谈交流，促进了农民思想解放和观念转变。而水利建设看得见摸得着的实际情况，增强了农民摆脱贫困的信心和决心。从不相信科学到应用农业科技，从传统的耕作养殖到科学的耕作养殖，生产发生了根本性转变，2005 年全乡杂交包谷种植面积达 8000 亩，占总耕地的 80%，其中营养坨育苗单株定向移栽 6150 亩。在养殖上引进了秦川牛、黑山羊等优良品种进行改良、杂交饲养，提高了畜牧产出量。由于我们在农业水利建设中把水利建设与计生工作紧密结合，采取建水窖优先计生户，科技兴农扶持计生户，良种化肥优惠计生户，扶贫济困突出计生户等一系列措施，使自强乡计生工作这第一难题得以顺利解决，2003 年，计生工作处于全县倒数几名的自强乡，2005 年计生工作跃居全县第 15 名，在全县 32 个乡镇中居中上游水平，2005 年，全乡符合计生政策生育率为 100%，人口计生工作跃上一个新台阶，这为社会主义新农村建设创造了条件。

以上事实说明，建设社会主义新农村，必须从提高和改善农村生产和生活条件入手，提高和改善生产生活条件，才有可能促进生产发展，而只有生产发展，生活才能宽裕，只有生产发展了，奠定了坚定的经济基础，才能做好村容整洁，乡风文明和管理民主工作，如果农民吃水都困难，怎么有精力、有能力去发展生产；如果田地没有水利灌溉作保障，生产如何保产增收；不具备水利基础条件，调整产业结构，发展稳定产业，发展畜牧养殖就存在极大的障碍，就不可能实现稳定的经济目标，也就缺乏经济条件来完成村容整洁、乡风文明工作，就民主管理而言，虽就是政治性很强的工作，也要以经济基础为先决条件。所以，作为国民经济基础和农业命脉的水利建设，是社会主义新农村必不可少的基础条件。

牛玉国

愿为母亲河多做一些事

黄河经昆仑、出龙门，步入坦荡的华北平原。在这里，她以凝重和宽厚孕育出一片土地，这片土地谓之河南。作为黄河水利委员会河南河务局的当家人，牛玉国已经在黄河系统工作了20多年，他对黄河、对家乡的感情似乎很难用言语来表达。当我们试图搜寻出华丽的词藻时才发现，其实最朴实的才是最真实的。

记者手记▶▶

源自山川的涵养

预约，采访，共进午餐……始终在一种轻松愉快的氛围中进行。

初冬时节，牛玉国局长的办公室洁净雅致，温暖宜人。他坚毅的嘴角总是挂着一丝微笑，淡定从容地讲述自己从农村考入大学，从学校学习到选择治黄，以及从最基层水文站站长到今天河南河务局局长的工作、生活……

三个小时访谈，牛玉国局长首先从大处着眼，概要式地阐释了他对黄河特征、面临的问题以及当今治水新思路、治黄新理念的把握和认识，接着

档案◀

牛玉国，黄河水利委员会河南河务局局长。

1963年生于河南沁阳，教授级高工，河海大学在读水文水资源博士。华北水利水电学院兼职教授。主持过国家大型治黄及科研项目13项，合作出版专著5部，在国内重要学术期刊发表论文20余篇，多项成果荣获水利部、黄委科技进步奖，1994年获全国抗洪劳模称号。

谈黄河在河南局部表现出来的特点以及管理保护任务，最终结语在如何看待和注重基层群众的力量，如何在基层体现以人为本。

1984年，牛玉国从河海大学一毕业就参加了治黄。谈及这个选择，生长在黄河边的他，到现在也说不清当时为何在毕业分配的五个志愿里全部填写的是黄河水利委员会。

如愿加入治黄队伍，至今已工作20多年，可他却一天也没有在这个大机关里待过。从最基层的水文站干起，他23岁担当三门峡水文站站长，后至水文巡测大队队长，以至黄委水文局局长，其间还有三年黄土高原沟沟坎坎水土保持工作的经历。

水文专业科班出身，以及这些丰富的工作经历让他对黄河"水少、沙多、水沙异源、水沙关系不协调"的特点有着深刻的认识。流域水文的系统性，更让他易于从流域的视角、全局的范畴来审视和把握河南黄河的局部问题。

不谋全局者，不足以谋一隅。牛玉国说，黄河水沙特性的成因在上中游，但很多问题表现在下游。面对河南黄河河情，牛玉国既在原有基础上继续致力于推进维持黄河健康生命的实践行动，又适时提出黄河工程、黄河经济、黄河文化"三位一体"的综合发展思路。

在11月份召开的"黄河与河南"文化论坛上，牛玉国这样描述黄河这个生命体从勃发到回归：她经昆仑、出龙门，在经历了少年激扬和青年跌宕之后，步入坦荡的华北平原，已添了几分的从容。在这里，黄河以她中年的凝重和宽厚孕育出一片土地，谓之河南。

字里行间，饱含对这条大河的神往，寄托着本人由衷的敬重。牛玉国说，20多年来，从约古宗列河源区到大河入海口，有这么多机会与山水打交道，与大自然打交道，他感到很幸运。

牛玉国在繁忙之余，也读余秋雨的《千年一叹》等散文纪行，与作者一道感悟自然历史的造化之力、沧桑之美，品味文化苦旅的醇香厚重。

大禹治水，成功于"疏"，而不是"堵"。在管理工作中，牛玉国要求设身处地地倾听基层呼声，关注基层民生。他鲜明地提出，所谓以人为本，贯彻在河南黄河上就是要以基层为本，以一线为本，在基层群众中应该体现得最为充分。他说，"没有基层，就没有机关"。

从解决一线水文职工的吃水问题，到攻克振动式测沙仪降低水文测验职工劳动强度，从主持上中游水土保持工作期间关注"三站"（天水、西峰、绥德水土保持试验站）建设，到河南河务局上任伊始的26个基层单位走访调研，无论在哪里，他始终将工作着力点放在基层。

正所谓，根深才能叶茂，源远才能流长，治河与从事管理有着异曲同工之妙。

对牛玉国的访谈，记者印象深刻：他，儒雅的眼镜背后，是20多年山山水水历练的坚毅；他，粗犷的面庞下面，蕴藏着醇厚质朴倾心基层的拳拳温情。

对话▶▶

现代水利周刊：据我们了解，您以前一直从事和领导黄河水文工作，并有一段水土保持工作经历，对黄河的秉性十分了解。那么，具体到河南境内的黄河特点，您认为最突出的问题是什么？河南黄河治理的核心问题是什么？

牛玉国：河流具有连续性、系统性，要谈河南黄河的特点，就必须从整个黄河的特点来讲。黄河的特点是水少、沙多，水沙异源，水沙关系不协调。这些问题的根源在上中游，却突出体现在下游地区，特别是黄河河南段。

黄河自陕西潼关进入河南，西起灵宝，东至台前，流经三门峡、洛阳、济源、焦作、郑州、新乡、开封、濮阳等8个省辖市的28个县（市、区），流域面积3.62万平方公里，占河南省总面积的21.7%。河道总长711公里，其中孟津县白鹤以上为山区河道，白鹤以下464公里平原河道属设防河段。现有各类堤防总长857公里（含沁河），险工、控导工程182处，坝、垛、护岸4500余道。

河南黄河地处黄河"豆腐腰"段，"善淤、善决、善徙"是其最大的特点。目前河南黄河最突出的问题有三个：

第一，防洪安全问题。河南黄河处于黄河下游的上段，地理位置特殊，河道形态复杂。自公元前602年到1938年的2540年中，黄河下游决口达1593次，其中河南占2/3，大改道26次，有20次在河南，素有"二年两决口，百年一改道"之说。

小浪底水库建成运用使黄河防御大洪水的能力显著增强，但不能控制其以下伊洛河、沁河及小花间地区的洪水，花园口站百年一遇的洪水仍达15700立方米每秒，10000立方米每秒流量级洪水仅为10年一遇，洪水预见期短，突发性强，防洪仍是一项长期、艰巨的任务。目前，黄河一旦在河南段决口，将危及冀、鲁、豫、皖、苏五省，洪水泛滥可能影响面积达12万平方公里，耕地1.1亿亩，人口8510万。因此，河南黄河历来是黄河下游防洪重点河段。

当前河南黄河防洪安全主要存在以下问题：一是河南黄河河床泥沙淤积严重，河道萎缩，悬河和二级悬河加剧，河道过洪能力大大降低，防洪压力加大。二是河道宽浅散乱，河势游荡多变，中常洪水甚至小水也易出大险。三是沁河无控制性工程，防洪标准低，遇超标准洪水问题较多。四是滩区人口多（128万人），大水期间迁安难度大。

第二，供水安全问题。水资源是基础性的自然资源和战略性的经济资源，是经济社会可持续发展的重要基础。黄河流域多年平均降水量为447.1毫米，多年平均径流量为580亿立方米，仅为长江流域的1/17，却以其占全国2%的淡水资源量，承担着占全国12%的人口、15%的耕地以及沿黄50多座大中型城市的供水任务，同时还要从有限的水资源中拿出约200亿立方米的水用于黄河下游的冲沙。

随着人口不断增长、经济快速发展、城市化进程加快、人民生活水平逐步提高，黄河下游地区水资源供需矛盾加剧，确保沿黄地区居民用水和工农业生产用水安全意义重大，直接关系沿黄地区经济社会的可持续发展。

第三，生态安全问题。党的十七大提出要大力建设生态文明，具体到我们的工作中就是要构建黄河生态文明。通过优化配置黄河水资源，保证黄河生态用水，保护黄河湿地；充分考虑黄河的纳污能力，控制好向黄河的排污量，避免下游生态与环境恶化、水污染加重威胁黄河湿地和生物多样性。

河南黄河流域治理的核心是维持黄河健康生命，实现堤防不决口，河道不断流，污染不超标，河床不抬高的目标，以水资源的可持续利用支撑沿黄地区经济社会的可持续发展。

现代水利周刊：这些问题对河南经济社会的可持续发展带来了怎样的制约？

牛玉国：河南是我国经济大省，也是我国农业第一大省。可以说，黄河直接关系到河南工农业，以及下游城市的发展。上述这些问题对河南经济社会可持续发展的制约主要体现在以下方面：

一是防洪安全的制约。在人民治黄60年之际，胡锦涛总书记作出重要批示，指出黄河安危事关我国现代化建设的全局。黄河防汛工作的任何闪失，都有可能造成严重的影响。同时，河南黄河二级悬河的严峻形势、游荡性河道的特性，使得河南黄河滩区小水小淹、大水大淹，甚至小水大淹。加上滩区安全设施不完善，滩区群众生命受到威胁，正常的生产生活受到影响，生产落后。

二是供水安全的制约。黄河来水减少的趋势，加上水资源的需求增加以及无序开发、超引、浪费，都对黄河供水安全造成威胁，严重影响水资源的可持续利用，进而影响沿黄地区经济社会的可持续发展。

三是生态安全的制约。经济快速发展造成黄河水污染加重，以及黄河断流都将成为生态文明建设的严重制约因素，严重影响黄河生态安全，进而对沿黄地区群众的生存环境构成威胁。

现代水利周刊：面对这些问题，近年来河南河务局做了哪些努力？取得了怎样的效果？

牛玉国：近年来，我们河南黄河流域治理主要进行了以下五个方面的努力：

一是大力开展标准化堤防建设。河南黄河南岸159公里堤防已全部建成了标准化堤防，硬化堤顶道路240公里，北岸标准化堤防建设正在积极推进中。河南黄河堤防全部达到设防标准，工程面貌焕然一新，抗洪能力得到明显提高，为今后防汛安全打下了坚实的工程基础。

二是完善河道整治工程建设。新续建河道工程508道坝，加高改建险工285道坝。进一步控导河势、规范流路、防止洪水主流直接顶冲大堤，为滩区群众生产、生活和生命财产安全提供保障。

三是按照黄委统一部署，连续七次实施调水调沙，河南河段最低过流能力由1800立方米每秒提高到3700立方米每秒，河道得以修复，工程抗洪能力得以提高，更多的泥沙被输送入海。

四是加强黄河滩区治理研究，进一步改善滩区群众生产生活条件。有计划地进行了滩区安全建设，主要措施有修筑避洪工程，保护滩区群众的生命财产；开展二级悬河治理，淤滩、淤串沟，开展滩区水利建设，改善滩区生产条件，提高粮食产量；科学规划，因势利导，修建控导护滩工程，合理保护滩区土地资源，促进滩区水土资源的可持续利用；积极争取滩区享受蓄滞洪区政策。

五是强化水资源统一管理和调度。实行取水许可和订单申报制度，全面推进引水计量精细化和“两水分供，两费分计”工作，确保以水资源可持续利用支撑经济社会的可持续发展。

流域治理中的亮点主要有：一是河南黄河南岸全面建成标准化堤防；二是开展了“二级悬河”治理试验，利用洪水泥沙淤堤河截支堵串试验，创造性进行了切滩导流等；三是率先在黄河系统实现了涵闸远程监控；四是河南供水全面推行了“两水分供，两费分计”，并且实行了自动计量；五是成功举办了“黄河与河南”论坛，进一步提高了世人对黄河害与利的认识，营造了良好的治黄氛围，除害兴利成为全社会的共识，从文化的层面对黄河与河南的关系进行了挖掘。

现代水利周刊：河南是黄河流域承东继西的中部重要地区，也是黄河治理的重要河段。整个区域在经济高速发展的同时，对流域水资源、水环境特别是黄河生态系统的构建和良性维持提出了新的要求。作为黄委的派出机构，您认为如何实现流域水资源的可持续利用，如何在流域内实现人水和谐？

牛玉国：随着经济社会的快速发展，对水资源的需求日益增加，但黄河来水却又不断减少，需多供少的矛盾越来越突出。实现流域水资源的可持续利用，从全流域来说，一是增加黄河水量，适应流域经济社会对水资源的需求。近期主要是通过相对增水，在量上节水，在质上治污，提高水的利用率，增强水的功能性。但相对增水空间有限，远期来说还得通过绝对增水，也就是通过流域外调水，增加黄河水量。二是加强水资源统一管理，按照科学发展观要求，兼顾上下游、左右岸、流域与区域、经济社会发展和生态、环境等对水资源的需求，科学配置调度。对河南黄河来说，就是要按照黄委统一调度的要求，进一步做好河南黄河水资源统一规划和优化配置，精确计量、精细调控，实现省界断面流量和引水总量双达标，确保黄河生态安全，确保河南供水安全，为沿黄地区工业、农业和生活用水提供保障，以黄河水资源可持续利用，促进和保障沿黄地区经济社会的可持续发展。

实现人水和谐，全面落实科学发展观，以人为本，坚持人与自然和谐相处，给水以出路，给人以生路，统筹兼顾，综合考虑河南黄河流域治理与区域经济社会、生态文明的协调发展，通过技术、行政、法律、经济等手段，实现防洪安全、供水安全、生态安全。

现代水利周刊：现阶段，河南河务局正在着手的中心工作是什么？下一步的工作重点有哪些？

牛玉国：现阶段，河南河务局广大干部职工，正在党的十七大精神的指引下，深入贯彻落实科学发展观，统筹兼顾，突出加强四项重点工作，实现八个确保。

一是加强防汛工作，确保防洪安全，确保人民群众生命安全。二是加强防洪工程建设与管理，确保建设任务顺利完成，确保工程安全、资金安全和干部安全。三是加强水资源的科学管理与调度，确保黄河生态安全，确保供水安全。四是加强经济工作，确保全局经济供给安全，确保河南治黄事业健康稳定可持续发展。

下一步治理的重点：一是加快防洪工程建设，增强防洪能力，确保防洪安全。二是强化水资源管理，确保供水安全。三是加强黄河生态保护，构建河南黄河生态文明。四是以展示黄河文化为主要内容，加快黄河风景区建设。

现代水利周刊：从水文局到黄河上中游管理局再到河南黄河河务局，您在黄河系统已经工作了23年。可以说，您对黄河、对水利情有独钟。在这么多年的水利工作中，您最深的感触是什么？有什么最难忘的事情？

牛玉国：作为一个黄河人，23年来，在不同的岗位上为母亲河做事，我深深地感触到，黄河不仅仅是一条承载着水的河流，作为河，她给予我们生命之源的水；而超越河之上，她赋予我们的是民族的血脉、风骨和魂魄。她厚重、博大精深，孕育了中华民族几千年的文明。她是我们当之无愧的母亲河。世间没有哪一条河，可以像黄河这样在自然与文化的双重层面上源远流长、纵横千古，世间又有哪一条河，可以像黄河这样水接天涯、雄浑不羁，以致在人与河的关系上，千百年来功过难以评说？

我的另一点感触是，黄河人所以能够几十年如一日地默默作着奉献，再苦再累也不愿离开，都是缘于对母亲河割舍不断的情愫。

我在黄河上工作了23年，难忘的事情很多。然而，最难忘的，还是有幸经历了几次陪同国家领导人视察黄河。领导人对于黄河的高度重视与关注，让我十分感动，也使我更有信心为母亲河作出更大的贡献。

现代水利周刊：您身上的担子不轻，您如何看待肩负的压力和责任？

牛玉国：这个担子确实不轻，对我来说，这是一个全新的领域，与以前的工作相比，摊子更大了，面对的压力也更大了。河务部门作为一个双重领导部门，既是黄委会的派出机构，又是河南省政府的一个部门，所以必须平衡好区域与流域，局部与全局的关系，处理好各种矛盾。

领导把这个担子交给我，广大职工能够很快接受我，是对我的信任，也是对我的期待。作为一个深爱着母亲河的黄河人，这个担子既是一种责任，也是一个机会和平台，能够让我为母亲河做更多的事。我每天都如履薄冰、如临深渊，丝毫不敢轻视。

但是，仅仅感受责任大、担子重远远不够，还要依靠这个集体，依靠局党组，依靠全局的广大干部职工，把压力转化为动力，大家齐心协力，拧成一股绳，把这条河流管理好、开发好。也只有这样，才能对得起领导的信任和大家的期待，才能共同推进我们河南黄河治理开发事业的发展。

（原载于2007年12月6日中国水利报现代水利周刊
记者 庞亚斌 徐清华　通讯员 卢伟 李庆文）

链接文章▶▶

在科学保护利用黄河的大道上阔步前行

黄河经昆仑、出龙门，在经历了少年激扬和青年跌宕之后，步入坦荡的华北平原。在这里，黄河以它中年的凝重和宽厚孕育出一片土地，谓之河南。中年的黄河将其生命的积累沉淀在这里，也将其苦难的承重释放在这里。

黄河流经河南省8个省辖市、28个县，河道长711公里，流域面积3.62万平方公里，占全省总面积的21.7%。华夏文明之光在这里放射出最为耀眼的辉煌，产生了著名的裴李岗文化、仰韶文化、龙山文化，孕育了灿烂的商周文化。从夏商起，河南沿黄地区经济发达，在长达5000年的华夏文明史中，河南作为全国政治、经济、文化中心长达3000多年，先后有20个朝代建都或迁都于此，在整个中国发展史上占据十分重要的地位，素有“得中原者得天下”的美誉。然而，黄河是一条既可兴利又可为害的大河，历史上决溢改道频繁，灾害沉重，自周定王五年（公元前602年）到1938年的2540年中，共决口 1594 次，其中河南占 2/3，大改道 26 次，有 20 次在河南。改革开放后，随着经济社会的发展，河南黄河又呈水资源短缺、水污染加重的严峻局面。因此，河南黄河防洪与治理历来都是黄河下游的重中之重。从远古时期的大禹治水，到历朝历代，都为治理黄河水患进行了不懈的探索。“黄河宁，天下平”成为沿黄人民梦寐以求的愿望。

河南人民治黄取得巨大成就

中国共产党领导下的人民治理黄河事业从解放战争的硝烟中起步，至今已经走过 61 年的征程。61 年来，党中央、国务院始终关怀黄河河南段的治理与开发，毛泽东、邓小平、江泽民、胡锦涛等党和国家领导人都曾亲自到河南黄河进行视察；水利部、黄委一直把河南黄河作为下游防洪治理的重中之重予以高度重视；历届河南省委、省政府都把治黄作为影响全局的一件大事来抓。61 年来，经过全省上下的艰苦奋斗、不懈努力，河南黄河治理取得了辉煌成就，一是建成了较为完善的防洪工程体系。二是河南黄河防汛岁岁安澜。三是黄河水资源开发利用成就斐然。四是黄河生态环境明显改善。五是黄河文化建设取得初步成效。这为河南省乃至整个华北地区的经济社会发展创造了安定环境，为沿黄经济社会发展提供了源源不断的水利资源。

河南黄河治理任重道远

人类社会存在以来，人与河流的关系大致经历了依附崇拜、开发利用、控制掠夺、和谐相处四个发展阶段。目前，人类与河流的关系正在由第三阶段向第四阶段转变。要实现这一转变，实现人与河流的和谐相处，可谓任重而道远。

第一，防洪形势依然严峻。河南黄河地处黄河下游上端，河道淤积严重，地上悬河突出，为典型的游荡性河段；洪水突发性强，预见期短，防守无周旋余地，防洪仍是一项长期、艰巨的任务。

一是大洪水的威胁依然存在。小浪底水库建成运用使防御黄河大洪水的能力显著增强，但伊洛河、沁河及小花间的洪水不能控制，花园口站百年一遇的洪水仍达 15700 立方米每秒，10000 立方米每秒流量级洪水仅为 10 年一遇。同时，黄河已几十年没来大水，发生大洪水的几率在加大。

二是河南黄河河床泥沙淤积严重，河道萎缩，悬河和二级悬河加剧，河道过洪能力大大降低，防洪压力加大。黄河水少、沙多、水沙关系不协调、时空分布不均，并且河南河道横比降是纵比降的5～21倍，造成泥沙在下游的大量淤积，河南黄河河床平均高出两岸地面3～5米，其中郑州京广铁路桥附近河床平均高出新乡市地面23米，开封黑岗口河床平均高出开封市地面11米。1982年以来，黄河没有发生较大洪水，泥沙主要集中淤积在主河槽内，滩唇较高，堤根低洼，二级悬河形势严峻。若遇4000立方米每秒以上洪水，极易发生洪水顶冲堤防和顺堤行洪，直接危及堤防和滩区群众生命安全。

三是河道宽浅散乱，河势游荡多变，中常洪水、甚至小水也易出大险。两岸堤距一般为5～9公里，最宽处达24公里。河势游荡多变，主流摆动频繁，若遇洪水，极易出现横河、斜河，对堤防构成重大威胁。

四是沁河无控制性工程，防洪标准低，遇超标准洪水问题较多。沁河上游为山区河道，降雨汇流快，洪水预见期仅有8～10小时，防洪决策和实施无周旋余地。沁河下游河槽淤积严重、临背悬差大，设防标准仅为20年一遇。遇超标准洪水，一旦丹河口以下左堤失守，洪水将淹没豫北3.3万平方公里的区域，京广铁路、107国道、京珠高速等交通要道也将中断。

五是滩区人口多，大水期间迁安难度大。河南黄河滩区面积2714平方公里，居住人口近128万人。这种情况在大江大河中是极为少见的。目前，滩区现有避洪设施只能解决中常洪水时不足30%群众的避洪问题，若遇大洪水，滩区群众需要全部迁出，而下游洪水预见期仅八个小时，在这样短的时间内完成上百万群众转移的任务十分艰巨。

第二，水资源供需矛盾突出。黄河流域多年平均降水量为447.1毫米，多年平均径流量为580亿立方米，仅为长江流域的1/17，但却以其占全国2%的淡水资源量，承担着占全国12%的人口，15%的耕地以及沿黄50多座大中型城市的供水任务，同时还要从有限的水资源中拿出约200亿立方米的水用于黄河下游的冲沙。随着人口不断增长、经济快速发展、城市化进程加快、人民生活水平逐步提高，黄河下游地区对水资源需求不断增加。同时，黄河来水减少的趋势，加上水资源的无序开发、超引、浪费，严重影响水资源的可持续利用，水资源问题已成为经济社会发展和生态环境建设的严重制约因素。

第三，水污染及生态问题严重。经济快速发展造成黄河水质污染加重，加上黄河来水减少，以及泥沙在下游的不断淤积，都对黄河的生态安全带来严重影响，对黄河湿地和生物多样性构成威胁，进而影响沿黄群众的生存环境。

第四，黄河治理与区域经济社会发展的关系复杂。国家及沿黄地区经济社会的发展对黄河防洪和水资源的要求越来越高，河道依法管理与沿黄地区侵占河道、修建违章建筑之间的矛盾也越来越突出。黄河滩区既是行洪的通道，又是群众赖以生存的家园，历来是水进人退、水退人进。随着人口的增加和发展经济的需要，与河争地的矛盾变得越来越突出，人为干扰河道自然状况的活动越来越严重。如何实现黄河治理与沿黄经济发展相协调，是一个不容回避的新课题。

努力构建人水和谐的河南黄河

黄河是一条河，又不仅仅是一条河。作为河，它给予我们生命之源的水；而超越河之上，它赋予我们的是民族的血脉、风骨和魂魄。科学保护利用黄河，让黄河生生不息、万古奔流是中华儿女的共同心愿。2006 年，在人民治黄 60 周年之际，胡锦涛、温家宝、回良玉等党和国家领导人，高度强调了黄河在我国社会主义现代化建设中的战略地位，高度评价了人民治理黄河取得的辉煌成就，明确指出了新时期黄河治理的指导思想和基本原则。

2007 年 5 月 1 日，胡锦涛总书记在花园口视察黄河时殷殷嘱托，“黄河是中华民族的母亲河，黄河治理事关我国现代化建设全局，关系亿万人民的安康。黄河水多了不行，少了也不行，脏了不行，泥沙多了也不行。一定要加强统一管理和统一调度，标本兼治，综合治理，进一步把黄河的事情办好，让黄河更好地造福中华民族”。总书记的嘱托意义深远，为我们指明了努力方向，提出了更新更高的要求。

下一步，我们要按照胡锦涛总书记的指示和党的十七大精神，从政治的高度、全局的高度、战略的高度全面落实科学发展观，以人为本，人与自然和谐相处，人水相亲，给人以生路，给水以出路，统筹兼顾，综合考虑河南黄河流域治理与区域经济社会、生态文明的协调发展。加强黄河流域一体化管理，构建水沙调控体系，统筹上下游、左右岸、流域与区域的关系，采取技术、行政、法律、经济的措施，维持黄河健康生命，实现水利部党组提出的“四个不”的目标（堤防不决口，河道不断流，污染不超标，河床不抬高），以水资源的可持续利用支撑沿黄经济社会的可持续发展。重点做好以下4方面的工作：

在确保防洪安全方面：一是加快防洪工程建设，增强防洪能力，确保防洪安全。强力推进标准化堤防建设，在今后2～3年的时间内，全面完成河南黄河标准化堤防建设。二是加快河道整治步伐，归顺河水流路，使游荡性河势得到有效控制。河南黄河下游河道整治工程总体来说还不完善，高村以上河段的整治难度极大，整治布点工程还没有完成，已建工程长度不足，现有工程还不能有效控制河势，河势游荡变化仍然很剧烈，严重威胁堤防安全。高村以下河段的河势也出现很多新问题，主流上提下挫。小浪底水库下泄处于相对清水期，下游河道冲淤变幅大，河势又有新的变化，现有工程需要逐步适应。三是通过调水调沙、引洪放淤等综合措施解决泥沙问题，修复河道，提高工程抗洪能力，输送更多的泥沙入海，最大限度保持和延长现行河道的生命力。四是加快推进滩区综合治理。根据黄河下游滩区存在的突出问题，把下游防洪与滩区群众的安全、发展有机结合起来，寻求最佳途径实现人与洪水的和谐相处，将黄河滩区治理纳入下游防洪工程体系，推进滩区安全建设、滩区水利建设、滩区放淤等工程措施及政策补偿。加强黄河滩区治理研究，进一步改善滩区群众生产生活条件。有计划地进行滩区安全建设，主要措施有修筑避洪工程，保护滩区群众的生命财产；开展二级悬河治理，淤滩、淤串沟，发展滩区水利建设，改善滩区生产条件，提高粮食产量；科学规划，因势利导，修建控导护滩工程，合理保护滩区土地资源，促进滩区水土资源的可持续发展利用。

在确保供水安全方面：进一步做好黄河水资源的管理工作，实行取水许可和订单申报制度，全面推进引水计量精细化和“两水分供，两费分计”工作。通过对水资源的科学管理和精细调度，保障沿黄地区居民用水和工农业生产用水安全，以黄河水资源的可持续利用保障沿黄地区经济社会的可持续发展。

在确保生态安全方面：加强黄河生态保护，构建河南黄河生态文明。优化配置黄河水资源，保证黄河生态用水；控制好黄河的纳污排放，减少水污染，使黄河的水质持续满足生活用水和工农业生产用水的要求；综合治理水土流失，减少入黄泥沙；在河南黄河两岸大力开展绿化工作，将黄河打造成绿色走廊，防风固沙，调节气候，维护黄河生态安全。

在弘扬黄河文化方面：以展示黄河文化为主要内容，加快黄河风景区建设。结合郑、汴、洛三点一线旅游精品线建设，加快花园口、柳园口水利风景区建设，使其真正成为展示黄河文化、黄河文明的窗口，展示民族摇篮魅力的重要基地。

黄河与经济社会的发展息息相关，科学保护利用黄河，不仅仅是为了黄河自身的健康，也是为了当代人及子孙后代。让我们共同来关注黄河，认识黄河，研究黄河，保护利用黄河，让黄河生命更加健康，让黄河更好地为中华民族造福！

赵建华

用全新理念和改革举措推进水利发展

近几年，山西省晋中水利实现了较快发展，基本保证了经济社会发展的用水需求，为经济发展作出了贡献。作为水利局局长，赵建华的准则是：为官一任，造福一方，多留遗产，不留遗憾。

档案

赵建华，山西省晋中市水利局局长。

1954年2月出生，山西省左权县人，曾任左权县副县长，晋中行署林业局党组书记、局长。自2000年12月起，任晋中市水利局党组书记、局长。

先后获“山西省林业功臣”称号，全国林业绿化奖章，山西省水资源管理突出贡献奖，“全国水利建设与管理先进个人”称号，发表论文近30篇。

记者手记▶▶

一任好局长成就一方好水利

在水利系统，但凡工作搞得好的地方，都有一位有作为的局长；而大凡一任好局长，多能造福一方水利。在山西晋中，就有这样一位局长，他叫赵建华。近年来，晋中水利长足发展，与他是息息相关的。

近日，记者有幸与赵建华谋面。三个小时的交流，让记者看到了他身上具有的优秀品质：善于学习，勤于思考，长于管理，勇于奉献。得益于他，晋中水利发展思路清晰，重点明确，措施有力，形势喜人。难怪有人称道，他是一位颇有政治素养和优秀品质的领导；难怪记者提起他，从省厅到基层，一片赞扬之声。

赵建华的这些素养，是基层磨砺的结果，也是学习不辍的结果。1972 年，18 岁的他，担任公社团委书记，以此为起点，一步一步干起，做过乡镇党委书记，当过副县长，担任过行署林业局局长，直至市水利局局长。其间，为了弥补早年读书不多的遗憾，他把学习看得很重，从实践中学，结合工作学，到党校集中学，近 40 岁时，仍花三年时间，参加中央党校本科函授学习。这些年，无论在哪个岗位上工作，他都做到了不说外行话，诀窍就是学习。

赵建华总是干一行，爱一行，力争干出成绩来，由此也获得诸多荣誉，多次受到上级部门的表彰。当镇党委书记时，获得县委、县政府晋升一级工资奖励；任副县长时，获山西省林业建设功臣；任行署林业局局长时，获全国林业绿化奖章；担任市水利局局长后，又荣膺山西省水资源管理突出贡献奖，获得全国水利建设与管理先进个人称号。

说起来，在晋中任水利局局长，还是颇有些挑战性的。历史上晋中曾是富水区，传说晋中盆地，就是大禹治水时“打开灵石口，空出晋阳湖”形成的。汾河是晋中人民的母亲河，公元前 113 年，汉武帝刘彻乘坐楼船泛舟汾河，留下“泛楼船兮济汾河，横中流兮扬素波”的诗句；1963 年，政府还调集 20 艘船只，经汾河运粮至河津。但如今，“汾河流水哗啦啦”的景象已然不再，晋中已成为贫水区，水已成为制约晋中经济社会发展的瓶颈。

解决晋中水问题，关键在思路。2000 年 12 月，赵建华被委以市水利局局长重任后，为了寻求晋中水问题的治本之策，谋划晋中水利发展之路，他深入基层调研，摸清晋中水情；他深刻领会中央治水方针、部党组治水思路和山西省兴水战略，从晋中经济社会发展全局，来把握全市水利工作，形成治水思路，确定工作重点。这些年，他撰写发表了 20 多篇文章，多是他深入思考、研究、总结而形成的成果。

水利事业涉及各行各业，关乎方方面面，所以赵建华把协调工作看得很重，注重并善于做好纵向和横向的协调工作，为晋中水利发展营造良好的外部环境。这些年，无论是水管体制改革，“节水晋中”建设，还是水利基础设施建设年活动，他都是积极做好协调，取得市里方方面面的支持。

赵建华是一个实干的人，说实话，办实事，重实效，是他做人做事的准则。他当局长，不仅抓思路创新，更抓任务落实，保证了水利工作扎实推进。

随着水利地位的提升，社会对水利部门寄予了更高的期望。如今，市里开展招商引资、项目建设，都要请水利局当参谋。水利责任大了，赵建华肩上的担子更重了。

赵建华是个勤勉的人，双休日到单位加班，已成为习惯。周末与大家研究问题，赶写材料，处理好当下要办的事情，他心里才感到踏实。当然，这种勤勉，源于他内心深处的一个情结：为官一任，造福一方，多留遗产，不留遗憾。

对话▶▶

与时俱进不断完善治水思路

现代水利周刊：晋中突出的水问题是什么？

赵建华：晋中地处山西中部，是严重缺水地区，资源型、工程型、水质型缺水并存。水问题是制约全市经济社会发展的“瓶颈”。晋中水资源总量为10.9亿立方米，可利用水资源量为7.74亿立方米，人均367立方米，亩均191立方米。水资源时空分布不均，近70%的水资源分布在经济相对落后的东山地区，近70%的降水集中在7月、8月、9月，由于缺乏控制性工程而难以充分利用。用水结构不合理，近70%的水用于农业，从而加剧了水资源的紧缺程度。晋中水利设施薄弱，全市9座中型水库、64座小型水库均不达部颁防洪标准，8个万亩以上灌区设施不配套，运行效益低。晋中水环境状况日趋恶化，地下水严重超采。超采区地下水水位以每年0.5～2.5米的速度下降。水污染严重，全市每年排放废污水达5000万～6000万立方米，大部分河流受到污染，中浅层地下水也不同程度受污。水土流失严重，全市还有6400多平方公里的水土流失面积未得到治理，占全市总面积的40%。

现代水利周刊：2000年12月，您走马上任晋中水利局局长，面对晋中这些水问题，您提出了什么思路？

赵建华：思路决定出路。2000年12月，我到水利局工作后，经过充分调研，提出了“十五”期间晋中水利工作的基本思路，即以发展为重任，改革为动力，科技为先导，法制为保障，促进传统水利向现代水利、可持续发展水利转变，以水资源的可持续利用，支撑晋中经济社会的可持续发展。根据晋中实际，在平川突出抓好水资源的节约保护和高效利用，在山区重点开展水资源开发和水土保持生态建设。通过治水思路的实施，提升五个能力，即水资源承载能力、水工程供水能力、水旱灾害防御能力、水行政执法能力和水机制创新能力。

进入“十一五”后，围绕全市经济社会发展对水资源的要求，进一步完善治水思路，提出了“三个基本”，即基本满足重点领域、重点行业和城乡人民的用水需求，建成节水农业灌溉体系、城乡供水体系和水务管理体系，使水利工程供水能力达到7.1亿立方米，有效灌溉面积达到220万亩，节水灌溉面积达到180万亩，发展旱地补充灌溉面积20万亩，解决114万人的饮水不安全问题。

现代水利周刊：您到水利局后，重点抓了哪些工作？

赵建华：具体来讲，就是八个字：开源、节流、治污、强管。

开源，就是建设骨干水源、开发小泉小水、利用雨水资源等。一是重点抓骨干水源工程，建设"一大三中两小"六座水库，开发和利用地表水。同时，加快现有中小型水库改造，提高水库蓄调供水能力。二是因地制宜，采取潜流引水、泉水利用、河流引水、适度开采地下水等工程措施，增加供水量。三是利用雨水资源，在寿阳、昔阳、和顺、灵石及榆次丘陵地区，开展了以旱井和旱窖为主的雨水集蓄利用工程建设，取得成效。

节流，就是按照"节流优先，以节保供"的思路，全面推进节水型社会建设。为此，我们重点抓了三个方面工作：一是抓农业节水。近几年，晋中着力开展节水农业建设，在"十五"末，基本实现了农业用水零增长，年节水达到6000万立方米。二是抓工业节水，加快企业节水技术改造，促进中水回用，实行定额管理，推行计划用水，减少了取用水量，提高了水利用率。我们提出"十一五"末万元产值用水量控制在40立方米，水资源重复利用率达到85%。三是抓生活节水，开展管网改造，推广节水器具，城市居民日生活用水量控制在100升以内。

治污。一是加强水功能区保护，全市划定了34个水功能区，其中13个一级保护区在水库上游。在这些地方，我们严禁上污染项目，确保饮水安全。二是加强了对入河排污口的监管。三是加大污水处理回用力度。2008年，11个县市都要建起污水处理厂，并确保正常运行。

强管。重点抓好三方面工作。一是实行水资源统一管理。对水资源开发、利用、节约、保护全过程实行统一管理，按照"以水定发展"的原则，科学调度和优化配置水资源。二是严格地下水开采。在"十一五"期间，压减50%的超采量，逐步实现采补平衡。三是依法实施取水许可制度，加强水资源论证，严格审批管理，规范用水户用水行为。

可以说，晋中治水方略，是根据中央治水方针、水利部治水思路，省水利厅有关要求，结合晋中经济社会发展实际，在实践中不断完善的。在治水思路指导下，晋中水利扎实推进，取得了成效。

务实求效晋中水利亮点纷呈

现代水利周刊：您担任局长的七年中，晋中水利亮点很多，其中水管体制改革有声有色。能介绍一下这方面的情况吗？

赵建华：晋中的水管体制改革起步早，抓得实。2001 年试点开始，2002 年全面铺开，2004 年在全省率先完成。在实施中，我们围绕改革的重点、难点和热点问题，盯住不放，扎实推进。一是抓住事关水管单位生存发展的关键问题，抓好落实，开展了分类定性和财政定补工作。我们把晋中 12 个中型水管单位中的 3 个定为纯公益性事业单位，9 个定为准公益性事业单位。在准公益性单位，落实财政供养人员，实行财政定额补贴。二是盯住水管单位历史遗留的难点问题，寻求突破。首先抓确权划界，12 个水管单位有 10 个完成了此项工作，其余 2 个完成了大部分工作，并领取了土地使用证，水管单位的管理区域得以明确。其次抓水价调整。我们与物价部门联手，解决了一些问题，仅提高水费一项，每年晋中水管单位收入就由 300 万元增加到 650 万元，促进了水利工程的良性运行。三是抓住水管单位职工普遍关心的热点问题做工作。在改革中，水管单位分流了 200 多人，12 个水管单位为 500 名职工办理了养老保险，4 个单位为职工办理了医疗和失业保险，解决了一些水管单位的职工长期未能解决的实际问题，使改革得以顺利推进。

水管单位改革理顺了体制，稳定了职工，盘活了资产，扭转了亏损，为良性发展创造了条件。

现代水利周刊：据了解，晋中病险水库除险加固也是一个亮点。

赵建华：我认为，病险水库除险加固，是一项民生工程，因而也是我们工作的一个重点。为了保障区内病险水库的防洪安全，使其发挥效益，从 2001 年开始，我们着力实施了病险水库的除险加固。截至目前，全市 9 座中型水库已有 6 座完成加固改造，其余 3 座中已有 1 座开工建设，另有 1 座已完成前期工作，还有 1 座的可行性研究也正在进行。计划到“十一五”末，全部完成这些水库的加固改造。在抓这项工作中，一是做好前期工作，积极争取列项实施；二是落实地方配套，市委、市政府对此非常重视，已完成的 6 座水库，全部按比例足额配套。三是加强工程监管，严格按照施工管理程序进行，保证工程质量。病险水库除险加固工作成效显著，荣获“山西省水库建设管理先进单位”称号。

现代水利周刊：在雨水集蓄利用方面，晋中做了哪些工作？取得了哪些成就？

赵建华：晋中山区、丘陵区面积占全市总面积的70%以上。开展雨水集蓄利用，是解决这些地区水资源紧缺的有效途径。这几年，我们在开展"节水晋中"建设的同时，重视了雨水的集蓄利用，通过实践和探索，现已初步形成了四种模式。分别利用山头、公路、建设的集雨场、塑料大棚进行集雨，蓄水于旱窖和蓄水池中。同时，我们还非常注重雨水集蓄利用工程建设，近几年，在寿阳、昔阳、和顺、灵石及榆次丘陵地区，发展旱地补充灌溉面积2万余亩。另外，我们结合集雨，对种植业结构进行调整，提高了产出效益，增加了农民收入。原来种玉米一亩地收入500元左右。现在种植大田菜，一亩地收入1500～2000元；种大棚蔬菜，一亩收入1万多元。

现代水利周刊：饮水安全涉及群众的根本利益。在让群众喝上洁净安全的饮用水方面，晋中是怎么做的？

赵建华：在我心目中，饮水安全事关广大群众的切身利益，是党和政府关心群众的具体体现，也是水利部门的重要职责，所以我们对饮水安全非常重视。"十五"期间，我们扎实开展了饮水解困工作，进入"十一五"，重点转向饮水安全建设。这几年，市里每年拿出500万元，用于解决农村饮水安全配套。现已经解决了54万人的饮水安全问题，群众非常满意。现在还有60万人，计划今后每年以20万人的速度推进，到"十一五"末，全部完成这项工作。

解决群众的饮水安全问题，晋中的主要做法是：首先，以部门工作为纽带，办好群众关心的事。其次，以群众满意为标准，建设一流的放心工程。我们合理确定供水模式，严格工程建设标准，多方兼顾供水效益，不仅解决群众饮水问题，在有条件的地方，还要向农业和工业供水，实现以水养水。第三，以稳定解决为目标，完善工程建管机制。管理要从建设开始，改制要从产权入手，因此我们十分重视水利产权制度改革，多方促进民办水利发展。

改革创新 实现水利跨越发展

现代水利周刊：当前，晋中水利面临着新的发展形势。新形势下，晋中水利的思路是什么？

赵建华：党的十七大对水利工作提出了新的要求。省委、省政府提出兴水战略，决定建设“六大工程”，同时省委、省政府提出“大太原”经济圈发展战略，实施晋中与太原同城发展一体建设。作为“大太原经济圈”的核心城市，作为山西中部最具发展活力的地区，晋中未来前景无疑将十分看好。可以说，晋中水利面临着新的发展形势。

面对新的形势与任务，我们提出，要以党的十七大精神为指导，以科学发展观为统领，谋划水利建设，完善水利规划，深化水利改革，促进水利发展，努力开创晋中水利工作的新局面。

今年，为落实省委、省政府兴水战略，我们在全市开展了水利基础设施建设年活动，确定了八大类116项重点工程，在全市形成了一个上下联动、多方参与、争先创优、大干水利的浓厚氛围。截至11月底，全市投入水利建设资金3亿多元，是近30年来水利建设投入最多的一年。通过此项活动，我们建设了一批关乎经济发展的生命工程，关乎农民增收的富民工程，关乎防洪保安的利民工程，关乎资源保护的基础工程。按照市里的安排，这个活动还要持续到“十一五”末。

现代水利周刊：在新形势下，晋中水利的工作重点是什么呢？

赵建华：我想，晋中水利重点要抓好四项工程建设，即应急水源建设、民生工程建设、节水晋中建设、景观水利建设。一是推进应急水源建设。集中抓好六座水库的列项建设。二是关注民生工程建设。每年解决20万人的饮水安全问题，并推进500个村的自来水入户标准化建设；基本完成中小型病险水库的除险加固；结合农田水利基本建设，围绕农业调产、农民增收，新建和修复一批小型水利工程。三是推进“节水晋中”建设。在工程建设上，以国家和省重大科技节水项目为龙头，建设高效节水园区。在资源管理上，继续推进远程监控信息系统建设，特别要重视抓好地下水超采区总量控制和压采。在用水管理上，按照总量控制和定额管理的办法，实施和推进计划用水、计量用水、有偿用水，促进水资源的优化配置和节约保护。四是重视景观水利建设。结合城市建设，加快河道综合整治，在提高河道防洪标准的基础上，达到改善生态和环境，塑造人文景观，提升城市品位的目的。重点要抓好寿阳白马河、昔阳松溪河、太谷乌马河、平遥惠济河、和顺南河城区段等河流的综合整治，完成治理长度60公里。

现代水利周刊：要在哪些方面进行创新呢？

赵建华：要突出抓好三个创新：一是创新水利投入机制。在继续增加政府投入的同时，着力推进投融资体制改革，进一步完善发展民营水利、利用社会资金建设新水源工程的政策措施，进一步放宽民间资本进入水利的准入领域，鼓励支持社会各方面以参股、联合、购并、融资等形式参与和投资水利建设，形成多元化、多渠道投资办水利的格局。二是创新基层服务体制。继续深化中型水管单位改革，完善管理制度，落实管养经费，开展综合经营，增强服务功能；着力推进乡镇水管体制改革，按流域或片区设立水利工作站，为农村水利建设提供有效的管理和服务；建立和完善农民用水户协会，实行民主协商、自主管理，发挥农民在水利建设与管理中的主体作用。三是创新工作指导方式。坚持水利服务经济社会发展的宗旨和可持续发展水利的方向，构建大水利建设格局，努力实现三个转变——由偏重农村水利向农村水利与城市水利并重转变，由偏重工程建设向工程建设与工程管理并重转变，由偏重资源利用向资源利用与资源保护并重转变，促进晋中水利事业又好又快发展。

现代水利周刊：您如何评价自己过去的工作？下一步您自己有何打算？

赵建华：近几年，晋中水利实现了较快发展，基本保证了晋中经济社会发展的用水需求，为经济社会发展作出了贡献，得到了市委、市政府的肯定，受到了群众的赞扬，水利地位越来越高。但我的总体评价是，过去7年，晋中水利工作有进展，在某些方面有突破，但距离党和人民的要求还有不小差距。

水利建设涉及民生，事关大局，治水、兴水责任重大，使命光荣。我会以加快晋中水利发展为己任，积极主动，尽心竭力，把“水”这篇大文章做好做活，为兴水富民，促进发展作出新贡献。

（原载于2007年12月27日中国水利报现代水利周刊
记者　高立洪 王洪斌　通讯员 蔡媛媛　摄影 高立洪）

链接文章▶▶

建设“节水晋中”的思路与对策

“节水晋中”是对全市水资源进行合理开发、优化配置、节约保护、高效利用的一项系统性工程，是加快现代化水利建设的一项重大战略举措。胡锦涛总书记指出，要把节水工作贯穿于国民经济发展和群众生产生活的全过程，积极发展节水型产业，建设节水型社会。结合晋中市的实际情况，今后一个时期，要把节水作为水利发展的基本方针和工作重点，积极实施，扎实推进。

建设“节水晋中”的重大意义

第一，建设“节水晋中”是有效解决干旱缺水的根本途径。晋中市水资源严重短缺，资源型缺水、工程型缺水、水质型缺水并存。据2004年完成的水资源二次评价显示，全市水资源总量为11亿立方米，人均水资源占有量367立方米，亩均190立方米，分别比第一次水资源评价减少30%、27%和31%。人均水资源量仅有全国人均占有量的16.7%，按照国际衡量标准，属极度缺水地区。水资源不仅严重不足，而且地域分布极不均匀。东部山区水资源量占全市的69%，而用水量仅占全市的15%。平川地区水资源量占全市的31%，人均水资源量仅有216立米，亩均140立米，而用水量占到全市的85%。由于缺水，造成地下水严重超采。全市地下水可开采量为3.95亿立方米，而实际开采量达到4.5亿立方米，每年超采近5000万立方米，形成超采区面积910平方公里，地下水位以每年0.5～2.1米的速度下降，造成水生态系统的持续恶化。现实表明，解决水的供需矛盾，除必要的开源外，最根本的办法就是要采取综合性的节水措施，减少取水用水过程中的浪费、损失和污染，实现水资源的高效利用，满足经济社会发展用水需求，走可持续发展水利的路子。

第二，建设“节水晋中”，是支撑经济社会发展的重要保障。随着经济建设的加快和人民生活水平的提高，对水的需求量日趋增长，目前全市年需水量为7.6亿立方米，而现有工程设施的供水能力仅为6.3亿立方米，缺水1.3亿立方米。预计到“十一五”末，缺水量将达到2.9亿立方米。近年来全市着力实施节水工程建设，取得了一定成效，但总体上讲，水资源利用率仍然很低，水的浪费十分严重，节水的潜力很大。从农业用水看，灌溉水的利用系数仅有 0.45。从工业用水看，万元产值取水量95立方米，比发达国家和地区高出一倍左右，工业用水重复利用率仅有65%。从生活用水看，城市管网平均漏失率为20%，节水器具普及率为60%，水的浪费也十分严重。经综合测算，在不影响正常发展和生活质量的前提下，运用先进的节水技术和管理方法，农业、工业、生活节水潜力分别在30%、40%、30%以上。由此可见，节水工作前景广阔，大有可为，必须立足可持续发展，统筹谋划，积极实施，全面推进"节水晋中"建设。

第三，建设"节水晋中"是加快现代化水利进程的必然选择。现代化建设必须以现代化水利作支撑。水资源的高效利用是水利现代化的重要标志，而推进节水建设是实现水资源高效利用的重要前提。为此，我们必须紧紧围绕现代化水利建设这一目标，运用科学发展观组织指导水利建设，努力实现三个转变。在资源利用方式上，由粗放型、低效型向集约型、高效型转变；在工程设施建设上，由以开源为主向开源节流并重、开发保护同步转变；在资源整合配置上，由以需定供向以供定需转变。采取综合性的节水措施，全面建设节水型农业、节水型工业和节水型城镇，努力构建人水和谐、环境优良、用水安全、保障有力的现代化水利支撑体系。

建设"节水晋中"的目标任务

总体目标是：经过10年左右的努力，到2015年，基本建成节水型晋中。主要标志是：在全社会形成珍惜水、节约水、保护水的思想观念和自觉行动；建立起功能完善的节水工程体系、科学合理的用水定额体系和运行高效的节水管理体系；主要节水指标达到全国先进水平；基本实现水资源的供需平衡和优化配置，以水资源的可持续利用支撑经济社会的可持续发展。

主要任务是：全面推进节水型农业、节水型工业和节水型城镇建设。

第一，节水型农业建设。抓住晋中市列入国家农业节水灌溉示范市的重大契机，全面启动农业节水建设。一是以项目实施为重点的节水园区建设。采用先进的节水技术、农艺技术和生物技术，实施科学管理和集约经营。10年内新建和改造节水园区80个，累计达到120个，在平川108国道沿线建成规模在100万亩以上的高科技农业节水示范带。二是以配套改造为重点的灌区节水建设。对现有的8处万亩以上灌区进行渠系建筑物配套和节水设施改造，建设节水灌溉面积30万亩。三是以降水资源利用为重点的集雨节灌建设。按照"集中连片、规模发展"的思路，在山区大建人字闸坝、旱井旱窖、小井小站等小型水利工程，并进行节水设施配套，发展集雨节灌面积50万亩，实现山区农村人均一亩节水扩浇田。通过以上节水工程建设，到2015年，全市节水灌溉面积累计达到200万亩，灌溉水利用系数达到0.6，农业用水总量稳定在4亿立方米左右，实现零增长或负增长，基本建成节水型灌溉农业体系。

第二，节水型工业建设。对工矿企业全面进行节水技术改造，推广应用新工艺、新设备，实行一水多用和重复利用，对废污水实施强制性处理，普及废水减量和零排放技术。按照以水定发展的原则，合理调整产业结构和工业布局，限制高耗水工业项目，关停治污不达标企业。通过节水技术改造和产业结构调整，全市工业万元产值取水量降到30立方米以下，工业用水重复利用率达到85%，工业废水处理回用率达到60%，企业节水达标率达到80%，并建成科技型、集约型、高效型的节水产业和一批节水企业。

第三，节水型城镇建设。一是推广和普及节水型器具，逐步更新现有的用水器具，新建民用建筑节水器具普及率达到100%，人均年用水定额控制在70立方米以下。二是加快城镇供水管网改造和节水设施配套，供水管网平均漏失率降到8%以下。三是抓好城镇污水处理回用，县城污水处理率达到60%，处理规模达到年3000万立方米以上，城镇中水普及率达到25%以上，居民饮用水质达到规定标准，实现饮水安全。通过采取以上措施，基本建成集减排、治污、回用于一体的节水型城镇。

建设“节水晋中”的对策措施

第一，建立节水管理体系。一是建立用水总量宏观调控体系。依据全市水资源状况和经济建设布局，按照“保证生活用水，调控工业用水，稳定农业用水，维系生态用水”的原则，制定用水总量分配方案和取水用水计划，以流域和区域为基本单元进行初始水权分配，确定不同行业、不同产业的用水总量。从源头上进行调控和管理，合理调节供需关系，建立起与水资源承载能力相适应的经济社会发展格局。二是建立用水微观定额指标体系。按照节约用水、节本增效的原则，分别确定农业灌溉用水、工业生产用水和居民生活用水指标，实行定额管理，并建设和配套用水计量设施，实行计量管理和以量取费的办法，促进节约用水和计划用水。三是建立水资源动态监测体系。抓好监测网点和信息系统建设，定期对水资源进行分析、评价，依据水资源供需变化情况，对取水用水进行审定、裁决，为节水管理提供科学依据。

第二，增加节水资金投入。一是建立节水发展基金，从供水增容费、水资源费、污水处理费、矿山排水费等项费用中筹集一定比例的资金，集中用于节水设施建设和技术改造。二是市、县两级财政要增加节水建设投入，在基本建设、城市建设等方面安排节水资金。三是采取节水专项奖励、财政贴息、减免有关事业性收费等办法，支持节水技术的应用和节水项目的实施。要按照“谁投资、谁建设、谁受益”的原则，采取股份合作、租赁承包、业主经营等多种形式发展节水事业，吸纳民间资本，拓宽投资渠道。

第三，实施供水价格改革。要按照国家发改委和水利部发布的《水利工程供水价格管理办法》，积极稳妥地推进水价改革，农业水价按照供水成本和合理收益的原则核定，非农水价按照成本补偿、上缴税金和合理利润核定。要逐步推行基本水价和计量水价相结合的两部制水价，实行分类计价、超额加价的办法，合理制定水价标准。要将水资源费调整与供水价格调整结合起来，扩大征收范围，适当提高征收标准，调节供需关系，保护双方的合法权益。通过水价改革，建立起科学合理的水价形成机制，促进水资源的节约保护和高效利用。

第四，抓好节水技术创新。要大力推广应用节水新技术、新工艺，在农业上推行以管灌和喷微灌为主的节水技术，逐步实行节水自动化管理。在城市推广节水型器具，抓好供水管网技术改造，在工业上开发和使用清洁型、节能型工艺和设备，实行生产用水闭路循环和污水处理回用。要组织开展节水课题研究和节水项目科技攻关，用高新技术改造传统产业。要加强节水技术指导、管理和服务，解决好节水建设的重大技术问题，抓好节水措施的落实，建立完善的节水技术支撑体系，努力提高节水建设的整体水平。

第五，加强节水法制建设。认真贯彻《中华人民共和国水法》和《水资源管理条例》，全面落实取水许可制度，依法进行统一管理，规范取水用水行为和水市场秩序，对新建、改建、扩建项目，要进行取水用水论证，并建立“三同时”管理制度，将节水配套设施与主体工程同时设计、同时建设、同时使用。要进一步加大水行政执法力度，依法查处各种违章开采和破坏水资源的行为，保证各项水事活动和节水建设的顺利进行。

第六，推进水务体制改革。建立城乡水务一体化管理体制，实行水资源的统一管理，是推进节水型晋中建设、实现水利可持续发展的重要前提。全市现行的城乡分治、部门分割的水资源管理体制，违背了水资源整体互融、循环互补的自然运动规律，弱化了政府及其主管部门的决策和调控能力，严重影响了水资源的开发利用和节约保护。为此，建设“节水晋中”必须推进水务管理体制改革，本着先易后难、积极稳妥的原则，在试点示范的基础上，分步实施，分批推进，力争用2～3年时间，市、县两级成立水务局，并实现职能的全部到位，对防洪、供水、用水、节水、治污等水资源开发利用和保护的全过程实行统一管理，建立起协调高效的水务管理体制，为建设“节水晋中”提供体制保障。

第七，强化节水工作领导。要把节水工作纳入国民经济和社会发展总体规划，同步实施和推进。要充分发挥政府的宏观调控作用和部门的行政管理职能，建立机制、落实政策、扶持引导、强化服务，形成一整套高效运作的组织管理体系。各级水行政主管部门要把节约用水作为水资源管理的首要任务来抓，组建节水机构，落实目标责任，实行考核奖惩，确保节水建设的顺利进行。要加大节水宣传力度，利用新闻媒体，采取多种形式，广泛深入地宣传晋中市水资源紧缺的严重状况和节约用水的重大意义，增强全社会珍惜水、节约水、保护水的意识，提高公众支持和参与节水的自觉性和主动性，为推进“节水晋中”建设营造一个浓厚的舆论氛围和良好的发展环境。